权威·前沿·原创

皮书系列为
"十二五""十三五"国家重点图书出版规划项目

BLUE BOOK

智 库 成 果 出 版 与 传 播 平 台

长江经济带蓝皮书

BLUE BOOK OF THE YANGTZE RIVER ECONOMIC BELT

长江经济带高质量发展研究报告
（2020~2021）

ANNUAL REPORT ON HIGH QUALITY DEVELOPMENT
OF YANGTZE RIVER ECONOMIC BELT (2020-2021)

国务院参事室长江经济带发展研究中心
中国宏观经济研究院 / 主 编

社会科学文献出版社
SOCIAL SCIENCES ACADEMIC PRESS（CHINA）

图书在版编目（CIP）数据

长江经济带高质量发展研究报告 . 2020 - 2021 / 国务
院参事室长江经济带发展研究中心，中国宏观经济研究院
主编 . - - 北京：社会科学文献出版社，2021.12
（长江经济带蓝皮书）
ISBN 978 - 7 - 5201 - 9317 - 7

Ⅰ . ①长… Ⅱ . ①国… ②中… Ⅲ . ①长江经济带 -
区域经济发展 - 研究报告 - 2020 - 2021 Ⅳ . ①F127. 5

中国版本图书馆 CIP 数据核字（2021）第 218496 号

长江经济带蓝皮书

长江经济带高质量发展研究报告（2020~2021）

主　　编 / 国务院参事室长江经济带发展研究中心
　　　　　 中国宏观经济研究院

出 版 人 / 王利民
组稿编辑 / 邓泳红
责任编辑 / 吴　敏
责任印制 / 王京美

出　　版 / 社会科学文献出版社·皮书出版分社（010）59367127
　　　　　 地址：北京市北三环中路甲 29 号院华龙大厦　邮编：100029
　　　　　 网址：www. ssap. com. cn
发　　行 / 市场营销中心（010）59367081　59367083
印　　装 / 天津千鹤文化传播有限公司

规　　格 / 开　本：787mm × 1092mm　1/16
　　　　　 印　张：27. 25　字　数：406 千字
版　　次 / 2021 年 12 月第 1 版　2021 年 12 月第 1 次印刷
书　　号 / ISBN 978 - 7 - 5201 - 9317 - 7
定　　价 / 128. 00 元

本书如有印装质量问题，请与读者服务中心（010 - 59367028）联系

编 委 会

主编单位简介

国务院参事室长江经济带发展研究中心　国务院参事室长江经济带发展研究中心成立于 2018 年，运用"参事＋"模式，充分发挥国务院参事室、长江沿线 11 个省市政府参事室及政产学研和智库等各方智力资源优势，聚焦推动长江经济带高质量发展重点工作、难点问题，开展调查研究，提出对策建议，为领导同志和有关地区、部门制定政策、部署工作提供决策参考，迄今已组织国务院参事、沿江省市政府参事及相关智库专家开展多项联合调研，相关研究成果已上报国务院领导同志。此外，国务院参事室长江经济带发展研究中心还举办年度"长江论坛"，邀请政参学企等各方人士就相关主题进行深入研讨，交流思想，汇聚众智，建言献策。

中国宏观经济研究院　中国宏观经济研究院是以宏观经济理论和政策为专长的国家高端智库，参与了大量国家发展战略的前期研究工作。自 2013 年起，院领导牵头设立长江经济带课题组，承担了《关于依托黄金水道推动长江经济带发展的指导意见》和《长江经济带发展规划纲要》的前期研究，并参与了文件的起草和解读工作。近年来，课题组连续跟踪长江经济带发展形势，并对长江流域管理体制、市场准入负面清单制度、长江经济带发展指标体系等重大问题开展深入研究。

前　言

推动长江经济带发展是以习近平同志为核心的党中央作出的重大决策，是关系国家发展全局的重大战略。习近平总书记站在中华民族永续发展的全局高度，以对子孙后代负责的历史担当，亲自谋划、亲自部署、亲自推动长江经济带高质量发展。

2016年1月5日，习近平总书记在长江上游重庆主持召开推动长江经济带发展座谈会，强调"推动长江经济带发展必须从中华民族长远利益考虑，走生态优先、绿色发展之路"；2018年4月26日，习近平总书记在长江中游武汉主持召开深入推动长江经济带发展座谈会，指出"新形势下，推动长江经济带发展，关键是要正确把握整体推进和重点突破、生态环境保护和经济发展、总体谋划和久久为功、破除旧动能和培育新动能、自身发展和协同发展等关系"；2020年11月14日，习近平总书记在长江下游南京主持召开全面推动长江经济带发展座谈会并指出，要坚定不移贯彻新发展理念，推动长江经济带高质量发展，谱写生态优先绿色发展新篇章，打造区域协调发展新样板，构筑高水平对外开放新高地，塑造创新驱动发展新优势，绘就山水人城和谐相融新画卷，使长江经济带成为我国生态优先绿色发展主战场、畅通国内国际双循环主动脉、引领经济高质量发展主力军。2016年以来的5年里，习近平总书记7次考察长江流域，3次召开座谈会，从"推动"到"深入推动"，再到"全面推动"，为长江经济带发展把脉定向。

为贯彻落实党中央、国务院关于推动长江经济带发展战略部署，国务院参事室于 2018 年成立了长江经济带发展研究中心，在国家发展改革委、科技部、司法部、生态环境部、交通运输部、水利部、国家统计局等部门的支持指导下，以国务院参事、长江经济带沿线省市政府参事、文史研究馆馆员、参事室特约研究员为主体研究力量，联合中国宏观经济研究院、上海社会科学院、同济大学国家现代化研究院、长江经济带（复旦大学）发展研究院、南京大学长江产业经济研究院、南通大学江苏长江经济带研究院、湖北省社会科学院长江流域经济研究所、重庆长江经济带研究院等相关机构，对推动长江经济带高质量发展开展研究，提出有针对性的、可操作性的政策建议。

《长江经济带高质量发展研究报告（2020～2021）》由国务院参事室长江经济带发展研究中心联合中国宏观经济研究院共同编制，汇集了国务院参事、国务院参事室特约研究员、长江沿线地方政府参事、文史研究馆馆员、参事室特约研究员、文史研究馆研究员、相关科研院所专家研究成果，以及地方政府在生态环保和创新发展等方面的典型案例。从加强长江经济带生态环境系统保护修复、推进畅通国内大循环、构筑高水平对外开放新高地、加快产业基础高级化产业链现代化、保护传承弘扬长江文化等方面探讨了长江经济带高质量发展的具体目标和路径、方法，对推动长江经济带高质量发展存在的一些关键问题提出了有针对性的政策建议。

全书由总报告、五个专题、典型案例和建言献策等篇章构成。其中，政策建议突出针对性、可操作性，是在深入实际调查研究的基础上，提出的一些新招、硬招、实招和行动方案。国务院参事室长江经济带发展研究中心成立以来，充分发挥参事咨询国是的作用，组织国务院参事与长江沿线 11 省市的政府参事与政、产、学、研和智库等各方资源，为推动长江经济带发展建言献策，在进一步营造工业互联网法律和政策环境、洞庭湖流域农业面源污染治理、培育长江经济带物流市场化运营主体、共抓赤水河大保护、推动长江经济带和共建"一带一路"融合、职务科技成果所有权制度改革、全国一体化大数据中心国家枢纽节点等方面提出诸多务实管用的对策建议。

本书具有一定学理性，更注重目标、任务、需求和问题的导向性，适用于广大读者了解推动长江经济带发展战略部署和工作成效，力求服务科学民主决策，助推长江经济带高质量发展。

编委会

2021 年 9 月

摘　要

　　推动长江经济带高质量发展，是以习近平同志为核心的党中央作出的重大决策，对于实现"两个一百年"奋斗目标和中华民族伟大复兴的中国梦，具有重大现实意义和深远历史意义。

　　近年来，在习近平新时代中国特色社会主义思想的指导下，在党中央和国务院坚强领导下，有关部门和沿江省市、相关科研院所等，认真贯彻落实习近平总书记重要讲话和指示批示精神，坚持"共抓大保护，不搞大开发""一盘棋""一张蓝图干到底"，把握整体推进和重点突破、生态环境保护和经济发展、总体谋划和久久为功、破除旧动能和培育新动能、自身发展和协同发展等五大关系，围绕生态优先绿色发展新篇章、区域协调发展新样板、高水平对外开放新高地、创新驱动发展新优势、山水人城和谐相融新画卷的"五新"新使命，坚持目标导向、问题导向，聚焦重要部署，对接工作需求，围绕热点难点痛点问题，为推动长江经济带高质量发展做了大量工作，取得了重要成就。

　　一是加强长江流域生态环境保护修复。坚持生态优先、绿色发展，完整准确全面贯彻新发展理念。2020年12月颁布的《长江保护法》为长江经济带引领生态优先、绿色发展保驾护航，为统筹协调长江大保护和长江经济带高质量发展奠定基础。上中下游把修复长江生态环境摆在压倒性位置，从生态系统整体性和流域系统性出发，从源头上查找问题，强化山水林田湖草等各种生态要素的协同治理，统筹考虑水环境、水生态、水资源、水安全、水文化和岸线等多方面的有机联系，强化国土空间管控和负面清单管理，严守生态红线，持续开展生态修复和环境污染治理工程，保持长江生态原真性和完整性。加快建立生态产品价值实现机制和生态补偿机制，让保护修复生态环境获得合理回报，让破坏生态环境付出相应代价。健全长江水灾害监测预警、灾害防治、应急救援体系，推进河道综合治理和堤岸加固。利用地理信息技术支撑长江经济带生态环境协同治理。在严格保护生态环境的前提下，全面提高资源利用效率，加快推动绿色低碳发展，努力建设人与自然和谐共生的绿色发展示范带。

二是推进畅通国内大循环。坚持全国一盘棋思想，把需求牵引和供给创造有机结合起来，助力构建新发展格局。推进长江经济带上中下游三大城市群协同联动发展，强化生态环境联防联治、基础设施互联互通、公共服务共建共享，引导下游地区资金、技术、劳动密集型产业向中上游地区有序转移，留住产业链关键环节。推进以人为核心的新型城镇化，处理好中心城市和区域发展的关系，推进以县城为重要载体的城镇化建设，促进城乡融合发展。构建统一开放有序的运输市场，优化调整运输结构，创新运输组织模式。

三是构筑高水平对外开放新高地。统筹沿海沿江沿边和内陆开放，沿江省市在新发展格局中找准定位，主动向全球开放市场，加快培育更多内陆开放高地，提升沿边开放水平，实现高质量"引进来"和高水平"走出去"，推动贸易创新发展，更高质量利用外资。加快推进规则标准等制度型开放，完善自由贸易试验区布局，建设更高水平开放型经济新体制。把握好开放和安全的关系，织密织牢开放安全网。推动长江经济带发展和共建"一带一路"的融合，加快长江经济带上"一带一路"的战略支点建设，加快长三角新一轮高水平开放步伐，扩大投资和贸易，促进人文交流和民心相通。

四是加快推动产业基础高级化、产业链现代化。坚持把经济发展的着力点放在实体经济上，提升长江经济带产业链现代化水平，发挥协同联动的整体优势，建立促进产学研有效衔接、跨区域通力合作的体制机制，加紧布局一批重大创新平台，加快突破一批关键核心技术，强化关键环节、关键领域、关键产品的保障能力。推动科技创新中心和综合性国家实验室建设，提升原始创新能力和水平。强化企业创新主体地位，打造有国际竞争力的先进制造业集群，打造自主可控、安全高效并为全国服务的产业链供应链。激发各类主体活力，破除制约要素自由流动的制度藩篱，推动科技成果转化。

五是保护传承弘扬长江文化。长江造就了从巴蜀文化、楚文化到江南文化的千年文脉，是中华民族的代表性符号和中华文明的标志性象征，是涵养社会主义核心价值观的重要源泉。长江文化代表了广义的南方文化，是中华文化的主干之一，其历史悠久、内涵丰富、影响深远、富于创新、充满活力。从巴蜀文化中的酒文化到湘楚文化中的协和夷夏再到江南文化中的稻作文化、舟楫文化、丝织文化、玉器文化等，上中下游的文化共同构建了刚柔相济、求实进取、包容和合、开放兼容的长江文化精神。要不断加强长江文化资源调查和长江文化研究，保护好长江文物和文化遗产。

关键词： 长江经济带　高质量发展　绿色发展

目 录

Ⅰ 总报告

Ⅱ 加强生态系统保护修复篇

V　加快产业基础高级化、产业链现代化篇

VI　保护传承弘扬长江文化篇

皮书数据库阅读**使用指南**

总 报 告

General Report

B.1

推动长江经济带高质量发展研究：
新进展及其他

国务院参事室长江经济带发展研究中心

中国宏观经济研究院

摘　要：　五年来，围绕长江经济带，沿江11省市和有关部门坚持问题
　　　　　导向，强化系统思维，扎实推进生态环境系统保护修复和绿
　　　　　色高质量发展，取得了良好成效。"十四五"期间推动长江
　　　　　经济带高质量发展，要深入学习贯彻习近平总书记系列重要
　　　　　讲话和指示精神，以统筹协同治理为抓手，守稳生态优先绿
　　　　　色发展主战场；以综合交通一体化建设为重点，畅通双循环
　　　　　主动脉；以推进产业基础高级化、产业链现代化为基础，打
　　　　　造引领经济高质量发展的主力军；以文化建设为纽带，促进
　　　　　长江的历史文化、山水文化与城乡建设融合发展。

关键词：　长江经济带　高质量发展　生态环境

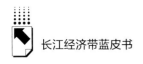
推动长江经济带发展，是党中央、国务院主动适应把握引领经济发展新常态，科学谋划中国经济新棋局，作出的既利当前又惠长远的重大决策部署，对于实现"两个一百年"奋斗目标和中华民族伟大复兴的中国梦，具有重大现实意义和深远历史意义。

党的十八大以来，习近平总书记一直关怀、牵挂着长江经济带发展，多次对长江经济带发展作出重要指示批示，亲自谋划、亲自部署、亲自推动，先后在重庆、武汉、南京三次主持召开座谈会并发表重要讲话，为推动长江经济带高质量发展指明了方向。

一　长江经济带发展的战略定位

作为生态文明建设的先行示范带、引领全国转型发展的创新驱动带、具有全球影响力的内河经济带、东中西互动合作的协调发展带，长江经济带在推动中国经济高质量发展方面，发挥着重要的战略支撑和示范引领作用。关于长江经济带的战略定位，主要有以下四个方面。

（一）引领中国经济高质量发展的排头兵

长江经济带覆盖我国 11 省市，横跨东中西三大板块，面积虽然只占全国的 21.4%，但集聚了 42.8% 的人口，2020 年长江经济带地区生产总值471580 亿元，占全国的比重为 46.4%，在我国经济发展中具有重要引擎作用。长江经济带东有长三角城市群，西为中西部广阔腹地，市场需求潜力和发展回旋空间巨大。在当前全球经济增速放缓、不确定性增多，我国经济已由高速增长阶段转向高质量发展阶段的大背景下，推动长江经济带高质量发展，必须在保护生态环境的前提下，充分发挥长江黄金水道独特作用，构建现代化综合交通运输体系，推动沿江产业结构优化升级，培育具有强大竞争力的三大城市群，使之成为引领我国经济高质量发展的排头兵。

（二）实施生态环境系统保护修复的先行示范带

长江是我国重要的生态宝库和生物基因宝库，流域内动植物千姿百态，珍稀水生生物十分宝贵，生物多样性居我国七大流域之首。长江也是我国水量最丰富的河流，年均水资源总量9960亿立方米。长江流域森林覆盖率达40%以上，河湖湿地面积约占全国的20%。2016年，习近平总书记在重庆召开推动长江经济带发展座谈会，第一次明确提出长江经济带要坚持"生态优先、绿色发展"，并在武汉、南京座谈会上多次强调这一战略定位。推动长江经济带高质量发展，必须立足新时代的历史方位，把"生态优先、绿色发展"作为行动指南，坚持共抓大保护、不搞大开发，统筹江河湖泊丰富多样的生态要素，构建江湖关系和谐、流域水质优良、生态流量充足、水土保持有效、生物种类多样的生态安全格局，使之成为实施生态环境系统保护修复的创新示范带，探索推广绿水青山转化为金山银山的新路径。

（三）培育新动能引领转型发展的创新驱动带

长江经济带科教资源富集，普通高等院校数量占全国的43%，研发经费支出占全国的46.7%，有效发明专利数占全国的40%以上。长江沿线集聚了2个综合性国家科学中心、9个国家级自主创新示范区、90个国家级高新区、161个国家重点实验室、667个企业技术中心，占据了全国的"半壁江山"。推动长江经济带高质量发展，必须依托区域人才、智力密集优势，坚定不移地推进供给侧结构性改革，坚决淘汰落后过剩产能，大力激发创新创业创造活力，实现由要素驱动、投资驱动向创新驱动的转变，使之成为培育新动能引领转型发展的创新驱动带。

（四）创新体制机制推动区域合作的协调发展带

长江经济带上中下游资源、环境、交通、产业基础等发展条件差异较大，中游、上游人均地区生产总值仅分别为下游的60.3%和49.2%，地区间基本公共服务水平差距明显。推动长江经济带高质量发展，必须立足上中下游地区比较优势，创新区域协调发展机制，统筹人口分布、经济布局与资源环境承载能力，打破行政分割和市场壁垒，促进要素跨区域自由流动，提

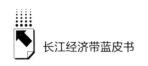
高要素配置效率，激发内生发展活力，使之成为创新体制机制推动区域合作的协调发展带。

二　推动长江经济带发展五年工作进展

五年来，沿江 11 省市和有关部门深入学习贯彻习近平总书记重要讲话和指示精神，认真落实李克强总理和韩正副总理重要批示要求，按照领导小组决策部署，坚持问题导向，强化系统思维，以钉钉子精神持续推进生态环境整治，促进经济社会发展全面绿色转型，力度之大、规模之广、影响之深，前所未有，长江经济带生态环境保护发生了转折性变化，经济社会发展取得了历史性成就。长江经济带经济发展总体平稳、结构优化，人民生活水平显著提高，实现了在发展中保护、在保护中发展。

（一）经济保持持续健康发展

第一，长江经济带经济总量占全国的比重从 2015 年的 42.3% 提高到 2020 年的 46.4%。新兴产业集群带动作用明显，电子信息、装备制造等产业规模占全国的比重均超过 50%。

第二，长江经济带在优化产业结构、转换增长动力方面发挥着示范引领作用。全面塑造创新驱动发展新优势，大力推进国家战略性新兴产业集群和先进制造业集群发展，推动沿江重化工业转型升级。

第三，对外开放水平大幅提高。长江经济带与"一带一路"建设融合程度不断加深，上海洋山港四期建成全球最大规模、自动化程度最高的集装箱码头，宁波舟山港成为唯一吞吐量超 11 亿吨的世界第一大港，中欧班列线路开行达 30 余条。西部陆海新通道加快形成。2016 年以来，长江经济带新增 8 个自贸试验区、24 个综合保税区，2019 年货物贸易进出口总额突破 2 万亿美元。

（二）生态环境保护稳步推进

第一，水质稳步提升。长江流域优良断面比例从 2016 年的 82.3% 提高到 2019 年的 91.7%，2020 年 1～11 月进一步提升至 96.3%，长江流域劣 V 类水质比例从 2016 年的 3.5% 下降到 2019 年的 0.6%，2020 年首次实现消除劣 V 类水体。

第二，生态环境突出问题整改加快推进。建立"发现问题—解决问题—再发现问题—再解决问题"的工作机制，连续三年组织拍摄《长江经济带生态环境警示片》，披露了一批生态环境突出问题。将生态环境突出问题整改作为重要工作抓手，紧盯问题清单，实行台账管理，组织开展督促检查、调研评估和"回头看"，将警示片披露问题纳入中央环保督察重点督办，通过推动问题整改，强化举一反三、系统治理，解决了一大批群众反映强烈的生态环境热点难点问题。一大批高污染高耗能企业被关停取缔，沿江化工企业关改搬转超过 8000 家。长江岸线整治全面推进，1361 座非法码头彻底整改，2441 个违法违规项目已清理整治 2417 个，两岸绿色生态廊道逐步形成。

第三，生态环境污染治理"4+1"工程有序实施。针对造成污染的主要方面和重点领域，立足于治本，分门别类实施水污染治理"4+1"工程，即城镇污水垃圾处理、化工污染治理、农业面源污染治理、船舶污染治理和尾矿库污染治理，着力补短板强弱项，夯实污染防治基础，通过从源头上加强治理，减少污染存量、控制污染增量，有效改善生态环境质量。城镇生活污水垃圾处理能力显著提升，地级及以上城市污水收集管网长度比 2015 年增加 20.7%，城市和县城生活垃圾日处理能力比 2015 年提高 60.7%。

第四，实施综合治理，强化系统保护修复。加强山水林田湖草各类生态要素协同联动、协同治理，采取综合措施，整体推进生态环境保护修复。相关部门开展了长江入河排污口排查整治、"三磷"（磷矿、磷化工企业和磷石膏库）污染治理、小水电清理整改、非法码头和非法采砂专项整治等一系列整治行动，取得了明显成效。扎实推进长江两岸造林绿化、河湖湿地保护修复、生物多样性保护等重点生态系统治理工程，加快构建综合治理新体系。

第五，长江"十年禁渔"全面实施。截至 2021 年 3 月底，长江流域重

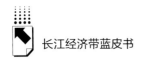

点水域已落实转产就业 12.97 万人，占需转产就业人数的 99.7%；落实社会保障 17.16 万人，实现应保尽保；清理取缔涉渔"三无"船舶 3374 艘、违规网具 4.1 万张（顶），查处违法违规案件 1848 起、司法移送 484 人，生物多样性退化趋势初步得到遏制。

（三）综合运输大通道加速形成

长江干支线高等级航道里程达上万公里，14 个港口铁水联运项目全部开工建设，沿江高铁规划建设有序推进，成都天府机场、贵阳机场改扩建等一批枢纽机场项目加快实施。截至 2020 年 11 月，长江经济带铁路、高铁通车里程分别达到 4.37 万公里、1.54 万公里，比 2015 年分别新增 9120 公里、7824 公里；高速公路里程达到 6.37 万公里，比 2015 年新增 1.55 万公里。同时，长江航道标准提升的航道条件改善，促进了船舶大型化发展，2020 年长江干线船舶平均吨位达到 1960 吨，比 2015 年增长 42%，江海直达、江海联运快速发展，有力保障了长江经济带经济社会发展，2020 年长江干线货物通过量突破了 30 亿吨，再创历史新高，较 2015 年增长了 40%。

第一，按照"深下游、畅中游、延上游"的思路，加快推进长江黄金水道系统治理。五年来，先后实施了 20 余项航道建设工程，长江口南槽一期、南京以下 12.5 米深水航道、武汉至安庆段 6 米水深航道、中游荆江昌门溪至熊家洲段、上游朝天门至九龙坡等一批国家重大工程相继建成投产，世界上规模最大、技术难度最高的三峡升船机建成运行。目前，南京以下可通航 5 万吨级海轮、武汉以下可通航 5000 吨级船舶、重庆以下可通航 3000 吨级船舶、宜宾以下可通航 2000 吨级船舶。

第二，加强与新技术融合发展，不断提升航道服务保障能力。长江干线数字航道全线贯通，电子航道图覆盖率达到 100%，实现与汉江、赣江的互联互通，航道动态监管和应急保障能力明显提升，航道水深达标率、航标正常使用率均达到 100%。同时，为用户提供可视化信息和个性化服务，在船舶交汇、偏航碍航、特殊水域等情形下，辅助船舶安全航行。

第三，践行生态优先、绿色发展的理念，开展绿色航道建设实践。在长江航道发展全周期贯彻生态环保理念，采用生态环保工程结构，实施生态环境监测、增殖放流等措施，创新性开展生态涵养区、生态湿地等生境修复建设。五年来，航道工程的护岸工程绿化率达到80%以上，配套建设生态护岸、生态护滩、人工鱼巢、人工鱼礁等共160余处，补偿性投放鱼类及螺类900多万尾。

（四）绿色发展试点示范走在全国前列

支持上海崇明、湖北武汉、重庆广阳岛、江西九江、湖南岳阳开展长江经济带绿色发展示范，结合自身资源和禀赋特点，探索生态优先绿色发展新路子。支持浙江丽水、江西抚州开展长江经济带生态产品价值实现机制试点，积极推进赤水河流域、三峡地区等重点区域生态优先、绿色发展，形成"5+2"的试点示范格局。试点示范地区结合自身基础和独特优势，积极探索生态优先、绿色发展的新路子，为绿水青山转化为金山银山提供了有益经验。

第一，推进产业绿色转型升级。沿江各省份因地制宜、腾笼换鸟，统筹推动传统产业绿色转型，调整产业布局，促进新旧动能转换。五年来，长江经济带累计关改搬转化工企业8000多家。同时，电子信息、装备制造等产业规模大幅增长，占全国的比重均超过50%。以江西九江为例，通过化工园区"五化改造"破解化工围江难题，通过实施化工园区环境景观化、企业环保化、生产安全化、产业循环化、管理智能化改造，实现化工产业含"绿"量和安全系数双提高。

第二，推进生态环境系统性保护修复。突出规划管控，坚持自然恢复与治理技术创新相结合，整合生态环境治理各方资金，推进生态环境系统性保护修复，提升生态系统功能质量，夯实绿色发展基础。比如，上海崇明以规划管控守住生态空间，通过严控建设用地规模、人口数量、建筑高度，实现"鸟进人退"，占全球物种数量的1%以上的水鸟物种数由7种上升至12种。

第三，培育发展新动能。加强科技创新力度，整合科教优势资源，强化"产学研"融合，提升绿色科技成果转化率和利用率，形成绿色可持续发展

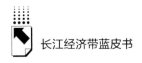
的新动力源。比如，湖北武汉以科教资源优势助推创新发展，发挥武大、华科等高校和众多高新技术企业人才集聚优势，通过建立科技成果转化线上平台，实现新能源、新材料等绿色科技成果及时转化和应用，科技进步贡献率超过60%，高新技术产业增加值占GDP的比重达到25.7%。

第四，强化体制机制创新。强化先行先试和改革创新，以破解制约绿色发展的体制机制深层次矛盾和问题为发力点，建立健全生态产品价值实现机制，完善生态保护补偿制度，建立跨区域生态环境保护联动协作机制，激发生态保护内生动力。比如，浙江丽水通过将生态价值核算列入各县市区综合考核指标体系、建立与生态产品价值相挂钩的财政奖补机制等，推进价值实现体制机制改革，拓宽"两山"转化通道。

第五，探索"两山"转化新路径。合理挖掘自然要素价值，综合运用政府补偿和市场交易手段，拓展多元化的生态产品价值实现路径和差异化实现模式，推动资源变资产、资产变资本、资本变财富。比如，江西抚州围绕创新生态产品金融功能属性，在统筹推进生态资源产权确权登记基础上，通过林权、水权、养殖权、农地经营权等抵押贷款，创新形成了"林农快贷""古屋贷""畜禽智能洁养贷"等金融产品和服务，推动生态资源向金融资产转化。

（五）体制机制不断完善

第一，深入贯彻落实《长江经济带发展规划纲要》，制定印发生态环境保护、综合立体交通走廊建设等多个专项规划，建立实施长江经济带发展负面清单管理制度，强化对产业发展、区域开发、岸线利用的分类管控。出台《关于完善长江经济带污水处理收费机制有关政策的指导意见》，有效促进沿江城市污水处理设施建设运行。健全完善生态补偿机制，积极构建生态保护者和受益者良性互动关系。2021年4月16日财政部、生态环境部、水利部、国家林业和草原局联合发布《支持长江全流域建立横向生态保护补偿机制的实施方案》，加快推动长江流域形成共抓大保护工作格局。

第二，《长江保护法》于2020年12月26日经十三届全国人大常委会第二十四次会议表决通过，并于 2021 年 3 月 1 日起施行，成为我国首部流域法，长江大保护进入依法保护的新阶段。生态环境行政执法、刑事司法和公益诉讼的衔接机制初步建立。建立长江经济带发展负面清单管理体系，加快完善生态补偿、多元化投入、水环境质量监测预警等机制，为推动长江经济带发展提供了有力保障。

第三，即将出台多份重要文件，顶层设计日趋完善。《"十四五"长江经济带发展规划实施方案》已基本编制完成，正在征求有关方面意见；《关于建立健全生态产品价值实现机制的意见》已经中央全面深化改革委员会第十八次会议审议通过。

三 推动长江经济带发展面临的关键问题

（一）长江经济带发展的不平衡不协调问题

一是生态资源利用缺少系统性严格管理，全域环境压力大。水土流失、生物资源量急剧下降、局部环境质量问题突出、灾害频发的状况仍需进一步严防严控，工农业生产、城镇建设和人民生活质量提高对自然承载能力和环境生态构成的压力仍在不断加大，流域生态环境保护的长效性和系统性依然不足。

二是多种运输方式分布不均，综合立体交通体系发展不协调。以长江流域港口为核心的现代联运体系尚未完全建立起来，各种运输方式缺乏有效衔接，综合交通的整体效率和服务质量有待提高。长江航运潜能尚未充分发挥，高等级航道比重不高，中上游航道梗阻问题突出。

三是经济发展阶段差异较大，产业结构尚待进一步优化。长江经济带下游已整体迈入工业化高级阶段，中上游尚处于工业化中级阶段，流域间仍然存在较大的发展差距。流域内产业地域组织结构松散，省际、区际产业发展各自为政，关联度、产能合作程度低。

四是城市群融合、协作不足，不同流段城市定位模糊。三大流段之间城

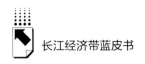

市发育程度差距明显，城市化水平各异。不同城市群中心城市间分工不合理，区域内中心城区能级偏低，"小马拉大车"现象严重。

五是整体意识不强，相关体制机制有待进一步完善。缺乏综合性的国家管理机构与系统性的政策支撑，综合发展规划覆盖不全，同一地区规划之间缺乏衔接。单一部门、单一要素的管理方式依然占主导地位，条块的分割和交叉现象比较严重，区域与部门间尚未建立有效的协调机制。

（二）长江经济带创新能力不适应高质量发展问题

一是创新合作主体不均衡。长江中下游地区高校、科研院所、规模科技型企业等数量多、涉及行业范围广，创新网络较为发达。相较之于长江经济带上游地区，中下游地区创新合作主体数量更多、形态各异、功能更广。

二是科技创新要素分布不均，具有明显的内部差异性特征。科研经费投入强度呈现不均衡趋势，表现为"东高西低"，形成较为明显的两极分化；区域间创新效率差异显著，科技研发人员配置不均衡。上游地区对人才吸引力较弱，"孔雀东南飞"现象较为普遍。

三是协同创新能力差异性较大、创新溢出不显著。长江经济带协同创新能力呈现出长江下游最高、中游次之、上游较低的特点，长三角城市群中除安徽省以外，整体上协同创新能力较强，中下游地区向上游地区的创新溢出不显著，长江经济带中西部地区在协同创新要素投入和创新部门方面仍需加强。

四是创新环境建设不均衡现象存在。下游地区，特别是长三角地区创新政策激励效应显著，创新成果不断涌现，而中上游地区，创新政策的制定与落实存在障碍与瓶颈。在创新氛围方面，长江中下游地区"放管服"等体制机制创新走在前列，政府服务企业意识较强，企业创新环境优良，而中上游地区，仍存在某种程度的"官本位"现象，亟待改进提升。

五是科技创新能力与生态保护之间缺乏协调发展。全流域科技创新专注于区域产业发展，而对长江经济带绿色发展、生态保护支撑不足。

（三）长江经济带城市群一体化发展体制机制改革亟待深化问题

一是协调发展体制机制初步建立但尚不成熟。虽然沿江 9 省 2 市之间存在多样化的政府间协调机制，但由于行政区划带来的利益分割，各行政单元之间目前的协调机制探索仅限于政府层面签订战略协调协议，在能够真正实际落地的区域协调项目、体制机制等领域的探索十分有限，而基于市场主体——企业之间跨行政区的协调合作就更少了。

二是城市群之间的衔接机制有待进一步优化。为推进长江经济带发展，2015 年 3 月以来国务院先后批复了长江经济带多个城市群的发展规划，但各城市群过渡区域的衔接机制还比较缺乏。如长江中下游之间的皖江城市带（又称"江淮城市群"），2014 年之前曾一度参与长江中游城市群建设，后被国务院《关于依托黄金水道推动长江经济带发展的指导意见》划入长三角城市群，其与长江中游城市群的一体化发展势头随即衰减。

三是城市群体制机制改革各领域进展不一。在新常态下，长江经济带的发展更多体现的是经济、社会、生态、文化、行政"五维"协同发展，其保护与开发涉及产业布局、城镇布局、水资源分配、航道整治、基础设施建设、污染治理等诸多领域。但限于各城市群的发展差异与部门利益，在基础设施一体化和生态环境保护领域改革进展势头良好，而在产业布局、水资源分配、航道整治和污染治理等领域的改革相对滞后。

（四）长江经济带发展与"一带一路"建设融合问题

一是长江经济带发展与"一带一路"建设融合实施缺乏顶层设计和常态化协调机制。"一带一路"建设、长江经济带发展的实施分别由不同的领导小组及其办公室负责，两者的工作重心不同，阶段性目标差异较大，在缺乏顶层设计及常态化协调管理机制的条件下，沿江 11 省市在推动共建"一带一路"中难以发挥整体协同、分工有序、重点突破的功效。事实上，长江经济带内外联动、分层次、有重点（重点路线、重点国家、重点领域）共建"一带一路"的分工合作体系尚未建立。

二是长江流域产业间、产业链分工与合作格局尚未形成。虽然长江沿线三大城市群内部产业分工和合作相对紧密，但城市群之间，由东向西产业梯度分工、有序转移仍处在起步阶段，且转移的产业项目中存在一些不符合内陆地区环境特征和承载能力的现象。因此，需要结合各自区位、要素禀赋、发展阶段、创新水平、通道能力等因素，加快构建长江经济带多层次的产业分工格局。

三是长江经济带综合立体交通运输快捷通道建设仍显滞后，主要表现在：沿江高铁、沿江班轮运输、连接内陆与沿江沿海港口的陆水通道和物流节点亟待加快建设；陆空水（江河湖海）多种方式联运机制仍待完善；长江经济带港政、航政、边检、海事等联动体系和合作机制尚未建立。

（五）长江经济带发展与保护协调机制问题

一是经济社会发展不均衡性、结构性和积累性问题突出。长江经济带沿江省市发展不均衡，东、中、西部经济发展阶段、发展观念差别明显，上中下游资源禀赋、环境容量、生态系统特征差异较大。长江经济带经济社会发展结构性问题突出，发展动能倚重第二产业，第二产业倚重重化工业，社会主体能源倚重煤炭。上中下游省市产业规划缺乏有效衔接，同质化明显，环保设施建设和排放处理标准偏低。

二是生态补偿机制和市场化运营机制尚未全面建立。尽管长江沿线多省市相继出台了具有地方特色的生态补偿措施并取得了一定成效，但生态补偿范围、对象、标准仍缺乏科学依据和统一规范，市场化、多元化、长效化的生态补偿机制和全流域整体均衡、局部动态浮动的利益合理分配、分享机制仍亟待建立。"共抓长江大保护"市场化运营机制还未形成，对生态环境治理保护事业的公益属性和商业属性界定不清晰，尚未形成有效的商业运作模式和投资回报机制，地方财政承受能力有限。覆盖生态环保全产业链的行业领军企业尚未出现，生态环保行业"散、小、弱"的境况没有显著改善。

三是生态环境本底数据体系亟待建立，监控、评价、考核缺乏系统权威依据。国家有关部委和沿江省市根据各自管理职能，在长江沿线建立了水质量、水生态、水环境、水动能等监测点，并积累了一定的历史数据资料，对认识长江生态环境系统发展演变趋势发挥了重要参考作用。但这些监测数据都是从各自部门不同的管理职能出发，缺乏统一标准和全面系统性，数据存储机制、共享机制和整合接口未形成，至今仍未建立全流域范围、全生态要素、长时间尺度的长江本底数据库，对长江生态环境和承载能力的认识还停留在定性、宏观层面，缺乏完整系统、精准量化的数据体系，长江生态环境治理保护的监测、评价和考核缺乏科学、统一、系统、权威的标准依据。

四 贯彻新发展理念，推动长江经济带高质量发展

习近平总书记在南京全面推动长江经济带发展座谈会上强调，要坚定不移贯彻新发展理念，推动长江经济带高质量发展，谱写生态优先绿色发展新篇章，打造区域协调发展新样板，构筑高水平对外开放新高地，塑造创新驱动发展新优势，绘就山水人城和谐相融新画卷，使长江经济带成为我国生态优先绿色发展主战场、畅通国内国际双循环主动脉、引领经济高质量发展主力军。新时期推动长江经济带高质量快速发展，需要准确、全面理解和贯彻习近平总书记重要讲话精神，将其作为长江经济带"十四五"时期发展的基本遵循，狠抓落实。

（一）以统筹协同治理为抓手，守稳生态优先绿色发展主战场

要从整体性、系统性出发，从解决问题的根源入手，加强统筹协同治理，巩固提升污染治理成效，突破面源污染防治和水生态保护难点，科学谋划水生态环境保护"十四五"规划，积极推进美丽河湖保护与建设，力争在"有河有水、有鱼有草、人水和谐"上实现突破，持续提升长江生态系统质量和稳定性。

第一，系统开展生态环境修复和保护。加强上中下游地区协同联动，通过开展长江生态环境大普查，强化山水林田湖草等各种生态要素的协同治理，从源头上系统设计生态环境修复和保护的整体预案和行动方案。要科学

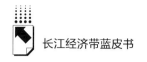
划定和守住各类生态红线，制定生态红线的管理制度和生态红线保护的具体措施，明确各级政府部门在生态红线保护方面的责任，实行生态红线保护问责制。

第二，构建综合生态治理新体系。长江经济带上下游、左右岸、干支流是一个有机整体，必须将整个流域作为完整单元来保护和修复，要统筹考虑水环境、水生态、水资源、水安全、水文化和岸线等多方面的有机联系，推进长江上中下游、江河湖库、左右岸、干支流协同治理，推进水污染治理、水生态修复和水资源保护"三水共治"，深入实施大气污染防治攻坚行动，实施沿江城市污染排放综合治理工程，改善长江生态环境和水域生态功能，提升生态系统质量和稳定性。

第三，构建统筹协调全主体、全流域的区域合作关系。更好实现长江经济带生态环境协同保护，推动长江经济带高质量发展，必须立足上中下游地区比较优势，创新区域协调发展机制，统筹人口分布、经济布局与资源环境承载能力，促进要素跨区域自由流动。积极探索政府主导、企业和社会各界参与、市场化运作、可持续的生态产品价值实现机制，让保护修复生态环境获得合理回报。

（二）以综合交通一体化建设为重点，畅通双循环主动脉

加快沿江高铁等一批综合交通走廊骨干项目规划建设，积极发展多式联运，提高综合交通网络化、智能化、现代化水平。提升黄金水道功能，稳步推动航道区段标准、船舶标准、港口码头管理、通关管理"四个统一"建设；完善综合运输网络，加快沿江铁路、省际待贯通高速公路、支线机场等重大基础设施项目建设；加快发展铁水、公水、空铁联运，着力解决各种运输方式之间的衔接问题，优化与中欧班列、水水中转等运输模式的高效衔接。

第一，推进跨区域骨干运输通道的系统布局。在已经初步形成综合交通网络框架的基础上，精准发力，分类优化内部、对外以及国际等多层次综合运输通道布局。加快完善高效串接长三角、长江中游、成渝以及黔中、滇中

等地区的复合型快速运输通道，实现上下游地区人员物资的畅捷联系。重点实施沿江高铁、川藏铁路等一批战略性工程。研究推动跨区域双层集装箱等专业性货运通道布局。

第二，推进综合交通枢纽和国家物流枢纽建设。优化国际性、全国性、区域性以及重点口岸型综合交通枢纽布局和功能，加快国家物流枢纽建设，推动组合型枢纽集群发展，强化港口群、机场群协同分工。战略性打造一批能够高品质、高层次参与新一轮全球化产业链供应链分工和全球性资源要素组织配置的国际性综合交通枢纽。

第三，精准补齐农村地区和特殊困难地区交通网络短板。围绕乡村振兴战略实施以及农村农业现代化发展，加快补齐农村地区、林区、库区、湖区以及其他特殊困难地区交通设施和服务短板，深入推进城乡交通一体化发展。

第四，与能源、水利等传统基础设施深度融合发展。加强交通、能源、水利等基础设施综合布局、协同规划、协同设计、协同建设、同步预留，强化各类设施岸线、线位、廊道等资源共享共用和集约节约利用。

（三）以推进产业基础高级化、产业链现代化为基础，打造引领经济高质量发展的主力军

围绕产业基础高级化、产业链现代化，发挥协同联动的整体优势，全面塑造创新驱动发展新优势，以技术补链、以生态稳链、以开放畅链，提高长江经济带产业链的韧性、稳定性和灵活性，加快提升产业链现代化水平，积极融入全球产业链体系，助推产业转型升级，为服务构建以国内大循环为主体、国内国际双循环相互促进的新发展格局提供有力支撑，打造引领经济高质量发展的主力军。

第一，锻造产业链优势长板。从电子信息、高端装备、汽车、家电、纺织服装等优势领域，遴选一批具有核心竞争力的关键产品和技术，重点培养、加快壮大，占据产业制高点。要大幅提升传统优势产业附加值。顺应消费和产业"双升级"的需要，加快钢铁、有色金属、石化、纺织等行业高

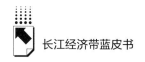
端化改造升级，培育一批竞争力强、附加值高、美誉度好的国际知名品牌，提高传统产业附加值和国际竞争力。

第二，补齐产业链关键短板。针对基础零部件、基础材料、基础软件等工业基础领域，实施产业基础再造工程，通过应用牵引、整机带动，不断提高产品质量、性能和可靠性。要加强关键核心技术攻关。针对高端医疗器械、航空发动机、芯片等高端产业领域，梳理被"卡脖子"的产品目录，着力加强关键核心技术攻关，增强自主可控能力。

第三，提高产业链智能化绿色化水平。坚持以智能制造为主攻方向，对制造业进行全产业链改造，加快发展智能产品和智能装备，建设智能生产线和智能工厂，大力发展网络化协同研发制造、个性化定制、远程运维、产品全生命周期管理、总集成总承包等服务型制造，提高产业链效率和效益；坚守生态环保底线红线，坚定不移地淘汰落后产能，加强资源节约循环利用，推动传统产业绿色化改造。

（四）以文化建设为纽带，促进长江的历史文化、山水文化与城乡建设融合发展

长江造就了从巴山蜀水到江南水乡的千年文脉，是中华民族的代表性符号和中华文明的标志性象征，是涵养社会主义核心价值观的重要源泉。

第一，加强对长江文化的创新性保护。长江流域绵长宽广，长江文化博大精深，做好长江文化研究，一方面要深入研究长江文化不同流域段的地域特征，另一方面也要把握长江文化的整体特征。要注重沿江城市的协同联动，保护好长江文物和文化遗产，充分地涵养长江的历史文化根脉。

第二，加强对长江文化的创造性传承。对长江文化，不仅要保护和传承，更要加强转化和创新，赋予长江文化新的时代内涵和现代表达形式。要在深入研究长江文化内涵的基础上，推动优秀传统文化创造性转化、创新性发展，将长江的历史文化、山水文化与城乡发展相融合，突出地方特色。

第三，发挥长江文化的经济和社会效益。要强化文化体制改革，加大文化基础建设投入，打造长江文化品牌，推动文化事业、文化产业发展，推动

文旅融合、文旅产业发展，创造出更多的集文化价值、经济价值、社会价值、生态环境价值、审美价值等于一体的优秀文化作品，为长江经济带发展提供有力文化支撑，在提升文化自信、促进文化繁荣、助力民族复兴中发挥更大作用。

参考文献

习近平：《在深入推动长江经济带发展座谈会上的讲话》，《奋斗》2019 年第 17 期。

何立峰：《扎实推动长江经济带高质量发展》，《宏观经济管理》2019 年第 10 期。

施卫东：《谱写长江经济带"十四五"发展新篇章》，《人民政协报》2020 年 12 月 1 日。

赵展慧：《长江经济带发展取得历史性成就》，《人民日报》2021 年 1 月 6 日。

刘保林：《国家发展改革委举行新闻发布会 介绍推动长江经济带发展五周年取得的成效》，《中国产经》2021 年第 1 期。

樊一江：《着力发展长江经济带综合交通运输体系》，《经济日报》2020 年 5 月 15 日。

成长春、刘峻源、殷洁：《"十四五"时期全面推进长江经济带协调性均衡发展的思考》，《区域经济评论》2021 年第 4 期。

加强生态系统保护修复篇

Strengthening the Protection and Restoration of Ecosystem

B.2

《长江保护法》开启长江经济带
依法护江治江兴江新征程

吴晓华　罗　蓉　王继源*

摘　要：　《长江保护法》是我国第一部流域法律，在对长江流域生态
环境保护做出详细规定的同时，对绿色发展的方向和具体事
项进行了指导；不仅明确了国务院各部门各地方的职责分
工，而且还开创性地提出了建立流域协调机制，为统筹协调
长江大保护、全面推动长江经济带高质量发展做出了制度安
排，长江经济带由此开启了依法护江治江兴江新征程。

关键词：　长江保护法　长江流域　长江经济带

＊　吴晓华，中国宏观经济研究院副院长，二级研究员；罗蓉，中国宏观经济研究院科研管理部
副主任，副研究员；王继源，中国宏观经济研究院国土开发与地区经济研究所副研究员。

《长江保护法》的颁布和实施，是新时代推动长江经济带发展的标志性事件。长江经济带"生态优先、绿色发展"的战略定位和"共抓大保护、不搞大开发"的战略导向被写入我国第一部流域法，开创了以法治推进长江流域综合治理现代化的新局面，标志着长江经济带开启依法护江治江兴江新征程。

一　《长江保护法》为长江经济带引领生态优先、绿色发展保驾护航

　　《长江保护法》是在推动长江经济带发展过程中应运而生的一部流域生态环境保护法，同时也是一部流域绿色发展促进法。推动长江经济带发展，是习近平总书记亲自谋划、亲自部署、亲自推动的重大区域战略。总书记先后在长江上游重庆、中游武汉和下游南京主持召开推动长江经济带发展座谈会，反复强调，推动长江经济带发展必须从中华民族长远利益考虑，走生态优先、绿色发展之路。当前和今后相当长一个时期，要把修复长江生态环境摆在压倒性位置，共抓大保护，不搞大开发。同时，总书记还指出，推动长江经济带发展要处理好整体推进和重点突破、生态环境保护和经济发展、总体谋划和久久为功、破除旧动能和培育新动能、自身发展和协同发展五个关系，强调要加快长江保护法治进程，对长江经济带"走什么路、怎么走"做出了明确指示。

　　《长江保护法》充分体现了推动长江经济带发展的战略定位和战略导向，将坚持生态优先、绿色发展，共抓大保护、不搞大开发作为长江流域经济社会发展的基本原则，同时强调长江保护要坚持统筹协调、科学规划、创新驱动、系统治理。一方面，明确规划与管控，为流域安全划出红线和底线，对资源保护、水污染防治、生态环境修复提出具体要求，对长江特定区域、特定问题采取特别制度措施，防范和纠正各种对长江流域生态环境可能造成负面影响的行为。另一方面，设立绿色发展专章，将生态环境保护与经济社会发展的关系辩证统一起来，在生态环境容量上过紧日子的前提下，推

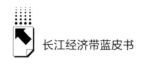

动产业结构、增长方式、消费模式向绿色循环低碳方向发展，促进长江流域经济社会发展全面绿色转型，把绿色发展理念转化为国家意志和全社会行为准则。

二　《长江保护法》为统筹协调长江大保护和长江经济带高质量发展奠定基础

《长江保护法》保护的主体是长江流域，在范围上与长江经济带有所不同，但所涉及区域大部分是重叠的。《长江保护法》所指的长江流域是长江干流、支流和湖泊自然形成的集水区域，涉及青海、四川、西藏、云南、重庆、湖北、湖南、江西、安徽、江苏、上海，以及甘肃、陕西、河南、贵州、广西、广东、浙江、福建19个省区市的县级行政区域，共计180万平方公里。长江经济带是按照具备通航条件的长江干流和部分支流涉及的省级行政单元来划分的，包括云南、贵州、四川、重庆、湖北、湖南、江西、安徽、江苏、浙江、上海九省二市，共计205万平方公里，比长江流域面积多了25万平方公里，但涉及的省级行政区少8个，更加突出长江黄金水道及其经济功能。两者最大公约数是长江生态环境，长江大保护需要从生态系统整体性和流域系统性来考虑，因此长江经济带与长江流域对长江生态环境保护的责任是一致的，对绿色发展的诉求是相同的。

无论是长江流域，还是长江经济带，都是一个整体概念，涉及上中下游、江河湖库、左右岸、干支流以及路港岸产城，坚持"一盘棋"思想，实现各方协同联动，是推动长江大保护和长江经济带高质量发展的必然要求。《长江保护法》提出国家建立长江流域协调机制，统一指导、统筹协调长江保护工作，审议长江保护重大政策、重大规划，协调跨地区跨部门重大事项，督促检查长江保护重要工作的落实情况。该职责与中共中央在2014年成立推动长江经济带发展领导小组的职责相似，领导小组负责统一指导和统筹协调长江经济带发展战略实施，协调跨地区跨部门重大事项，督促检查重要工作的落实情况。由此可以推断，推动长江经济带发展领导小组是建立长江流域协调机制的责任主体，国务院有关部门和长江流域省级人民政府是机制决策的落实主体，按照职责分工负责长江保护相关工作。

关于国家建立长江流域协调机制，《长江保护法》明确提出三项重点任务。一是设立专家咨询委员会，负责组织专业机构和人员对长江流域重大发展战略、政策、规划等开展科学技术等专业咨询。二是协调国务院有关部门和长江流域省级人民政府建立健全长江流域信息共享系统，在统筹协调国务院有关部门在已经建立的台站和监测项目基础上，健全长江流域生态环境、资源、水文、气象、航运、自然灾害等监测网络体系和监测信息共享机制，实现长江流域生态环境、自然资源以及管理执法等信息共享。三是统筹协调国务院自然资源、水行政、生态环境、住房和城乡建设、农业农村、交通运输、林业和草原等部门和长江流域省级人民政府划定河湖岸线保护范围，制定河湖岸线保护规划，严格控制岸线开发建设，促进岸线合理高效利用。这些任务都是国家建立长江流域协调机制、推动长江大保护和长江经济带高质量发展的基础性工作，力图打破现阶段长江流域条块分割的管理模式，解决生态治理碎片化问题，切实以立法形式增强长江流域保护和长江经济带发展的系统性、整体性、协同性。

三 《长江保护法》为推进长江经济带"五新三主"战略部署提供切实保障

长江经济带是我国最早践行生态优先绿色发展的重大区域发展战略。自2016年1月5日，习近平总书记在重庆座谈会提出推动长江经济带发展"走生态优先、绿色发展之路"以来，经过五年多坚持不懈的探索实践，生态环境保护发生转折性变化，水质优良断面比例2020年底达到87.6%，比2015年底提高20.6个百分点；经济社会发展取得历史性成就，经济总量占全国的比重和对全国经济增长的贡献率不断提升，分别从2015年的45.1%和48.5%提高到2020年的46.6%和49.1%。2020年11月14日，习近平总书记在南京主持召开座谈会，对全面推动长江经济带发展做出"五新三主"

战略部署，提出谱写生态优先绿色发展新篇章，打造区域协调发展新样板，构筑高水平对外开放新高地，塑造创新驱动发展新优势，绘就山水人城和谐相融新画卷，使长江经济带成为我国生态优先绿色发展主战场、畅通国内国际双循环主动脉、引领经济高质量发展主力军。

《长江保护法》在条文中对生态环境保护、城乡区域发展、产业升级改造、文化传承弘扬等各个方面都有详细规定，为推进"五新三主"战略部署提供了有力保障。比如，第四十一条要求，国务院农业农村主管部门会同国务院有关部门和长江流域省级人民政府建立长江流域水生生物完整性指数评价体系，组织开展长江流域水生生物完整性评价，并将结果作为评估长江流域生态系统总体状况的重要依据。长江流域水生生物完整性指数与水环境质量标准相衔接，为进一步提升生态环境质量指明了努力方向。第六十五条要求，国务院和长江流域地方各级人民政府及其有关部门协同推进乡村振兴战略和新型城镇化战略的实施，统筹城乡基础设施建设和产业发展，建立健全全民覆盖、普惠共享、城乡一体的基本公共服务体系，为推进城乡融合发展提供了方法路径。第六十六条要求，长江流域县级以上地方人民政府推动钢铁、石油、化工、有色金属、建材、船舶等产业升级改造，提升技术装备水平；推动造纸、制革、电镀、印染、有色金属、农药、氮肥、焦化、原料药制造等企业实施清洁化改造，为地方政府推动技术创新、促进企业减少资源消耗和污染物排放提供了法律依据。第十五条要求，国务院有关部门和长江流域县级以上地方人民政府及其有关部门采取措施，保护长江流域历史文化名城名镇名村，加强长江流域文化遗产保护工作，继承和弘扬长江流域优秀特色文化，为推动山水人文和谐相处奠定了坚实的基础。

总而言之，《长江保护法》是推动长江流域和长江经济带绿色发展的行动指南，不仅明确了国务院有关部门和长江流域地方各级人民政府各方职责分工，而且强调了国家统筹协调、各地方协同推进的系统治理方式，及时从法律层面为长江经济带推进"五新三主"战略部署做出制度安排，长江经济带从此开启了依法护江治江兴江新征程。

B.3

筑牢长江上游重要生态屏障
夯实重庆高质量发展基础

欧阳林*

摘　要： 2021年是习近平总书记在重庆首次召开长江经济带发展座谈会五周年。五年来，重庆市始终牢记习近平总书记的殷殷嘱托，把修复长江生态环境摆在压倒性位置，切实担负起筑牢长江重要生态屏障的"上游责任"，努力在发挥长江经济带绿色发展示范作用中体现"上游水平"，把加快建设山清水秀美丽之地作为交付人民审阅的答卷，以生态环境高水平保护推动经济高质量发展。

关键词： 生态保护　绿色发展　长江上游

2016年1月5日，习近平总书记在重庆主持召开推动长江经济带发展座谈会，强调要坚持"生态优先、绿色发展"的战略定位和"共抓大保护、不搞大开发"的战略导向。重庆位于三峡库区腹心，维系着全国35%的淡水资源涵养和长江中下游3亿多人的饮水安全，是长江上游生态屏障的最后一道关口，对长江中下游地区生态安全承担着不可替代的作用。五年来，重庆始终牢记习近平总书记的殷殷嘱托，坚持从全局谋划一域、以一域服务全局，深入践行"绿水青山就是金山银山"理念，立足上游定位，切实担负

---

* 欧阳林，重庆市政府参事。

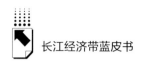
起筑牢长江重要生态屏障的"上游责任",努力在发挥长江经济带绿色发展示范作用中体现"上游水平",力争形成一批可复制、可推广的经验。

一 以长江生态环境保护修复为主线,奋力建设山清水秀美丽之地

一是狠抓生态环境突出问题整改。按照韩正副总理指示要求,生态环境部联合中央广播电视总台,自 2018 年起开始拍摄《长江经济带生态环境警示片》,披露涉及污染排放、生态破坏、环境风险等方面的生态环境突出问题。重庆切实把突出问题整改作为一项极端重要的政治任务,一抓到底、抓出成效。坚持问题导向、目标导向、结果导向相统一,加强组织领导,组织有关市级部门(单位)和区县政府负责人观看警示片,定期组织召开专题会(现场会)协调解决难点卡点问题,全面推动问题整改和生态环境保护修复工作。细化工作任务,科学制订整改工作总体方案,提出具体整改措施,明确整改时限,并在认真做好疫情防控工作基础上推动整改项目全面复工。强化工作调度,每月将调度情况上报国家长江办,形成整改责任单位自查、行业主管部门审查、市长江办核查、公众评价的整改销号四级审查制,高标准、严要求把好整改验收销号质量关。强化举一反三,全面排查关联性、衍生性问题和其他风险隐患,2019 年警示片整改方案举一反三自查发现问题 52 个,边查边改已完成整改 48 个。健全工作机制,实行"每月调度 + 全覆盖实地督导"的工作机制,组织相关部门(单位)全覆盖实地检查两轮以上,印发实施《重庆市推进生态环境质量提升的工作方案》,着力提高问题整改质量和成效。目前,2018 年、2019 年警示片披露的重庆市 20 个生态环境突出问题,已完成整改 18 个,剩余 2 个问题正在推进中。2020 年警示片披露的 9 个问题,在制订整改方案的基础上有序推进。

二是扎实推进生态环境污染治理"4 + 1"工程。"4 + 1"工程为国家长江办第 71 号文件明确的 5 项重点任务,即针对长江生态环境存在的突出问

题，立足于治本，深入推进沿江城镇污水垃圾处理、化工污染治理、农业面源污染治理、船舶污染治理和尾矿库污染治理工程。重庆市围绕"4+1"工程建立了常态化双月调度机制。到2020年底，重庆市城镇污水垃圾处理设施不断完善，长江干流沿线区县已实现集中式污水处理设施全覆盖，污水处理率超过95%，各区县城市生活垃圾无害化处理率、生活垃圾资源化利用率均维持在100%。化工污染治理初见成效，建档立册化工园区8个，全部实现集中式污水处理设施覆盖并达标排放。2016年以来，依法关停、搬迁、升级、重组的化工企业138家，关停、搬迁、升级、重组的距离长江干流和重要支流岸线1公里范围内的化工企业10家。农业面源污染治理有序实施，规模化养殖场共7352家，装备配套粪污处理设施的规模化养殖场共6562家，撤出和转移禁养区内水产养殖规模共59.6万平方米，畜禽粪污综合利用率达到84%。船舶污染治理加快推进，长江干线码头共147座，均配备污水垃圾接收设施，港口接收船舶垃圾总量为3887吨，接收船舶生活污水总量为58789立方米，规划布局的长江干线水上洗舱站2个，均已建成并正在升级改造中。尾矿库污染治理更加有效，全市27个尾矿库中，除了綦江铁矿满山红尾矿库因未投入使用而无须实施污染治理外，其余26个全部建立了"一库一档"，其中13个已完成闭库工作。

三是深入实施长江大保护系列专项行动。按照国家长江办工作部署，重庆对标对表，聚焦重点、精准发力，深入实施专项整治行动。加快推进长江干流岸线利用项目清理整治。及时拟定重庆市长江干流岸线利用项目清理整治工作方案，部署开展专项行动，分解落实工作任务，组成4个市级验收工作组赴18个区县验收整治情况，多次组织召开专题推进会解决部分重点难点问题。目前461个清理整治任务已完成整改460个，累计取缔餐饮船舶128艘，强力关停、拆除长江干流及其支流非法码头173座并实施生态复绿。扎实推进长江流域禁捕退捕。成立重庆市长江流域禁捕退捕领导小组，市农业农村委牵头落实主体责任，各级长江办切实发挥督导督办职能，把禁捕工作纳入全年督办重点，压茬推进精准建档立卡、船网退捕处置、渔民退捕安置、资金落实保障、打击非法捕捞等13项督办事项，工作成效获国家

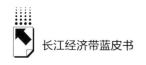
长江办肯定。重庆应退捕渔船5342艘，涉及渔民10489人，分布在37个区县，2020年已全面完成渔船渔民退捕任务。

二　以广阳岛片区建设为引领，全力发挥长江经济带绿色发展示范作用

一是在优化生产生活生态空间上作出示范。围绕广阳岛片区，坚持多给生态"留白"、多给自然"添绿"，组织开展一系列规划编制工作，探索形成"生态规划图"模式，持续优化生产生活生态空间格局。坚持"四划协同"，围绕广阳岛片区功能定位、价值定位和目标定位深入谋划，统筹布局五大功能，精心策划一批重点项目，制订规划建设导则，强化规划管控，实施三年行动计划确保变现落地。摸清"三个本底"，深入梳理广阳岛片区自然生态本底、历史人文本底、发展建设本底，围绕"两山四谷十一丘、一江七河十一库"山水格局，处理好广阳岛保护利用与城市提升、广阳岛与周边区域、广阳岛与重庆全域的关系。守牢"三条底线"，全市划定生态保护红线面积30.27平方公里、永久基本农田面积5.08平方公里和城镇开发边界面积73.79平方公里，科学统筹布局生态、农业、城镇等功能空间。突出"四化目标"，协调处理好岛、湾、城、岸、江的关系，统筹推进片区城市设计，构建全域景城乡一体的空间格局，加快建设国际化、绿色化、智能化、人文化现代城市。

二是在实施山水林田湖草生态保护修复上作出示范。坚持把修复长江生态环境摆在压倒性位置，统筹推进一江两岸山体、水系、湿地、消落区等山水林田湖草系统治理，提升广阳岛片区生态系统质量和稳定性。实施广阳岛生态修复一期，完成生态修复和环境整治300万平方米，自然恢复面积达到全岛面积的67%，植物恢复至383种，消落带植株保存率达到85%以上，植被覆盖率恢复至82%，310种动物生息繁衍，形成10公里生态体验环线和6个示范点。推进朝天门至广阳岛生态航线沿线环境综合整治，完成郭家沱大桥（北岸）施工现场生态环境整治，启动牛头山、团结湖、茶园大道、

广阳大道、苦竹溪、渔溪河"一山一湖两路两河"生态廊道建设。系统推进广阳岛片区"治荒、覆绿、增色",建成"水清岸绿"河段约 5 公里,修复道路 4 万平方米,新增绿地 14 万平方米,整治城市"十乱"现象 3 万余件,拆除乱搭乱建面积 4300 余平方米。在片区生态修复过程中,探索形成"生态中医院"和"生态消落带"模式,创新山水林田湖草生态保护修复新路径。

三是在推进产业生态化、生态产业化上作出示范。坚持学好用好"两山论",走深走实"两化路",壮大"生态朋友圈"凝聚各方合力,利用生态优势打造"生态产业群"。广阳岛成为客商考察的热点区域,环境招商效应逐步显现,维沃重庆研发生产基地、中国移动(重庆江南)数据中心、世茂集团渝港中心、中国化学环境总部等一大批绿色智能项目纷纷落地,美的、京东云、科大讯飞、力合科创等一批行业领军企业发展壮大,中国智谷(重庆)科技园应势而生,集聚高新技术企业 230 户、科技型企业 1100 户,以及长江工业园、重庆软件园、重庆密码产业园、迎龙数字经济创意产业园提档升级。重庆经开区获评国家绿色产业示范基地,果园港"枢纽港"名片效应持续放大,片区生态经济高地、数字经济高地、循环经济高地打造逐步成型,产业发展的科技含量、就业容量、环境质量稳步提升。

三　以守好山治好水育好林为抓手,
着力打造长江上游高品质生活宜居地

一是推进"四山"保护修复。纵贯重庆主城南北的缙云山、中梁山、铜锣山、明月山并称重庆主城区"四山",是集中彰显重庆山水之城、美丽之地的窗口。2018 年 6 月,习近平总书记对重庆缙云山国家级自然保护区违法占地建设"蚕食"林地作出重要批示,市委、市政府高度重视、立即落实,陈敏尔书记亲自部署、亲力亲为狠抓缙云山保护区违建整治工作落实。2019 年 7 月,市政府发布《重庆市主城区"四山"保护提升实施方案》,提出要紧紧围绕"保护自然、保障民生"这一基本方针,以"城市绿肺、市民花园"为总体定位，突出"四山"的自然、人文、民生、休闲四大类功能，明确具体路径方法。实施"四山"保护提升以来，重庆坚持"保护自然、保障民生"方针，编制完成《缙云山国家级自然保护区总体规划（2019—2028年）》，整治违法建筑400余万平方米、违法占用林地耕地8000余平方米，对整治区域进行了覆土复耕复绿，保护区环境秩序明显改善。坚持绿色发展，扎实开启缙云山综合提升新篇章，推动生态环道与周边区域连片整体打造，鼓励农家乐业主实施生态搬迁和提档升级，推动缙云山农旅文商资源深度融合，实现缙云山片区生态价值、人文价值和社会效益最大化。

二是开展江岸河湖整体治理提升工程。主城区"两江四岸"河道中心线长180公里，岸线总长394公里，是重庆城市发展的主轴，也是践行总书记殷殷嘱托的重要载体。2018年以来，重庆市委、市政府开始系统谋划"两江四岸"综合提升工作。陈敏尔书记多次研究部署并作出批示，指出要坚持生态优先、民生优先、品质优先，努力把"两江四岸"打造成为山清水秀生态带、立体城市景观带、便捷共享游憩带、人文荟萃风貌带。唐良智市长提出，要将"两江四岸"作为城市发展主轴，不仅要修复其生态功能，更要完善其城市功能，要将"两江四岸"治理提升工程作为艺术工程、文化工程、景观工程、旅游工程进行系统打造。经过近年来的治理提升，重庆中心城区江岸线生态环境已大为改善，滨江区域面貌焕然一新，具有江城特色的城市景观颜值更佳，让这座曾经的重工业城市悄然攀升至国内排名最靠前的旅游目的地之一。2019年1月，市政府发布《重庆市主城区"清水绿岸"治理提升实施方案》，以建设全国黑臭水体治理示范城市为契机，统筹推进主城区次级河流全流域治理，提出到2021年建成20条河流约427公里"清水绿岸"。2019年1月，"清水绿岸"首批启动项目在巴南区花溪河开工，目前20条河流已全部动工建设，"水清岸绿、鱼翔浅底"的城市美景初步形成。

三是推深做实林长制改革试点。2019年7月至2020年6月，重庆以主城"四山"、三峡库区、大巴山区、大娄山区、武陵山区为重点，在15个区县开展林长制试点。重庆市委、市政府高度重视、强力推动林长制试点，陈敏尔书记、唐良智市长出任全市总林长，7位市领导多次深入一线巡林调度，带动各级林长巡林8.55万人次。重庆紧紧围绕"林长"抓改革，聚焦"山上"抓提升，紧扣"基层"抓落实，建立了市、区（县）、镇乡（街道、国有林场）、村（社区）"四级"林长制指挥体系，建立落实林长制责任体系、生态建设发展机制、生态破坏问题发现机制、突出问题整治机制、工作考核评价机制以及发展规划引领"5＋1"林长制治理工作机制。截至2020年底共落实各级林长4885人，设立安装林长公示牌2349块，落实网格护林员8246人；完成国土绿化提升行动营造林334万亩、松材线虫病除治面积119万亩；完成违建整治9432处，拆除违建面积581.3万平方米，以"林长制"促"林长治"。

四　以释放产业动能为核心，努力助推生产生活方式向全面绿色转型

一是严格负面清单管控。2016年以来，重庆按照国家统一部署，大力开展化工污染整治，以推进化工园区整治倒逼产业转型升级。制定《重庆市长江经济带发展负面清单实施细则（试行）》，严格落实重化工企业市场准入制度，严禁在距离长江干流、主要支流岸线1公里范围内新建、扩建化工园区和化工项目。依法关停、搬迁、升级、重组的化工企业132家，因不符合"共抓大保护"导向果断叫停河钢集团在渝拟投资钢铁项目。积极淘汰落后化工产能，长江干支流1公里范围内无新（扩）建化工项目，境内8个化工园区已实现集中式污水处理设施全覆盖并达标排放。落实生态保护红线、环境质量底线、资源利用上线和生态环境准入清单制度，划定全市生态保护红线管控面积达2.04万平方公里，占辖区面积的24.82%，"大山大江大城大美"总体格局加快形成。

二是提高创新驱动能力。高起点高标准启动建设西部（重庆）科学城，打造具有全国影响力的科技创新中心。中科院重庆科学中心加快建设，集聚

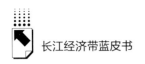
北京大学重庆大数据研究院等高端研发机构 43 个，培育国家科技创新基地 7 个。全球最小间距显示屏、高速硅基光电子芯片、高塑性镁合金、高精度智能压力变速器等技术领域取得突破。新增超声医学工程、山区桥梁及隧道工程省部共建国家重点实验室 2 个、国家应用数学中心 1 个。建成科研平台 40 个，引进高端人才 800 余人，完成科技成果转化 20 项，培育孵化企业 36 家。2020 年线上中国国际智博会全市 71 个重大项目集中签约，总投资 2700 多亿元，项目涉及智能制造、智能化应用场景、智慧医疗、智慧新材料、新基建新要素以及新业态新平台等多个领域。

三是引导产业转型升级。坚持以绿色、循环、低碳为导向，坚持产业生态化、生态产业化，积极构建绿色制造体系，狠抓绿色化技改，大力发展关联度高、带动力强、环境友好的产业，培育三峰环境等一批国内竞争力较强的龙头骨干环保企业和环保知名品牌。加大国家级绿色制造示范体系创建力度，益海嘉里（重庆）粮油有限公司等 13 家企业成功创建国家级绿色工厂，玖龙纸业（重庆）有限公司的"玖龙牌牛卡纸 230 克"等 31 种产品成功获批国家级绿色设计产品，中国船舶重工集团海装风电股份有限公司成功创建国家级绿色供应链。加快推进企业、产业、园区绿色发展、循环发展，累计创建市级绿色工厂 104 家，其中国家级绿色工厂 35 家。深化循环经济试点，洛碛综合处理场获批成为全国 50 个资源循环利用基地之一。中心城区纳入全国"无废城市"建设试点。可再生能源装机达到 960 万千瓦。

五　持续推动生态环境保护修复工作，
谱写生态优先绿色发展新篇章

2020 年 11 月 14 日，习近平总书记在南京主持召开全面推动长江经济带发展座谈会，用"全面推动""高质量发展"两个关键词，精准点出了当前背景下长江经济带发展的主题；用"转折性变化""历史性成就"这样的词语，高度肯定了 5 年来长江经济带发展取得的阶段性成绩；同时，习近平总书记赋予了长江经济带"新篇章、新样板、新高地、新优势、新画卷"

的新的历史使命，提出了"主战场、主动脉、主力军"的目标定位，明确了下一阶段长江经济带发展的主要任务。

重庆将进一步加强生态环境系统保护修复，谱写生态优先绿色发展新篇章。切实抓好长江经济带生态环境突出问题整改，从源头上系统开展生态环境保护修复，扎实推进生态环境污染治理"4＋1"工程，将长江"十年禁渔"作为一项极端重要的工作抓紧抓好，实施以"蓝天、碧水、绿地、净土"为目标的污染防治攻坚战，不断提升优美生态环境给人民群众带来的幸福感、获得感和安全感。

重庆将努力在国内国际双循环中发挥战略作用，打造区域协调发展新样板。将需求和供给有机结合，加大供给侧结构性改革力度，加快推进成渝地区双城经济圈建设，加强上游四省市生态环境联防联控、基础设施互联互通、公共服务共建共享，建设"近者悦、远者来"的美好城市。

重庆将进一步提升对外开放水平，着力打造改革开放新高地。加快完善立体交通运输网，系统提升重庆段干线航道通航能力，高标准推进西部陆海新通道建设，打造联结"一带一路"和长江经济带的多式联运中心，构建开放平台新格局，推进高质量"引进来"和高水平"走出去"，着力提高引进外资的质量，营造国际一流营商环境。

重庆将进一步加快产业基础高级化、产业链现代化，塑造创新驱动发展新优势。高标准建设西部科学城，努力打造具有全国影响力的科技创新中心，积极谋划战略性新兴产业发展，积极谋划推进超瞬态物质科学实验装置等重大科技基础设施建设，逐步形成创新能力和创新成果，为产业培育提供源头活水，持续提升发展质量和效益。

重庆将进一步保护传承弘扬长江文化，绘就山水人城和谐相融新画卷。将长江的历史文化、山水文化与城乡发展融合，编制实施好成渝地区双城经济圈巴蜀文化旅游走廊建设规划，全面推进包括白鹤梁在内的一批世界文化遗产申报，推动优秀传统文化创造性转化、创新性发展，建设"山水、人文、城市"三位一体的国家历史文化名城。

B.4
创新绿色引领长江经济带高质量发展*

黄　寰**

摘　要：　本报告总结了长江经济带生态水平稳步上升但绿色发展不均
衡的现状，分析了长江经济带高质量发展在资源环境、创新
引领、利益协调等方面面临的问题，并进一步从绿色理念、
绿色技术、协同发展等方面提出了创新绿色引领长江经济带
高质量发展的对策建议。

关键词：　长江经济带　高质量发展　绿色理念

　　长江经济带是我国跨度最大的内河经济带，横跨了中国东、中、西三大
经济板块，是我国经济协调发展实现的重要区域，是绿色发展理念在流域经
济中的重要体现。2018 年 4 月，习近平总书记在长江经济带发展座谈会上
明确提出，要把恢复长江生态环境摆在压倒性位置，共抓大保护、不搞大开
发。实现长江经济带高质量发展，要以创新绿色发展为引领，把长江经济带
建设为我国最具代表性和影响力的创新绿色发展示范带，也是我国长江流域
经济可持续发展的必经之路。

---

　　* 本文系国家自然科学基金专项项目(42042019)，四川省、重庆市社科规划"成渝地区双城经济
圈"重大项目(SC20ZDCY001)，2021 年度四川省科协科技智库调研课题，四川省社科重点研究
基地沱江流域高质量发展研究中心重大专项招标课题(TYZX2020 - 01)，四川高校社科重点研
究基地成渝地区双城经济圈科技创新与新经济研究中心项目的阶段性成果。
　　** 黄寰，四川省政府参事室特约研究员。

一 长江经济带总体发展现状

（一）长江经济带生态水平稳步上升

长江经济带作为我国横跨东、中、西部的重点区域，是我国经济发展水平和质量的重要体现和生态保障。目前，长江经济带绿色发展水平稳步上升，《长江经济带绿色发展报告（2017）》显示，长江经济带绿色发展指数从2011年的49.39上升至2015年的56.35，平均增速2.67%，绿色增长度、绿色承载力和绿色保障力三个方面均有所提升，其中绿色承载力对长江经济带绿色发展贡献明显。

（二）长江经济带区域绿色发展仍不均衡

在长江经济带内部，各区域绿色发展水平均有所提升，但其发展并不均衡。长江经济带绿色发展水平在东、中、西部地区差异较大，上海、浙江、江苏三地的绿色发展水平在长江经济带各省市中处于前列，重庆、贵州、云南、湖北、四川四个地区处于中等水平，湖南、安徽和江西等中部省份处于较低水平。[①] 东部地区经济发达，产业结构优势明显，为绿色发展水平较高的区域；西部生态基础良好，环境保护力度较大，绿色发展处于中等水平；而中部地区在过去一段时间由于未能有效兼顾经济与生态协调发展，绿色发展处于较低水平。

二 长江经济带高质量发展面临的主要问题

（一）资源环境面临巨大压力

由于多年的高强度开发和流域生态环境整体保护不足，长江流域生态环

---

① 湖南省社会科学院绿色发展研究团队：《长江经济带绿色发展报告（2017）》，社会科学文献出版社，2018。

境尤其是水体污染严重。2017 年长江经济带各省市 GDP 之和占比超过全国的 45%，在占全国 1/5 的国土面积上承载的人口超过了总人口的 2/5。同时在产业布局和产业类型方面存在"重化工围江"问题，沿岸大量不适宜的产业类型集中分布，对资源环境造成了巨大的压力。长江"黄金水道"拥有便利的水运条件和用水条件，我国部分钢铁基地、炼油厂以大型国有化工基地布局在长江沿岸，导致大量化工企业集聚。[①] 虽然产业集中能提高总体经济效益，有利于产业在成本、技术等方面形成优势，但对于高污染行业、高耗能企业来说，过于集中容易带来环境污染问题。目前这一情况已得到有效的遏制，但仍需要高度关注。另外，在环境污染治理上，长江经济带的东部发达地区环境污染治理投入占 GDP 比重仅为 1.17%，低于全国的平均水平，流域污染治理力度还需要进一步提高。

（二）创新引领作用尚未凸显

近年来，随着我国创新驱动战略的深入推进，创新事业呈现蓬勃发展的局面，但就长江经济带而言，创新驱动对高质量发展的支撑作用尚未完全显现。在技术创新方面，长江经济带 R&D 经费投入强度五年内仅提升了 0.33%，技术创新投入平均水平低于其他区域。特别是在上游与中游地区，区域知识溢出和流动范围较小，制度创新对长江经济带绿色发展的保障和支持作用仍需进一步激发，体制机制障碍仍然制约着长江经济带高质量发展的进程。

（三）绿色发展区际利益协调机制需要加强

长江经济带在经济格局上整体可以划分为东部发达地区、中部中等发达地区和西部欠发达地区三大类型。其中西部欠发达地区是长江经济带上游重要的生态屏障，承担着水土涵养等关键的生态安全责任。但河流属于公共资

---

① 张厚明、秦海林：《长江经济带"重化工围江"问题研究》，《中国国情国力》2017 年第 4 期，第 38~40 页。

源，流域治理的正和负外部性明显，上游西部地区在牺牲其经济发展机遇的同时并未得到合理有效的补偿，所进行的区际生态补偿和资源税费改革尚不能完全将其正外部性内部化，从而导致在长江经济带上中下游地区的权、责、利存在不对等的情况，中部和下游地区"搭便车"行为较为突出，还未形成有效的跨区域协同治理体系。

（四）县域生态建设有待进一步提升

长江经济带 11 省市 800 多个县域，区域发展差异巨大，且面临着严重的生态压力。部分县域为加速城镇化、工业化建设，累积了大量的生态负面清单，大规模改造国土空间布局，破坏自然生态环境，破坏性过度开发自然资源，现在又面临着低效产能过剩和资源环境约束的两难局面，走了"先污染后治理"的弯路。并且，乡村污染也是县域生态建设的难点，不合理的劳动生产造成水土流失严重，过度使用化肥造成土壤污染，以及部分农村脏乱差等问题都影响着长江流域的生态空间，成为约束长江经济带高质量发展的瓶颈。

三　创新驱动长江经济带绿色发展的对策建议

长江经济带跨越我国东、中、西部，既有区域发展特色优势，也有资源储备条件，在科研发展、人才培养方面具有创新发展的巨大潜力。各地区需要充分发挥自身优势，整合创新要素，引导产业创新发展，推动产业体系以资源要素性投入、规模推动增长为主向以技术创新要素性投入、全要素生产效率提高为主转变，以绿色引领高质量发展，促进长江经济带经济发展动力转型。大力实施创新驱动，依靠科技创新促进新时代生态文明的发展，大力推进产业结构、发展方式的转变，培育生态环保产业，发达地区带动中等和欠发达地区共同发展，为长江经济带高质量发展带来新的动能。

（一）树立全域创新绿色发展的理念

树立绿色发展的全面创新理念，以科技创新为基础，从体制机制、市场

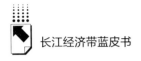

管理等多方入手共同开创绿色发展的新局面。首先，要树立全面创新发展理念，在意识形态上充分认识到绿色发展对于长江经济带这一特殊区域的关键性作用，扫除传统的不合时宜的旧观念和落后思想，真正把保护生态环境落到实处，发挥绿色生态资源优势，实现绿色转型发展。其次，要树立全域创新理念，长江经济带发展动力的转换并不只是中上游中等发达、欠发达地区所面临的任务，也是先发地区所面临的一项紧迫任务。先发地区不仅面临着环境治理薄弱的问题，还面临着探索传统产业淘汰后的产业经济发展的新出路问题，既要解决环境污染历史遗留问题，又要寻找新的经济发展路径，向更高层次的产业价值链跨越。

（二）以绿色技术支撑高质量发展

针对资源环境突出问题，以绿色技术攻关为主要任务，大力推进绿色技术、装备和材料的科技研发和应用，推动绿色现代化技术体系的构建。强化"互联网＋"技术在生态环境监测领域的应用，推动提高长江经济带"生态优化高质量发展"战略的现代化治理水平，提升治理效能。以问题为导向，以"产学研用"协同创新为主要方式，重点支持与"生态优先绿色发展"高度相关的国家工程实验室、省部（校地、校企）共建国家重点实验室与工程中心、野外科学观测研究台站等科技平台建设。鼓励企业加大研发投入，加快重大集成技术、设备和产品的产业化发展和工程化应用，推动环保产业的快速发展与提升企业可持续发展能力。结合长江经济带高质量发展的突出环境问题，推进重大环保技术创新项目的开展，积极推广示范，加大环保技术对环境治理的支撑力度。

（三）产业绿色转型加速区域经济增长与环境污染彻底脱钩

促进经济增长与环境污染的脱钩，其实质是在实现经济增长的同时减少污染物排放量，实现社会和经济的可持续发展。近年来在环境规制的作用下长江经济带总体实现了逐渐脱钩的发展趋势，说明在经济稳步增长的情况下环境污染得到了合理控制。但是，长江经济带经济增长与环境污染还处于相对脱钩状态，如不进一步采取措施加深脱钩程度，促进长江经济带经济增长与环境污染的彻底脱钩，可能将会面临反弹甚至负脱钩的发展形势。产业绿色转型是驱动长江经济带经济增长与环境污染脱钩的关键因素。长江经济带积极转换经济增长方式，大力发展绿色环保产业势在必行。一是利用先进技术对高耗能高污染产业进行升级改造，打造具有核心竞争力的绿色产业，进而使产业转型符合经济新常态要求。二是立足当前发展战略不断对标先进企业向全产业链高端挺进，加大力度发展战略性新兴产业，多筹并举地培育新动能。三是根据发展战略因地制宜地进行产业布局，并以创新驱动完善全产业链体系，紧密协同实现产业与城市的融合发展。通过重塑长江经济带绿色产业体系，最终实现经济增长与环境污染的彻底脱钩。

（四）加快创新驱动区域协同发展

长江经济带各区域、各省（市）在技术创新发展方面存在一定的差距，发展不平衡不协调问题突出。因此，需要建立东、中、西部协调发展机制，探索构建长江技术创新联盟，促进科技信息、基础设施与设备、重大成果的共建共享，全面推动长江经济带生态产业一体化发展。在落后地区需要优化创新环境，从而提高吸收先进地区知识溢出能力，实现知识创新的区域之间的流动，打破地区和行业之间技术传播和应用的桎梏。[①] 同时，充分发挥大数据和"互联网＋"的技术优势，实现科技资源在长江经济带区域的有效流动，为绿色引领高质量发展提供支撑，推动长江经济带实现有质量、有效益、可持续的发展。

（五）体制创新促进共建流域生态走廊

环境治理、生态优先离不开区域协同联动，必须构建区域合作治理模式，才能有效、持续地推进绿色发展，打造长江流域生态走廊。首先，明确

---

① 王业强、郭叶波、赵勇、胡浩：《科技创新驱动区域协调发展：理论基础与中国实践》，《中国软科学》2017 年第 11 期，第 86～100 页。

区域合作治理主体架构，明确联动治理主体责任，转变单一的政府治理模式，统筹企业、居民等共治主体，建立政府规划引导、企业绿色生产服务、社会公众共同监督的合作治理体系，并联合民间组织为区域治理协同联动提供智力服务，打通沟通渠道，广泛开展合作，共享长江经济带绿色发展的成果。其次，建立完善的区域协同联动的审批制度，破除跨区域行政审批的壁垒，加快建立起各地政府间的联合管理机制，实现跨区域的联合执法，在长江沿线构建无缝的执法体系，[①] 充分利用网络平台实现信息实时传送，完善项目联合审批制度。再次，建立生态信息实时监测、传输、共享平台，实现对重点污染源、高污染高耗能企业、生态环境状况等的全面监控。最后，在产业选择上，要遵循流域整体经济效益最大化原则，形成产业的优势互补和联动发展，充分发挥各区域在资源、技术和市场应用方面的优势，打造协同的现代绿色产业体系，共同抵制高污染、高耗能、低价值的产业环节，避免过度集中、恶性竞争、以个别利益影响长江流域整体生态发展的情况发生。

（六）创新生态治理体系夯实绿色本底

大力推进生态修复，打造长江流域生态屏障，找准长江经济带生态系统恢复的关键着力点，重点针对长江三峡库区消落带等生态敏感区域，积极应对各类自然灾害，开展生态修复和治理。结合天气、水文、土壤等基本生态信息，筛选培育生态植被，创新生态修复治理模式，推动不同类型区域的生态修复创新发展。积极同企业展开合作，联合探索长江流域生态修复创新技术适用性研究，通过模型试验和工程实例研究，结合"三线一单"编制和环保技术创新，构建一套适合长江流域的生态修复技术设计、实施方案和结果评价体系，[②] 解决长江流域生态修复的生态难题，将长江经济带的"绿色"转化为美丽的"底色"。

---

① 成长春、臧乃康：《以体制创新推动长江经济带绿色发展》，《光明日报》2018 年 4 月 10 日，第 15 版。

② 张亦筑：《致力于解决三峡库区消落带治理难题》，《重庆日报》2018 年 5 月 16 日，第 5 版。

（七）绿色转型激发县域经济后发优势

充分发挥县域农村地区生态资源丰富的优势，吸引省市中心城市人力、资本、技术等要素，不断探索发展生态农业、乡村旅游、休闲农业等新的经济形态，通过跨域合作、互利共赢，建设美丽乡村。强化县域公共服务配套设施建设，发挥城市对县域绿色发展的带动作用，完善城市空间规划，激发县域协调发展潜力；完善行政管理制度，扩大县域管理和服务的范围，强化财政控制能力，提升办事效率，加强政府管理和服务，促进县域绿色发展；健全市场制度、完善市场体系，促进生产要素在区域内的自由流动，通过合理优化资源配置结构的方式提高资源配置效率。

参考文献

湖南省社会科学院：《长江经济带绿色发展报告（2017）》，社会科学文献出版社，2018。

张厚明、秦海林：《长江经济带"重化工围江"问题研究》，《中国国情国力》2017年第4期。

王业强、郭叶波、赵勇、胡浩：《科技创新驱动区域协调发展：理论基础与中国实践》，《中国软科学》2017年第11期。

成长春、臧乃康：《以体制创新推动长江经济带绿色发展》，《光明日报》2018年4月10日。

张亦筑：《致力于解决三峡库区消落带治理难题》，《重庆日报》2018年5月16日。

李强、韦薇：《长江经济带经济增长质量与生态环境优化耦合协调度研究》，《软科学》2019年第5期。

佟金萍、陈洁、赵路路：《长江经济带绿色全要素用水效率对经济增长的空间溢出效应研究》，《生态经济》2019年第5期。

文丰安：《推动新时代长江经济带高质量发展》，《改革》2018年第11期。

罗志高、杨继瑞：《长江经济带生态环境网络化治理框架构建》，《改革》2019年第1期。

周杰文、蒋正云、李凤：《长江经济带绿色经济发展及影响因素研究》，《生态经济》2018年第12期。

B.5
长江中游地区市场化生态补偿机制建设的政策建议

贺清云　朱　翔*

摘　要：　针对我国现行生态补偿机制存在的问题，本报告从国家和省级层面提出了建设长江中游地区市场化生态补偿机制的政策建议，包括：明确受益者和保护者权责，界定环境资源产权；完善市场化生态补偿原则和相关法律法规；加大市场化生态补偿力度；完善市场化生态补偿资金管理机制，鼓励生态交易；开展多元化生态补偿方式探索和试点，提升全社会市场化生态补偿意识等。

关键词：　生态补偿　环境资源产权　生态交易

长江中游地区位于我国内陆腹地，主要包括河南、湖北、湖南、江西、安徽等中部地区，有着广阔的江河流域、森林面积以及丰富的自然资源，在社会发展与经济建设中发挥着重要的生态服务作用。近年来，按照"谁开发谁保护，谁受益谁补偿"的原则，长江中游各省逐步推进生态补偿机制的建设，并取得了一定成果。然而，长江中游地区以政府为主体的现行生态补偿机制，存在权责不明、方式单一、标准偏低等诸多缺陷，亟待建立市场化生态补偿机制，实现长江中游地区社会、经济、生态的可持

---

*　贺清云，湖南省政府参事；朱翔，原湖南省政府参事。

续发展。

建立市场化补偿机制首先要解决制度保障的问题，必须以科学发展观为指导，按照构建社会主义和谐社会的要求，以统筹区域协调发展为主线，以体制创新、政策创新、科技创新和管理创新为动力，制定系统的市场化生态补偿政策，不断完善政府对市场化生态补偿的调控手段和政策措施，充分发挥市场机制的作用，动员全社会积极参与，逐步建立公平公正、积极有效的生态补偿机制。

一 需要国家层面提出的政策建议

明确受益者和保护者的权责，界定环境资源产权。市场化生态补偿的支付主体是生态受益者，以及代表受益者的各级人民政府。中央政府主要负责国家重点生态功能区、重要生态区域、大型废旧矿区和跨省流域的生态补偿；地方各级政府主要负责本辖区内重点生态功能区、重要生态区域、废旧矿区、集中饮用水水源地及流域海域的生态补偿。对于典型的公共物品，由政府承担生态补偿的主要责任。在区域内的公共资源，由公共资源的全体受益者来按照特定的分担机制承担补偿责任。加强对生态补偿资金使用的权责落实的监督管理。界定环境资源产权，对于地理位置独立的土地资源、森林资源、水资源、矿产资源、环境容量及其净化能力资源等稀缺资源，其责任主体为当地政府；对于跨区域等难以界定产权的自然资源，由中部六省政府统一管理和分配使用。

完善市场化生态补偿原则和相关法律法规，建立健全市场化生态补偿长效机制。根据"谁开发谁保护、谁破坏谁恢复、谁受益谁补偿、谁污染谁付费"的原则，污染生态环境的企业或个人，必须承担污染治理和防治区域污染的所有费用，赔偿因消耗生态资源、破坏生态系统而带来的所有损失。对于严重污染生态环境的情况，必须追究其相应的法律责任。因生态资源的合法开发而给生态资源重复利用造成破坏的，由企业对生态资源所有权人进行补偿；因生态资源的合法开发而给周围环境造成污染的，由

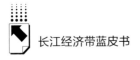

生态企业对生态区居民进行补偿；因生态资源的不适度开发而给生态资源永续利用造成破坏的，由企业对"后代人"进行补偿；因生态资源的不合理定价而给生态城市造成损失的，由其他工业城市对生态城市进行补偿。

加快完善基础性制度。加快建立健全相关产权制度。进一步明确市场化生态补偿主体、对象及其服务价值，以界定产权为前提，建立和完善市场化生态补偿机制。加快建立市场化生态补偿标准体系，根据各领域、不同类型地区的特点，完善测算方法，分别制定市场化生态补偿标准，并逐步加大市场化补偿力度。切实加强监测能力建设，健全重点生态功能区、跨省流域断面水量水质国家重点监控点位和自动监测网络，制定和完善监测评估指标体系，及时提供生态监测评估信息。逐步建立生态补偿统计信息发布制度，抓紧建立市场化生态补偿效益评估机制，积极培育生态服务评估机构。将市场化生态补偿机制建设工作成效纳入地方政府的绩效考核。强化科技支撑，开展生态补偿理论和实践重大课题研究。

加大市场化生态补偿力度。建立生态建设重点地区经济发展、农牧民生活水平提高和区域社会经济可持续发展的长效投入机制。提高市场化补偿标准。加强矿山环境治理，恢复责任机制，加大矿山地质环境治理和生态恢复保证金征收力度，在原有基础上增加5%；开征环境税，对于占用在生态恢复能力和环境自净能力范围内自然资源的企业，征收其营业额30%的生态补偿费。扩大补偿范围。在森林、矿产资源开发等市场化生态补偿集中领域，加大对流域、湿地等的补偿力度，将耕地及土壤生态补偿纳入统计范畴。将资源税的范围扩大到矿藏资源和非矿藏资源。征收水污染税、大气污染税、污染源税等专项生态税，加大水土保持生态效益补偿资金的筹集力度。在主要依靠中央财政转移支付的同时，加大地方政府和企事业单位投入，增加优惠贷款、社会贷款等其他渠道。除资金补助外，重视产业辅助、技术援助、人才支持、就业培训等其他补偿方式。

完善市场化生态补偿资金管理机制，鼓励生态交易。加强部门内部和行政地域内的市场化生态补偿工作，整合有关生态补偿的内容，对于跨部门和跨行政地区的市场化生态补偿工作，上级部门应给予协调和指导。建议国务院设立市场化生态补偿联席办公小组，负责国家市场化生态补偿的协调管理，联席办公小组成员为国家发展改革委、财政部、生态环保部、林业局、水利部、农业农村部等相关部委领导，行使市场化生态补偿工作的协调、监督、仲裁、奖惩等相关职责。下设办公室，作为常设办事机构。同时建立一个由专家组成的技术咨询委员会，负责相关政策和技术咨询。此外，为鼓励民营经济投资创办生态制造企业，联席办公小组可集中审批生态制造企业设立申请，并提供全程高效的行政服务。对于业已开展生产经营的生态制造企业，通过贷款担保、贴息、税收优惠以及行政事业性收费减免等措施，支持其生态制造业务发展。及时足额发放地方补偿资金，严惩挤占、挪用补偿资金等违反国家生态补偿机制的现象和行为。生态资金的使用应遵循鼓励生态交易的原则。鼓励投资方建立生态项目，准许投资方建设某一生态项目，项目建成后在 5 年内独立经营获得利润，5 年后将项目无偿转交给政府或所属机构。降低生态项目贷款利率，根据专家的生态资本评估，对新开发的生态项目提供 10% 的补助。鼓励生态环保企业股份制改造，对完成上市的生态环保企业一次性奖励 50 万元资金。鼓励社会资本对生态公共物品的投资，对于投资生态公共物品的企业或个体，提供 2 万元的启动资金并减少 20% 的税金。鼓励生态资源自组织的私人交易和生态服务市场贸易，简化和加快生态交易协议和相关法律合同的审批流程。成立生态环境友好型的产品认证机构，对以生态友好方式生产生态有机食品、绿色食品等的企业减免 15% 的税金。

积极开展多元化生态补偿方式探索和试点。充分运用经济手段和法律手段，探索多元化生态补偿方式。搭建协商平台，完善支持政策，引导和鼓励开发地区、受益地区与生态保护地区、流域上游与下游地区通过自愿协商建立横向补偿关系，采取资金补助、对口协作、产业转移、人才培训、共建园区等方式实施横向生态补偿。鼓励建立以生态环保创业投资基金、生态项目资产证券化融资（ABS 融资）等为主导的市场化生态补偿资金筹措渠道，对生态项目基金主要建立者和融资者酌情予以奖励。积极运用碳汇交易、排污权交易、水权交易等补偿方式，探索市场化补偿模式，拓宽资金渠道。在湘江、洞庭湖、鄱阳湖、东江、洪泽湖、丹江口水库、黄河、淮河、海河、汉江等开展流域和水资源生态补偿试点，在荆江重要蓄滞洪区开展水生态补偿试点，在具备条件的地区开展耕地及土壤生态补偿试点，以典型示范、点带面的方式，有计划地推广示范点经验，稳妥地推动市场化生态补偿机制的全面实施。

加强组织领导和监督检查。建立生态资本评估机构，由政府资助成立生态评估专家组，对生态资本的各种类型经济价值与期望投资收益进行评定和估算。建立由发展改革委、财政部等部门组成的部际协调机制，加强对市场化生态补偿工作的指导、协调和监督，研究解决生态补偿机制建设工作中的重大问题。加强生态补偿资金分配使用的监督考核，加大对重点领域和区域生态补偿特别是试点工作的指导和协调力度。指导各地按照中央的总体部署，严格资金使用管理，强化监督检查，确保市场化生态补偿政策落到实处。建议配合国家生态补偿机制的建立，理顺国家生态环境建设和保护的管理体制，变多头监管为统一管理，为生态补偿机制的实施提供强有力的组织保障。国家有关部门要尽快开展生态效益测算的专项研究工作，包括生态系统服务功能的物质量和价值量的核算、资源开发和工程建设活动等的生态环境代价核算、合理的生态补偿标准的确定等；与此同时，还要加强对生态环境情况的动态监测，建立科学的生态环境监测和生态效益指标评价体系，为科学合理地开展市场化生态补偿提供理论支撑和科学依据。

提升全社会市场化生态补偿意识。使"谁开发谁保护，谁受益谁补偿"的观念深入人心，是市场化生态补偿机制建立和真正发挥作用的社会基础。进一步加强生态补偿宣传教育力度，使各级领导干部确立提供市场化生态公共产品也是发展的理念，使生态保护者和生态受益者以履行义务为荣、以逃避责任为耻，自觉抵制不良行为；引导全社会树立生态产品有价、保护生态人人有责的思想，营造珍惜环境、保护生态的氛围。

二 需要省级层面提出的政策建议

（一）建立健全生态补偿的公共财政制度

继续加大生态补偿投入。充分发挥财政转移专项资金在现阶段生态补偿机制建立过程中的主导地位，逐步加大财政补助资金的投入。为鼓励长江中游各省保护区域内森林、流域、湿地、矿区、重要生态功能区的积极性，可在原有生态补偿资金的基础上，每年新增 5 亿元的专项资金，视财力情况，逐步进行充实和调整。

整合优化财政补助结构，加强地方专项资金配套。各省应当根据生态补偿的要求，加快建立配套的生态补偿专项资金并制定使用管理办法，对生态环境保护好的地区给予重点补助，对生态环境保护欠佳但考核结果比上年有进步的地区给予适当补助，对生态环境保护不力的地区则相应减少补助。配套资金应优先扶持省级生态补偿资金投向的重点领域和项目，对重点区域采取"先行先试"的试点补偿方案。

积极争取国债等资金支持。多渠道积极争取国债资金以及国家级各类专项补助资金，提高政府各项资源性收费中用于生态补偿的比重，强化资源使用补偿。争取各种社会资金（包括捐助）参与生态环境建设。

探索市场化筹资的补偿方式。支持多渠道吸收社会资金，争取国际非政府组织专项基金支持，引导社会公益性资金加大对生态保护的投入；加强与生态环保领域国际机构的合作，积极争取国外贷款、赠款支持，引进生态建设的新理念、新技术、新机制，探索和推广高效、经济的生态治理方案。

（二）逐步建立责权统一的生态补偿行政责任制度

明确各省生态补偿的重点领域。重点加强生态公益林建设、饮用水源保护工程、流域交接断面水质自动检测系统建设、湿地保护工程、矿产资源开发区的环境保护和生态建设，实施重点项目重点管理，积极制定生态重点工

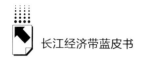
程项目在用地、税收等方面的优惠政策，充分发挥生态补偿在生态环境保护和建设中的整体效益。

建立生态补偿的行政责任机制。建立生态补偿的行政激励机制，积极启动绿色 GDP 国民经济核算研究，将资源和环境成本纳入国民经济发展评价体系，并作为衡量区域经济发展水平的重要指标。完善现行党政领导干部政绩考核机制，将万元 GDP 能耗、万元 GDP 水耗、万元 GDP 排污强度、交接断面水质达标率和群众满意度等指标纳入考核体系并逐步增加其权重，建立健全特殊生态价值地区领导干部政绩考核指标体系。

明确补偿标准。根据各地方政府环境保护和生态建设目标责任制考核内容，结合流域生态环境质量指标体系、万元 GDP 能耗、万元 GDP 水耗、万元 GDP 排污强度、交接断面水质达标率和群众满意度等指标，逐步建立科学的生态补偿标准体系。

（三）引入市场化激励机制，完善生态补偿的市场化运作模式

引入公平、合理、高效的生态补偿市场化激励机制，将"钱"（资金投入）与"权"（产权）进行有效合理配置，使政府财政支付与市场补偿相结合，充分发挥政府、企业与社会公众的力量，让生态资源能够长久地发挥其经济效益与生态效益，避免单纯依靠政府的财政支付——缺乏灵活性和持久性，而产生的后续问题。完善的市场化补偿机制必须建立在产权明晰和市场交易成本低的基础上，以实现市场补偿机制的效益最大化。要在生态补偿中充分发挥市场在调节资源配置中的基础性作用，引导社会各方参与生态环境保护和建设，培育资源市场，开放生产要素市场，使资源资本化、生态资本化，使环境要素的价格真正反映其稀缺程度，从而达到节约资源和减少污染的双重效应。另外，应积极探索资源使用权、碳汇交易、排污权交易、水权交易等市场化补偿模式，完善生态资源合理配置和有偿使用制度，加快建立生态资源使用权出让、转让和租赁的交易机制；探索建立区域内污染物排放指标有偿分配机制，逐步推行政府管制下的排污权交易，通过市场机制降低治污成本、提高治污效率，引导鼓励生态环境保护者和受益者之间通过自愿

协商实现合理的生态补偿。当然，市场机制不能脱离政府的强有力管理而存在，它需要政府在市场补偿的过程中发挥纠正市场偏差和市场失灵的作用。

（四）完善生态服务交易平台，鼓励社会力量参与

建立市场化的生态补偿机制，必须以生态交易平台为基础，促进生态服务交易主体多元化，吸引社会力量参与。对于政府财政支持的生态建设项目，应把中央的转移支付、地方生态税费收入和专项基金等补偿资金统一注入生态服务交易平台，以政府购买的方式进行生态补偿。环保 NGO 利用国内外政府、企业和个人捐款实施生态保护计划，是政府进行生态建设的重要补充。对于这类社会公益组织主导的生态建设项目，也要鼓励其利用生态服务交易平台，通过市场交易的形式，选择专业的生态制造企业开展具体的生态建设，以便生态公益组织利用有限的人力物力，更好地筹措生态建设资金和监督企业生态建设过程，实现加大生态建设投入和高效利用生态建设资金的双重效果。

（五）加强生态服务的信息建设

加强网络信息队伍建设。建设一支既会搜集、分析和加工信息，又能向信息需求者提供服务的综合性信息服务队伍，在国家部门中选择人员进行培训，增强其信息化意识。

加强生态服务项目的信息网络建设。可考虑把生态服务信息加入其他如"农民信息网"之类的网络或与之进行对接，使生态地区得到全方位信息服务。参考国际经验，完善与国际接轨的交易平台体系。积极培育专业的中介机构，为私人企业经营者提供市场化方案、拟定合同和指导资金使用等；积极组织包括水文专家、森林专家、经济学家等多学科背景在内的团队，建立中介机构，为生态服务市场化提供咨询指导，为尽快建设生态服务市场提供技术支撑体系和综合技术平台。

（六）加快构建有效保障体系

加强组织领导。成立专门的领导小组，建立区域范围内的协调管理机

构，规范生态服务验收标准，推进生态建设和生态补偿各项工作的落实。各级政府要积极研究和制定生态补偿的各项政策措施；各级生态办要会同财政部门加强对生态补偿专项资金使用的管理，提高资金使用效率；发展改革、经济、建设、环保、农业、国土资源、林水等部门要各司其职，相互配合，共同推进生态补偿机制的建立健全，认真落实生态补偿政策各项要求。各级各部门要加强对生态补偿措施的督促落实，开展定期监管和评估，完善补偿资金支付和管理办法，切实保障生态保护区资金补偿到位，对挤占、挪用生态补偿资金的现象依法予以制裁。

跨省合作。政府引导和民间促进相结合，建立健全长江中游地区区域联动机制，打破行政壁垒，加强交流与合作。尤其在跨界流域的生态补偿问题上，要理顺各责任主体的关系，而责任主体的关系因流域尺度不同而有所不同。流域生态补偿机制的总体设计思路主要包括：一是确定流域尺度；二是确定流域生态补偿的各利益相关方即责任主体，在上一级环保部门的协调下，按照各流域水环境功能区划的要求，建立流域环境协议，明确流域在各行政交界断面的水质要求，按水质情况确定补偿或赔偿的额度；三是按上游生态保护投入和发展机制损失来测算流域生态补偿标准；四是选择适宜的生态补偿方式；五是制定不同流域生态补偿政策。

完善政策措施。确定重点调研课题项目，组织开展政策攻关，夯实立法基础。积极开展有关区域生态补偿实施、生态公益林管理、排污权交易、异地发展、采矿权和采砂权等资源使用管理方面的政策制定和立法工作，制定出台生态补偿配套政策，为实施生态补偿提供政策和法制保障。

坚持科学评估。建立生态资源存量的年度调查和统计制度，掌握区域生态资源存量的历史变迁和现状变化，深入开展环境容量测算、资源消耗评价及水质自动监测等关键技术的科研攻关，加快建立自然资源和生态环境价值评价体系，建立客观公正的生态补偿标准体系，为生态补偿顺利开展奠定坚实的技术基础。

（七）支持生态特色产业发展

支持发展生态农业。大力发展无公害、绿色、有机种植业和生态养殖业，鼓励开展农林牧复合经营。加大财政支农资金的扶持力度，聚焦一批生态农业示范项目。

扶持发展绿色加工业。在符合城市总体规划和土地利用总体规划的前提下，制定配套政策，支持发展资源节约、环境污染少的绿色加工业，扶持发展一批生态特色产业项目，积极推进对绿色加工业的清洁生产和产品认定工作。

积极发展生态旅游。强化各省生态旅游开发规划，支持生态保护地区在保护好生态资源、符合规划要求的前提下发展生态旅游，支持有一定规模的生态旅游地区建设配套公共服务设施。

扩大农民非农就业。鼓励各省增加护林、护河等公益性就业岗位，促进当地农民非农就业，支持将养护人员相关费用纳入政府购买公益性服务项目范围。

B.6
长三角区域一体化发展
水安全保障对策研究

徐　驰　刘国强　刘佳明　陈英健*

摘　要：　长三角是长三角区域一体化发展、长江经济带发展、"一带一
　　　　　路"建设三大国家战略的交汇地带，在国家现代化建设大局、
　　　　　全方位开放格局以及"以国内大循环为主体，国内国际双循环
　　　　　相互促进"的新发展格局中具有举足轻重的战略地位。水安全
　　　　　保障工作是支撑长三角区域经济社会高质量发展的重要基石，
　　　　　必须遵循水循环的科学规律，统筹江、河、湖、库、海等各类
　　　　　水空间，协调水量、水质、水域、水流等各类涉水要素，统筹
　　　　　协调好水与经济社会发展和人类活动的关系，以水为脉、系统
　　　　　治理、综合施策，通过水利创新发展推动水治理体系和治理能
　　　　　力现代化，为长三角区域经济社会高质量发展提供强劲支撑。

关键词：　水安全保障　水治理体系　水利创新

一　推进长三角区域水安全保障工作的重大意义

（一）长三角区域水安全保障工作事关长江三角洲区域一体化发展战略全局

"长江三角洲区域一体化发展"是习近平总书记亲自谋划、亲自部署、

---

* 徐驰，长江勘测规划设计研究有限责任公司水利规划院高工；刘国强，长江勘测规划设计研究有限责任公司水利规划院流域规划部主任，高工；刘佳明，长江勘测规划设计研究有限责任公司水利规划院防洪减灾部副主任，高工；陈英健，长江勘测规划设计研究有限责任公司水生态环境研究院规划设计一部副主任，高工。

亲自推动的重大战略。2020年8月,习近平总书记在合肥主持召开扎实推进长三角一体化发展座谈会并发表重要讲话,指出面对严峻复杂的形势,长三角地区必须率先形成新发展格局、勇当科技和产业创新开路先锋、加快打造改革开放新高地。长三角区域是我国经济发展最具活力的地区,经济总量约占全国的1/4,人均GDP是全国平均水平的1.4倍,产业基础资源丰富,特别是在电子信息、生物医药、高端装备、新能源、新材料等领域形成了一批国际竞争力较强的创新共同体和产业集群,同时又具有良好的交通地理优势,通江达海、承东启西、联南接北、口岸资源优良。推动长三角一体化发展,对于有效维护国家经济安全和产业安全,加快形成"以国内大循环为主体、国内国际双循环相互促进"的新发展格局十分重要。水安全保障作为支撑长三角区域一体化发展的基础性保障,事关长三角区域一体化发展国家战略全局,必须做到万无一失。

(二)长三角区域水安全保障工作是全国水利现代化建设的着力点与先手棋

在新时期治水思路的指引下,水利部作出加快推进新时代水利现代化的总体部署。长三角濒江临海、河网密布、因水而兴、因水而优,历来是我国经济社会发展和水安全保障的重点区域,水利基础设施建设处于全国领先水平,是全国水利现代化建设的着力点与先手棋。但经济社会更高质量发展对水安全保障工作提出了新的更高要求,人民群众对防洪保安全、优质水资源、健康水生态、宜居水环境、先进水文化的需求更加迫切。尽管近年来水安全保障工作不断向前推进,但洪涝风险依然是高质量发展最大的威胁。2020年长江、淮河、太湖发生的大洪水充分暴露出现有防洪体系依然存在诸多薄弱环节和风险隐患;上海、苏锡常、杭州湾等发达地区优质水资源供给不足愈发成为高质量发展的严峻挑战,部分地区资源型、水质型缺水问题依旧存在;太湖、巢湖等重点湖泊仍处于中度富营养状态,与幸福河湖建设的要求还有一定差距。针对水安全保障面临的新挑战,在更高起点上探索创新水安全保障布局与举措,

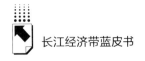

推进长三角水安全保障一体化发展，对促进、示范和引领全国水利现代化建设意义重大。

二 长三角一体化发展水安全保障具有良好基础条件

新中国成立以来，特别是党的十八大以来，长三角区域在党中央、国务院的坚强领导下，持续推进治水兴水护水管水行动，为水安全保障一体化发展奠定了良好基础。

（一）水利基础设施日臻完善，互联互通格局初步形成

近年来随着各流域干支流河湖治理，以及南水北调东线、引江济淮、引江济太等跨流域骨干工程密集建设，初步形成了区域互联互通的水系网络。截至 2018 年，区域供水能力近 1000 亿立方米，建成大型灌区 50 座，有效灌溉面积超 1.5 亿亩，城乡供水一体化覆盖率超过 80%，城乡供水需求总体得到保障；5 级以上堤防及海塘超过 10 万公里，达标率 75%，重点河湖和主要城市防洪体系基本达标，洪旱灾害风险应对和水资源优化配置能力全国领先。

（二）美丽河湖建设不断深化，水生态环境持续向好

长三角高度重视生态文明建设，大力推进长江大保护、太湖流域水环境综合治理、巢湖流域水环境综合治理，着力实施淮河、钱塘江、洪泽湖等重要水体生态保护与修复，统筹推进大运河文化带建设，积极落实"清四乱"、水源地安全保障达标建设、城镇黑臭水体整治、取水口排污口专项核查、地下水禁采等各项工作，全国范围内率先开展生态河湖（江苏）、美丽河湖（浙江）等建设行动，整体水环境承载能力得到有效提升，省级及以上重要江河湖泊水功能区水质达标率（双指标）从 2013 年的 51.7% 提高至 2018 年的 85.9%，水质达到或优于Ⅲ类的地表水水源地占比达 91.5%。

（三）河湖长制全国推广，水治理体制机制推陈出新

长三角是河湖长制发源地，在全国率先建成河湖长制体系，太湖流域建立了国内首个跨省湖泊高层次协商协作平台——太湖淀山湖湖长协作机制，为全国跨地区河湖长制深入落实提供了典型示范，长江流域全面推进河长制、水流产权确权管理，淮河流域制定了《淮河流域河湖长制工作沟通协商机制议事规则》，开展河湖管理范围划定等工作。围绕治水一体化，长三角先后制定了我国首部流域性综合管理法规《太湖流域管理条例》，建立了太湖流域水环境综合治理省部际联席会议制度、太湖水环境综合治理水利工作协调小组、长三角区域合作办公室等协商平台和机构。长三角区域水市场改革发展不断深化，新安江流域生态补偿形成可复制可推广经验，不仅有力提升了区域治水管理水平，也为全国水利改革发展贡献了大量经验和智慧。

（四）水利信息化建设逐步深入，水利公共服务水平引领全国

长三角区域基本实现水雨情和水工程自动监测，以及水利、环境、气象等多部门的信息共享，信息化业务覆盖防汛抗旱、水资源管理、水资源保护、水政执法、水土保持等，成为全国水利信息化建设的典范，包括水利领域在内的"一网通办""数字化转型""最多跑一次""不见面审批"等公共服务改革成为全国品牌。"十三五"时期水利投资超过 9000 亿元，位居全国前列，投资拉动水利公共服务水平不断提升并引领全国。

三　长三角一体化发展水安全保障的对策

长三角区域濒江临海、水网纵横，涉及四大流域、三省一市，水旱灾害、水污染等问题交织，省际、部门间治水还存在不协调因素。长三角一体化发展水安全保障，要紧扣"一体化"和"高质量"两个关键，把准水量、水流、水质脉络，构建互联互通的长三角骨干水网，系统解决水多、水少、

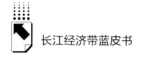

水脏问题，通过水利创新发展推动水治理体系和治理能力现代化，实现饮水放心、用水便捷、亲水宜居、洪涝无虞，人民群众获得感、幸福感、安全感进一步增强。

（一）总体思路

长三角水安全保障工作应立足于平原河网地区地势低平、河网密布、水动力不足、水多水少水脏矛盾交织等突出特征，针对新老水问题，以系统治理和保护为导向，以"高标准、高质量、可控制、低风险"为目标，打造"互联互通、丰枯调剂、多源互补、调控自如"的长三角骨干水网，系统治理突出水问题，实现水安全保障一体化发展。

骨干水网打造应充分结合长三角河湖水系本底条件，发挥水网综合优势，以长江为主轴，太湖为核心，西部大别山、黄山、天目山等丘陵山区为生态屏障，东部河口水域和沿海岸线为保护带，淮河、钱塘江、大运河为骨干廊道，巢湖、洪泽湖、千岛湖、高邮湖、淀山湖为重要节点，打造"一轴一核、一屏一带、三廊多点"的骨干水网。

一是充分发挥长江主轴作用，全面提升长三角水安全保障水平。长江是长三角的生态大廊道、洪水主通道、调配主水源和黄金大水道，应大力实施长江大保护战略，加强水污染联防共治，推进重要生境保护与修复；加强河势控制和综合整治，创新洲滩圩垸管理，维护河道行洪纳潮能力，发挥淮河、太湖洪水入海通道功能；发挥水资源辐射南北优势，向北济淮、向南济太，完善国家和区域水资源调配总体格局；完善南京深水航道和长江口航道，研究开辟江海运河分流长江口航运压力，促进长江口生态保护和长江航运总体规模提升。

二是将太湖作为长三角水安全保障工作的核心，打造"水、城、文、绿、旅"融合的世界级人文生态湖区。环太湖地区是长三角经济社会发展和水安全保障工作的核心，太湖与长江、杭州湾的水力联系是治理太湖的关键。未来需进一步完善利用太湖调蓄、北向长江引排、东出黄浦江供排、南排杭州湾的综合治理格局；全面推进美丽太湖建设，强化太湖流域水环境综合治理，重点加强太湖上游及望虞河、新孟河、太浦河周边地区污染源治理和水资源保护，科学推进太湖内源治理、水生态修复和蓝藻防控，完善引江济太；研究自水阳江向太湖补水的湖西引江工程，提升太湖水动力和水资源条件；探索城市群多水源连通互济、余缺互补的供水保障体系。

三是以皖西大别山区和皖南—浙西—浙南山区为重点，共筑长三角区域绿色生态屏障。长三角西南山区水资源禀赋优良，是支撑经济社会发展的水资源储备区。要实施重要水源地保护工程和水土保持生态清洁小流域治理工程，建设水源涵养生态屏障，为浙江东部和北部、皖北、皖中地区提供充足清洁水源。应加强跨区域协同治理，建立和优化水生态补偿机制；加强山洪防治，完善监测预警体系。

四是以长江口、杭州湾等河口及海岸带为重点，打造东部沿海岸线保护带。长三角东部河口水域及沿海岸线是海洋灾害的一线防护带、生态环境的重点保护带，应加强生态海堤建设，推进沿海平原骨干排涝工程和海塘安澜工程；开展重要物种生境保护与修复；强化河口滩涂保护和岸线岸滩修复，建设蓝色海湾。

五是突出淮河生态廊道功能，发挥泄洪、水资源配置和生态廊道效益。淮河串联皖北、苏北等地区，接纳洪泽湖及沿淮众多湖泊，是长三角北翼的主廊道。应通过干支流综合整治、行蓄洪区调整与建设、入江入海能力提升，扩大洪水出路，结合南水北调东线和引江济淮等重大引调水工程沟通长江，完善水资源配置体系，统筹重要支流、湖泊综合治理和生态廊道建设，提升水生态环境功能。

六是强化钱塘江生态廊道效益，发挥水资源优势。钱塘江串联杭州、黄山等重要城市，水资源富集、水质优良，是长三角南部的主廊道。应优化提升优质水资源输送调配能力，加强上游洪水拦蓄、中下游堤防达标与提质升级，强化河源、河口综合治理与保护。

七是利用大运河沟通南北、传承文化的优势，打造大运河生态廊道。作为长三角唯一一条纵向延展，串通长江、太湖、淮河、钱塘江的骨干廊道，大运河承担长三角骨干水网的南北辐射功能。应在长江以北段重点提升水资

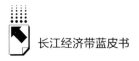
源输配功能，完善区域水资源配置体系；在江南运河段重点提升沿线城市防洪能力，改善河网水生态环境，营造亲水公共空间；在浙东运河段重点加大水资源保护力度，保护河道输水安全。

八是打造巢湖、洪泽湖、千岛湖、高邮湖、淀山湖、龙感湖、骆马湖、石臼湖等重要调蓄节点。长三角丰富的湖泊资源是骨干水网实现调配自如的关键节点，应统筹协调多源来水和多向配水，发挥调蓄洪水、调配水资源和维护生态等综合功能；以行蓄洪空间保护与管理为重点完善湖泊综合管控体系，实施水系连通、退圩还湖还湿和生态清淤工程，提升防洪能力，恢复和提升水资源配置能力，加强湖泊综合治理和生态修复，推进水生态环境持续改善。

（二）主要对策

1. 筑牢安全可靠的防洪减灾体系

针对长三角区域交织汇集上游巨量过境洪水、区间暴雨洪水、下游风暴潮增水的突出防洪问题，根据各流域水情、工情新变化和新问题，以长江为重要承泄载体和骨干泄洪纳潮通道，统筹跨流域蓄泄关系，优化淮河入江和太湖排江通道，加强淮河入海水道、太湖杭州湾排洪能力建设，优化区域防洪除涝格局。加强江河湖泊综合整治和提质升级，综合运用河道治理、堤防提质、控制性水库建设、蓄滞洪区优化与建设等措施，积极推进长江、淮河、太湖等重要江河湖泊综合整治，全面加强重要支流及独流入海河流综合治理，全面完成有防洪任务的中小河流重点河段综合治理。加强长江口、杭州湾和东南诸河河口综合治理与海塘达标提标工程建设，适时在有条件的通海水道建设挡潮闸工程，提升沿海地区抵御海洋灾害的能力。加强城市防洪排涝能力提升建设，与流域防洪体系有机衔接，逐步形成与城市规模、功能、定位相适应的城市防洪除涝体系，推进海绵城市与韧性城市建设，适当恢复水体调蓄空间，提高城市雨水利用和排涝能力。加强重点涝区治理，坚持涝区排涝与流域防洪统筹协调，完善排滞蓄截综合除涝工程体系。加强长三角区域洪、潮、涝风险应对能力提升措施，按照"两个坚持、三个转变"①防灾减灾新理念，开展洪水风险区划编制和应用，开展适应长三角区域经济社会发展的蓄滞洪区和洲滩民垸发展模式研究，完善洪潮应急预案体系，强化监测预报预警体系，加强水工程联合智能调度。

2. 打造互联互通的水资源供给保障体系

统筹长三角区域内外、各流域上下游水资源禀赋条件和开发利用格局，充分发挥河网水系横贯东西、沟通南北的优势，保障供水安全和高质量发展对优质水资源的需求。在强化节水减污增效、水资源节约集约和安全利用的前提下，以长江为水资源配置中心，结合南水北调东线、引江济淮、引江济太等工程提升区域南北水资源承载能力，破解皖北、苏北及江淮地区缺水困局；以浙西南、皖南和大别山区水源为水资源配置重点，深度挖掘千岛湖、陈村、港口湾梅山、响洪甸、佛子岭、花凉亭、下浒山等大型水库调蓄能力和优质水源潜力，提升杭嘉湖、萧绍宁、温台平原、沿江地区优质水资源供给保障能力。结合环太湖、沿江、浙东南、皖北苏北等重点地区的水资源开发利用条件，进一步优化完善太湖引江能力，研究拓展入湖通道，加强长江沿线江淮分水岭、"三江"（水阳江、青弋江、漳河）、池州、安庆等重点地区的水资源配置研究，谋划浙东南地区浙北、浙东、浙中三大区域配水大动脉，开展苏北临海引江、江海运河、沿海输水通道等重大工程研究，优化重点地区水资源配置体系，盘活存量、提升质量，统筹推进蓄、引、提、调和灌区工程建设。完善城乡供水保障网络，促进水资源联通互济、多源互补，完善城市供水系统，加强水资源统一调度与管理，发展城乡供水一体化，塑造高品质、有韧性的供水保障体系，提升社会化服务水平。

3. 构建共保联动的水生态环境保护与修复体系

树立山水林田湖草生命共同体思想，坚持生态优先、绿色发展，以建成绿色美丽长三角为目标，在全国范围内率先打造幸福河湖样板区。依据国土

---

① "两个坚持、三个转变"指坚持以防为主，防灾救灾相结合；坚持常态减灾与非常态救灾相统一；从注重灾后救助向注重灾前预防转变，从应对单一灾种向应对综合减灾转变，从减少灾害损失向减轻灾害风险转变。

空间规划，开展涉水空间划定，加强河湖水域岸线保护，建立涉水空间管控制度，确保河湖水面率和自然岸线保有率稳中有升，受损空间生态服务功能逐步恢复。以加强水功能区管理为抓手，统筹推进水域陆域污染协同防治，加大饮用水水源地和南水北调东线、引江济淮、望虞河、太浦河等输水廊道的保护力度，重点推进太湖流域水环境综合治理，着力开展跨界水体环境共保联治，实现长三角水环境质量持续改善。加强河湖生态用水保障，改善太湖、里下河等平原河网地区的水动力条件，加快长江、淮河、钱塘江、大运河等大江大河的绿色生态廊道建设，开展太湖、巢湖、洪泽湖、千岛湖等重点湖泊生态治理，推进长江口、杭州湾等河口及沿海地区生态恢复，加强水生生物多样性保护，逐步提升长三角区域水生态系统稳定性和生态服务功能。立足长三角水网密布、水乡繁荣的特点，集中连片开展农村水系综合整治，修复农村河湖功能，提升农村人居环境，在此基础上深度挖掘和大力弘扬江南水乡、大运河等水文化内涵，强化遗产保护与利用，加强水文化传承与发展，推动水文化与产业深度融合，满足人民精神文化和休闲娱乐需求。

4. 创新一体化协同治水管水体系

坚持全面深化改革、破除行政壁垒，推进共商共管。创新跨流域跨行业协同管水体制机制，充分发挥相关流域管理机构作用，优化流域洪水与水量调度方案，进一步探索河湖管理机制，加强涉水事务监管和省际水事协调。推进江河湖泊、水资源、水利工程、水土保持等重点领域监管，强化监管制度、标准、机制保障，建立健全涉水行为全覆盖的监管体系。在新安江生态补偿经验基础上，探索优化生态补偿机制，深化水利建设投融资体制改革、创新推进水权水价改革，发展长三角区域水市场。围绕区域一体化河湖水网与重大水利工程，加强高新技术应用，完善智能监控体系、加强水利工程智慧化改造，搭建多维度开放的基础数字平台和智慧协同应用系统，提高水利公共服务水平和效能。强化水利科研创新，积极研究建立一体化水利标准体系，联合提升水利科技创新能力，加强重大科技问题研究，为长三角区域水安全保障提供科技支撑。强化水安全风险防范工作，科学动态评估水安全风险，加强应急预案编制，加强水利工程安全风险管控，着力提升长三角区域防范化解重大水安全风险的能力。

长三角区域水安全保障拥有良好的基础，也面临重大的机遇，在建设"率先基本实现现代化引领区"的征程中，长三角区域有能力、有条件担负起引领水利现代化建设的重大责任，需要紧扣"一体化"和"高质量"两个关键，整体谋划、区域联动、系统治理，补强短板、提档升级、引领示范，切实提高区域水安全保障能力，支撑长三角更高质量一体化发展。

B.7
利用地理信息技术支撑长江经济带
生态环境协同治理

周月敏*

摘　要：　长江经济带生态地位突出、发展潜力巨大，但是流域地表水
生态环境局部污染问题仍然突出，生态系统整体脆弱，经济
带土地开发"带"状格局尚不明显，支撑长江生态环境协同
治理的基础相对薄弱。为了推进长江经济带生态保护和经济
发展，需要进一步强化基础支撑与顶层设计、强化重点区域
目标管理、优化土地开发空间格局以及健全生态环境协同治
理体制机制。

关键词：　长江经济带　生态环境　地理信息

推动长江经济带发展是党中央作出的重大决策，是关系国家发展全局的
重大战略。2018 年 4 月 26 日习近平总书记在武汉主持召开深入推动长江经
济带发展座谈会上强调，"生态环境形势依然严峻，生态环境协同治理较
弱，难以有效适应全流域完整性管理的要求"。当前支撑长江生态环境协同
治理的基础相对薄弱，长江流域生态环境底数状况还不清晰，由于生态环境
保护涉及范围大、跨流域跨行政区，涉及部门多、各部门技术口径不同、部
门间缺乏信息共享，加之历史情况复杂，尚无法实现对生态环境及其关联经

---

* 周月敏，国家地理空间信息中心副处长，副研究员。

济社会要素的家底客观全面掌握，对长江经济带生态环境问题的关联性、系统性认识不充分，对各类生态隐患和环境风险缺乏系统性、全面性梳理。地理信息在空间上的精细化和定量化特点，在数据要素上的跨部门、跨地域的融合性，使利用地理信息开展长江经济带生态环境现状分析成为生态环境协同治理工作的必要手段。

一　长江经济带区位优势突出

长江经济带是指沿江附近的经济圈，覆盖上海、江苏、浙江、安徽、江西、湖北、湖南、重庆、四川、云南、贵州等 11 省市。长江经济带横跨中国东中西三大区域，区位优势显著。长江经济带战略作为中国新一轮改革开放转型实施新区域开放开发战略，是具有全球影响力的内河经济带、东中西互动合作的协调发展带、沿海沿江沿边全面推进的对内对外开放带，是"一带一路"建设在国内的主要交汇地带，也是生态文明建设的先行示范带。

（一）发展潜力巨大

长江经济带以全国 21% 的国土面积，创造了人口、经济总量、进出口总额占比均超全国的 40%，其中，年末总人口 60205.8 万人，占全国的 42.9%，地区生产总值占全国的 46.5%，货物进出口总额占全国的 44.3%，铁路营业里程和公路里程分别占全国的 30.6% 和 44.5%。[①]

（二）地理条件优越

从流域看，长江经济带作为流域经济，涉及多个流域，如长江流域、珠江流域、淮河流域、澜沧江—湄公河流域和东南沿海诸河流域等，其中主体是长江流域。从地形地貌看，长江流域呈多级阶梯性地形，流经青藏高原、横断山脉、云贵高原、四川盆地、江南丘陵和长江中下游平原。从自然资源

---

① 《中国统计年鉴 2020》。

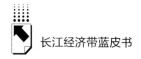
看，除青藏高原外大部分处于亚热带和暖温带，降水丰沛，温度适宜，具有天然航道，全年通航，土地资源丰富，中上游蕴含巨大的水能资源。从水运能力看，自古以来长江就是世界上最长距离、货运量最大的内河航道，是东西向运输大动脉。

（三）生态区位重要

长江流域是全球重要的天然物种基因库，是国家重要的战略水源地，按全国生态功能区划，长江经济带涉及 25 个重要生态功能区，数量为全国的 47.1%；划入国家重点生态功能区的县级行政区单元有 255 个；自然保护区 1096 个，占全国的 39.9%；建有保护区面积 17.8 万平方公里，约占长江经济带总面积的 8.7%。

二　长江经济带生态环境面临的主要问题

从长江经济带生态环境指标现状来看，生态环境保护形势严峻。

（一）长江流域地表水环境风险隐患突出

长江流域干流和主要支流水质为优，流域监测的 509 个水质断面中，Ⅰ~Ⅲ 类水质断面占 91.7%，[①] 但是流域存在个别支流水质为 Ⅴ 类或劣 Ⅴ 类的情况，饮水安全风险高，水环境隐患突出。一是长江干流和支流周边厂矿及工业园高密度布局。长期以来长江沿岸是我国重化工产业的集聚区，调查反映"化工围江"形势严峻。利用地理信息大数据分析工矿企业分布状况，结果表明，经济带内有厂矿 67827 个、工业园 23769 个，其中 15.9% 的厂矿和 22.5% 的工业园分布在沿干流周边 5 公里范围内，7.4% 的厂矿、10.0% 的工业园分布在主要支流沿线 5 公里范围内；部分地区厂矿工业园沿河流及主要饮用水源地周边分布特征明显。二是污染产业在长江中上游转移

---

① 《2019 中国生态环境状况公报》。

风险隐患加剧。长江上游有支流水质为 V 类甚至劣 V 类，一方面是上游大量采矿冶炼企业有待整治，另一方面主要是东部地区资源约束进一步导致产业西移，长江中上游地区产业结构升级，随之而来的是中上游环境风险加大。三是水土流失带来的农业面源污染风险大。长期以来，由于资源开发强度大、生产经营方式不合理、历史欠账多等原因，农业农村面源污染仍是长江水体污染的重要来源之一。面源污染的主要途径是水土流失，当前长江经济带有近 20% 的土地存在水土流失问题，农业农村面源污染防治任务压力大。

（二）长江流域生态系统脆弱

一是森林生态功能脆弱。尽管森林面积呈现增加趋势，但森林系统整体上人工植被比例较大，且群落结构单纯，森林资源质量不高，森林林分结构不合理，幼龄林比例高，乔木林每公顷蓄积量仍较低，如三峡库区乔木林以幼中龄林为主，所占面积、蓄积分别达到 83.11% 和 73.26% ，[①] 整个植被结构十分脆弱，抗外界干扰能力和自我恢复能力低下。二是耕地资源不均衡。经济带内耕地分布在空间上呈现三个集中连片区，分别为四川盆地、江汉平原和长江中下游平原，由长江串联起来，人均耕地面积以云、贵较大，分别为 1.94 亩/人、1.89 亩/人，上海仅 0.12 亩/人，但是云贵农业耕作地块相对破碎，且为山区坡耕地。三是生态退化问题突出。长江流域水土流失面积广、有 39.52 万平方公里水土流失地区，占长江经济带的 19.2% ，水土流失底数庞大，成渝、云贵及湖南局部地区水力侵蚀程度等级高，四川西北部有冻融侵蚀；中下游河湖湿地面积萎缩，石漠化退化风险大；河流泥沙含量增大，造成河床、湖底、水库等泥沙淤积和水质污染等，长江生态退化问题严峻。四是自然灾害频发。长江复杂多样的地质地貌环境和特殊多变的气候水文条件，使以洪涝、地质灾害为主的自然灾害频繁发生，且损失大，2018 年长江经济带各类自然灾害直接经济损失 982.7 亿元，占全国的 37.2% 。

---

① 《长江三峡工程生态与环境监测公报 2018》。

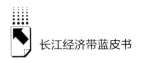

（三）长江经济带土地开发"带"状格局尚不明显

大河流域经济带往往都经历了"逐水而居的居住地—资源轴带（农牧业、矿业、水能）—交通轴带—工业产业带—城市密集轴带"的演变历程。土地开发建设强度一定程度上表征了城市人口和产业集聚现状，单从土地开发强度空间格局的宏观表现来看，由长江串联成"带"格局不明显，其中长三角、中游城市群和成渝城市群这"三极"格局明显，尤其是长三角地区集中连片城乡统筹开发格局明显，中游城市群和成渝城市群中，中心城市高度集中，但城乡统筹"多点"连片格局还没显现，沿江带状格局更不明显。城市土地开发强度①区域差异大，省级城市中，合肥市最高，为35%；最低的为重庆市，只有3%，主要是其市区面积底数大；其他城市主要集中为10%～20%，以西南部地区最低、稀疏，如云南昆明市为7%。

（四）长江经济带保护与发展矛盾突出

沿江省市有24%的县级行政单元定位为国家重点生态功能区，还有部分县划定生态保护红线的面积超过全县面积的一半，生态保护责任重大。但是，这些生态县往往地处山区，有些地处集中连片特困地区，产业结构单一，发展落后，还没有走出以生态为主导产业的绿色转型发展之路，没有找到平衡生态环境保护和经济发展的解题思路，面临保护成本高、依靠生态补偿资金维持现状的问题。区域之间、生态系统之间生态保护与建设进展不平衡，经济发展的同时生态保护压力依然较大。

三　推进长江经济带生态环境保护与发展对策建议

加强长江生态环境系统保护修复，从生态系统整体性和流域系统性出发，以强化科学管治、加强协同治理、抓好污染源头控制、推动产业升级以

---

① 《中国城市建设统计年鉴2018》。

及优化空间布局等多措并举，推进长江生态环境协同治理，实现长江经济带生态环境保护下的经济高质量发展。

（一）强化基础支撑与顶层设计，形成协同治理关键抓手

实现协同治理的前提是基础支撑与顶层设计形成合力。一是建立长江生态环境基础信息体系。从生态系统整体性和流域系统性出发，统筹考虑长江水环境、水生态、水资源、水安全、水文化和岸线等多方面的有机联系，推进长江上中下游、江河湖库、左右岸、干支流协同治理，摸清长江生态环境本底状况及其动态变化情况，构建跨部门、跨地域的生态环境基础信息体系，通过跨部门信息整合共享，建立长江经济带生态环境指标体系及综合数据库。二是加强跨领域综合研究。由地方政府或综合管理部门牵头，发挥相关部门和单位专业力量，组成跨领域、跨学科的专家团队，围绕流域生态环境热点难点问题做深入细致的研究，加强分析研判，摸清真实情况，找准问题症结，形成协同治理的关键支撑。三是强化顶层设计形成合力。加强长江经济带顶层规划及各类专项规划、国土空间规划等统筹协调并形成合力，强化相关政策实施效果评估，研制长江生态环境保护一体化治理总体方案，为长江经济带生态环境整治齐抓共管、协同治理确定更明确、便于操作和评估考核的实施路径。

（二）强化重点区域目标管理，多措并举实现源头治理

推动长江全流域按单元精细化分区管控。一是强化重点区域管控。将长江干流沿岸、重要支流沿线、湖库以及重要饮用水水源地等敏感区域周边作为重点管控区域，实施入江污染物源头控制，将沿岸周边5公里范围和岸外滩地纳入岸线范畴，实施长江岸线占用许可制度。二是强化长江水质目标管理。建立流域环境质量目标管理模式，实现长江经济带环境管理由污染减排目标考核向环境质量目标考核转变。三是推动沿江产业转型升级。全面清理干流及重要支流沿江周边的厂矿、开发区和工业园区等，对凡是不符合环境标准又没有发展活力的，实行"关停并转"。

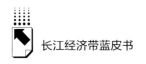
（三）优化土地开发空间格局，完善空间治理体系

进一步深化衔接、落实主体功能区战略，细化主体功能区划分，对经济带不同功能划分政策单元，分类精准施策，推动形成主体功能约束有效、国土开发有序的空间发展格局。一是强化生态红线管治。加快研究划定"三区三线"，协调解决生态红线管控和经济社会发展矛盾，强化生态空间和生态保护红线管治。二是推进粮食生产功能区建设。在保护基本农田前提下，优化农业种植结构，推进化肥减施增效，积极推进特色农产品优势区建设。三是优化土地开发空间布局。在以长三角城市群为龙头、长江中游与成渝城市群为支撑、黔中及滇中地区为骨干、大中小城市和小城镇为依托的总体空间格局下，发挥中心城市的辐射带动作用，推进长江中上游地区大中小城市和小城镇协同发展，加快地级城市和小城镇优势互补发展，拉动中上游腹地开发，实现城市和多层次区域之间的互动与融合发展强化。

（四）发挥协同治理体制机制作用，构建流域齐抓共管格局

一是充分发挥经济带发展领导小组统筹协调作用。加强全流域、跨区域的统筹协调和督促检查，做好顶层设计，构建制度化的协商与决策机制，统筹各相关行政区和部门之间跨区域、跨部门问题，改变以行政区为单元的治理方式，形成统筹利益相关方协商的管理机制。二是深化区域协商合作机制。探索创新东、中、西区域合作新模式，研究深化中心城市带动新机制及跨界治理协同制度，探索建立多层治理的责权利分配机制。

参考文献

陆大道：《长江大保护与长江经济带的可持续发展》，《地理学报》2018 年第 10 期。

杨桂山等：《长江经济带"共抓大保护、不搞大开发"的基础与策略》，《中国科学院院刊》2020 年第 8 期。

段学军等：《长江经济带形成演变的地理基础》，《地理科学进展》2019 年第 8 期。

B.8
浙江省构建生态产品价值实现机制研究

郑启伟　陈烨婷　李思远　郑卓联*

摘　要：　构建生态产品价值实现机制是新时代践行绿水青山就是金山
　　　　　银山理念的关键路径。本报告聚焦"十四五"时期浙江省生
　　　　　态产品价值实现工作的机遇挑战与发展目标，在总结提炼
　　　　　"湿地银行""生态银行"等国内外实践与启示基础上，提
　　　　　出了健全市场交易机制等重点领域的主要举措，努力把浙江
　　　　　省建设为生态产品价值实现的全国标杆。

关键词：　生态产品价值　生态文明建设　生态系统生产总值

生态兴，则文明兴。党的十八大以来，党中央把生态文明建设作为统筹
推进"五位一体"总体布局和协调推进"四个全面"战略布局的重要内容，
开展了一系列根本性、开创性、长远性工作。生态产品价值实现是在生态文
明建设总体框架下，深入践行"两山"理念，兼顾保护与发展，采取的系
统化保护、组织化生产、市场化经营、资产化管理等系列手段。

作为习近平总书记生态文明思想萌发地和"两山"理念诞生地，浙江
应加快生态文明体制改革，提供更多优质生态产品，推进人与自然和谐共
生，在建设美丽中国中做出浙江贡献、提供浙江素材、体现浙江担当。

---

* 郑启伟，浙江省发展规划研究院首席专家，能源与环境研究所博士，教授级高工；陈烨婷，
浙江省发展规划研究院能源与环境研究所高级经济师；李思远，浙江省发展规划研究院能源
与环境研究所博士，工程师；郑卓联，浙江省发展规划研究院能源与环境研究所助理工程师。

一 国内外生态产品价值实现实践及启示

（一）国外生态产品价值实现实践

1. 美国"湿地银行"

1970 年代前，因大量的湿地围垦导致美国湿地生态功能严重退化。1970 年代后，美国政府开始制定湿地保护政策。湿地银行有三个利益相关方：银行发起人（卖方，以下简称"建设者"）、开发者（买方，以下简称"开发者"）与银行监管者（核心为陆军工程兵团和联邦环境保护署）。

"湿地银行"的运行包括"湿地银行"申请设立、湿地开发许可取得、"湿地信用"确认交易和湿地交易后长期管理等。建设者向陆军工程兵团（以下简称"工程兵团"）提出建设申请，工程兵团进行审核，通过后签订湿地银行协议且严格执行。湿地的开发和保护必须严格遵循"避免、最小化、补偿"的治理顺序。湿地开发必须得到联邦政府的许可，只有在无法更小化湿地损害时，监管者才会允许开发者以购买"湿地信用"方式补偿损害。通过科学合理的湿地信用确认，保障市场化的补偿交易顺利进行。交易完成后，具有补偿责任的开发者可将其购买湿地的管理责任转移给建设者。建设者利用专业能力实现湿地有效补偿和长期管理。

2. 德国"生态账户"

1970 年代始，德国因土地开发导致的生态环境问题日益突出。1976 年，德国联邦《自然保护法》要求土地开发者通过采取就地恢复或异地替代补偿措施，尽可能减少土地开发活动对自然带来的负面影响，但也导致土地开发项目获批的难度增大。德国联邦 2002 年修改了《自然保护法》，要求平等对待就地恢复和异地替代补偿措施，不再把"是否采用就地恢复措施"作为土地开发项目获批的决定性条件，为德国生态账户机制的构建提供了法律依据。

德国"生态账户"包括生态补偿用地、交易载体（即生态指标）和生态账户等三大关键要素。参与主体包括地方政府、私人、第三方机构、土地开发商等不同主体。德国的"生态账户"基本运行程序包括：地方政府制定景观规划，划定生态补偿用地后备资源区；不同主体通过在生态补偿用地资源区实施生态补偿项目，增值生态价值，积累生态指标，建立并运营生态账户；在政府严格监管下，对实施生态补偿项目开展生态指标核算，土地开发者与生态账户运营者之间遵循"生态占补平衡"原则完成生态指标交易，每一单位生态指标价格采用补偿单位面积系数法、生态恢复成本法等方法计算而得。

（二）国内生态产品价值实现实践

1. 丽水林权抵押贷款

丽水是浙江省最大的林区，森林是丽水亟待利用的"沉睡资产"。为有效破解农村有效抵押物不足、贷款难问题，从 2006 年开始，人民银行丽水市中心支行在上级行指导和地方党委政府支持下，将农村金融创新与农村产权制度改革有机结合，探索创新开展了林权抵押贷款工作。主要在林权抵押制度、金融产品创新、金融服务扩面增量、保障机制建设等方面做了大量工作。

协调夯实林权抵押制度基础。丽水制定形成了包含林权确权发证、价值评估、抵押登记、贷款发放、交易流转、司法处置、风险缓释、财政奖励等完善的制度体系。大力推动政策保障机制建设。建立起从林权评估、抵押登记、流转交易、抵押担保到发生不良贷款处置的健全平台。推出"林权＋信用""林权＋担保"等抵押贷款模式，将林木纳入农业政策性保险范围，以打包联保的方式由财政出资统一保险、统一理赔。有效指导林业金融产品创新。创新推出了林地流转经营权抵押贷款、生态公益林补偿收益权质押贷款等产品，形成了 7 类林权抵押贷款产品，最大限度实现了金融普惠。深入推进林业金融服务扩面增量。金融机构贷款投放渠道有效拓宽，参与的积极性不断提高，目前全市涉农金融机构参与面达 100%。

2. 福建南平"生态银行"

2017 年开始，福建南平市在国务院参事室、国务院发展研究中心等相关机构的支持下，以"生态银行"为抓手开启了绿色发展探索，先后在森林资源（顺昌县）、文化资源（武夷山市五夫镇）、矿产资源（建阳区建盏产业）、古民居资源（延平区巨口乡）等方面探索形成多种"生态银行"模式，并取得阶段性实效。

"生态银行"不是真正意义上的银行，是借鉴商业银行"分散化输入、整体化输出"模式，搭建了一个促进自然资源管理整合、转换提升、市场化交易和可持续运营的平台，通过对碎片化生态资源的集中化收储和规模化整治，转换成优质资产包，引入实力资本投资企业、优质运营管理企业，将资源变资产资本。"生态银行"由专家委员会、大数据中心、收储中心、资产评估中心、研发中心、交易中心"一个委员会五个中心"构建，有独特的运营、股份合作、特许经营、委托运营、租赁、转让等模式。

（三）国内外实践的启示

生态产品价值市场化实现需要政府引导。政府在推进生态产品价值市场化实现中起到重要的引导作用。在设立中，政府是生态产品市场化实现的发起人和审批者；在运营中，政府是生态产品价值市场化实现的规则制定者和执行监管者。

生态产品价值市场化实现需清晰界定自然资源权属。清晰的自然资源权属是推进生态产品进行市场交易的前提。只有自然资源产权制度明确，才能把资源变为资产、资本，才能引入市场化交易手段，促进生态产品价值高效实现。

"生态占补平衡"是一种重要的市场交易机制。市场主体通过"生态账户""湿地银行"等平台，按照"生态占补平衡"的原则开展市场交易。在整个交易过程中，"生态占补平衡"是市场交易的核心规则。

生态产品市场交易借助媒介实现交割。"湿地银行"和"生态账户"交割的标的物不是生态产品本身，而是通过生态指标、湿地信用（或生态信用点）等媒介实现，为破解诸如清新空气、宜人气候等类不易直接通过市场实现的生态产品价值提供了思路。

生态产品市场交易需以生态价值评估为支撑。作为衡量生态价值的载体和市场交易的媒介，生态信用（如生态指标、湿地信用）的合理确定，必须建立在生态价值科学核算基础之上。因此，开展科学核算评估，对于构建生态产品价值市场机制而言具有重要的支撑作用。

生态产品价值市场化实现需健全法律法规体系。只有建立科学的法规体系，才能保障生态资产保值增值，才能对生态产品市场交易进行有效监管，才能确保优质生态产品有效供给。

二 构建生态产品价值实现机制的 重点领域与主要举措

（一）"十四五"时期构建生态产品价值实现机制的主要构想

展望"十四五"，随着内外部环境的不断发展，加快推进浙江省生态产品价值实现的有利因素和力量正在不断积蓄。需求结构变化为生态产品价值实现高效推进提供了新机遇。党的十九大指出，要提供更多优质生态产品以满足人民日益增长的优美生态环境需要。这将为发挥浙江省生态比较优势、推动生态产品供给侧结构性改革带来强大助力。全面深化改革为生态产品价值实现高效推进激发新活力。"十四五"期间，市场经济、生态文明、省域治理能力等各领域改革的持续推进和全面深化，将有力破解生态产品价值实现进程中遇到的各类深层次矛盾和问题，不断释放改革红利，增强发展活力。高效推进科技创新为生态产品价值实现增添新动力。随着全球新一轮科技革命和产业变革高速推进，信息化技术迅猛发展，将对全省生态产品的生产、流通、消费等各个环节产生重大影响，为生态产品价值实现带来巨大推力。

与此同时，生态产品价值实现作为一项系统性开创工作，仍面临不少挑战和问题。政策制度保障亟待增强，生态资源产权等一系列体制机制亟须建立，生态产品价值实现尚未与绿色财政奖补政策、党政领导干部生态环境损害离任审计等重要政策制度有机结合；技术保障体系有待健全，海洋生态产品价值核算方法尚需完善，部分关键参数缺乏研究和监测，专业人才队伍亟须扩充；市场化机制仍较缺失，高占比的调节服务类价值实现较难且路径单一，主要依赖政府主导的纵向生态补偿，缺乏完备的市场机制，影响了调节服务类生态产品信用化和生态资产资本化。

1. 主要思路

浙江省"十四五"期间构建生态产品价值实现机制的思路是：以习近平新时代中国特色社会主义思想为指导，以保障更多优质生态产品可持续供给、推进生态优势变为经济优势和促进人人共享生态文明建设红利为目标，力争在市场交易机制、价值产业化实现、GEP 核算体系、支持政策创新等重点领域和关键环节，探索政府主导、企业和社会各界参与、市场化运作的可持续生态产品价值实现路径，把浙江省建设为生态产品价值实现的全国标杆，为全国迈向生态文明新时代提供浙江经验、做出浙江贡献。

在推进生态产品价值实现过程中需坚持以下原则。

——生态就是生产力。牢固树立和践行"两山"理念，通过保护与恢复生态环境，增强生态产品供给能力。在确保生态安全的前提下，探索生态产品价值实现有效路径，使绿水青山真正变成金山银山。

——政府主导社会参与。发挥政府对生态产品价值实现的主导与监管作用，加强制度建设，创新体制机制；充分发挥市场对资源要素有效配置的基础作用，拓宽实现渠道，引导社会资本与公众积极参与。

——激励与约束并举。既要形成推动生态优势转变为经济新动能的良性利益导向机制，又要坚持源头严防、过程严管、损害严惩、责任追究，形成对各类市场主体的有效约束，实现生态产品价值的法治化、制度化。

2. 奋斗目标

通过 5 年的努力，到 2025 年力争实现以下工作目标。

——形成科学合理的 GEP 核算标准体系。聚焦夯实生态产品价值实现基础，坚持以维系生态系统原真性和完整性为导向，以反映浙江省生态特色、简便易行为要求，建立一套以《浙江省县域生态系统生产总值（GEP）核算技术规范》为主体、科学合理的 GEP 核算标准体系。

——形成示范全国的生态产品价值实现路径。聚焦生态产品价值的高效实现，形成以生态农业、生态工业、生态旅游业、健康养生业等为体系的一套产业化实现路径，高质量推进经济生态化、生态经济化，成为新时代全国践行"两山"理念样板。

——形成行之有效的生态产品价值实现制度。聚焦建立生态产品价值实现长效机制，着力在生态资源产权制度、市场交易机制、政策支撑保障等方面，形成一套基于"生态占补平衡"原则的可复制、可推广的制度体系，为丰富"两山"理念内涵和搭建生态文明体制"四梁八柱"提供实践支撑。

（二）"十四五"时期的重点领域与主要举措

1. 夯实生态环境优良本底

从严落实生态空间管控。加快划定并严守"三线一单"，制定实施全省"三线一单"生态环境分区管控方案，推动生态空间管控法治化，充分应用数字化手段加强生态空间管控与督查考核。统筹陆海生态空间管控，加快完善海洋资源保护与利用管控机制。

统筹推进山水林田湖草海系统保护修复。统筹推进山上山下、地上地下、陆地海洋、流域上下游，进行整体保护、系统修复、综合治理，稳步增强森林、湿地、草地、海洋等自然生态系统服务功能，重点抓好国家级钱塘江源头区域山水林田湖草生态保护修复工程和 8 个省级山水林田湖草生态保护修复工程。

全面加强环境综合治理。高标准打赢蓝天、碧水、净土、清废四大污染防治攻坚战，不断改善生态环境质量。深化大气污染协同防治，积极开展空气清新示范区建设。推进陆海水环境保护，推进污水零直排区建设，加强近岸海域水污染防治。强化土壤污染综合防控，全域推进"无废城市"建设。

加快完善生态环境监测体系。完善现代化生态环境监测网络，搭建陆海

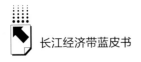

统筹、空天地一体感知、上下协同、信息共享的生态环境监测系统，全覆盖、全天候、精准监测生态环境状况和环境违法行为。全面落实固定污染源排污许可证制度，编制省域"污染源地图"。

2. 健全市场交易体系

深化生态资源产权制度改革。针对生态资源产权方面还存在的产权界定尚不清晰、产权权能尚不完整、产权流转尚不顺畅等问题，聚焦明确生态资源产权主体、产权边界、产权权能、促进生态资源产权流转顺畅等推进产权制度改革。

积极培育生态产品市场主体。吸引生态保护专业企业、生态产品消费大户、社会组织等社会主体参与生态产品的消费与供给，推进生态产品价值市场化实现。创新探索实施"生态积分"持有计划，量化社会各界提供的生态产品的价值。

建立基于"生态占补平衡"的市场机制。把生态产品价值实现理念融入国土空间规划编制，将具有生态价值增值潜力的地块作为生态补偿用地的后备资源。按照"生态占补平衡"原则，研究制定适应于"七山一水二分田"自然省情的特色生态指标。强化对交易后补偿项目运营的监督管理。

创新打造"两山银行"交易模式。借鉴国内外实践，打造市场化实现生态产品价值实现的抓手和平台。探索打造"两山银行"模式，推进资源和资本互相转化。优先在丽水、衢州、安吉等肩负国家生态文明改革任务的市、县开展试点。

3. 探索多元化实现路径

创新拓展供给产品价值实现途径。当前供给产品价值初级转化比重高，生态附加值没有得到体现。一是要强化优质绿色生产。二是建立农产品可追溯体系，提高农产品溢价。三是延伸生态供给产品产业链。

创新拓展调节服务价值实现途径。质量提升方面，要通过生态环境治理确保区域生态环境稳定并向好；价值实现方面，有直接和间接实现两种途径，前者主要通过生态补偿体现，后者主要通过生态溢价体现。一是推进调节服务保值增值。二是探索建立以调节服务价值实现为核心的绿色发展奖补机制。三是挖掘生态产品溢价。

创新拓展生态文化服务价值实现途径。生态文化价值实现主要途径是发展休闲旅游。重点是要依托诗路文化带、衢丽花园城市群、海岛大花园等平台载体，高标准打造一批个性化生态旅游景区景点，合理串联有关特色景区，景点串珠成链，把全省建设为绿色、美丽、和谐、幸福的现代化大花园。

创新发展延伸产业。挖掘特色和优势，将生态产品延伸产业作为生态产品价值实现招商引资的重点方向，培育新的经济增长点。一是发展山地农业装备制造业。二是发展健康产业。三是发展旅游和山地运动装备制造业。四是发展生态文化创意产业。

4. 强化基础支撑

健全 GEP 核算标准体系。不断完善浙江省 GEP 核算地方标准，增强核算的可信度和权威性，为生态产品价值市场化实现提供有力的技术储备。

搭建全省生态产品价值实现大数据平台。谋划建设省级生态产品价值大数据共享平台，提供数据采集、查询、管理等支撑服务，为区域生态产品价值实现提供综合性辅助决策支撑。

强化基础能力建设。成立专家咨询委员会，为生态产品价值实现提供技术和学术支撑。聚焦核算的关键问题开展基础科研项目。培养和引进生态产品价值实现产业人才。成立"浙江生态产品价值实现机制研究中心"，打造浙江省生态产品价值实现机制对外交流合作平台。

5. 加强政策保障

强化顶层设计。把生态产品价值实现理念融入"十四五"规划体系，谋划编制"浙江省生态产品价值实现机制'十四五'规划"，更有效地探索生态产品价值实现机制。

构建高效管理体制。由政府综合管理部门作为牵头单位，对生态产品价值实现有关工作进行统一管理。具体负责有关制度政策和标准规范管理，生态产品开发项目审批、监管和考核；全域生态产品实时监测、动态管理和信息发布；生态产品价值实现机制研究和规划等。

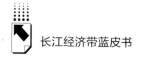
探索建立引导基金。设立生态产品价值实现政府引导基金，制定出台相应的管理办法，规范基金使用，定向扶持生态产品价值机制探索，切实发挥政策性基金的撬动作用。

把 GEP 核算数据纳入国民经济统计体系。充分利用大数据等先进技术，结合 GEP 核算指标体系研究需求，进一步完善相关统计制度，把包括气象、林业、水利、自然资源等生态基础数据的指标纳入国民经济和社会发展统计体系，为生态产品价值市场化实现提供基础数据保障。

完善监管考核机制。建立长效监管机制，制定详细的生态产品现场监管、过程监管和市场监管细则，确保日常监管常态化。建立健全信息公开制度，自觉接受社会监督。探索建立以 GEP 为基础的年度目标考核制度，建立考核评价体系，统筹开展评价考核工作。

推进畅通国内大循环篇

To Smoothen the Domestic Cycle

B.9
以推进城市群市场一体化为抓手
打造长江经济带协同发展示范引领带

李　琳*

摘　要： 长江经济带是推动形成我国新发展格局的重要轴带，新格局的形成是以长江经济带三大城市群市场一体化建设为关键基础。实地调研和统计分析发现，长江经济带三大城市群市场一体化水平和市场一体化进程均呈现出明显的梯级差异，凸显差异化制约"短板"。亟须因"群"施策，统筹差异化推进城市群市场一体化进程，打造长江经济带协同发展示范引领带。

关键词： 长江经济带　市场一体化　城市群

---

* 李琳，湖南省政府参事。

习近平总书记多次在不同场合强调，要逐步形成以国内大循环为主体、国内国际双循环相互促进的新发展格局。长江经济带是我国横跨东、中、西三大地区的重要经济轴带，肩负着推动形成新格局的历史重任，而新格局的形成是以三大城市群市场一体化建设和统一大市场形成为关键基础。实地调研和统计分析发现，长江经济带三大城市群市场一体化水平和市场一体化进程均呈现出明显的梯级差异，凸显出差异化制约"短板"。因此，因"群"施策，统筹差异化推进城市群市场一体化进程，打造长江经济带协同发展示范引领带，对于推动形成新时代我国高质量新发展格局，具有重要战略意义。

一　长江经济带三大城市群市场一体化
面临的差异化"短板"

城市群市场一体化即基于经济的同质性和内聚性，随着城市间联系的不断加强、政府间联动合作的不断深化，城市群内统一的产品市场和要素市场逐渐形成的过程。为了准确把握长江经济带三大城市群市场一体化水平及进程状况，从城市间联系度、政府效能同一度、产品市场一体化、要素市场一体化四个维度构建由4个一级指标、9个二级指标和40个具体指标构成的城市群市场一体化评价指标体系。依据评价指标体系，采用投影寻踪聚类评价模型，对长江经济带三大城市群即长三角城市群、中三角城市群、泛成渝城市群2003～2017年的市场一体化状况进行评估。根据评估结果，对三大城市群市场一体化状况进行比较分析，揭示长江经济带三大城市群市场一体化特征和差异化"短板"。

（一）三大城市群市场一体化水平呈现显著梯级差异

15年间，三大城市群市场一体化水平形成了明显的长三角—中三角—泛成渝城市群由高至低的梯级差异格局，长三角城市群远领先于其他两大城市群；三大城市群市场一体化水平均呈上升态势，但特征各异：长三角城市群从 2000～2011 年市场一体化迅速推进，2011 年后明显放缓，中三角城市群在 2006 年后市场一体化进程驶入快车道，目前仍然处于快速推进阶段，成渝城市群则是在经历了 2000～2010 年十年的缓慢爬升后，从 2011 年开始推进速度略有提升，但动力仍然不足。

（二）三大城市群市场一体化构成要素水平亦呈现梯级差异

近 15 年三大城市群市场一体化四大构成要素水平，无论是城市间联系度、政府效能同一度还是产品市场一体化、要素市场一体化均呈现出明显的长三角城市群—中三角城市群—泛成渝城市群的梯级差异格局，其中以政府效能同一度得分差异最为显著，形成了长三角城市群 15 年间高位运行而中三角城市群和泛成渝城市群长期低位运行的"一高二低"的二阶结构特征。

（三）三大城市群市场一体化构成要素支撑结构差异化特征明显

长三角城市群四大要素得分相对均衡，表现为四大要素共同支撑一体化进程的"协同驱动型"，相比之下，要素市场一体化驱动力较弱；中三角城市群城市间联系度贡献度高达 52%，表现为单一支撑的"单要素驱动型"，地方政府间协同水平低是其主要"短板"；泛成渝城市群为以城市间联系度和要素市场一体化共同支撑的"双要素驱动型"，但受限于政府效能同一度和产品市场一体化"双低"的瓶颈制约。

（四）三大城市群市场一体化处在不同发展阶段

长三角城市群市场一体化水平较高，但后发驱动力不足、要素市场一体化水平相对较低，说明长三角城市群处于由快速推进阶段向成熟阶段过渡的整合提质阶段；中三角城市群市场一体化自 2006 年后驶入快车道，但四大构成要素发展极不均衡，依赖城市间联系度的单一支撑，其他三大要素尤其是政府效能同一度水平和贡献度极低，说明中三角城市群处于市场一体化快速推进阶段；成渝城市群市场一体化水平低，发展动力不足，推进过程中政

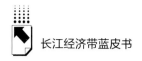

府效能同一度不高，产品市场一体化滞后，说明成渝城市群尚处于市场一体化起步阶段。

二 推进长江经济带三大城市群
市场一体化的关键举措

三大城市群市场一体化处于不同发展阶段，凸显差异化"短板"，必须选择不同的一体化模式，针对各自的"短板"精准发力，有的放矢地推进城市群市场一体化以及整个长江经济带市场一体化。

（一）有的放矢，推进三大城市群交通通信互联互通

长三角城市群应进一步完善交通网络，打通农村间的"最后一公里"，实行以轨道交通为主的集约型交通模式，构建具有多样化出行选择的交通方式，建设覆盖全区的互联网信息共享平台；中三角城市群应完善中心城市间交通方式，重视跨区域城镇间以及城镇与农村间的交通路径，构建区域内多层次交通网络，通信模式上以5G网络建设为契机，加快宽带建设，扩大互联网覆盖面；成渝城市群应重点关注中心城市之间以及中心城市与周边城镇之间的交通网布局，打通核心城市和城镇间的客运货运通道，同时充分发挥应用新型通信技术的后发优势，推进移动通信基站建设和用户普及，逐渐从传统的通信方式向以互联网为核心的信息高速共享平台转变。

（二）精准发力，加快三大城市群产品要素市场整合

长三角城市群在产品要素市场整合模式上，应选择市场主导型整合模式，政府在处理和市场的关系中应转变思维，从管理型政府向服务型政府转变，简政放权，在重点领域如税收制度、户籍制度、产权交易制度等推行改革，为要素市场整合提供平台和制度保障，进一步激活市场一体化动力。中三角城市群市场一体化处于快速推进阶段，政府和市场的关系如何处理、市场机制的作用如何发挥还处在探索过程中，因而在产品和要素市场的整合过

程中仍需要发挥政府的主导作用，在大政方针上明确发展方向，同时在微观层面充分发挥市场机制的协调作用。成渝城市群应采用政府主导模式，充分发挥政府在市场一体化过程中的引导和协调作用，通过制定优惠政策、畅通流通渠道、搭建交易平台等形式鼓励产品及资本、技术、劳动力等要素跨区域流动，实现资源有效配置和高效利用，推进产品要素市场整合。

（三）聚焦"短板"，重点施策，推进三大城市群市场一体化进程

三大城市群市场一体化进程中凸显的差异化"短板"为：长三角城市群面临要素市场整合机制不完善的制约，中三角城市群受制于制度与体制壁垒的障碍，成渝城市群面临市场一体化体制僵化、产品市场受制严重的问题。针对这些瓶颈，应重点施策。

长三角城市群应着力推进要素市场整合。在要素市场整合模式选择上应采取"自下而上"的市场主导型：政府应进一步简政放权，加快放管服改革，激发市场活力，同时，在税收制度、户籍制度、人才流动机制、社会保障体制、知识产权交易以及信贷分配体系等关键性领域和环节推动体制机制创新。中三角城市群应着力完善区域政策协调机制。充分赋予中心城市（武汉、长沙、南昌等）制定政策先导权，在此基础上，建立市场一体化推进工作领导小组，专门负责规划城市群市场一体化发展，制定相关的政策和措施，协调解决重大问题，推动城市群市场一体化整体规划的实施，提高政策连续性；积极推动中小城市政府在市场一体化政策上的合作，以补充"序贯模式"下"以大带小、以一带多"的政府间合作模式。成渝城市群应着力培育区域优势产业集群。一方面加强交通通信基础设施建设，通过增加网络密度、提高使用频率提升城市间联系度，为市场一体化的快速推进提供载体和保障；另一方面实施区域集群战略，培育优势产业集群，包括优势装备制造业集群、战略性新兴产业集群、特色资源深加工产业集群等；整合提升产业园区，为优势集群发展提供政策支持和载体保障。

B.10
江苏综合交通运输发展
几个重要问题的认识和建议

游庆仲　徐建刚　许长新　胡发贵　余成安　顾叶华*

摘　要： 江苏交通应当在支撑服务长三角一体化等国家战略方面下
更大的功夫。建议注重发挥现代交通运输战略性作用，强
化引导全省产业布局优化，整体规划沿海地区新一轮交通
网络建设，支撑沿海地区加快融入长三角现代产业体系；
确立公交化运营战略，完善和加强城际铁路线网结构和衔
接，构建跨江城市群中尺度轨道环网格局，推动苏锡常城
市群跨江融合发展；加快形成安全、绿色发展正向动力机
制，推进运输结构优化调整和交通装备产业升级，强势推
进内河水运高质量发展。

关键词： 长三角一体化　交通运输　绿色发展

2018年，江苏省启动了交通强国谋划和建设工作，2019年10月，成
为全国首批交通强国建设试点省份，并在全国率先印发了江苏交通强国建
设试点总体方案。一年来，江苏省全面扎实开展交通强国试点工作，在现
代综合交通运输体系建设中取得了多方面重大进展，特别是在加快推进通

---

* 游庆仲，浙江省政府参事；徐建刚，浙江省政府参事；许长新，浙江省政府参事；胡发贵，
浙江省政府参事；余成安，浙江省政府参事室特聘研究员；顾叶华，苏交科集团股份有限公
司规划研究院运输规划研究所所长，正高级工程师。

道、枢纽规划布局落地和重大工程立项实施等方面成效显著、亮点纷呈，然而，对标交通强国目标和国际先进水平还存在明显差距。总体来说，江苏省交通运输体系现代化水平还不高，尤其是在支撑服务国家"一带一路"、长江经济带、长三角一体化以及江苏高质量发展等战略方面能力还存在明显不足。

通过借鉴兄弟省经验，对照江苏省工作实际，提出建议如下。

一 发挥现代交通运输战略性作用，强化引导全省产业布局优化，支撑沿海地区新一轮发展

（一）强化港口综合能力提升，加快沿海现代物流体系建设

加快构建"两出海口、一枢纽、多示范"的长三角北翼港口新格局，引导和支撑江苏省沿海新一轮产业空间布局和现代服务业集聚。注重利用上海国际航运中心的全球资源配置能力和国际影响力，引进现代物流市场主体，积极主动与上海、浙江和国家航运企业合作，发展沿海国际运输市场主体能力，提升运输竞争能力。积极利用好长三角一体化合作机制，合力推进连云港深水航道和南通新出海口加快建设，强化中欧班列品牌线路集聚效应，突破国际航线开辟行业竞争壁垒。推动近洋航线开辟加密、海铁联运加快发展。统筹沿海与苏北地区物流枢纽布局，规划建设现代物流体系，带动苏北形成若干与临港产业关联度高的产业链群和深度加工利用专业园区。推动港航产城园融合发展，强化港口对产业转型升级的支撑，引导实施"前港—中区—后城"的开发运营管理模式。着力构建沿海地区与沿江地区的高效物流运输体系，提升物流运输一体化服务水平，整体降低跨区产业链体系的物流成本。组建陆海联运发展联盟，促进徐州、淮安等地无水港建设、集装箱中转、国际班列及多式联运业务发展。积极争取国家支持沿海地区重大交通项目土地、用海政策，保障港口码头、航道锚地、多式联运等项目合理用海用地需求。

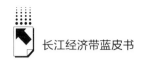
（二）整体规划沿海地区新一轮交通网络建设，助推苏中苏北快速融入长三角经济体系

要在推进长三角一体化战略格局中，谋划沿海地区长远发展，研究制定新的城镇体系和产业布局规划，引导支撑沿江产业向沿海战略性转移，促进沿海地区与沿江城市和产业一体化联动。研究制定出台新一轮沿海发展综合交通运输专项规划，推进重大项目建设，增强沿海交通网络与沿江和苏北地区的通道功能。建议规划新建临海高速公路，串联重点港口、产业园区和临海城镇，大幅提升通道和疏港物流能力；规划建设临海客货两用城际铁路通道，适时改造提升连盐城际铁路为国家沿海高铁通道，研究规划沿海地区中心城市通港市域铁路；研究提升沿海地区千吨级航道网规划，切实破解通榆运河全线、全天候通航瓶颈制约，切实解决沿海千吨级航道通入海港作业区问题，统筹建设淮河入海航道和绿色水运体系；适时规划临海高等级公路局部快速化改造，结合城镇体系规划，规划研究加密路网。

二　发挥交通引导作用，推动苏锡常城市群空间布局优化和跨江融合发展

（一）完善苏锡常都市圈物流体系和综合交通运输体系，强化与上海、南京等国家级枢纽和毗邻城市群物流中心直达衔接功能

基于长三角全局和苏锡常都市圈全域，专项研究制定苏锡常都市圈中尺度现代物流和综合运输体系规划，完善物流和交通枢纽体系，引导城市群空间产业和生活功能布局优化、都市圈资源匹配与共享；为满足都市圈对高端人才资源共享的需求，依托京沪高铁、沪宁城际和南沿江高铁等构成苏锡常都市圈与上海都市圈中心地区的复式通道，开行并加密通勤式、公交化班列；适应更高水平对外开放的功能需求，着力解决与区域国家级枢纽的高效衔接问题，积极争取国家规划建设苏锡常地区一小时内直达虹桥和浦东国际

机场的城际铁路；利用镇江至马鞍山城际铁路西段，实现南沿江城际铁路与南京禄口机场的直达联通。

（二）确立公交化运营战略，完善和加强城际铁路线网结构和衔接，构建跨江城市群中尺度环网格局

将苏南和沿江区域城际铁路网公交化运营列入江苏交通强国示范目标，依托长三角和江苏省轨道网既定规划，围绕跨江一体化、公交化功能目标，深入研究制定轨道交通运输服务规划，解决线网技术标准统一、枢纽节点衔接优化和多轨融合站场设置等问题，从"十四五"时期开始实施，着力打造五条跨江铁路环线，实现公交化运营：一是以宁淮、北沿江、扬镇和沪宁城际铁路为骨架，构建宁镇扬环线；二是以北沿江、盐泰锡常宜、沪宁和扬镇城际铁路为骨架，构建扬泰常镇环线；三是以通苏嘉、苏锡常都市快线、北沿江及跨江通道和南沿江城际铁路为骨架，构建苏通双环线；四是以北沿江、浦东—启东线（暂缺）和沪通城际铁路为骨架，构建通沪跨江环线；五是以通苏嘉、苏州—淀山湖—虹桥—浦东机场直达专线（暂缺）、北沿江城际铁路和浦东—启东线（暂缺）为骨架，构建沪苏通大环线。

三 以安全、绿色发展为核心价值导向，推进运输结构优化调整和交通装备产业升级

（一）把安全、绿色作为引导现代交通运输发展的核心价值取向，加快形成正向动力机制

绿色是交通运输系统的战略核心价值追求，应立足长三角地区，研究确立新一轮绿色交通发展战略和阶段性目标、指标，周期性制定出台交通运输环保门槛提升行动计划和系列技术政策，阶段性发布货运转向铁路和水运等绿色指标体系，增强可预期性，促进形成交通运输转型升级的市场动力。建议利用现代信息技术手段，开展江苏省物流调查，预测把握江苏货物运输需求和特征变化，编制新一轮全省货运与物流专项规划。

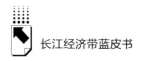

（二）突破体制性瓶颈制约，积极推进多式联运市场主体发展

长期以来，制约我国多式联运市场发展的最大短板是缺乏具有整合全程运输服务资源和能力的多式联运承运人，因而，还没有真正实现"一票到底"的全程物流服务。近年来，中铁快运合资组建了中铁顺丰国际快运有限公司，部分铁路局集团公司也与港口、物流企业合资组建了海铁联运经营公司，积极合作提供"门到门"一站式全程多式联运服务。在推动铁路和综合运输业市场化改革进程中，江苏省应积极争取试点推进跨铁路、水运等运输方式的混合所有制改革，率先探索发展交通物流全程组织模式，发展多式联运市场主体，以资本为纽带，联合组建本土综合运输主体。

（三）以全面提升绿色环保标准为引领，强势推进内河水运高质量发展

国家特别强调推进运输结构调整，加快内河集装箱船运输发展。江苏省内河水运资源得天独厚，以发展内河集装箱运输为抓手，推进内河运输服务水平提升，总体走在了全国前列，但还存在明显的短板和不足，绿色化发展进程不快。应继续以提升水运绿色环保标准红线、底线为刚性举措，构建严苛的管控、倒逼机制，大力推进运输"散改集"，以有力整治的行政手段推进内河船舶运输升级，扎实推进船型标准化向船舶标准化跨越。研究制定江苏省造船产业布局新规划，加快研发和推广适用的内河标准化船舶，按照苏北运河96标箱、苏南运河64标箱的国家新标准发展内河集装箱主导船型船舶。借鉴欧盟提供4000万欧元补贴支持莱茵河—多瑙河沿岸LNG基础设施建设和投入近8000万欧元支持"清洁运输燃料计划"的经验，建议江苏省争取国家支持，着力破解LNG内河运输及加气站审批难题，每年安排3亿~5亿元奖补资金，推广安全、环保、节能的"绿色船舶"，加快形成新的造船产业集群。此外，建议"十四五"期间实施内河港口集约化行动计划，规范大型企业专用码头，取消其他内河货主码头，统一规划布局建设公共物流中心和共用港口码头。

B.11
长三角一体化背景下促进浙江省
"四大建设"机制研究

朱李鸣　廉军伟　于　蕾　张　娜　王晓飞*

摘　要：　大湾区大花园大通道大都市区"四大建设"，是浙江省第十
　　　　　四次党代会作出的重大战略部署。长三角一体化是国家推动
　　　　　区域协调发展的重大战略。本研究报告分析了长三角一体化
　　　　　为浙江"四大建设"带来的机遇与挑战，研究了浙江"四大
　　　　　建设"融入长三角一体化的基础条件、发展重点等，并从打
　　　　　造高能级平台、推动机制创新等方面提出了政策举措。

关键词：　长三角一体化　浙江"四大建设"　机制创新

　　长三角高质量一体化不仅顺应了区域代表国家参与全球竞争的发展趋
势，更是我国应对百年未有之大变局的战略举措。浙江省大湾区大花园大通
道大都市区"四大建设"，是省第十四次党代会作出的重大战略部署，是现
代化浙江建设的主战场和大平台，也是推动省域区域协调发展的战略布局。
作为长三角"金南翼"，浙江省应把"四大建设"放到全球竞争格局和全国
战略布局中，放到长三角一体化和建设世界级城市群目标中去谋划，主动对
接上海，集中资源着力打造现代化世界级大湾区，打造全国领先的绿色发展

---

* 朱李鸣，浙江省发展规划研究院高质量中心执行主任，研究员；廉军伟，浙江省发展规划研
　究院副研究员；于蕾，浙江省发展规划研究院高级经济师；张娜，浙江省发展规划研究院高
　级经济师；王晓飞，浙江省发展规划研究院助理研究员。

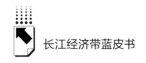
高地和智慧综合交通体系,打造具有世界竞争力的现代化大都市区和城市群。

一 长三角区域一体化发展对"四大建设"的新要求和新机遇挑战

(一)长三角一体化发展对"四大建设"带来的新机遇

1. 产业转型发展进入新阶段带来产业协同发展机遇

以上海为核心的长三角主要城市发展已经进入了工业化后期,且上海、苏州、杭州等城市正从以第二产业为主转向以第三产业为主的经济模式。目前,上海作为转型升级的核心,正从招商引资向招商引智转变,其他主要城市的招商也在向"引强、引优和引智"转变,上海、杭州、南京等中心城市对周边地区的产业外溢、科技外溢和人才外溢效应正全面显现。

2. 城市功能专业化分工进入新阶段带来空间布局优化机遇

长三角城市发展各具特色,随着科技产业变革加快,城市空间联系与产业竞争格局进入产业专业化新阶段。总的来看,长三角城市分工将逐步向"一盘棋"方向优化,城市之间的专业化分工加深加强,中心城市的资源配置效率不断提升,长三角区域发展将呈现"马太效应"。

3. 长三角一体化提速发展进入新阶段带来加快基础设施建设一体化机遇

长三角一体化上升为国家战略后,长三角区域协同发展迈进区域一体化、城乡一体化的新阶段,高铁、城际铁路等轨道交通跨行政区域的谋划实施不断加快,将在沪杭甬二通道率先开展无人驾驶、人工智能在交通领域的应用研究。综合交通运输服务一体化和管理能力一体化明显增强,现代化综合交通运输体系基本建成,长三角高速公路智慧化一体化全面推进。区域能源安全供应和互保互济能力明显提高,新一代信息设施率先在长三角布局成网。

（二）长三角一体化发展对"四大建设"的新要求

1. 打造具有全球竞争力的世界级城市群的新要求

长三角是我国综合实力最强的区域，是世界公认的第六大城市群。《长江三角洲区域一体化发展规划纲要》明确了长三角一体化发展战略，要把长三角建设成为全国发展强劲活跃增长极、高质量发展样本区、率先基本实现现代化引领区、区域一体化发展示范区和新时代改革开放新高地。浙江省"四大建设"可以理解为是推进长三角更高质量一体化浙江行动，在长三角高质量一体化背景下必将加快推进实现。

2. 建设高质量发展样板区带来的新要求

打造高质量发展样板区，是长三角一体化发展新的战略定位之一。推进长三角高质量一体化发展，本质上就是要实现资源要素的无障碍自由流动和地区间的全方位开放合作。浙江省以深入实施"八八战略"、推动"两个高水平"建设为重点，着力推动理念转换、动能转换、结构转换、效率转换和环境转换，力争在高质量发展上走在全国前列、成为排头兵，成为长三角打造高质量发展样板区的重要载体。

3. 率先基本实现现代化的新要求

《长三角洲区域一体化发展规划纲要》提出长三角要成为率先基本实现现代化的引领区。对浙江而言，全省第十四次党代会提出了高水平推进社会主义现代化建设的宏伟目标，"现代化"既包括经济发展、生态环境建设，更是将落脚点放在坚决贯彻以人民为中心的发展思想，这也是浙江省推进"四大建设"必须坚持的目标导向和发展原则。

（三）长三角一体化发展对"四大建设"的新挑战

1. 长三角一体化对浙江省中心城市国际竞争力提出新挑战

从中心城市综合竞争力来看，大湾区中心城市的经济总量和整体竞争力不足，在 2018 年全国城市综合经济竞争力排名中，浙江大湾区无一进入全国前十，在前二十名中，广东和江苏分别占据 4 席，浙江仅占 1 席。从高质量基础设施水平来看，浙江大湾区的国际通达水平还明显不足，杭州萧山国际机场国际地区航线、通航点只占北上广三地机场的30%左右；轨道交通发展尤为滞后，里程短，类型少，缺少市域快轨、磁浮交通等载体。从国际化配套设施来看，杭州、宁波、温州等开发程度相对较高的城市仍然缺少国际组织总部和地区代表处，外籍常住人口数量不多，国际学校数量较少，国际教育设施不足，高水平国际化医疗资源也不够，缺乏专门的外籍人士公共服务平台。

2. 长三角一体化对集聚高端要素的能力提出新挑战

和国内外知名湾区及长三角兄弟省市相比，浙江大湾区在高端要素集聚方面还有很大欠缺。一是世界一流的科学研究载体和国家重大科技基础设施缺乏，浙江仅有由浙江大学牵头的超重力离心模拟与实验装置进入初步设计阶段。二是一流高校和科研院所缺乏，湾区乃至全省范围内仅有浙江大学一所"985""211"高校，与江苏、湖北、山东、广东、北京等省市差距明显，尚未形成具有国际影响力的领先优势学科。三是世界级产业创新集群缺乏，浙江大湾区的产业多集中在纺织业等传统产业，处于世界创新引领位置的企业还是凤毛麟角，世界500强企业中只有3家，和粤港澳大湾区的20家相比差距巨大。

3. 长三角一体化对高能级战略平台建设提出新挑战

目前浙江大湾区在高能级战略平台的数量和质量上都有所欠缺。一方面，中国（浙江）自由贸易试验区建设刚刚起步，与"大湾区"对接国际标准建设自由贸易港区先行区还有很大差距，油品投资贸易改革、金融配套创新、通关监管创新等都有待深化。一方面，经济技术开发区、海关特殊监管区等平台建设水平不高，发展能级较低；大湾区乃至全省范围内的国家级经济技术开发区中只有3家进入2018年国家级经开区综合排名前30名；国家级高新区的数量和能级也有待提升，仅杭州高新技术产业开发区位列全国第6名。另一方面，缺乏类似江苏新加坡工业园区、广东中新知识城这样的国家层面战略合作项目，在集聚国内外一流高校研究生院建设"科教园区"方面缺乏像苏州工业园区"独墅湖科教创新区"这样的大手笔。

4. 长三角一体化对宁波舟山港强港建设提出新挑战

《长江三角洲区域一体化发展规划纲要》提出,要推动港航资源整合,优化港口布局,健全一体化发展机制,增强服务全国的能力,形成合理分工、相互协作的世界级港口群。但是浙江省宁波舟山港"大港小航"的格局仍未改观。尤其是与邻近的上海港相比,宁波舟山港在航运金融、航运保险、航运信息、海事仲裁、航运教育等国际机构的总部或区域机构引进方面存在较大差距。

5. 长三角一体化对浙江省"大通道"建设提出新挑战

全省综合交通运输网络和"大通道"设施体系仍与区域高质量发展需求存在落差,无法完全承担引领推动经济社会发展的重任,主要表现为:一是"大通道"国际性竞争力不足,对浙江省全面对外开放的支撑作用依然偏小。二是"大通道"支撑区域联动能力不足,在推动长三角一体化战略落实方面仍存在短板。三是"大通道"内多种交通方式协同化不足,交通建设投资结构不均衡问题突出。

6. 长三角一体化对浙江省推进区域环境共治共保提出新要求

长三角一体化上升为国家战略后,坚持生态优先、绿色发展得到进一步推进,特别是对区域内海洋港口协同发展、陆源入海污染整治、海洋污染联防联治等陆海统筹多方面提出了新要求。浙江受制于地处长江出海口的地理因素影响,近岸海域生态保护环境仍面临严峻挑战。严峻的海洋生态污染形势,对沿岸海洋产业布局、滨海城镇建设都有较大的影响,对保障浙江省海洋经济高质量发展产生了重大影响。

二 浙江省"四大建设"对接融入长三角区域一体化发展条件分析

(一)长三角一体化背景下浙江省"四大建设"工作进展

1. 大湾区建设加速推进

2018 年大湾区 GDP 达到 45400 亿元,占全省的比重达到 87.6%,其中

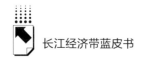
杭州经济总量达到1.35万亿元、宁波首次突破万亿元大关；杭州钱塘新区、湖州南太湖新区、宁波前湾新区相继批复设立，高能级平台建设水平进一步提升；融入长三角基础设施互联互通、重大科创平台、"万亩千亿"新产业平台等十大标志性工程启动建设，一批重大产业项目落户大湾区。

2. 大花园建设亮点纷呈

目前浙江省建立了典型示范创建机制，已公布第一批大花园典型示范单位和培育单位各10个；有序推进海岛大花园、诗路文化带、十大名山公园等重点载体的规划编制和实施，签署浙皖闽赣国家生态旅游协作区协议，推进丽水国家公园试验区创建；着力推进丽水国家级生态产品价值实现机制试点、安吉县域实践"两山"理念综合改革创新实验区等建设，并在开化、遂昌、仙居、天台四县先行开展县级GEP核算工作。

3. 大通道建设持续发力

目前已编制出台"四港"联动方案，落实"七个一"举措，全力推进十大标志性工程和六个示范项目；钱塘江中上游航道全线贯通，实现所有地市"通江达海"，宁波舟山港货物吞吐量连续十年居世界首位，集装箱吞吐量跻身全球前三，全省拥有三大千万级机场；整体形成大港口、大枢纽、大流通网络化格局，初步建立综合交通运输体系。

4. 大都市区建设全面启动

在省推进都市区协同发展领导小组的基础上，杭州、宁波、金华等市相继设立推进大都市区建设工作组，开展编制各都市区建设行动方案；充分发挥四大都市区各自优势，进一步强化都市区核心功能集聚，以核心区为引领加快建设"七个之城"，并开始重点打造一批功能性平台。

（二）浙江省参与长三角一体化发展的融入机制

1. 做好顶层设计

全力参与国家长三角一体化发展规划纲要编制工作。积极推动浙江省"四大建设"、"最多跑一次"改革等重大决策部署，以及一批重大事项纳入国家战略，派专人参与起草规划纲要。率先发布《浙江省推进长三角区域一体化发展行动方案》。结合浙江实际，启动实施高质量发展民营经济、高层次扩大对外开放、高普惠共享公共服务等九项重点任务。同时启动编制交通、科创、市场体系等专项行动计划，初步形成"1＋N"的方案体系。

2. 强化领导机制，组织协同

建立省推进长三角一体化发展工作领导小组。由省委、省政府主要领导亲自挂帅，并相应设立交通、能源、信息、科技、环保、信用、人力社保、金融、商务、产业合作、食品安全、城市合作12个专题组。完善长三角合作运行机制。共同创新"三级运作"机制和活动方式，联合组建的长三角办主动作为、加强多方面的统筹协调。形成多层级跨省合作机制。已有8个设区市、17个县（市、区）及10个省级以上平台，以不同形式与沪苏皖相关单位建立了紧密型、常态化的合作机制。

3. 深化专题合作，重点突破

在基础设施互联互通方面，杭黄铁路通车，沪苏湖铁路获批；共同推进5G试点建设。科创产业融合发展方面，签署长三角加快构建区域创新共同体战略合作协议；阿里巴巴"城市大脑"已布局沪苏浙皖6个设区市（区）。生态环境共保联治方面，共同编制长三角区域大气治理、水污染防治协作方案；合作推进打赢蓝天保卫战、统一区域环保标准、重大活动区域协作保障等工作。公共服务共建共享方面，深入实施异地就医门诊费用直接结算试点；沪杭甬率先实现地铁扫码过闸互通。市场开放合作方面，推动沪浙自贸试验区联动创新；在全国率先构建区域联动的食品安全信息追溯体系。

4. 打造重大合作平台，联动发展

共同推进G60科创走廊建设，联合发布总体规划，成立新材料创新等产业合作联盟（金华）；与上交所签订战略合作协议；联合推进长三角政务服务一体化试点。打造提升一批跨省产业合作平台，中新嘉善现代产业园签订合作协议，积极打造"智能传感谷"。谋划建设一批创新"飞地"，宁波前湾新区联合复旦大学宁波研究院在上海设立了五个离岸中心；湖州在上海虹桥商务区积极打造湖州全球招商中心和离岸中心；嘉兴、金华、衢州在上海重点园区、高新区建立了一批创新"飞地"。

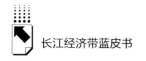
（三）浙江省"四大建设"对接融入长三角区域一体化的发展重点

1. 以高水平大湾区建设推动长三角协同创新产业体系共建

作为长三角的重要组成部分，浙江大湾区有条件也有义务深入融入长三角一体化建设，发挥市场在资源配置中的作用，争取上海、江苏南部多地的更多支持与融合，协同创建高水平重大创新载体、推动科技创新资源开放共享、共建世界级产业集群、打造长三角现代服务业新引擎，着力突出浙江在共同打造世界强劲活跃增长极中的战略地位。

2. 以高品质大花园建设推动长三角生态环境联保共治

随着大花园战略行动的全面推进，一些基础设施、绿色产业、生态休闲、旅游节会、金融、资金、政府公共服务等发展资源和要素会带来新的整合，聚力建设长三角大花园、共同打造省际生态廊道、合力建设生态文化旅游圈、联动实施污染防治攻坚战、创新生态保护治理联动机制，深入推进城乡、区域、省域、省际的统筹融合，着力突出浙江在共同建设生态美丽长三角中的特色亮点，进一步满足人民对美好生活、美好家园、美好环境的需求。

3. 以高标准大通道建设推动长三角基础设施互联互通网络共筑

从资源条件来看，浙江省具有通江达海的区位优势，有以"四港"联动为龙头，多式联运、联程联运为主攻方向，推动各种运输方式深度融合的发展潜力。从建设基础来看，杭黄铁路已经开通，浙江沿海高速公路基本全线贯通后，将从南北打通纵向发展的高速通道，北接上海、宁波，南望海西经济区，成为国家"一带一路"建设和长江经济带发展的南向主要交通动脉；长三角区域浙江与上海、江苏、安徽之间的省界主线收费站已撤销。从创新引领来看，浙江省在以智慧高速为载体，在智能交通、5G 车联网、数字交通等方面已开展先行探索。

4. 以高能级大都市区建设推动长三角城乡区域融合发展

杭州将加快都市区建设作为基本盘，合力推动大运河文化带、G60 科创走廊、钱塘江生态经济带等发展廊带建设，促进与其他节点城市间优势集成，成为长三角一体化发展的重要轴线。宁波已与上海签订了多个专项规划以加快综合交通的互联互通；并且已试点开展长三角地区门诊直接结算，上海保交所也将在宁波设立健康保险交易平台。温州深化本地协会商会与上海温州商会等异地商会联动合作，系统编制实施融入长三角一体化发展行动方案（2019~2025年）。

三 促进"四大建设"机制政策举措

（一）推动以四大新区为代表的高能级平台建设

杭州钱塘新区、宁波前湾新区、绍兴滨海新区、湖州南太湖新区是浙江省大湾区建设中明确打造的四大新区。要聚力推动四大新区的高质量开发建设。一是要不断强化体制机制创新。按照"一个平台、一个主体、一套班子、多块牌子"的体制架构，实行统一规划、统一招商、统一协调，实现城市功能与行政区划套合。二是要聚焦四大新区核心区及启动区建设，核心区面积控制在150平方公里，重点谋划建设20平方公里左右的启动区，集聚要素保障和政策支持，发挥先行引领作用。三是进一步明确四大新区的战略定位，特别是能凸显在国家层面的战略定位。

（二）加强与上海自贸区协同联动机制创新

在长三角高质量一体化发展背景下，浙江省在推动"四大建设"中，要积极加强与上海自贸区联动。一是加强上海自贸区和浙江舟山自贸区的功能联动。以小洋山港区综合开发合作协议为基础，推进上海自贸区域浙江舟山自贸区在港航产业、商品交易、金融创新、服务业开放等方面开展进一步的合作与联动。二是在有条件地区探索建设上海自贸试验区联动创新区，主动对接上海自贸试验区临港新片区，争取复制推广成熟经验和更多投资贸易自由化的政策制度。

（三）联动G60科创走廊优化浙江省科技创新平台

在长三角高质量一体化背景下，浙江"四大建设"要主动对接G60科

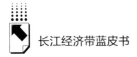
创走廊建设，促进科技资源要素集聚。一是将 G60 + G92（杭绍甬高速）打造为长三角沿海科技创新走廊，并争创国家全面创新改革试验区。二是谋划打造一批国际化科教创新区。重点在海宁泗湖、宁波东钱湖、湖州南太湖等区域大手笔谋划建设若干层次高、规模大的国际化科教创新区。三是高水平推动科技城建设。重点推动杭州钱塘智慧城、萧山科技城、浙南科技城、台州科技城、湖州科技城等科技城的发展。四是与 G60 沿线城市构建协同创新共同体。积极加强与兄弟城市之间的产学研合作。五是共同提升 G60 科创走廊合作发展水平。加快推进杭州城西科创大走廊、宁波甬江科创大走廊、嘉兴 G60 科创大走廊建设，支持打造温州大罗山科创走廊、台州湾科创走廊、绍兴科创走廊、金义科创廊道等。

（四）探索推动都市区发展机制创新

积极参与上海大都市圈建设，以四大跨市域一体化板块为突破口，探索大都市区建设协同推进路径。一是主动参与上海大都市圈建设。以近沪地区联动开发为载体，推动杭州、宁波都市圈与上海大都市圈协调发展，探索建立重点领域一体化体制机制。二是提升都市区中心城市的核心功能。加强中心城市国际能级提升，积极引进国外知名医疗机构和国际化医院管理团队，探索建设国际化社区，加快建设外籍人员子女学校，试点建立与国际规则接轨的高层次人才招聘、薪酬、考核、科研管理、社会保障等制度。三是推动都市区交通网络建设。加强都市区城市轨道交通、市域铁路、至周边县域的城际铁路、快速路网、绕城高速公路建设；推动建设杭州、宁波、温州空港枢纽，以及杭州城西、宁波西、温州东、金义综合交通枢纽；高质量推动全省海港、陆港、空港、信息港融合发展。

（五）探索设立甬舟特别合作区

长三角区域一体化发展要求积极在跨行政区划地区特别是交界地区探索一体化发展的体制机制创新。浙江省"四大建设"要积极探索跨区域重点板块协同发展。一是探索以六横和金塘为平台构建甬舟特别合作区。充分发挥宁波制造业基础，导入大型重装备制造业企业，打造长三角临港高端装备制造基地；充分发挥港口岸线资源条件，以高附加值的大宗商品、工业制成品为核心，发展进口物流，形成长三角进口商品集散基地。二是在产业选择上，重点发力"临港重型装备、绿色化工、港口物流、海岛休闲旅游"四大产业。三是在合作模式上，借鉴深圳汕尾特别合作区模式，由省政府决策授权，两地合作联合共建甬舟特别合作区。

（六）探索"飞地经济"发展创新机制

在长三角区域高质量一体化发展背景下，推动浙江省"四大建设"，积极探索"飞地经济"新机制。一是依托上海作为长三角龙头的地位，发挥其在科技人才等方面的优势，推动浙江在上海建设"科创型飞地"。二是对省内特别在大花园核心区的丽水衢州而言，要积极探索在大湾区四大新区建立高能级产业飞地，增加区域发展内生功能。三是针对淳安县、文成县、泰顺县、磐安县、常山县、开化县、龙泉市、遂昌县、云和县、庆元县、景宁畲族自治县 11 个国家重点生态功能区，加强与杭州、宁波等中心城市的对口协作，探索建立若干生态补偿"飞地"园区。

（七）探索大通道建设中交通协同发展机制创新

义甬舟大通道是"一带一路"建设的战略支点，具备海港、陆港、空间一体化发展的显著优势。一是构建现代化轨道交通体系。重点构建集高速铁路、城际铁路、市域铁路于一体的现代轨道交通体系。二是推动长三角机场联动。做大做强杭州萧山国际机场，提高宁波、温州等区域机场服务能力，规划建设嘉兴航空联运中心和浙西航空物流枢纽，开展浙中国际机场（金华）机场选址、衢州机场迁建等前期研究，推动与上海浦东、虹桥等机场联动。三是推动与上海港口协同发展。以小洋山北侧合作开发为契机，以资本为纽带、市场化为导向，推进长三角地区港口一体化，与上海港形成优势互补发展，合力打造世界级现代化港口群。

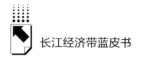

（八）探索大花园建设中跨区域生态环境共保机制

衢州、丽水是浙西南生态功能区的核心，具备自然花园的天然禀赋，推动绿色发展和全域旅游基础优势显著。要以跨区域生态环境共保机制为突破口，研究探索生态环境共保新机制。一是共同打造山上、海上和流域三大生态屏障。山上生态屏障以浙西—浙南山区为重点，共筑长三角绿色生态屏障。海上生态屏障以沿海一线为重点，通过实施海洋生态修复，共同打造海洋生态屏障。流域生态屏障以太湖为重点，实施太湖流域水环境综合治理，探索湖区治理新模式，联手打造世界级湿地景观和生态湖区。二是推动跨区域污染联合治理。共同推动新安江—千岛湖、太湖、太浦河等水污染治理、水生态修复、水资源保护；持续开展大气污染防治等。三是建立生态共保联动机制。加强环境执法联动和环境风险应急联动，建设一体化生态环境监管体系；探索建立流域生态补偿机制，加快完善省内流域上下游横向生态补偿机制，强化实施生态环境损害赔偿制度。

B.12

推动长江经济带综合交通运输体系
高质量发展需要更加关注十个重点问题

樊一江*

摘　要：　长江经济带综合交通运输体系建设应更加关注功能性战略性
　　　　　跨区域骨干运输通道布局、综合交通枢纽和国家物流枢纽建
　　　　　设、运输组织服务等"软实力"建设与模式创新、城市群都
　　　　　市圈高品质交通运输网建设、战略性布局智慧绿色交通、补
　　　　　齐农村地区等交通网络短板、交通运输系统发展韧性、传统
　　　　　基础设施深度融合发展等。

关键词：　长江经济带　综合交通　高质量发展

一　长江经济带综合交通运输体系面临新的发展形势

近年来，长江经济带交通运输快速发展，初步形成横贯东西、纵贯南北
的综合立体交通走廊，基础设施网络布局进一步完善，运输服务能力和效率
明显提高，智能化、绿色化发展取得积极进展，为长江经济带经济社会发展
提供了有力支撑和保障。

当前国际国内发展环境深刻变化，世界处于百年未有之大变局，我国开
启全面建设社会主义现代化国家新征程，长江经济带步入高质量发展新阶

---

* 樊一江，中国宏观经济研究院综合运输研究所室主任，研究员。

段，对综合交通运输体系提出了新的发展要求。特别是在新冠肺炎疫情全球蔓延，严重冲击并可能加速重塑全球供应链、产业链和贸易链分工格局，进而深度影响我国区域经济整体布局的大背景下，在以网络化、智能化、绿色化、融合化为典型特征的新一代全球基础设施代际更迭的大趋势下，长江经济带综合交通运输面临着更加复杂的发展环境与形势，发展不平衡不充分等既有问题和短板，与运输供需之间新出现的结构性、功能性、时空性等矛盾深度交织，亟须科学研判，从战略全局的角度进行针对性、前瞻性统筹谋划。

二 未来长江经济带综合交通运输体系高质量发展导向

未来一段时期，长江经济带综合交通运输体系建设应以习近平新时代中国特色社会主义思想为指导，深入贯彻新发展理念，按照高质量发展要求，坚持生态优先、绿色发展，以共抓大保护、不搞大开发为导向，以供给侧结构性改革为主线，以更好满足人们日益增长的美好生活需要为根本，围绕构建以国内大循环为主体、国内国际双循环相互促进新发展格局，加快建设安全、便捷、高效、绿色、经济的现代综合交通运输体系，更好支撑引领长江经济带高质量发展。重点做好"一个统筹协调、两个有效匹配、三个深度融合"。

"一个统筹协调"即统筹协调好各运输方式间、通道与枢纽间、设施与服务间、跨国际跨区域与城市群都市圈间、城市与农村间、传统设施与新型设施间、平时服务与急时保障间等的关系。

"两个有效匹配"即重点围绕强大国内市场建设和整体消费升级，着眼推动形成全面开放新格局，强化运输能力供给与多样化、个性化运输需求以及新消费新需求之间的有效匹配，强化运输服务链与综合物流链、现代产业链、国际供应链、全球价值链等的有效匹配。

"三个深度融合"即推动现代交通运输与经济社会各领域特别是产业布

局、城镇空间、国际国内经贸流通、生态环境等深度融合发展，推动交通基础设施与能源、水利等传统基础设施深度融合发展，推动交通基础设施与5G、人工智能物联网等新型基础设施深度融合发展。

三 更加关注十个重点问题

一是更加关注功能性、战略性跨区域骨干运输通道的系统布局。在已经初步形成综合交通网络框架的基础上，精准发力，分类优化内部、对外以及国际等多层次综合运输通道布局。加快完善高效串接长三角、长江中游、成渝以及黔中、滇中等地区的复合型快速运输通道，实现上下游地区人员物资的畅捷联系。以长三角、长江中游、成渝等地区为重点，优化并加密精准对接京津冀、粤港澳、黄河流域等地综合运输通道布局。强化与"一带一路"沿线设施联通与衔接。完善沟通南北方的过江通道布局与功能。重点实施沿江高铁、川藏铁路等一批战略性工程。研究推动跨区域双层集装箱等专业性货运通道布局。

二是更加关注综合交通枢纽和国家物流枢纽建设。优化国际性、全国性、区域性以及重点口岸型综合交通枢纽布局和功能，加快国家物流枢纽建设，推动组合型枢纽集群发展，强化港口群、机场群协同分工。战略性打造一批能够高品质、高层次参与新一轮全球化产业链供应链分工和全球性资源要素组织配置的国际性综合交通枢纽。提升航运中心价值链组织功能，推动内陆口岸与枢纽联动发展。依托重点枢纽积极研究探索自由贸易港、内陆自由贸易港等发展模式。研究推动依托专业货运枢纽的国际国内航空货运网络布局与建设。

三是更加关注运输组织服务等"软实力"建设与模式创新。切实回归运输的服务本质，以"组织"为核心构建现代多式联运发展模式和运行机制，全面提升一体化运输效率和服务品质。以运输组织为牵引，精准对接现代产业链和供应链，实质性延伸拓展运输服务价值链，强化"链式"运行稳定性。创新江海联运模式，发挥中欧班列经贸纽带功能，提升国际运输和

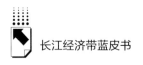
国际物流发展能力。

四是更加关注城市群都市圈高品质交通运输网建设。以轨道交通为重点健全城市群、都市圈交通基础设施，围绕中心城市构建高品质"同城交通网"、"通勤交通网"和"同城配送网"。以长江三角洲区域一体化发展、成渝双核经济圈建设等为重点推动轨道交通"多网融合"。以提升中心城市综合承载能力和区域辐射能力为核心，优化城市交通设施网络和运输组织网络。

五是更加关注战略性布局智慧交通绿色交通等下一代交通"新基建"。强化与大数据、5G、人工智能等现代信息技术和新型基础设施深度融合发展，推动传统交通网络数字化、智能化升级。着眼未来生产、流通、消费等升级，系统性、前瞻性地研究推动智慧交通、绿色交通以及新型旅游交通、共享交通等新基建、新业态战略性布局。

六是更加关注精准补齐农村地区和特殊困难地区交通网络短板。围绕乡村振兴战略实施以及农村农业现代化发展，加快补齐农村地区、林区、库区、湖区以及其他特殊困难地区交通设施和服务短板，深入推进城乡交通一体化发展。

七是更加关注交通运输系统发展韧性。提升交通运输全周期、全体系发展质量，增强应对突发事件的系统快速修复和恢复能力。重点围绕新冠肺炎疫情暴露的交通、物流等问题，精准补齐发展短板，完善应急组织与协调机制，全面提升交通物流应急保障能力。

八是更加关注与能源、水利等传统基础设施深度融合发展。加强交通、能源、水利等基础设施综合布局、协同规划、协同设计、协同建设、同步预留，强化各类设施岸线、线位、廊道等资源共享共用和集约节约利用。可选择沿江有条件的地区先行探索，打造一批基础设施高质量融合发展的先行样板，成熟后进一步复制推广。

九是更加关注加快推动由传统综合运输通道向现代交通、经济、贸易、产业融合走廊拓展升级。跨区域跨界跨业联动探索通道经济、枢纽经济发展新范式，培育经济发展新动能。

十是更加关注交通运输现代化综合治理和要素市场化配置体制机制建设。推动民航、铁路等重点领域体制机制改革，加快构建符合长江经济带发展实际的交通运输要素市场化配置体制机制，提升交通运输现代化综合治理能力。

构筑高水平对外开放新高地篇

To Build a High-level Opening-up Platform

B.13
中国（云南）自由贸易试验区制度
创新改革和试验进展刍议

雷 扬[*]

摘　要： 云南自贸试验区作为长江经济带沿线的八个自贸试验区之一，
内接长江经济带、外联"一带一路"南亚东南亚区域主要通路，
具有显著的地缘区位优势。立足新时代、新发展阶段，云南自贸
试验区需要大胆闯出一条基于规则、规制、管理和标准的制度创
新改革和试验之路，为全国自贸试验区建设贡献"云南智慧"。

关键词： 云南自贸区　制度创新　改革试验

21 世纪以来，随着第三次工业革命红利的消退，新一轮科技革命和产

---

* 雷扬，云南省宏观经济研究院副研究员。

业变革正在兴起，科技创新链条更加灵巧，技术更新和成果转化更加快捷，信息技术、生物技术、新材料技术、新能源技术广泛渗透，以人工智能、石墨烯、虚拟现实、量子信息技术及生物技术等为代表的第四次工业革命带动几乎所有领域发生了以绿色、智能为特征的群体性技术革命，这一切为我国发展带来了巨大的历史机遇，也对我国在加快科技创新方面提出了更为迫切的要求。可以说，创新必然是"十四五"时期以及未来更长一段时期引领我国发展的第一动力。上述趋势也势必要求我国应更加深入地推进以制度创新为核心的改革。无论从畅通国内国际双循环，还是从企业激励、产业集群、人才建设等领域，我国都应及时打造出自己的创新驱动新引擎。

一　自由贸易试验区建设具有我国制度型开放的新时代特征

　　2002 年我国开启了自由贸易区建设进程，2007 年党的十七大首次将自由贸易区建设提升到国家战略层面，2012 年党的十八大提出加快实施自由贸易区战略，2017 年党的十九大提出促进自由贸易区建设，2019 年党的十九届四中全会提出推动构建面向全球的高标准自由贸易区网络。进入新时代、新发展阶段的"十四五"时期，自由贸易区建设不仅要继续增加数量，更要注重提升质量。

　　2020 年 5 月出台的《中共中央　国务院关于新时代加快完善社会主义市场经济体制的意见》提出，以"一带一路"建设为重点构建对外开放新格局，加快自由贸易试验区、自由贸易港等对外开放高地建设，健全高水平开放政策保障机制，积极参与全球经济治理体系变革。自 2013 年 9 月 29 日我国第一个自由贸易试验区落户上海浦东以来，我国先后已分六批设立了"1＋3＋7＋1＋6＋3"共计 21 个自由贸易试验区（港），形成了覆盖东西南北中的改革开放创新格局。从我国的自由贸易试验区称谓凸显的"试验"二字，可以看出名称不一样，承担的历史使命和作用也不一样，所谓"试验"是要突破传统自由贸易区概念，凸显出制度试验的功能，意味着它不同于多年

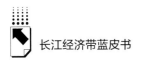

前实行特殊优惠经济政策的地区，也不同于国内各种形式的海关特殊监管区，更不同于国际上传统意义的自由贸易区。同时，"试验"也绝非孤立的试验，设立它的初衷是通过打造投资和贸易自由化便利化的多功能经济特区，推动我国新一轮的高水平开放、高标准改革和高质量发展。首要功能是观察我国国内投资和贸易自由化便利化改革探索的重点区域，核心是要面向全国推广示范。因而，自由贸易试验区建设具有我国制度型开放的新时代特征。

相较于长期以来国际间商品和要素的流动型开放的路径依赖逻辑，制度型开放是更深层次、更加全面、更为持久的开放。当前，我国进入了以高水平开放推动深层次市场化改革的新阶段。这一阶段开放最鲜明的特点就是制度型开放，更加注重国内规则规制全面对接国际高标准市场规则体系。它要求开放的领域从贸易壁垒、市场准入的"边境措施"向规则、规制、管理、标准等"边境后措施"延伸，并要求开放的角色从高标准国际经贸规则的跟随者、接受者向参与者、制定者转变，更加强调以制度保障国际国内要素自由流动、资源高效配置、市场深度融合的全面开放。

二　全国自由贸易试验区制度创新改革的现状

截至 2020 年 9 月，全国 21 个自由贸易试验区（港）通过加强制度集成创新力度建设，充分吸收国内外先进经验和优秀做法，结合各地经济社会发展特点，合理选择政策工具搭配，在投资和贸易自由化便利化、金融开放、产业聚集、吸引人才和监管保障等方面形成了制度集成的创新合力。相较于全球 2000 多个自由贸易区，当前我国自由贸易试验区内的投资和贸易自由化便利化措施涉及创新领导和工作推进机制、投资保障机制、资金融通支持机制和人才集聚保障机制；涉及对内对外双向领域，坚持"请进来"与"走出去"相结合，更加综合全面。

（一）国家层面支持自由贸易试验区制度创新最新动态

目前，国家层面陆续推出支持举措，推动自由贸易试验区、自由贸易港的制度创新进程。2020年6月28日，《国务院关于在中国（海南）自由贸易试验区暂时调整实施有关行政法规规定的通知》指出，在中国（海南）自由贸易试验区暂时调整实施海关事务担保、进出口关税、国际海运等多个领域的行政法规，并要求国家相关部委建立与试点要求相适应的管理制度。

最近，商务部也在加快推进落实与深化自由贸易试验区（港）、服务业扩大开放综合试点工作要求相适应的管理制度和政策法规；落实《海南自由贸易港建设总体方案》，出台跨境服务贸易负面清单；全国版外商投资准入负面清单由40条减少到33条，同时推动扩大服务业开放试点范围，修订鼓励外商投资产业目录，鼓励更多外商到中西部地区、东北老工业基地进行投资。同时，商务部正在研究建立健全全面风险管理制度，在风险研判和防控中加强大数据、区块链等新兴信息技术应用，全面增强我国对投资、贸易、金融、网络、生态环境、文化安全、人员进出、反恐反分裂、公共道德等领域的开放风险监管和处置能力，保证经济社会安全发展。

（二）各自由贸易试验区推进制度创新最新动态

截至2020年9月，上海、浙江、辽宁、陕西、海南、重庆和四川等多个自由贸易试验区（港）集中列出了新一批制度创新清单。其中，进一步深化金融领域开放、便利跨境贸易投资资金流动、创新政府管理方式等领域成为突破重点。

上海自由贸易试验区临港片区提出，将坚持高端引领、创新驱动、融合发展，加快构建世界级、开放型、现代化产业体系，进一步强化制度创新、加强招商引资，聚焦前沿产业领域，探索促进产业发展的政策措施，围绕产业链关键环节，固链补链强链。浙江自由贸易试验区围绕推动油气全产业链开放发展目标，在引进油品贸易国际战略投资者、提升大宗商品跨境贸易金融服务等十二个方面开展创新探索。以跨境人民币结算为例，目前落户浙江自由贸易试验区的油品贸易企业办理国际业务结算不再需要提供合同发票、报关单等票据，办理时间也从原来的2~3天缩短至即到即办。辽宁自由贸易试验区沈阳片区，推出QFLP试点企业管理暂行办法，建立以私募股权投资基金为通道、以境外资金自由进出为目标的基本制度体系；支持试点企业发起成立辽宁省"一带一路"产业投资母基金，围绕高端制造、智能制造等产业转型升级和企业"走出去"，精准对接优质企业和项目，充分发挥自贸试验区创新优势。陕西自由贸易试验区推出 15 条举措。其中，以税务和金融服务创新为重点，提出了涉税事项"网上办"、首笔出口业务先退税后核查、下放外贸企业出口退税审批权限等措施，持续优化纳税服务。海南自由贸易港聚焦主导产业，加快建立以旅游业、现代服务业与高新技术产业为主导的自由贸易港产业体系。同时，加快"零关税、低税率、简税制"等特殊政策的前期探索，为尽快实现投资和贸易的自由化便利化铺路。重庆自贸试验区在全国率先开展"铁路运邮"试点，实施中欧班列（重庆）进出口运邮常态化、规模化。目前，重庆自贸试验区已通过中欧班列（重庆）实现"国际水陆路邮件进出口新通道、航空禁寄产品新通道、跨境电商铁路专线寄递产品新通道、国际邮件应急疏运新通道"四大功能。同时，开展"铁路运单物权化"试点，开发铁路提单及运行模式，创新铁路提单配套规则，开立"铁路提单国际信用证"并批量化运用。四川自由贸易试验区推出了基于"铁路＋"多式联运"一单制"的"提单"、"银保联合体"、供应链金融平台融资、"国际信用证＋人民币结算"等创新模式，实现了"一次委托、一口报价、一单到底、一票结算、全程控货和金融创新"。

各地上述制度具有明显的首创性、系统性、集成性特点，提升了贸易便利性和融资可获得性，均取得了较好的成效。

（三）2013年以来全国自由贸易试验区制度创新经验推广情况

七年来，我国自由贸易试验区建设摒弃了传统开发区打造政策洼地的发展路径，通过一系列功能性政策试验，探索了以制度创新为核心的发展模式，在投资管理、贸易监管、金融改革和"放管服"改革等领域形成了一大批向全国全面复制推广的制度创新成果，适应了我国由商品和要素流动型开放向制度型开放转变的需要，对推动我国开放水平和营商环境的全面提升，充分激发制度创新红利发挥了积极作用。所谓"功能性政策"是针对我国改革开放以来对外资进入的领域限制、产业限制、经营限制和其他限制，根据国际惯例和国内现状，允许类似于深圳特区和上海浦东新区（自由贸易试验区）等综合配套改革试验区有所突破先行先试的一系列政策安排。上海浦东新区管委会首任主任赵启正对于功能性政策有一个形象的解释：将海边的一个军事场所，通过政策安排，改变为海滨游泳场所，这样改变场所的功能的政策就是功能性政策。和改革开放初期的优惠政策相比，它最大的特点是相关项目与当地没有任何税收上的关系，更没有来自上级部门的投资。

七年来，根据党中央"大胆试、大胆闯、自主改，力争取得更多可复制推广的制度创新成果"的指示，一系列支持自由贸易试验区先行先试发展，推动更深层次改革、更高水平开放的政策相继出台。以国务院发函等方式集中复制推广的自由贸易试验区改革试点经验共五批、合计106项；由国务院自由贸易试验区工作部际联席会议办公室总结印发供各地借鉴的"最佳实践案例"共三批、合计43个；各部门自行复制推广的改革试点经验53项。从总体来看，通过上述一系列在投资和贸易自由化便利化、金融服务实体经济和政府职能转变等领域的探索，我国自由贸易试验区已形成了202项制度创新成果得以复制推广。其中，浙江、湖北、河南、重庆、四川、陕西和辽宁的7个自由贸易试验区总体方案确定的1055项试点任务已基本实施，有效地融入和服务于国家重大战略，对比试验、互补试验取得成效，初步形成了各具特色、各有侧重的试点格局，累计向全国复制推广了137项制度创新成果，较好地实现了预期目标。

三　加强规则、规制、管理、标准等
方面的创新合作机制建设

《中共中央 国务院关于新时代加快完善社会主义市场经济体制的意见》指出，"一带一路"建设要加强市场、规则、标准等方面的软联通，强化合作机制建设。要赋予自由贸易试验区和自由贸易港更大的改革创新自主权，

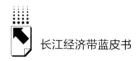

以制度型开放为核心，为深化改革探索经验和提供示范。当前，云南经济已进入从依赖资源要素驱动、市场需求驱动、政策和管理驱动到依靠"全要素"驱动的阶段，制度改革和科技创新是提高全省全要素生产率的核心动力。因而，供给侧结构性改革和全方位创新，将是"十四五"时期贯穿云南实现高质量跨越式发展全过程的主线。与此同时，"十四五"时期及今后的十年内，大概率会遇到四十余年改革开放以来从来没有遇到过的外部环境，存在较大的不确定性。综上而言，云南自由贸易试验区作为云南新时代的改革开放试验田，在未来重构国际高标准市场规则体系条件下，若期望在全球产业链、价值链中分到一杯羹，就需要以只争朝夕的胆识在深化制度创新方面有所建树。通过把握好我国改革的新时代逻辑，在规则、规制、管理、标准等制度创新上全面发力。

（一）在规则层面

在当前疫情和经贸形势的不确定性还很大，亟待深化供给侧结构性改革，充分发挥我国超大规模市场优势和内需潜力，构建国内国际双循环相互促进的新发展格局的大背景下，作为深化云南制度型开放创新的重要平台，云南自由贸易试验区内接长江经济带、外联"一带一路"在南亚东南亚区域的主要通路，具有国内其他自由贸易试验区难以比拟的地缘区位优势，应当始终坚持对标国际最高标准、最好水平，加快形成适应更高水平开放型经济发展要求的一整套制度体系，同时主动参与国家对国际规则制定，力争为我国提升全球经济治理话语权奠定制度优势做出一定贡献。

具体而言，云南自由贸易试验区可率先探索与国际高标准经贸规则有机衔接、建立良性互动的投资贸易制度体系。比如，对标《区域全面经济伙伴关系协定》（RCEP）、《全面与进步跨太平洋伙伴关系协定》（CPTPP）等国际经贸协定，推动云南自由贸易试验区在"边境措施"和"边境后措施"实行更高水平的对外开放，率先实现投资和贸易自由化便利化。

（二）在规制层面

加快建立云南自由贸易试验区对各类市场主体公平公正、公开透明的市场规制环境。云南省内，率先在云南自由贸易试验区探索实施竞争中性政策，清理和废除妨碍公平竞争、扭曲市场的不合理规定、补贴和做法，实现各类市场主体依法平等经营相关行业、领域和业务。

（三）在管理层面

在全省范围内，率先让云南自由贸易试验区探索建立与更高水平开放型经济相适应的监管模式和监管体系。对标境外高水平自由贸易港和自由贸易园区"境内关外"的监管模式，在云南自由贸易试验区海关特殊监管区域创新运用智慧智能、高效便利的综合监管模式，实现真正意义上的"一线放开、二线安全高效管住"。

（四）在标准层面

探索推进云南自由贸易试验区在标准和认证方面的国际互认，提升全国自由贸易试验区国际标准制定能力。在认证认可和第三方检验检测结果采信等方面加强国际合作，借力"数字云南"建设，在数字贸易等新兴领域试点建立全省的行业发展新标准，为全国自由贸易试验区参与国际标准制定贡献"云南智慧"。

四　以扩大开放倒逼制度创新需要注意处理好的几个关系

（一）处理好内和外的关系

处理好云南自由贸易试验区自主开放和自由贸易协定双边或多边对等开放的关系。随着全球贸易发展局面的深刻变革和世界经济一体化的持续发展，要及时了解国际经济形势变化，在国际市场中为云南经济发展的具体路径制定合理规划，提高云南在全球范围内的资源配置能力，就需要云南主动适应国际投资贸易规则，主动参与全球经济治理机制建设，在制定国际贸易

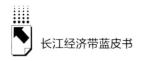
投资规则的过程中发出更多中国声音、注入更多云南元素，促进贸易和投资自由化便利化，不仅拓展云南的对外开放空间，也体现我国维护国际经济秩序的责任与担当。一方面，对于云南涉及或能够参与的双边或多边自由贸易协定谈判中的焦点议题，只要是符合云南省内的改革方向和风险总体可控的，应当打消试验会出差错的顾虑，主动放在云南自由贸易试验区先行先试以积累经验；另一方面，对于中央期望主导推动的规则体系，可在云南自由贸易试验区先行探索形成一整套经验，更好地服务于"一带一路"建设、长江经济带发展和云南省经济高质量发展。

（二）处理好点和面的关系

处理好云南自由贸易试验区点上压力测试和全国面上复制推广的关系。需要进行先试点后推广的改革开放举措总会存在一定的不确定性风险。云南自由贸易试验区的当务之急是对标国际高标准经贸规则，不断开展自身在更大范围、更宽领域的压力测试，从而大力推动自由贸易试验区负面清单的压减工作。建立跨境服务贸易负面清单管理制度，为云南省进一步扩大开放进行有益的先行探索。同时，应注意到可复制可推广是自由贸易试验区建设的基本遵循，但不能因为要复制推广就禁锢思想、捆住手脚，不敢进行更大开放力度的压力测试。

（三）处理好个性和共性的关系

处理好对昆明、红河和德宏片区差异化赋权和整体性赋权的关系。比如红河片区和德宏片区作为相关边境片区的合作开放试点，需要与昆明片区进行差异化系统化赋权支持试点。昆明片区在紧紧抓住制度创新这个改革开放的"牛鼻子"的同时，还应注重加快步伐主动融入国内超大规模市场，为云南加快构建完整的内需体系提供有力支撑，并尽早培育出云南自由贸易试验区参与国际竞合的新优势。昆明片区应主动加强与国外金融机构的合作，基于云南省区域性股权市场的建立和 QFII 的制度建设，大力度开展针对国内和国际的招商引资合作；在注重以增量带动存量的同时，充分考虑外部环境和市场实际，避免预期不稳对云南自由贸易试验区发展造成的潜在风险。

（四）处理好放与管的关系

处理好高度开放与高效监管的关系。习近平总书记指出，要着力增强自身竞争能力、开放监管能力、风险防控能力，炼就金刚不坏之身。"十四五"时期，随着我国开放水平不断提升，在金融、文化、网络信息等领域开放风险也将增加。高度开放是以高效监管为前提，只有管得好才能放得开，失控的高度开放必然会带来系统性风险。开放程度的高低取决于监管能力的高低。云南自由贸易试验区在推动制度型开放的同时，应坚持以总体国家安全观为指引，着力加强事中事后监管体系和监管能力的建设。建立健全全面风险管理制度，在风险研判和防控中加强大数据、区块链等新兴信息技术应用，全面增强对投资、贸易、金融、网络、生态环境、文化安全、人员进出、反恐反分裂、公共道德等领域的开放风险监管和处置能力，保证自由贸易试验区经济社会安全发展。

B.14
做好七个承接
打造中部崛起和内陆开放发展高地

—— 对湖南承接产业转移的调查与思考

王一兵 王 玥*

摘 要： 湖南省建设承接产业转移示范区促进中部崛起取得积极成
效。为全面落实习近平总书记对湖南的要求，湖南省要在
"主动、择优、精准、提能、科学、扶持、保障"七个方面做
好承接先进制造业和新兴产业转移工作，全力打造中部崛起
和内陆开放发展高地。

关键词： 中部崛起 产业转移 内陆开放

习近平总书记于2019年5月组织召开推动中部崛起座谈会，要求中部
省份"积极承接新兴产业布局和转移，加强同东部沿海和国际上相关地区
的对接，吸引承接一批先进制造业企业"。2020年9月习近平总书记在湖南
考察时提出，湖南要着力打造国家重要先进制造业、具有核心竞争力的科技
创新、内陆地区改革开放的高地，在推动高质量发展上闯出新路子，在构建
新发展格局中展现新作为，在推动中部地区崛起和长江经济带发展中彰显新
担当，奋力谱写新时代坚持和发展中国特色社会主义的湖南新篇章。为此，
地处"一带一部"的湖南，发展方向更加明确。

---

* 王一兵，湖南省政府参事室特约研究员；王玥，中国人民银行长沙中心支行干部，高级经济师。

一　湖南承接产业转移以开放促崛起取得一定成效

湖南省在 2011 年 10 月试行了湘南"承接产业转移示范区"建设，对加快湖南经济发展、提高开放水平、优化营商环境起到了先行先试、示范带动的效果。2018 年 11 月国家发改委批复了《湘南湘西承接产业转移示范区总体方案》，湖南省正式提出要发挥"一带一部"区位优势，着力打造中西部地区承接产业转移领头雁和内陆地区开放合作示范区。2019 年，湖南的湘南湘西承接产业示范区实际使用外资 40.45 亿美元，同比增长 11.3%；实际到位 1934.73 亿元，同比增长 18.3%；引进"三类 500 强"企业 77 家，投资项目 108 个，投资总额 2156 亿元。省级层面出台了《关于支持湘南湘西承接产业转移示范区发展的若干政策》（湘政办发〔2019〕29 号），将以前支持承接产业转移示范区的政策措施由湘南扩面至湘南湘西。省发改委牵头编制示范区发展规划，省工信厅、商务厅等单位纷纷出台相关支持政策，工作合力逐步显现。

（一）突出规划战略引领

湘南湘西各市州按照总体方案要求，在全省总体规划的基础上，因地制宜制定各地的示范区发展规划，发挥规划引领作用。衡阳市编制《衡阳市承接产业转移中长期规划》，组织起草《衡阳市争当湘南湘西承接产业转移示范区建设"领头雁"的三年行动方案（2019～2021 年）》；湘西州出台了《州委州政府关于推进湘西承接产业转移示范区建设的意见》，按照"三步走"要求明确目标任务、工作重点和保障措施。

（二）园区载体不断夯实

自示范区建设以来，永州市牢牢牵住园区建设这一"牛鼻子"，实施"135"工程，取得了显著成效。永州市建成 11 个省级产业园，其中 5 个园区产值达百亿元，永州经开区向创建国家级经开区发起全面冲刺。湘西全面

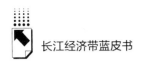
启动新一轮园区调规扩区工作，为承接产业转移示范区建设提供空间保障。湘西经开区获批省高新区，湘西州整合打捆泸溪高新区、湘西高新区和吉首经开区创建国家级高新区迈出坚实步伐。

（三）招商引资成效明显

实施"一把手"招商引资工程，各市州党委、政府主要负责人率先垂范、亲自带队招商，"大招商、招大商"的浓厚氛围加速形成。2018年以来，衡阳市主要负责人先后20余次带头赴比亚迪轨道公司、深圳科技工业园、中国科技开发院等单位开展"一对一"定点招商。2020年1~6月，衡阳市新引进投资2亿元（外资3000万美元）以上的重大项目21个。2012年以来，永州市共承接大中型产业转移项目1800余个，年均递增14.5%，其中2018年全市引进500强企业项目29个，其中产业项目25个、投资额273.2亿元。创新招商方式方法，积极开展委托招商、产业链招商、节会招商、以商招商等形式多样的招商活动，取得了显著成效。

（四）开放平台加速完善

永州市全力抓好"单一窗口"和口岸信息化建设，推行"一站式"作业，着力构建"大通关"机制。湘西、怀化海关正式开关运行，实现了全省14个市州海关机构全覆盖，永州市第一个保税仓库和出口监管仓库正式揭牌，为承接产业转移、加快开放型经济发展提供了强有力的平台支撑。怀化开通中欧班列，成为广铁管内第5个开通中欧班列的城市，推动了大湘西优质产品走出国门。

二 湖南承接产业转移存在的一些短板和困难

湖南省确定的承接产业转移示范区在运行中存在一些困难和问题，"四不太"现象比较突出。

一是基础设施仍是短板，企业不太想来。湖南的湘西州、永州市交通条件比较落后，均没有300千米/小时的高铁，机场正在建设中，这直接制约了人流、信息流、资金流、物流等资源要素的流动和集聚。保税仓、保税监管仓等开放平台缺失，引进外向型转移企业显得先天不足。

二是园区承载能力较弱，企业不太愿来。工业园区发展滞后是制约示范区建设的重要瓶颈，园区经济规模小、机构定位不清晰、发展空间不足等问题突出。比如，衡阳市、湘西州等地工业园区工业用地开发完毕，湘西州泸溪高新区土地开发率达98.5%，仅剩200余亩项目用地；湘西州经开区由于不能提供项目用地，无法承接重大工业项目。园区调规扩区工作十分紧迫，而调规扩区涉及土地空间规划、环境评价、产业发展规划等，程序复杂，耗时长。园区管理体制不统一，有参公单位，有事业单位，直接影响园区行政服务效能。湘西州、永州市均没有国家级园区，在承接好产业、好项目方面竞争力不强。

三是融资难、电价较高，企业不太肯来。永州市湘西州金融业发展比较滞后，金融业市场竞争不够充分，担保体系不健全，融资难融资贵成为突出难题。2019年湘西州工业贷款仅占全部贷款余额的6.7%，企业综合融资成本占10%左右；湘西州、永州市政府性融资担保公司普遍存在注册资本偏小、内部管理不规范、融资服务能力不强等问题。与渝黔桂相比，湖南省工业用电价格相对偏高，直接削弱承接产业转移的吸引力。比如2019年湘西州工业用电平均价格为0.65元/度，较贵州铜仁市、重庆秀山县分别高0.12元/度和0.1元/度。土地指标偏少，土地供应难以满足当前承接产业转移项目落地的需求。人才资源匮乏，懂经济、善管理、敢作为的"狮子型"干部明显不足。

四是制造业基础单薄，企业不太看好。湘西州、永州市等市州制造业基础十分薄弱，缺乏发展前景好、带动能力强的龙头企业和产业集群。经济发展外向度偏低，2019年湘西州进出口总额仅为1.65亿美元，没有一个产值百亿级的产业集群。产业定位差异化、特色化明显不足，更多的是在传统比较优势产业上做文章。

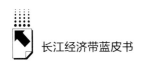

三 对湖南积极主动承接产业转移
打造中部崛起和内陆开放发展高地的思考

湖南要按照习近平总书记要求，更加积极主动承接先进制造业和新兴产业的转移，着力打造中部崛起和内陆开放发展高地。

第一，主动承接。各级政府都必须克服"两延""三忧"的思想和情绪。"两延"：一是延续过去的招商引资思路，认为搞几场轰轰烈烈的承接产业转移大会、发不少华丽漂亮的承接产业转移宣传资料、派一些承接产业转移公关人员就可以坐享其成；二是延续过去招进来就大功告成的想法，觉得只要是外来项目，只要有外来投资，只管当下有税收，就是成功的产业转移。"三忧"："一忧"条件，担心地区没有资源、交通、人才优势，产业和项目不愿意来；"二忧"环境，担心地区政务、商务环境要达到要求工作难度大，产业和项目不满意；"三忧"竞争，担心地区在竞争中没有措施没有手段，产业和项目付诸东流。三级政府都必须明确相关部门职责，建立协调机制，压实相关部门责任；必须选优相关人员，让积极主动、扎扎实实、不畏艰难、敢作为敢担当的领导和人员来抓承接产业转移工作。

第二，择优承接。省政府应该更好发挥组织和引导作用。一是发布承接转移产业优先目录指引。承接转移产业优先目录的确定应该做到"五个坚持"：坚持保护生态人居环境优先，绿色发展；坚持利用地方资源特色长项优先，协调发展；坚持高科技高水平产业优先，创新发展；坚持有国际准入资格和国际市场优先，开放发展；坚持能够形成上下游产业链优先，高效发展。二是发布承接转移产业负面清单。必须坚守生态环境保护红线，坚守基本农田保护红线，制定出台承接转移产业负面清单，并实行动态管理，切实做到"清单之内皆不能为"，推动工业文明和生态文明融合发展。

第三，精准承接。省政府应该引导市县实施差别化的精准承接，优化承接产业转移空间布局。一是优势承接。充分发挥地区比较优势，属于省内核心增长极的，肯定是具有绝对优势，可以大力发展"总部＋产业基地"承接模式，辐射带动其他承接市县；具有能源优势的，可以承接能耗产业；具有劳动力优势的，可以承接劳动密集型产业；具有交通优势的，可以承接原材料、产品运输需求量大的产业；具有人才优势的，可以承接高科技创新产业；具有开放平台优势的，可以承接外向度高的产业等。二是错位承接。具有基本相同优势或条件的市县，坚决避免无原则降低承接条件或破底线给予土地、税收"优惠"等恶性竞争现象，也要尽量避免因同质竞争而出现"吃不饱"或"挖墙脚"情况。要守住红线、守住底线，公开对接、协调承接，做到错位、互补、有效承接。三是差别承接。必须承认市县之间毫无疑问存在地理、资源、人文的差异，每个市县必须因地制宜，决不能好高骛远。资源禀赋差一些的，地理位置偏一些的，交通条件次一些的，根据自身条件承接不了最现代的制造业、最先进的科技产业，可以选择承接其产业链的上游产业或者下游产业或者配套产业，积极参与承接，积极争取有效益的承接。

第四，提能承接。省政府要统筹规划和组织。首先提升交通设施水准。加快高铁、机场、航运码头等基础设施建设，以大交通推动大开放大发展。高铁方面，省级层面加强与相邻省市的协调联动，加强对国家发改委、国家铁路总公司、交通运输部的汇报，争取优先考虑建设时序。加强省市两级统筹，推进铁路、码头、机场等交通方式的无缝对接，加快形成省内区域"内循环"。其次提升园区管理水平。加强顶层设计，省级政府可以研究出台《关于推动产业园区体制机制改革创新促进高质量发展的意见》，建立精简高效的管理体制、灵活实用的开发运营机制、激励竞争的干部人事管理体制和系统集成的政策支持体系。规范园区平台公司开发运营，做大做强投融资平台。省级层面建立工业园区调规扩区"绿色通道"，强化自然资源、生态环境、发改等协调联动。省级层面发行承接产业转移园区建设专项债券，重点用于园区污水处理设施等基础配套建设。建立健全工业园区综合评价体系，以"亩均论英雄"引领园区高质量发展。省级可以出台《工业园区管理条例》，为工业园区规范发展提供法律保障。最后提升园区等级。可以重点支持承接产业转移市州创建国家级经开区、高新区，以国家级园区建设发

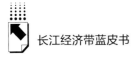

挥承接产业转移示范带动作用。

第五，科学承接。省政府要加强规划和引导协调。一是科学规划。应该根据省内资源、交通、人才、传统优势等，科学分析，统筹规划，组织制定和滚动管理省内承接产业转移的区域布局、产业范围、重点行业。二是积极引导。对于发布的承接产业转移规划指引、优先承接目录和负面清单，必须督促市县遵守和执行，对突破底线、踩踏红线搞承接的，必须予以纠正和进行严厉处罚。三是信息共享。建立省级信息共享平台，针对国际国内产业发展方向、科技创新动态，以及相关省市产业转移意愿、转移条件、转移要求和转移动向，及时组织进行收集、分析、研究，并向相关市县发布信息。四是有效协调。建立健全区域协调联动机制，发挥每个省的核心增长极作用，以承接产业转移示范区建设为重要抓手，深化"总部＋产业基地"合作模式，辐射带动相关地区加快发展，加快打造内陆开放新高地。

第六，扶持承接。省政府要加强组织，市县政府要积极行动。一是强化政策扶持。省政府应该根据各市县的地域差异、资源禀赋等不同，实施差别化的产业扶持政策，引导市县产业错位发展。要努力提高扶持政策的精准性、可操作性，打通政策落地"最后一公里"。二是强化金融扶持。省级层面可以成立承接产业转移引导基金，以市场化手段引进特色产业、新兴优势产业项目，建立利益联结机制。支持各市级成立注册资本金不低于10亿元的政府性担保公司，拓展省级担保集团在各市业务覆盖的广度和深度。省政府出台支持市级设立产业基金、担保公司、应急转贷、风险补偿资金等金融公共服务体系的配套政策。引导金融机构保持信贷投入合理增长，尽力满足承接产业转移项目的有效信贷需求。对已通过审批的重点产业转移项目，各银行要及时、足额满足工程进展后续资金需求。三是强化平台扶持。全面提升公路口岸、铁路口岸等开放功能，具备通航条件的，开展航运口岸创建行动，加强保税仓、保税监管仓等海关特殊监管区域建设，着力打造综合开放平台体系。四是提升物流层次。加强承接产业转移重点市县的物流中心建设项目，打造为各省开放对接沿海、粤港澳大湾区、长三角经济区、珠三角经济区的桥头堡。

第七，保障承接。省市县政府都要采取积极有效措施。一是加强人才培养保障。省会长沙有比较丰富的教育资源，应该加强对本省发展所需人才的培养。市县要加强人才吸引和使用，改善用人环境，让人才愿意来、进得来、留得住、安下心。省级层面要加强市县领导干部的挂职交流，定期选派一批年富力强的干部支持承接产业转移建设。二是提供土地指标保障。省政府在工业用地指标方面可以向承接产业转移市县倾斜，放宽市级土地指标的统筹权限，建立工业用地指标与承接产业转移成效挂钩机制，强化正向激励。创新土地供给方式，设立工业项目供地准入门槛，提高土地投资强度和产出强度，促进土地节约集约利用。三是优化营商环境保障。全面深化工业领域企业投资体制改革，推行"多图合一""多评合一""多测合一"等并联审批方式，工业园区推行"区域环评＋环境标准""区域能评＋区块能耗标准"等改革，开展企业综合评价试点、试点企业投资项目承诺制改革，为企业投资和项目落地提供优质服务。四是加强工业用电保障。要大力推进增量配电改革，从省际周边地区购进低价电。促进企业参与市场化电力交易，推动国务院常务会于2019年1月3日明确的全面放开规模以上工业企业参与电力市场化交易要求加快落地。实行差别电价支持承接产业转移，千方百计降低工业用电价格，基本消除承接产业转移市县与相邻省份的电价"剪刀差"。

B.15
以对外开放的新内涵新作为新突破
助推"一带一路"高质量发展

宋晓国*

摘　要：　2021年是习近平总书记在重庆首次召开长江经济带发展座谈
会五周年。五年来，重庆市始终牢记习近平总书记的殷殷嘱
托，把修复长江生态环境摆在压倒性位置，切实担负起筑牢
长江重要生态屏障的"上游责任"，努力在发挥长江经济带
绿色发展示范作用中体现"上游水平"，把加快建设山清水
秀美丽之地作为交付人民审阅的答卷，以生态环境高水平保
护推动经济高质量发展。

关键词：　生态优先　绿色发展　"一带一路"

共建"一带一路"倡议提出五年多来，在政策上同联合国、东盟、非
盟、欧盟、欧亚经济联盟等国际和地区组织的发展规划对接，同各国发展规
划对接，在各方努力下，"六廊六路多国多港"互联互通格局基本形成，一
大批合作项目落地生根，150多个国家和国际组织同中国签署了共建"一带
一路"倡议合作协议，取得了巨大成绩，已成为当今世界广泛参与的国际
合作平台和广受欢迎的国际公共产品。正如习近平主席所说，共建"一带
一路"为世界经济增长开辟了新空间，为国际贸易和投资搭建了新平台，

＊　宋晓国，重庆市政府参事。

为完善全球经济治理拓展了新实践，为增进各国民生福祉作出了新贡献，成为共同的机遇之路、繁荣之路。

习近平主席在第二届"一带一路"国际合作高峰论坛开幕式演讲中指出，共建"一带一路"要向高质量发展，要秉持共商共建共享原则，坚持开放、绿色、廉洁理念，实现高标准、惠民生、可持续发展。这就为我们在新时代推动共建"一带一路"提出了新目标、新要求，这就要求我们以对外开放的新内涵、新作为、新突破助推"一带一路"高质量发展。

一　新内涵——开放、绿色、廉洁

"一带一路"的新内涵就是在以往"五通"的基础上，加入开放、绿色、廉洁的新理念，作为推动共建"一带一路"的指导思想和原则，使"五通"能更快、更好地实施。要聚焦重点、深耕细作，共同绘制精谨细腻的"工笔画"，推动共建"一带一路"沿着高质量发展方向不断前进。

第一，开放就是秉持共商共建共享原则，倡导多边主义，反对贸易保护主义，大家的事大家商量着办，推动各方各施所长、各尽所能，通过双边合作、三方合作、多边合作等各种形式，把大家的优势和潜能充分发挥出来。推动企业在项目建设、运营、采购、招投标等环节按普遍接受的国际规则标准进行，并加强各国政策、规则和标准的"软联通"，不搞封闭排他的小圈子。

第二，绿色作为底色，推动绿色基础设施建设，将环保的、不污染的施工技术、材料引入建设，不破坏生态和环境，与森林、动物、河流和谐共生，体现高质量发展。要提倡绿色投资、绿色金融，建设绿色生态式项目，做到不转移、不输出污染、落后产能，积极参与项目所在国污染防治。

第三，廉洁就是坚持一切合作都在阳光下运作，共同以零容忍态度打击腐败。在"一带一路"沿线国家，尤其是欠发达国家的基础设施招投标、经济技术合作项目中，存在一些灰色、不透明地带，值得"走出去"中资企业警惕，在与沿线国家政府、企业交往中，杜绝灰色事件发生。

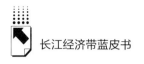

二 新作为——以"四外"联动促"五通"

（一）以精准对外投资促"五通"

随着中国发展成为资本输出国，对外投资成为中国一大亮点，也成为沿线国家对与中国"一带一路"合作的最大期待。2013～2018年，中国企业对沿线国家直接投资超过900亿美元，年均增长5.2%，遍及能源、资源、基础设施、工业、农业等众多领域。比如，蒙内铁路、瓜达尔港、汉班托塔港等，正在推进的中老、中泰铁路、柬西港高速等，工业制造方面有塞尔维亚钢铁厂、埃塞俄比亚东方工业园、中白工业园、埃及苏伊士经贸合作区、柬埔寨西港特区等，成为当地经济增长、产业聚集的重要平台，带动东道国就业近30万人，中企投资有效推动了设施联通、贸易畅通和资金融通。当地基础设施得到改善，就业问题得到解决，大部分产品出口海外促进了出口贸易，经济及人民生活水平得到提升，沿线国家增进了对中国的了解，增加了对中国的亲近感和对中国人的好感，促进了民心相通。

（二）以进出口对外贸易促"五通"

进出口对外贸易促"五通"方面，主要体现在促进"贸易畅通""资金融通""民心相通"三个方面。我国与"一带一路"沿线国家货物贸易总额超过6万亿美元，年均增长4%，高于同期中国对外贸易增速，占我国货物贸易总额的比重达到27.4%。仅2018年，中国与"一带一路"沿线国家货物贸易进出口总额就达到1.3万亿美元，同比增长16.3%，高于同期中国外贸增速3.7个百分点，占外贸总值的27.4%。其中，中国对沿线国家出口7047.3亿美元，同比增长10.9%；自沿线国家进口5630.7亿美元，同比增长23.9%。中国工业制造能力强，而沿线国家工业水平不高，对中国产品需求大，而中国对沿线国家的资源、农产品、热带水果等需求量大，互补性很强。"一带一路"沿线国家中多数是中小发展中国家，缺乏资金，工业能力弱，有的是资源型国家，所以中国要在农产品进口（沿线国家出口）方面，加大沿线国家的进口比重和份额，增加其出口，支持农民增长收入。比如东盟中柬埔寨、老挝等国家都属于联合国最不发达国家和地区，中国2015年给予柬埔寨20万吨大米出口配额，而后又增加到每年40万吨，随后扩大到老挝、缅甸等国家，极大促进了当地大米生产，提高了其大米出口能力。当地百姓都知道，欧洲在减少向他们进口大米，而中国是他们最大的大米买家，民心倾向于中国。现在除大米进口外，还增加了香蕉、芒果等热带水果品种的进口目录，使柬埔寨百姓尤其农民更喜欢中国，促进了"贸易畅通"，增进了"民心相通"。

（三）以境外合作园区为主的对外经济技术合作促"五通"

境外合作园区是中国开发区实践经验的海外推广和复制。多国境外合作园区实践结果证明，当地政府和人民都满意，政府发展了工业、农业，扩大了出口，增加了就业，百姓增加了收入，皆大欢喜。境外合作园区是集对外投资、基础设施建设、工农业生产、商贸物流、国际贸易、政府政策对接、资金融通、招工就业"五通"所有方面，主要包括纺织、家电、电子、建材、化工、资源开发等。截至2018年，我国企业在近50个国家建立了初具规模的境外经贸合作区近120家，知名的有埃塞俄比亚东方工业园、埃及苏伊士境外经贸合作区、柬埔寨西港特区等，采用政府引导、企业为主运营方式，如柬埔寨西港特区就是由政府支持、江苏无锡红豆集团与当地华资合作经营，现在入驻企业达161家，就业人数达到29000人，投资近7亿美元。

（四）以指向明确的对外援助促"五通"

中国对外援助坚持不附带任何政治条件，坚持平等互利共同发展原则，受到广大发展中国家欢迎。中国对外援助主要有无偿援助、无息贷款和优惠贷款三种，主要以成套项目、一般物资、技术合作、人力资源开发、援外医

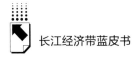

疗队、紧急人道主义救助、援外志愿者和债务减免等方式进行。虽然无偿援助大多是根据受援国的需求来决定的，但大多数受援国都属于"一带一路"沿线国家，基础设施落后，资金缺乏，除了医院、学校、饮水等民生工程外，其对公路、桥梁以及港口、码头等基础设施改善的要求十分迫切。比如，柬埔寨2/3的公路、桥梁及港口、码头都是用中国的无息和优惠混合贷款建成，极大地促进了柬埔寨交通的互联互通，推动了其经济社会发展，柬埔寨连续多年保持7%的经济增速。此外，还有正在推进的中老、中泰铁路，也用到了中国提供的优惠贷款。在支持"一带一路"沿线国家"设施联通""资金融通""民心相通"方面，除了用好对外投资和对外贸易这两个工具外，还应该目标明确地提出，中国的对外援助要服务于"一带一路"高质量发展。"一带一路"是一个宏大的系统工程，要以细腻的"工笔画"精神，精准施策，指向明确，用好"四外联动"集成工具，朝着一个方向发力，扎扎实实做好每项工作，只有这样，"一带一路"才能走深走实、行稳致远、可持续发展，才能实现高质量发展。

三 以高水平"五通"助推"一带一路"高质量发展

（一）高水平政策沟通

在政策沟通方面，第二届"一带一路"高峰论坛取得积极进展。"一带一路"倡议同各国发展战略有效对接，与区域和国际发展议程相互融合。已有127个国家和29个国际组织同中方签署"一带一路"合作文件，有关国家和国际组织在交通、税收、贸易、审计、科技、文化、智库、媒体等领域同中方签署100多项多双边合作文件，一些国家和国际金融机构同中方签署了开展第三方市场合作文件。这些都是在国家和国际层面、在高水平政策沟通方面取得的巨大成果。下一步，中央和地方实务部门要基于"一带一路"高峰论坛成果，尽快把高水平政策沟通取得的成果转化到实际经济生活中。

（二）高水平的设施联通

习近平主席指出，"六廊六路多国多港"互联互通架构基本形成，一大批合作项目落地生根。重大项目带动效应明显，蒙内铁路、瓜达尔港、汉班托塔港以及中老、中泰铁路等已经开通运营或正在有序推进。但正如习近平主席所说，基础设施是互联互通的基石，也是许多国家发展中面临的瓶颈。因此，建设高质量、可持续、抗风险、价格合理、包容性的基础设施，是促进"一带一路"高质量发展的关键。下一步，要按习近平主席要求，构建以新亚欧大陆桥等经济走廊为引领，以中欧班列、陆海新通道等大通道和信息高速路为骨架，以铁路、港口、管网等为依托的互联互通网络，促进高水平的设施联通。习近平主席在 2019 年 4 月视察重庆时指出，重庆应在推进共建"一带一路"中发挥带动作用。在中欧班列和陆海贸易大通道建设中，重庆要在铁公水空多式联运、陆上贸易规则、海关间监管互认执法互助方面取得突破，凝聚长江经济带和中西部各省力量，发挥带动作用。

（三）高水平的贸易畅通

当前，国际形势风云突变，高水平发展与"一带一路"沿线国家的进出口贸易、扩大双边在全球市场中的份额与比重的战略和现实意义十分重大。就 2018 年中国与"一带一路"沿线国家的贸易情况来看，总额达到 1.3 万亿美元，同比增长 16.3%，占外贸总值的 27.4%，但中国出口 7047.3 亿美元，自沿线国家进口仅 5630.7 亿美元，仍有较大顺差。因此，在"一带一路"沿线国家扩大进口方面仍有较大空间和潜能。商务部和各省市应根据中国实际消费需求，扩大从"一带一路"沿线国家进口规模，更多品种、更大比例和份额地从沿线国家进口资源和产品，以实现高质量的贸易畅通。

（四）高水平的资金融通

习近平主席提出，继续发挥共建"一带一路"专项贷款、丝路基金、各类专项投资基金的作用，发展丝路主题债券，支持多边开发融资合作中心有效运作。欢迎多边和各国金融机构参与共建"一带一路"投融资，鼓励开展第三方市场合作，通过多方参与实现共同受益的目标。这实际上就是一个开放、包容的高水平资金融通方案，得到了大多数发达国家和沿线国家的广泛认同。除此之外，还有中国企业的对外投资（2018年，中国企业对沿线国家非金融类直接投资156.4亿美元，同比增长8.9%）、中国政府的对外援助资金等工具集成可用，应朝着高质量共建"一带一路"方向共同发力。

（五）高水平的民心相通

正如习近平主席所讲，要坚持以人民为中心的发展思想，聚焦消除贫困、增加就业、改善民生，让共建"一带一路"成果更好惠及全体人民，为当地经济社会发展作出实实在在的贡献。中国不附带任何政治条件的对外援助和中国企业对外投资，对促进"一带一路"沿线国家基础设施建设、工农业和服务业发展、税收增加、百姓就业起到了良好作用。民心相通是"五通"最后一通也是关键一通，只要高水平做好政策沟通、设施联通、贸易畅通、资金融通这四通，沿线国家的经济社会就会发展，就业就会增加，百姓生活水平就会提升，自然就会感到"一带一路"带来的好处，自然就会亲近中国，再加上留学、培训、旅游接触等人文交往，就会达到高水平的民心相通，实现真正意义上的"一带一路"高质量发展。

四　政策建议

（一）建立国家级磋商机制定期会晤，研究解决"四外""五通"中出现的问题与难点

由我国相关中央部委对应"四外""五通"领域与沿线国家相关部委提出解决方案与办法。"四外"联动助力"五通"，助推"一带一路"高质量发展是一个长期的系统工程，需要国家高层统筹协调指导，除"一带一路"部际联系工作会议外，应有一个常设班子强力推进。

（二）推动陆上贸易规则创新，研究解决制约"四外""五通"的通道问题

当前对"一带一路"国际大通道影响最大的莫过于陆上贸易规则创新，核心是要解决中欧班列和陆海贸易新通道的铁路提单物权化问题，赋予铁路提单与海运提单同等金融属性，这是今后事关中欧班列和陆海新通道生存和可持续发展的问题，亟待中央相关部委予以解决。

（三）促进沿江省市全面融入"一带一路"建设，研究解决发展不均衡的问题

在全面融入"一带一路"建设和长江经济带发展方面，长江沿线省市发展不平衡，在"四外""五通"方面，上海、江浙一带走得好一点、快一点。湖北、重庆、四川等长江中上游省市在"四外""五通"方面应该加大力度、加快步伐，争取在对沿线国家投资、境外合作园区设立、扩大进口、加强经济技术合作及人文往来等方面有所作为和新突破。

（四）建议国家出台优惠政策，加大对"一带一路"沿线国家投资的支持力度

一是避免双重征税协定的全覆盖，对投资"一带一路"沿线国家获得的利润回国时给予相应的减免优惠。二是鼓励和支持对"一带一路"沿线国家扩大进口，从沿线国家进口商品，给予贸易畅通实质性的支持。三是调整对外援助权重，重点支持"一带一路"建设中的"五通"项目，以高质量"五通"促进"一带一路"高质量发展。

B.16
主动对接"一带一路"建设 加快长三角新一轮高水平开放步伐

孙惟勤*

摘　要：　长三角一体化发展是国家战略，是"一带一路"和长江经济带建设的桥头堡，是我国对外开放的前沿阵地。应该紧紧抓住长三角一体化高质量发展的重大机遇，发挥战略区位、交通枢纽、科技产业、特色文化的比较优势，解决好规划布局、资源整合、方向聚焦、国际接轨等重点问题，打造精工制造、区域文化、交通互联、一流园区的特色品牌。

关键词：　长三角一体化　"一带一路"　高水平开放

长三角地区是我国经济最具活力、开放程度最高、创新能力最强的区域之一，是"一带一路"建设和长江经济带发展中的桥头堡，也是我国对外开放的前沿阵地。中央明确支持长三角一体化发展上升为国家战略，并研究出台规划纲要。这不仅为长三角高质量发展提供了重大机遇，也为长三角高水平对外开放指明了前进方向。长三角必须抓住机遇、乘势而上，深入研究好一体化条件下的开放新问题，加快高水平开放步伐。

一　突出"四重优势"，主动做好转化文章

处在"一带"与"一路"交汇地带的长三角地区，具有对接和参与

---

* 孙惟勤，南京市政府参事。

"一带一路"建设的多重优势条件，首先要从战略高度认识好、发挥好、运用好。一是战略区位优势。长三角位于我国"T"形战略轴线的核心区域，集"黄金海岸"和"黄金水道"的区位优势于一体，也是"一带一路"与长江经济带的重要交汇地带，战略优势突出，资源要素集聚。二是交通枢纽优势。长三角拥有上海、宁波、南京、苏州等现代化港口群，与世界160多个国家和地区300多个港口有经贸物流联系。上海、宁波—舟山等重要港口则是国内的海上合作支点，积极推动了21世纪海上丝绸之路建设。同时，机场密度居全国之首，上海浦东、上海虹桥、杭州萧山、南京禄口都是千万级机场。三是科技产业优势。长三角地区拥有全国1/4的"双一流"高校，以及一大批国家重点实验室、工程研究中心，特别是集成电路和软件信息服务产业分别占全国的50%和33%，形成了中高端产业集群。长三角外向型经济发展水平比较高，进出口总额、外商直接投资、对外投资分别占全国的37%、62%、29%。四是特色文化优势。长三角是我国重要的文化产品输出地，丝绸、茶叶等特产享誉海内外。唐宋元明海上丝绸之路繁荣时期，南京、扬州、苏州、杭州等都是重要的丝路港口或驿站。特别是南京，610年前，大航海家郑和就是在此率队启程，先后"七下西洋"，将海上丝绸之路的南海航线推向顶峰，大大促进了中国与南亚、东非等30多个国家和地区的经贸文化交流。现在，南京依然保有龙江宝船厂遗址、渤泥国王墓、郑和墓、天妃宫等10余处海上丝绸之路的历史遗迹。高水平融入"一带一路"建设，首先要发挥好这些优势，做好优势转化文章。

二　聚焦"四个问题"，科学谋划布局

总的来看，近年来长三角地区不断扩大对外开放，主动参与推动"一带一路"共建，在互联互通、加强交流等方面取得了许多成果，担负了重要的开放合作"主力军"角色。特别是中国（上海）自由贸易试验区、苏州工业园区、南京江北新区和舟山群岛新区等一批平台的开放程度高、对外交往密，积累了不少成功可复制的经验，但是，总的来看，还面临一些有待

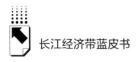
研究的新问题。一是战略层面的规划布局问题。《推动共建丝绸之路经济带和 21 世纪海上丝绸之路的愿景与行动》提出，要利用长三角等经济区开放程度高、经济实力强、辐射带动作用大的优势，加快推进中国（上海）自由贸易试验区建设等。但总的来看，具体到长三角等区域层面，还缺少相关的具体规划指引。当前，不少城市都提出了建设"节点城市"等定位，难以形成差异化的良性竞争格局。二是资源层面的优势整合问题。虽然长三角的优势资源条件很多，但围绕"一带一路"建设的整合还不够有力。比如，对外的枢纽通道建设问题，关于国际航线等方面的争夺就比较激烈。再如，长三角有不少的城市特色文化，但组合起来"走出去"的不多，而单打独斗又难以形成足够的海外影响力和吸引力。三是行动层面的方向聚焦问题。习近平总书记指出，共建"一带一路"，关键是互联互通。怎样推进互联互通、优先推进哪里的互联互通，长三角也需要有更明确的方向聚焦。比如，在企业竞争力上，长三角整体国际竞争力逊色于欧美日韩等发达经济体，应选准主攻方向、选好优先级，有序拓展对外开放新空间。四是制度层面的国际接轨问题。长三角在营商环境建设上总体取得了长足进步，成为我国体制机制创新活力最强的地区之一。但是对标国际标准，与国际通行规则相衔接的制度体系尚未建立，在对外合作中还存在"水土不服"的问题，应积极突破、主动谋划，加快从政策到机制等的创新。

三 打造"四大品牌"，提升开放优势

下一步，长三角地区要以"一带一路"建设为统领，进一步优化机制、整合资源、营造环境，努力打造"四大品牌"，更深层次、更宽领域、更大力度培育开放新优势，增强国际合作竞争力。

（一）合力打造精工制造品牌

在古代，丝绸、瓷器、茶叶是我国播撒在古丝绸之路上的三大经典标志性国家品牌符号，极大地提升了国家影响力，我们要更好地予以传承。要牢

牢把握供给侧结构性改革主线，大力提升产品质量，生产出更多优质的、具有国际竞争力的国产品牌。要在巩固电子、纺织、机电等传统外贸竞争优势的同时，重点在高铁、核电、航空航天方面发力，加快"走出去"，以新的精工制造、高端产品打造中国制造新标识，树立中国品牌新形象。

（二）合力打造特色文化品牌

不论是郑和下西洋，还是鉴真东渡等，在"一带一路"上历代先贤传播留下了千古传颂的东方文明。站在新的时代前沿，长三角地区要进一步整合凝聚各城市力量，共同用好文化交流、文化传播、文化贸易等多元渠道，结合用好新媒体等宣传手段，构建系统性、全方位、宽领域的文化"走出去"格局。要深入开展主题文化交流活动，传播中华好声音，增强文化软实力，共同传承和弘扬丝路精神，促进长三角与"一带一路"沿线国家和地区民众之间的交往、交流、交融。

（三）合力打造交通互联品牌

要科学规划布局，统筹推进长三角面向"一带一路"国家和地区的国际交通体系建设。特别是要整合现有资源，合力打造世界级机场群，加快形成以上海为中心、南京和杭州为枢纽机场的差异化分工运营体系。同时，要进一步优化港口布局，加强江海联运、公铁联运，开通更多中欧班列，全方位提升交通互联互通能力。要更加重视信息的联通，加快建设"信息丝绸之路"，支持有条件的信息企业与"一带一路"沿线国家城市开展多层次、多领域的信息共建共享，共同推动电子口岸、通关数据、防灾减灾、商贸物流、远程教育等信息平台建设，让更多发展中经济体把握数字化、网络化、智能化的发展机遇。

（四）合力打造一流园区品牌

发挥长三角地区高水平园区的管理优势、产业优势、招商优势，构建新型机制，创新建设模式，争取在"一带一路"沿线国家合作建设若干国家

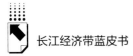
级产业园区、创新园区，大力塑造"引进来"与"走出去"并重的开放品牌、现实路径。以园区平台为支撑，全面对接"一带一路"沿线国家建设与发展需求，扩大境外投资领域，拓展深化产业投资和产能合作，更大力度引导和鼓励轨道交通、电子通信、节能环保、风电光伏、机械装备等行业"走出去"，构建跨国产业链合作机制，实现设计、生产、销售、服务等产业链全覆盖。

加快产业基础高级化、产业链现代化篇

To Accelerate the Commercialization of the Industrial Base and
Modernization of the Industrial Chain

B.17

在推进长三角一体化中打造
高水平产业创新空间

徐康宁　徐建刚　蔡润　王美昌*

摘　要：　长三角地区要在一些战略性、先导性产业上实现关键核心技术的重大突破，形成具有全球竞争力的产业创新水平。一是要引导更多的资源进入产业创新领域；二是要建立以市场为导向、以企业为主体的产业创新格局；三是要做大做强一批产业创新的龙头企业；四是加强三省一市在产业创新方面的合作，努力形成协同创新机制。

---

* 徐康宁，江苏省政府参事；徐建刚，江苏省政府参事；蔡润，江苏省政府参事；王美昌，东南大学经济管理学院博士。

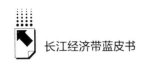
关键词：　长三角一体化　产业创新　协同创新机制

　　江苏是长三角一体化的重要力量，应在推动长三角一体化进程中发挥自身优势，担起更大作为，尤其是在产业创新层面上做出大文章，打造一个面向世界的高水平产业创新空间。产业创新的关键在于企业能否真正成为技术创新和推动产业转型升级的主体，要以观念更新和制度变革为前提，营造更好的创新环境，做大做强一批代表江苏产业创新方向的龙头企业，促进涌现一批国际知名的产业领军型企业。

一　长三角地区有望成为全球性创新空间

　　当今世界正处于百年未有之大变局，经济格局发生了重大改变，经济重心不断东移，中国已经成为世界经济版图中最为重要的板块之一。伴随着世界经济格局的改变，全球产业链、价值链和供应链也变得日趋复杂和多样，全球生产的环节不仅越来越多，而且在空间形态上也发生了显著的变化。在这样一个大的发展趋势下，全球创新空间经历了一个重塑的过程，新的一批创新空间正在或即将出现，其中有的将成为继美国硅谷之后新的具有重要国际影响的创新空间。

　　长三角是中国经济最为活跃的地区，创新基础较好，产业雄厚，市场广阔，对科技创新需求大。这里科教资源十分富集，创新源泉充沛，创新供给能力强；这里开放程度高，紧密对接国际市场，是整个长江经济带的开放门户。一句话，在国内，长三角地区有着最好的条件建设全球性创新空间。长三角地区也是我国城镇化基础最好的地区之一，大中城市密集，基础设施发达，拥有大量现代化的江海港口和机场，高速公路网健全，交通干线密度全国领先，已经形成等级较高的立体综合交通网络，拥有促进创新要素流动和集聚的雄厚物质基础。

　　长三角一体化作为国家战略，不是简单地把经济总量做大的问题，也不仅仅是形成统一市场的问题，应该有着更大更高的目标，这个目标就是要建成全球性创新空间，为地区的高质量发展提供巨大动能，为全国的高质量发展做好示范，也为新时代国家竞争力的提升做出贡献。或许，今天人们受想象力的限制，难以在脑海中形成 20 年后中国的长三角地区成为全球性创新空间的画面，但想想 20 年前国际上有多少人知道中国有华为公司、阿里巴巴公司，有多少人预见到今日中国的 5G 技术领先于世界，那么，20 年后中国某个区域成为全球性创新空间，也不是天方夜谭的故事。

二 产业创新要突出企业主体地位

在这一大的背景下，江苏应紧紧抓住长三角一体化给创新发展带来的巨大机遇，坚持定位于以高水平产业创新为核心的创新发展高地，形成长三角地区打造全球性创新空间的重要一极，为推进长三角高质量一体化担负更大的作为。以产业创新为核心，就是将知识创新与技术创新要素紧密结合，推动江苏的产业更快升级，在一些战略性、先导性产业上实现关键核心技术的重大突破，形成自主可控的现代产业体系，并带动产业的全面进步，从根本上实现新旧动能转换。所谓高水平的产业创新，就是指以世界先进为目标，体现国际标志度，形成具有全球竞争力的产业创新水平和发展水平。

产业创新的核心在于自主创新关键核心技术，即主要通过以我为主的方式，突破和掌握关系到产业整体发展水平和发展方向的关键性、内核性先进技术，并通过技术提升而促进产业的整体升级，向全球价值链中高端攀升，做到与世界先进同步，并在部分领域引领世界。产业创新涉及方方面面，既有核心技术突破问题，也有产业链组织问题，还有管理创新等问题，但其中最为关键的还是核心技术突破问题。不掌握产业发展的核心技术，即便产业链组织得再精巧，管理创新下的功夫再大，仍然不可能真正攀升至全球价值链的高端，仍然有可能受制于人，近年来日益复杂的国际环境已经充分证明了这一点。要在产业创新方面实现大的突破，一定要有突出以企业为主体的发展思路，认识到企业已经成为技术创新和产业创新的不可替代的真正

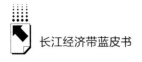
主体。

　　长期以来，我们在技术创新（不是指科学发现）的路径上始终存在一个误区，即无论是政府还是企业或社会，都主要期待依靠高校和科研院所的成果转化，政府、企业和高校在成果转化上投入了大量的精力和资源，但遗憾的是，客观而论，并未等来真正像样的成果转化。属于颠覆性的技术创新、事关产业全局性发展的核心技术创新，来自高校和科研院所的转化性成果很少，真正解决产业发展关键问题、起到颠覆性效果的技术创新，多数来自企业。如我国5G核心技术主要掌握在华为手中。全省也涌现出一批自主创新的龙头企业，以创新主体的身份，解决了产业发展中的一些关键核心技术问题。如徐工集团盯住国际一流水平，对标国际知名企业，突破了许多行业关键技术，大大提升了产业先进水平；位于苏州的亨通集团在光纤技术和量子通信技术方面发挥企业主体作用，整合多方创新资源，实现了技术创新的重大突破。

　　在我国现行的科研体制环境下，高校（科研院所）和企业采用的是两种不同的技术创新模式与路径。高校（科研院所）基本上走的是一条学术导向的创新模式，是以创新参与人员尤其是课题组长的学术声誉、学术话语权和学术评价为追求目标的，集中反映在科研成果是否能带来显示度高的获奖和学术称号（"帽子"），所以，高校（科研院所）的一项科研成果往往能使一个专家成名，甚至一项科研工作尚未取得成果，社会就知道谁在牵头做这项研究（因为课题组长可能是一位很知名的专家）。严格意义上讲，高校（科研院所）的创新不是一种经济活动，而国际上以研究创新而获广泛声誉的大学者熊彼特早就说过，创新本质上是一种经济活动。以企业为主体的技术创新模式正好相反，以市场和效益为导向，追求的目标不是学术声誉和学术话语权，也不刻意为得奖，而是市场占有率、利润率这些经济指标。所以，一般情况下，一个企业在技术创新上取得重大突破，人们往往并不知道是谁完成的，也不知道完成成果的技术专家是谁，只记住这家企业和企业家。高校（科研院所）与企业在技术创新上的两种界限分明的模式，决定了事关产业创新的颠覆性技术只能主要来自企业。从我国近年来企业获得的国家级科技进步奖数量已经超过高校（科研院所）这一事实，也从一个侧面说明企业在技术创新上实际起到的主体地位。

高校（科研院所）并非天然就是产生"不食人间烟火"创新成果的地方，严格意义上的学术导向也并非创新成果不能很好转化的根本原因，关键还是在于固有的体制障碍。在现行科研体制不做彻底改革的前提下，社会仍然难以等来颠覆性的技术成果转化。上升为国家战略的长三角区域一体化，核心是体制机制创新，完全也应该首先在体制创新上破题，促进企业成为高水平产业创新和技术创新的动力之源。

三　对策建议

第一，全面梳理和整合各类促进创新发展的支持性政策与相关资源，突出产业创新优先位置，引导更多的资源进入产业创新领域。推动鼓励性政策向产业创新倾斜，尤其是在带动性强、先导性显著的高技术产业创新方面，要集中更多的资源实现创新突破。打破原有的制度安排，允许支持创新的公共资源以一定方式进入企业，包括进入民营企业。根据国际产业变动规律和科技发展趋势，确立江苏未来10年产业创新的重点方向，力争在若干个引领性产业方面实现关键核心技术的重大突破，使江苏产业创新逐步形成显著的国际标识度。要根据长三角一体化的总体要求，充分发挥江苏优势，立足于一体化的长三角布局下高水平的产业创新格局。

第二，以市场为导向，以企业为主体，构建比较完善的有江苏特色的产业创新体系。建立新型的产学研一体化合理机制和合作平台，鼓励和支持有条件的龙头企业联合高校和科研院所，并充分利用国际创新资源，以解决企业创新需求为引导，实现企业主导、联合攻关，突破一些事关产业发展大局的关键核心技术。强调由企业主导、联合攻关十分关键，实践证明，我国绝大多数成功的产业核心技术的突破都是由企业主导完成的。要引导和鼓励江苏企业加大研发投入，勇当推动产业创新的领军型企业。确立企业在产业创新方面的主体地位，不是不要发挥高校和科研院所的作用，而是要更好地发

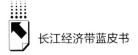

挥高校及科研院所的作用，突出企业的龙头与主导作用，鼓励和促进企业牵头联合高校和科研院所力量，整合多方创新资源，只有这样，才能涌现出更多重大乃至颠覆性的技术创新成果。

第三，做大做强一批产业创新的龙头企业，促进涌现一批国际知名的产业领军型企业。江苏不乏优秀的企业，但与国内先进地区相比，江苏企业整体的国际化水平还有待提高，整合国际资源和高端要素的能力还不强，尤其是缺乏若干乃至一批在国际上活跃的产业领军型企业、标杆性企业。应当把培育江苏国际资源整合能力强的产业领军型企业、标杆性企业作为一个重要课题来研究，作为一项重要工作来抓。要在弘扬企业家精神、促进企业转型升级、发展高水平开放型经济等方面取得一些突破，力争在不太长的时间内涌现若干个具有较强国际资源整合能力的产业领军型企业、标杆性企业，以点带面，推动整个产业形成以我为主的整合国际资源与要素的能力。

第四，积极加强与上海、浙江、安徽在产业创新方面的合作，完善协同机制，在推进市场一体化和要素配置一体化过程中促进产业创新能力的整体提升。选择若干重大产业技术创新专项，建立覆盖长三角地区的联合创新平台，共同设立产业创新基金，以市场为导向，以企业为主体，成立联合实验室或技术中心，争取在若干重大关键技术方面实现显著性突破，形成若干关键产业在世界范围内的创新策源地。积极联合上海、浙江和安徽力量，在南京或苏州开办立足长三角、面向世界的制造业先进技术国际博览会，使江苏成为长三角产业创新与开放最为活跃繁荣的地区。积极探索体制机制创新，与上海、浙江、安徽等地开展合作，力争设立立足江苏、面向长三角地区的长三角产业技术研究院，形成促进产业创新的大平台。

第五，支持和推动南京、苏州建成高水准的国际化城市，集聚更多的国际高端创新要素，促进创新信息的汇聚和传播，形成高度开放的产业创新策源地，带动江苏沿江城市群国际化水平的整体提升。通过在这两个城市中建设更多的国际知名大学校区、国际医院、国际社区等措施吸引和服务国际化人才，提升城市的国际形象与品质。支持南京禄口国际机场完善国际空港功能，提高南京与世界的联结度。支持苏州现代空港建设立项，在基础设施上提升苏州的城市能级，完善苏南地区的立体交通体系。全球产业创新呈现出一个明显的特征，即某项关键的核心技术可能为某国的某个企业所拥有，但这项技术的形成则往往是国际交流与合作的结果。华为之所以能掌握全球领先的 5G 技术，恰恰是高度开放和企业国际化发展的结果。长三角地区要形成全球性创新空间，江苏要成为高水平的产业创新高地，必须进一步扩大对外开放，尤其是在人才、信息、城市建设等方面尽快提高开放度。

B.18
提升长江经济带产业链
现代化水平路径研究

乔 标 赵芸芸*

摘 要： 长江经济带是我国重要的工业走廊，重点领域产业链发展水
平居全国前列，但依然面临创新能力不强、安全问题突出、
可持续发展形势严峻、区域协同发展格局尚未形成等突出问
题。必须坚持以技术补链、以生态稳链、以开放畅链，着力
提高产业链韧性、稳定性和灵活性，为服务构建新发展格局
提供有力支撑。

关键词： 新发展格局 产业链现代化 长江经济带

产业链供应链是一个国家或地区经济循环畅通的关键。当前，全球形势
错综复杂，围绕产业链的竞争日趋激烈。党中央、国务院高度重视提升产业
链现代化水平，习近平总书记作出一系列重要指示批示，强调保持好全球最
完整的产业体系，提升我国在全球供应链、产业链、价值链中的地位。长江
经济带作为全国重要的工业走廊，要加快提升产业链现代化水平，积极融入
全球产业链体系，为服务构建以国内大循环为主体、国内国际双循环相互促
进的新发展格局提供有力支撑。

---

* 乔标，赛迪研究院副院长；赵芸芸，赛迪研究院规划所副所长。

一　长江经济带产业链发展现状和问题

近年来，长江经济带以"共抓大保护、不搞大开发"为导向，在产业链规模体系、综合实力、绿色发展、区域协同等方面取得了显著成效，但同时也存在一些亟待解决的问题，突出表现在以下四个方面。

（一）产业规模大门类多，但产业链创新力亟待增强

长江经济带是我国工业分布最为密集的区域之一，沿江 11 个省市工业增加值占全国的比重达到了 40% 以上，尤其是电子信息、高端装备、汽车、家电、纺织服装等行业在全国工业发展全局中具有重要地位。其中，以钢铁、石化、建材、有色等为代表的重化工产业占据主导地位，以汽车、工程机械、电机电子器材制造等为代表的机电产业稳步增长，以信息通信、人工智能、生物医药、新能源、新材料等为代表的高新技术产业不断取得新突破，长江经济带在全国的影响力持续提升。但整体来看，产业链自主创新能力不强，高端产品比重偏低，全产业链协同创新体系尚未建立。2019 年，长江经济带除上海、江苏、浙江等创新大省（市）外，其余 8 个省（市）研发经费投入强度普遍低于全国平均水平。

（二）重点行业综合实力全国领先，但产业链安全问题仍然突出

长江经济带依托庞大的生产配套能力、便捷的交通物流体系和广阔的市场空间，逐渐形成了电子信息、高端装备、汽车、家电、纺织服装等一批具有较大影响力的优势产业，集成电路、汽车、冰箱、洗衣机的总产量占全国的比重分别达到 55.5%、44.2%、64.5%、80.5%。电子信息产业形成了以上海、江苏、湖北、重庆、四川等地 52 个开发区和产业园区为主要载体的产业集聚区。其中，安徽合肥面板产线规模位列全球第一梯队，重庆已成为全球最大的笔记本电脑生产基地，上海、江苏等地行业应用软件和嵌入式软件发展水平全国领先。高端装备产业方面，上海、四川

的航空航天专用装备，浙江、安徽的高档数控机床、工业机器人等智能制造装备，湖南、贵州的高铁装备等，在全国都处于领先水平。但要警惕的是，优势产业链上关键核心技术受制于人的局面并未彻底改变。比如，目前电子信息领域关键核心材料光刻胶的自主化率仅5%左右，其他关键品种如电子特种气体等的自主化率也仅为30%左右，产业链的稳定性和安全性仍面临严峻挑战。

（三）产业绿色化改造成效明显，但产业链可持续发展形势依然严峻

近年来，长江经济带以生态优先、绿色发展为引领，加快工业布局优化和结构调整，积极推进危险化学品生产企业搬迁改造，创建了一批绿色工厂和绿色园区，重庆、成都、武汉、盐城等地区发展成为我国重要的节能环保装备制造业产业集群。以化工行业为例，沿江各省市政府和企业实施长江保护修复攻坚战，淘汰沿江一公里落后产能，完成"搬改迁"行动计划，大力提升长江流域新环境标准和管控要求，长江经济带生态环境发生了显著变化。但不容忽视的是，长江沿岸重化工业仍较密集，有五大钢铁基地、七大炼油厂以及诸多大型化工基地，污染物排放基数大，长期积累的环境问题在短期内难以根本性转变。2020年，废水、化学需氧量、氨氮排放量占全国的比例高达43%、37%、43%。在碳达峰、碳中和的新要求下，长江经济带产业链面临的可持续发展形势十分严峻。

（四）长江流域协调机制初步建立，但产业链区域协同发展局面尚未形成

近年来，长江经济带产业转移协作的规划统筹与衔接机制日臻完善。国家层面，出台了《关于依托黄金水道推动长江经济带发展的指导意见》《长江经济带发展规划纲要》《长江经济带产业转移指南》等政策文件，《长江保护法》于2021年开始施行，为推动长江经济带产业协同发展提供了有力保障。区域层面，《长江三角洲区域一体化发展规划纲要》《成渝城市群发

展规划》《长江中游城市群发展规划》等多个城市群发展规划中均部署了城市之间产业转移工作。省市层面，上海、江苏、浙江等积极推动部分资源加工型、劳动密集型产业向中上游地区有序转移。截至 2019 年末，江苏南北共建园区共计 45 个，累计入园企业超过 1000 家，吸纳就业超过 60 万人；浙江搭建"山海协作"产业平台 32 个，覆盖了沿江 26 个地区。但总体上看，长江上中下游产业发展仍然呈现典型的梯度差异性和发展不平衡性，区域产业重复建设问题仍较突出，产业链联动性不强，制约产业链跨区域协作和要素流动的障碍仍然较多，上中下游优势互补的产业链格局尚未根本建立。

二 提升产业链现代化水平面临的新形势

当前和今后一个时期，长江经济带发展仍然处于战略机遇期，但内外部形势都在发生重大变化，呈现新的特点，也为提升产业链现代化水平带来新的影响。

（一）国际环境不确定不稳定性因素明显增多，为提升产业链现代化水平带来新挑战

当今世界正经历百年未有之大变局，国际经贸格局进入深度调整期，世界力量对比发生明显变化，大国间战略竞争加剧，单边主义和贸易保护主义显著抬头。作为全球化的重要参与者，我国产业链也面临多重风险挑战。一方面，欧美发达国家对外加强封锁打压，提升我国产业链现代化水平面临更大阻力和更加激烈的国际竞争。尤其是近年来美国动用技术封锁、专利壁垒、原料断供、投资限制、贸易保护乃至人员控制等多种手段，对我国高新技术领域和代表企业打压不断，对我国产业链稳定和升级造成巨大的冲击。另一方面，印度、越南等新兴经济体充分利用成本优势，积极承接国际产业转移，加快推进工业化进程，融入全球分工体系。长江经济带产业链发展既面临高端回流的冲击又存在低端分流的风险，必

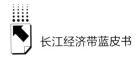

须加快产业链重塑，着力打造集聚度高、根植性强、紧密协同的产业链体系，增强产业发展稳定性。

（二）新冠肺炎疫情影响广泛深远，对产业链安全稳定形成新冲击

近年来，受"逆全球化"思潮影响，许多跨国公司已经或正在寻求供应链布局调整。新冠肺炎疫情又放大了供应链过于集中的风险，传统以成本效率为核心的全球化产业布局模式逐渐暴露出脆弱性，越来越多的国家和企业将安全因素作为产业链供应链布局调整的重要考量，产业链供应链区域化、本土化、分散化趋势更加凸显。比如，日本制定总额 108 万亿日元的抗疫经济救助计划，其中 2435 亿日元用于资助日本企业将生产线迁回日本本土或其他国家，实现生产基地的多元化，降低对中国的依赖。面对这一局势，长江经济带要充分发挥腹地范围广、规模体系全、市场需求大的基础优势，促进产业链纵向深度嵌套、横向广泛融合，打造我国产业链发展的中枢，为全国产业链安全可控提供关键支撑。

（三）高端化智能化绿色化成为大势所趋，对产业链优化升级提出新要求

新科技革命催生新一代信息技术、新材料、新能源等多领域技术不断突破和融合应用，数字化、智能化、绿色化、服务化、生态化等新技术新业态新模式深度普及，知识、数据等新型生产要素深度参与制造业价值创造和分配，推动制造业发展模式和企业形态发生重大变化。发达国家纷纷抓住这一轮产业调整契机，加强新兴产业链前瞻布局，争夺产业发展主导权。如美国陆续发布《先进制造业领导力战略》《美国主导未来产业》等政策文件，将人工智能、量子信息、先进制造等作为未来产业重点。德国《国家工业战略2030》明确提出在汽车、航空航天、增材制造、机械、国防等10个关键领域保持领先地位。长江经济带要积极顺应发展大势，加强对前沿领域的谋划部署，加强技术新突破、创造应用新场景、构建产业新生态，在新一轮产业竞争中争先进位。

（四）我国进入新发展阶段，构建新发展格局对提升产业链现代化水平带来新机遇

党的十九届五中全会提出"加快构建以国内大循环为主体、国内国际双循环相互促进的新发展格局"，对"十四五"和未来更长时期经济社会发展做出重大战略部署。构建新发展格局，核心就是畅通生产、分配、流通、消费等主要环节组织成的经济循环。我国拥有 14 亿人口、4 亿多中等收入人群，2020 年全社会消费品零售总额接近 40 万亿元，内需市场具有强大潜力空间，为产业链升级、扩容创造了广阔空间。但同时，经济循环还存在一些堵点、断点，如产业供给与需求仍然不相适应，创新链与产业链的衔接有待加强，金融与实体经济循环不畅，人才队伍难以适应产业链现代化发展的需要等。长江经济带产业链发展要加强系统布局，以满足国内需求为出发点和落脚点，全面畅通经济循环体系，大幅提升供给对需求的适配性，积极融入和服务新发展格局。

三 提升长江经济带产业链现代化水平的思路和建议

（一）基本思路

面对严峻复杂的国际形势，必须抓住用好战略机遇期，坚持以技术补链、以生态稳链、以开放畅链，提高长江经济带产业链韧性、稳定性和灵活性，为服务构建以国内大循环为主体、国内国际双循环相互促进的新发展格局提供有力支撑。

——以技术补链，提高产业链韧性。要以技术创新来消除产业链中存在的"技术缺口""技术孤岛"现象，按照轻重缓急逐个突破，强化关键环节、关键领域、关键产品保障能力，提高产业链韧性。

——以生态稳链，提高产业链稳定性。要充分利用我国超大规模的市场优势和配套齐全的生态优势，畅通长江经济带供需循环和产业链循环，完善

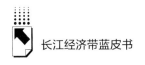

配套能力，营造良好生态，提升产业链稳定性和竞争力。

——以开放畅链，提高产业链灵活性。要深化对外开放和国际合作，鼓励企业构建根植国内、立足亚洲、面向全球的供应链体系，促进产业链多元化发展。

（二）对策建议

一是锻造优势长板。拥有一批优势长板是产业链现代化的重要标志。要打造一批"撒手锏"产品。从电子信息、高端装备、汽车、家电、纺织服装等优势领域，遴选一批具有核心竞争力的关键产品和技术，重点培养、加快壮大，占据产业制高点。要大幅提升传统优势产业附加值。顺应消费和产业"双升级"的需要，加快钢铁、有色金属、石化、纺织等行业高端化改造升级，培育一批竞争力强、附加值高、美誉度好的国际知名品牌，提高传统产业附加值和国际竞争力。要注重用好庞大国内市场。通过实施首台套、首批次政策，采取政府采购等措施，为新产品新产业提供前期支持，通过庞大的市场规模效应促进产业不断向中高端迈进。

二是补齐关键短板。补足关键短板、强化薄弱环节，是提升产业链稳定性、竞争力、抗风险能力的必然选择。要强化基础能力提升。针对基础零部件、基础材料、基础软件等工业基础领域，实施产业基础再造工程，通过应用牵引、整机带动，不断提高产品质量、性能和可靠性。要加强关键核心技术攻关。针对高端医疗器械、航空发动机、芯片等高端产业领域，梳理被"卡脖子"的产品目录，着力加强关键核心技术攻关，增强自主可控能力。要构建共性技术供给平台。在重点行业加快建设一批制造业创新中心，整合上下游创新资源，加快行业关键共性技术创新成果的研发及转化应用，打通产业创新的"死亡之谷"。

三是打造核心节点。核心节点是带动全产业链发展的关键抓手，具有牵一发而动全身的效果。一方面，要打造一批具有较强辐射带动作用的核心节点城市。发挥上海、重庆、南京、武汉、合肥等中心城市作用，聚焦优势产业，引聚关键资源，发展核心环节，增强产业链控制力；同时加强与周边地区之间的要素流动和功能联系，促进产业链协作互补，带动区域产业链整体提升。另一方面，要打造一批具有全球竞争力的核心节点企业。在生物医药、新材料、节能环保、新能源装备、航空航天、软件和信息技术服务等领域，培育一批具有国际竞争力的产业链领航企业和"专精特新"中小企业，形成一批大中小企业协同、产学研深度合作的先进制造业集群。

四是提高智能化绿色化水平。智能化绿色化转型是顺应经济发展趋势、推动产业链现代化的重要手段。要加快推动数字经济和实体经济深度融合。坚持以智能制造为主攻方向，对制造业进行全产业链改造，加快发展智能产品和智能装备，建设智能生产线和智能工厂，大力发展网络化协同研发制造、个性化定制、远程运维、产品全生命周期管理、总集成总承包等服务型制造，提高产业链效率和效益。要进一步推进产业链可持续发展。坚守生态环保底线红线，坚定不移地淘汰落后产能，加强资源节约循环利用，推动传统产业绿色化改造，建设绿色制造新体系，形成资源节约、环境友好的经济增长方式。

五是促进区域协同。加强区域协同发展是推动长江经济带产业链现代化的重要保障。要加强跨行政区域的产业链协同规划，在推动长江经济带发展领导小组的统一领导下，加强对长江经济带产业链的统筹规划和组织协调，搭建产业链协作配套平台，引导各地根据资源禀赋和要素条件，因地制宜、错位发展，形成优势互补、梯次协作的产业链格局。构建共建共担共享机制。发挥市场机制作用，探索建立成本共担、利益共享、多方共赢的激励机制，消除跨区域的行政壁垒和市场壁垒，引导长江经济带地区间产业合作和有序转移，构建一体化大市场。

B.19
着力提升长江经济带
产业链现代化水平

成长春*

摘　要： 产业链现代化是应对复杂严峻外部环境、服务全国构建新
发展格局的坚实基础，也是构筑长江经济带高质量发展新
优势的重要抓手。在厘清产业链现代化内涵特征、基础条
件和现实挑战的基础上，从产业链创新性、高端化、协同
性、可持续性、自主可控性五个特征维度对长江经济带产
业链现代化指数进行综合评判，并基于相关国际镜鉴，从
"把握四大关系、实现五大突破"的战略目标/思路出发，
提出现阶段推进长江经济带产业链现代化的重点任务与对
策建议。

关键词： 产业链现代化　长江经济带　产业链现代化指数

　　产业链现代化是全球产业竞争中的新现象，也是破解产业基础能力不足
和部分领域"卡脖子""掉链子"瓶颈制约的硬核支撑，也是形成以国内大
循环为主体、国内国际双循环相互促进的新发展格局的必然要求。2019 年 8
月，中央财经委员会第五次会议指出，要充分发挥集中力量办大事的制度优
势和超大规模的市场优势，打好产业基础高级化、产业链现代化的攻坚战。

* 成长春，原江苏省政府参事。

这是我国首次提出"产业链现代化"概念，是从长远战略角度对我国产业发展作出的重大谋划和部署。

2020年11月14日，习近平总书记在全面推动长江经济带发展座谈会上强调，"要加快产业基础高级化、产业链现代化。要勇于创新，坚持把经济发展的着力点放在实体经济上，围绕产业基础高级化、产业链现代化，发挥协同联动的整体优势，全面塑造创新驱动发展新优势"。习近平总书记的重要讲话，为长江经济带当前和未来一段时期的产业发展和产业升级，指明了努力方向、提供了工作遵循。

当前，世界正面临百年未有之大变局，新一轮科技革命和产业变革正形成历史性交汇，国际产业分工格局正加速重塑。进入新发展阶段，在面对新冠肺炎疫情、经济下行、贸易摩擦、技术封锁、产业挤压等各种风险和挑战时，全球产业链供应链重组不可避免，无论产业链供应链是由市场规律引起的自发脱钩，抑或因外力人为导致的被迫脱钩，都势必对我国产业链安全稳定构成严重威胁。因此，准确把握产业链现代化的内涵特征、演进规律、现实水平，找准堵点、难点和痛点，厘清思路、明确目标、精准施策，着力提升产业基础能力和产业链现代化水平，积极构建自主可控、安全高效、稳定可持续的现代产业体系，进而真正把长江经济带打造成创新驱动产业升级新引擎，这既是对长江经济带践行"三主五新"新使命的理论回应，也将为全面塑造创新驱动发展新优势提供实践依据。

一　产业链现代化的内涵特征与国际镜鉴

（一）内涵特征

基于当前我国面临复杂的国际国内环境，对标建设制造强国和制造业高质量发展要求，产业基础高级化、产业链现代化的基本内涵与主要特征可以从五个维度去理解。

一是产业创新性。创新能力增强是提振产业基础和产业链现代化水平的核心。从新思想和新概念的发现到创新产品的产出是一个动态的、复杂的过程，是各个创新主体相互作用的结果。这个过程需要不断地加以改进和完善，只有对产业创新系统的结构、功能和步骤的作用都很清楚和正确理解后，才能通过技术创新系统提高产业的竞争力。

二是产业高端化。在价值链层面占据中高端，其中的头部企业不仅具有一定的对价值链的治理能力，而且可以获取较高的增加值率。产业高端化有利于本地区企业占据产业链的"链主"位置，能够在全国乃至全球范围内自主地配置资源和要素，搭建市场网络，具有较强的市场控制和整合能力，国际竞争力强。产业高端化意味着创造更高的附加值，这也对产品或服务质量、技术复杂度提出了更高要求。

三是产业协同性。产业协同是指打通上下游间各个环节，降低上下游企业的交易成本，优化价值链、企业链、供需链和空间链的配置，使产业链的上下游之间能够广泛交流、相互协作，形成提高效率、降低成本的多赢局面。产业协同在中间产品流程上表现为产业之间的中间产品交互，在产品或技术创新层面表现为创新主体间的相互合作。在产业链供应链层面，协同性还表现为更加的协调顺畅。

四是产业可持续性。产业链的形成可以通过产业间的协同联系重构产业生命周期，缩短每个细分产业的初创期，延伸产业的成长期和成熟期，为处于衰退期的产业找到新的生产模式，进入新成长期。因此，产业可持续性体现在产业链总产值长期处于较高水平。同时，产业可持续发展的内涵还体现在，企业不仅在单一产品、单一流程、单一功能上实现绿色化，而且要求实现全域的绿色化。

五是产业自主可控性。产业自主可控是指本地生产活动对其他国家和地区的依赖程度较低。在逆全球化趋势和新冠肺炎疫情的影响下，必须高度警惕全球供应链的重组甚至"去中国化"的可能性，必须提高我国高技术产业链应对外部"断供"的能力，特别是减少对"卡脖子"技术的依赖程度，增强产业链韧性，维护供应链的安全性，力争做到自主可控、安全稳定。

（二）相关国际镜鉴

美国、德国、日本等发达国家较早认识到产业链现代化的重要作用，将提升产业基础能力、产业链现代化水平从企业微观层面上升为国家战略的宏观层面，产业链政策也被视作提升产业竞争力和经济实力的重要手段。

一是注重产业链的安全性和控制力。美国作为产业链现代化的先行者，高度重视产业链安全和效率。2017年，美国总统签署了《评估和强化制造与国防工业基础及供应链弹性》，在飞机、造船、太空等9个国防领域和制造业网络安全、电子、机床等7个先进制造业领域制定加强供应链弹性的计划。因此，江苏在推进产业基础高级化、产业链现代化过程中，应重点关注制造业安全、国际贸易等重要领域关键产品和物料的供应，制定详细的物资和服务供应链手册，并不断强化全球供应链系统风险识别与评估，以提升产业链的安全性和控制力。

二是注重产业链的战略基础性。日本早期产业链战略强调长期合作伙伴关系，在产业链中供应商数量较少。2011年，日本大地震导致电子信息、汽车零部件等供应链断裂，下游生产企业大规模减产或停滞，这一产业链战略缺陷凸显。江苏在推进产业基础高级化、产业链现代化过程中，应注重关键中间产品、核心零部件和材料等产业链上游，关注核心技术的提升。对不少产业来说，越是产业链上游环节，核心技术越密集，也越高端。

三是注重产业链的柔性化与共享化。随着人工智能、大数据、云计算等现代信息技术的广泛应用，产业链必将迎来柔性制造。德国工业4.0战略提出在制造业中实施物联网和服务，通过构造横向集成、垂直集成和数字化集成的系统创新体系，满足用户的个性化需求，提升工作流程的灵活性，促进决策优化并创造新的价值，提升产业链的柔性化、智能化、网络化水平。因此，江苏在推进产业基础高级化、产业链现代化过程中，可帮助制造业研发并应用新的生产线，推进产业链上下游企业协同研发，并通过物联网、互联网等现代信息技术实现上下游企业的信息共享。

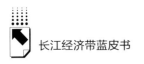

二 产业链现代化的基础条件与现实挑战

（一）基础条件

2016 年国家三部委联合印发《长江经济带创新驱动产业转型升级方案》，以创新驱动、转型升级促进长江经济带实现经济提质增效和绿色发展，提出到 2020 年长江经济带在创新能力、产业结构、经济发展等方面取得突破性进展，成为推动经济转型升级的重要引擎。应该说，这五年来长江经济带发展成绩有目共睹。长江经济带经济总量占全国的比重从 2015 年的 42.3% 提高到 2019 年的 46.5%，2020 年前三季度进一步提高到 46.6%（五年提高 4.3 个百分点）。近年来，工业提质增效、产业转型升级步伐加快，研发投入强度、专利申请/授权数量全国领先。国家自主创新示范区、国家级科技创新平台（中心）、综合性国家科学中心、创新型省份加快建设。产业转型升级不断加快，现代工业体系逐步形成。新兴产业集群带动作用明显，电子信息、装备制造等产业规模占全国比重均超过 50%。在基础研究、关键技术攻关等方面在全国优势的地位凸显，数字经济、电子信息、生物医药、航空航天等产业发展水平领跑全国。

1. 省际合作、区域协商与共建共享模式取得新进展

当前，以上海带动全流域、武汉带动中游、重庆带动上游的区域协同发展格局初现端倪。通过合理分工协作与空间布局优化，进而促进长江经济带各城市间建立起互动融合的人才链、技术链、资金链、服务链和产业链的整合。目前，长江下游上海、江苏、浙江、安徽四省市已建立"三级运作、统分结合、务实高效"的合作协调机制。长江上游的四川、云南、贵州、重庆四省市签署《关于建立长江上游地区省际协商合作机制的协议》。而长江中游的湖北、江西、湖南三省签署《关于建立长江中游地区省际协商合作机制的协议》，并签署《长江中游湖泊保护与生态修复联合宣言》。这标志着长江经济带省际协商合作机制的全面建立，为产业链供应链的系统整合

及优化升级奠定基础。

2. 产业转型升级成效显著，创新驱动能力逐步增强

战略性新兴产业快速成长。电子信息产业的软硬件企业发展都取得阶段性进展。上海中微子半导体、合肥京东方、武汉长江存储等龙头企业实现快速成长，一批关键技术取得突破，从2015年、2019年两年的数据来看，软件企业数量在全国的占比从43.6%提升到46.9%；高端装备制造业进一步集聚发展，在全国的比重显著提升。长江经济带的通用装备制造业主营业务收入占全国的比重从50.6%提高到54.2%。专用设备制造业主营业务收入占全国的比重从44.5%提高到48.2%。

传统产业升级取得成效。例如，家电行业进一步发挥集聚增长态势，在全国的市场份额显著提升。其中，2015～2018年彩电在全国的市场份额从30.5%提升到31.9%，冰箱和空调占全国的市场份额分别提升了3.8个和2.4个百分点，2018年家用洗衣机占全国80.5%的市场份额。

研发投入稳步提高。2015～2019年，长江经济带研发投入占地区生产总值比重五年内提高了0.13个百分点。同期，全国 R&D 投入强度从1.95%提高到2.03%。2019年长江经济带国内专利申请受理量达到186万项，比2015年提高近38%。

3. 围绕园区合作共建产业技术创新链取得新成效

共建重大产业技术创新链。上海与浙江、江苏、安徽等地就高新技术产业、主要支柱产业以及传统产业等方面形成了技术创新链上的分工合作。比如，在汽车制造、先进装备制造等领域，上海加强核心技术和产品研发，南京、苏州、无锡、杭州、宁波等城市在研发、设计环节加强与上海的对接。

产业园区间合作成为亮点。南京江北新区、上海张江高科、重庆两江新区等都着眼于全球竞争和全国大局，基于优势产业瞄准战略性领域率先布局产业链，共同构筑具有全球影响力的产业高地。值得一提的是，随着产业合作的不断深入，上海高科技产业也呈现水平转移态势，部分产业不断向长江流域中上游地区纵深方向转移，电子信息等产业已向成都、重庆、贵阳等地转移，长江经济带中西部地区承接能力提升很快。

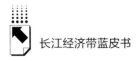
产业集群建设颇具规模。以沿江国家级新型工业化产业示范基地、开发区为载体，以大型企业、联合体为骨干，重点培育电子信息、高端装备、汽车、家电、纺织服装等产业形成集聚程度高、知名品牌多、技术水平领先、国际竞争力强的世界级产业集群。近年来，各地围绕优势领域的龙头企业，协同推动区域产业深度合作，共同制定长江经济带智能制造产业标准，打造长江经济带产业链创新链一体化合作平台，加强产业链协作配套和深度融合。

4. 在构建内聚外合的开放型创新网络方面有新突破

高校、科研院所、企业联合建设了开放式技术研发和转移转化平台，协同构建长江经济带科技创新生态建设实践区。基于G60科技走廊区域合作样板，在长江经济带率先构筑我国区域协同创新共同体；强化大型科学仪器协作共用，科技创新券在长江经济带范围内的通用通兑成为可能，创新创业环境不断优化。目前，上中下游企业间的合作更多的是基于"创新资源"的流动与整合方面，与地理区位的联系不太紧密。关键核心技术的有效供给体系建设成为协同的关键所在。当前，各地都非常注重国家级制造业创新中心建设，核心是建立以市场为主体、以资本为纽带、以产业链为关联（瞄准重大科技创新成果）的创新联合体。如江苏、安徽、浙江、武汉、成都在上海张江高科技园区都建有创新中心，实现研发和产业分离，推动科技成果、高新技术实现异地转化，各种区域性"成果转化基金"也迅速发展。

（二）现实挑战

1. 产业协同创新机制有待完善

长江经济带制造业发展仍具有较突出的路径依赖特征，无论是单体企业的竞争力还是产业整体的协同创新优势与发达国家（地区）相比都有较大差距。

沿线省份制造业创新水平差距明显，缺乏协同创新机制，创新要素大多流向下游地区，中上游地区制造业创新发展受限。下游发达地区制造业发展水平高，正致力于通过制定产业负面清单来提高行业准入门槛，中上游地区制造业基础薄弱，仍希望发展能源、资源型产业，这不利于构建特色明显、错位互补的制造业发展大格局。

制造业与服务业的融合度低，科技创新与实体经济协同发展水平仍有较大的提升空间，科技成果转化率、创收率整体不高，不同行政区的人才资源的互认、共享、补偿机制缺乏限制了人才流动，"飞地经济"模式因利益博弈在一定程度上也限制了制造业协同创新发展。

产业关键技术的研发载体数量不足，大多分布于下游地区，其中上海张江高科技园区、安徽合肥综合性国家科学中心发挥了一定的前沿引领作用，但创新成果的共享共建机制尚待建立。针对新一代信息技术、高端装备制造、生物医药等领域的"卡脖子"重大科研任务和关键性技术，缺乏长期、稳定的联合攻关组织形式。

2. 关键核心技术环节亟须突破

制造企业技术创新大多局限于产品和工艺的延伸、改善与提高，缺少独创性的成套工艺技术。一些行业虽有部分技术取得突破，但核心技术尤其是产业链两端的识别感知和智能处理技术水平仍有待提高。企业研发机构建有比例较高，但建设质量有待提高。

50%的高端数控机床、80%的高端检测仪器、75%的工业机器人伺服电机都基本依赖进口。软件和信息产业中的操作系统、嵌入式软件及芯片，工程机械领域上游的发动机、高端液压件等关键零部件的精密度和可靠性与欧美相比还有很大差距，短期内很难做到真正的自主可控。

在一些关键领域存在创新资源重复配置和低效使用现象，制造业创新中心建设略显滞后。一些重点产业集群的专利申请量及授权量在全国并不具有优势，与同行业的一些国际巨头相比更是九牛一毛，这一问题在生物医药、高端纺织、软件和信息服务等重点行业中比较突出。

3. 产业高端化依旧任重道远

长江经济带五大世界级产业集群建设仍处于培育期。沿线省市名义上都有高新技术产业布局，但产业层级大都仍处于整个产业链的中低端，产业升级难度加大。在国内首个以城市群为基本单元的苏南国家自主创新示范区，

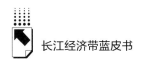
位于苏州市的示范区项目建设取得了一定的成绩，但有国际影响力的创新型领军企业／"独角兽"企业不多。

长江经济带作为一个巨型流域经济带，由于政区经济与流域经济的交织，产业关联度整体较低，没办法形成产业链的有效延伸。以上海为例，虽然其与长三角产业联动较强，但当前阶段仍然以竞争为主，与成渝城市群和长江中游城市群的联动很少。

缺少推动关键核心技术实现重大突破的科技领军人才、具有国际化管理创新能力的高管团队。在关键技术与核心管理岗位上，长江经济带兄弟城市之间（甚至内部）不同企业之间尚有"互挖墙脚"现象。

4. 品牌影响力和竞争力较弱

集成电路、化纤、钢铁、纺织服装、船舶制造等领域的企业和产品具有一定国内知名度，但缺乏世界知名企业与品牌，领先企业以及国际品牌数量的匮乏直接制约先进制造业集群在国际市场上的产业控制力和全球话语权。以占比最高的装备制造行业为例，很多细分行业在系统内有一定知名度，但其全球竞争力与国际影响力乏善可陈。

多数行业缺少具有较强牵引作用和整合能力的终端产品，一些曾经享誉全国的知名品牌，由于企业经营管理不善、技术产品升级不快、自主创新能力不足、品牌保护意识不强等因素，相当一部分尽失往日辉煌。

制造业优势产业的重合度较高，区域间同质化竞争严重。在长江经济带沿线 11 个省市中，有 9 个将新能源汽车作为主导产业，将电子信息列为主导产业的有 8 个，将汽车、石化、装备制造列为主导产业的有 6 个，这明显不利于形成拳头产品和标杆产业，不利于先进制造业集群标准、品牌的塑造。

三　产业链现代化的综合测度与比较分析

从现实来看，大部分产业链由制造业产业主导，但是仍有一部分产业链主要由服务业产业构成。考虑到制造业产业与服务业产业之间的差异，这里重点研究制造业相关产业链的现代化进程。本报告利用 2002 年、2007 年、

2012 年和 2017 年长江经济带 11 省（市）投入产出表、相关年份的统计年鉴及专利数据，并从产业链创新性、高端化、协同性、可持续性、自主可控性①五个特征维度对产业链现代化指数进行系统测算和比较分析，长江经济带制造业相关产业链的现代化指数均呈现稳定上升趋势，其中 2002～2012 年上升速度缓慢，2012 年以后提升速度加快。

（一）产业链创新性

长江经济带产业链创新性指标保持加速提升的趋势，上升速度越来越快，产业链的创新性提升明显。专利数量和专利占比的基本结果显示，长江经济带产业链的专利数量和占比持续上升，但相比于专利数量的加速上升，专利占比的提升速度在 2012 年以后逐渐放缓，表明 2012 年后长江经济带产业链创新性的上升主要依赖产业间的相互联系。

（二）产业链高端化

2002～2017 年长江经济带产业链的高端化指标始终保持上升的趋势，其中 2002～2012 年上升幅度较小且上升速度较慢，但 2012 年开始加速上升。综合四大类制造业产业链使用的中间产品不断增加，产品复杂度不断提升，向价值链高端攀升也面临较大的不确定性。

（三）产业链协同性

产业链协同性主要从中间产品流程协同和产业链创新协同来表征。长江经济带产业链协同性指标也表现出明显的上升趋势，协同性逐渐增强，其中 2007～2012 年提升幅度较大，这一提升趋势在 2012～2017 年放缓，说明长江经济带产业链创新协同虽有一定的优势，但仍有较大提升空间。

---

① 分别从产业链创新性、高端化、协同性、可持续性和自主可控性这五个方面将产业链现代化的内涵拆分为五个一级指标进行考察，其中每个一级指标下包括多个二级指标。但基于数据可获得性考虑，以及二级指标的标准化、网络权重赋值的复杂性，这里仅对五个一级指标的动态变化趋势进行总体评价。

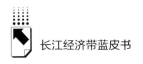

（四）产业链可持续性

长江经济带产业链可持续性整体表现出上升趋势（2007～2012年最明显），这得益于各省市之间加强产业交流合作，2012～2017年增速略有回落（但仍具有产值优势）。同时，产业绿色转型与可持续发展方面任务依然艰巨。

（五）产业链自主可控性

长江经济带产业链自主可控性近年来出现了明显下降趋势，但进口占比和国内流入占比均呈现下降趋势，使用国外中间品和国内其他省份中间品的份额在下降，自主可控性呈现下降趋势的主要原因可能是产业间愈发紧密的网络联系。此外，随着大数据、互联网5G及数字技术的快速应用与创新，产业链之间的联系愈发紧密，这也会在一定程度上导致自主可控性减弱。

综上，长江经济带产业基础能力和产业链（以制造业为主体）现代化水平的提升主要是由产业创新性、协同性和高端化三方面推动，而可持续性与自主可控性的支撑作用仍有待进一步挖掘。面向"十四五"时期，应尽力打破发达国家的技术垄断，采用更多的国内中间品（国产化替代）是长江经济带提高产业链自主可控性的可行途径。同时，针对重点产业应尽快形成一条完整、循环、互动的产业链，不断提升维持自身系统稳定、防止断裂和缺失的能力。产业高端化发展应当重点着力于增加值率的提升和更加充分地发挥人力资本对产业链的驱动作用（"四位协同"的现代产业体系），尽量避免陷入"高端空心化、低端重复化"怪圈，降低区域之间发生"堵链""抢链"的可能性。

四　产业链现代化的战略目标与总体思路

上文主要从投入产出关系考察长江经济带产业链现代化水平的变动情

况，这为厘清堵点、难点和痛点，锻长板、补短板、争样板指明了方向。毋庸置疑，加快产业基础高级化、产业链现代化是一个复杂的巨系统，具有多主体、多因素、多尺度等权变特征，不可邯郸学步、一蹴而就，不能囿于一隅、限于一业。在具体实践中，应基于问题（目标）导向，立足于制度变迁的一般规律和长江经济带产业发展的基本实践，正确处理好产业基础高级化和产业链现代化、产业链安全和效率、政府和市场、独立自主与开放合作之间的辩证统一关系，在提升产业整体质效/基础能力、产业链完整性/协同性、产业高端化/数字化等方面做好战略路径设计，进一步挖掘终端需求、优化要素供给、重塑区域产业空间体系和区域创新体系、融入全球产业分工体系，推动产业链、创新链、人才链、政策链相互贯通，有效提升产业链现代化水平，逐步形成"产业集聚＋产业分工＋产业链细分＋区域分工"的长江经济带产业创新驱动发展新模式。

（一）准确把握四大关系

1. 准确把握产业基础高级化和产业链现代化两者之间相互关联、相互支撑的关系

产业链现代化为产业基础能力提升提供了丰富的应用需求，产业基础高级化则为产业链现代化提供了必要的技术保障。产业基础高级化是点的突破，产业链现代化则是面的提升，两者相辅相成，共同构成产业升级发展的重要基石。但要看到，产业基础能力是产业发展的根本支撑条件和动力之源，是实现产业链现代化过程中最为基础性和更具决定性作用的因素，直接决定了产业链水平的高低。如果没有产业基础高级化，产业链现代化就无从谈起，因此，推进产业链现代化必须以夯实产业基础能力为根本。

2. 在安全和效率两个目标中，现阶段产业链供应链稳定、安全比效率更重要

在市场竞争、全球化分工的背景下，产业链战略目标更多的是追求效率提升以及最大限度促进专业化分工，反之，当贸易摩擦加剧、竞争大于

合作，甚至一方不惜采取手段制裁另一方时，确保供应链安全则上升为首要目标。在当前的经济发展阶段，我国面临着综合成本上升、比较优势变化导致的渐进产业转移和贸易摩擦冲击下产能被动外迁的双重叠加效应，稳定产业链，提高产业链韧性和抗风险能力，在低端转出去的同时实现向产业链高端跃升显得尤为重要。因此，产业链现代化应以自主可控、安全高效为首要目标，这既是在当前国际经济背景下应对中美贸易摩擦，追求供应链稳定、安全、有弹性的精准定位，又是促进国家（区域）产业链长期效率提升的必然举措。

3. 使市场在资源配置中起决定性作用和更好发挥政府宏观调控作用，是新时代推进产业链现代化建设必须遵循的重要原则

在"市场失灵"和面临发达国家掣肘的"卡脖子"领域，仅仅依靠市场创新和固有的资源禀赋，企业自主创新很难取得成功，政府必须予以支持，发挥新形势下集中力量办大事的举国体制的优势。政府要聚焦有限领域、有限目标，防止把"卡脖子"领域任意扩大、泛化的倾向，在实现既定目标后，政策要适时退出。同时，改变对企业的支持方式，改革科研项目扶持方式，将以往倾斜性、选择性的支持方式调整为更具普惠性、功能性的支持方式，对大中小企业、国有民营外资企业一视同仁。同时，积极探索"揭榜挂帅""链长制"等项目组织新模式，更多采取后补助或奖补等发放方式。

4. 坚持独立自主和开放合作相促进，深度参与全球科技经济分工

必须承认和牢记，真正的关键核心技术是要不来、买不来、讨不来的。但也要看到，美国、德国、日本、法国、韩国、以色列等当今世界科技创新强国仍然是我国学习和合作的对象，美国单方面挑起的贸易和科技争端不会打乱我国科技、创新和产业领域开放合作的步伐。越是在部分先发优势国家和地区鼓吹逆全球化浪潮、大行霸权主义、贸易保护主义的当下就越要以开放的胸襟、包容的态度积极拓展深化与美国产业界、科学界以及欧盟与日本、韩国等科技创新强国的产业和技术合作交流，促进产业链核心环节全方位、多维度、宽领域的合作。

（二）努力实现五大突破

1. 在产业整体水平上实现"质"的突破

大力发展新兴产业，培育一批优势产业，促使其关键环节在长江经济带集聚，争创国家级产业链发展集聚区和国家级人工智能创新应用先导区，打造具有国际竞争力的先进制造业基地。同时，应以"国家先进制造业中枢—先进制造业集群—产业园区"协同联动为基底，进一步优化产业链供应链布局。

2. 在产业基础能力上实现"新"的突破

在系统评估国家（区域）"卡脖子"问题的基础上，聚焦共性技术路径突破的重大需求，高水平建设一批产学研用一体化相结合的国家级/省级制造业创新中心，并助推高水平科创平台与重点产业链供应链展开"一对一"对接，联合开展重大项目攻关与科研成果转移转化工作，使产业基础高级化水平明显提高。

3. 在产业链完整性上实现"聚"的突破

重点围绕前沿材料、生物医药和新型医疗设备、集成电路、海工装备等打造一批拥有高度完整全产业链布局的地标产业。以协同共生的区域创新体系塑造为支撑，有针对性地培育不同空间尺度联动的产业链供应链"根据地"。建设先进制造业集群框架下的错位竞合型产业园区，推动有条件的相同地市或毗邻地区共同布局产业链。

4. 在供应链安全性上实现"融"的突破

建成具有世界聚合力的双向开放枢纽，上下游、左右岸、干支流联动、江海河湖统筹发展格局基本形成。产业链抗风险能力明显提升，防范化解重大风险体制机制不断健全。以双向并进的产业转移作为触媒，以外商直接投资营商环境优化为基本点，推动产业链跨区域融通，稳住外资外贸供应链，打造区域产业链供应链合作新样板。

5. 在价值链高端化上实现"尖"的突破

推动重点产业"高原"化，引领产业关键环节迈入全球价值链的中高端区位。确定重点培育扶持的行业、企业和产品，以标准为引领、以认证为手段，通过持续培育，形成一批自主创新、品质高端、服务优质、信誉过硬、市场公认的品牌群体。在促进龙头（骨干）企业做强做大的同时，也鼓励中小企业在专业领域内深耕细作、做精做优，培育核心竞争力。

五　产业链现代化的重点任务与对策建议

（一）推进产业基础高级化

1. 实施产业基础再造工程

加大基础研究和关键共性技术投入力度，强化技术攻关、重点突破、应用牵引、整机带动，完善产业基础协同创新机制，构建高标准的产业基础体系。大力突破一批市场需求大、质量性能差距较大、对外依存度高的核心基础零部件和关键基础材料，引导基础零部件、基础材料和整机产品联动研发，深入实施高端装备赶超工程，开展短板装备攻关行动计划，推进产品设计、专用材料和先进工艺开发、示范推广等"一条龙"应用，提升具有自主知识产权的仪器设备和成套装备生产能力。提升基础工艺水平，加快发展增材制造等先进制造工艺和节能节水等绿色生产工艺。打造产业技术基础公共服务平台，突出产业关键技术、核心技术协同攻关，实施一批重大科技攻关、成果转化和应用推广项目。加快制造技术软件化进程，开展基础软件、高端工业软件和核心嵌入式软件等产品协同攻关适配，培育工业软件创新中心，建设全国顶尖的工业软件企业集聚高地。完善技术、工艺等工业基础数据库。开展产业强基示范应用工程，深化完善首台套、首批次、首版次等政策。

2. 加强关键核心技术攻关

要充分发挥长江经济带人才资源多和科研院所研发力量强的优势，把大力提升创新能力放在更加突出的位置，面向世界科技前沿，超前部署和实施一批重大基础研究项目，努力实现更多"从0到1"的原创突破。要主动承接国家重大科技项目，瞄准高端装备制造、人工智能、集成电路、生命健康等重点领域和关键环节，部署一批重大科技攻关项目，集合区域优势科创资源建设科技创新共同体，完善部省联合、军地融合等关键核心技术协同攻关机制，支持龙头企业与高校、科研院所联合。要进一步发挥长三角地区实体经济强大、产业基础较好、产业门类齐全的优势，加强创新链和产业链对接融合，围绕产业链部署创新链，围绕创新链培育产业链，聚焦新型电力装备、工程机械、物联网等先进制造业集群和优势产业链，把"卡脖子"清单作为科研攻关清单，实行重点项目攻关"揭榜挂帅"，力争形成一批具有自主知识产权的原创性标志性技术成果，争取在科技和产业创新"高原"上塑造更多"高峰"。

3. 推动质量标准品牌引领

开展工业产品质量提升行动，实施全产业链质量管理，推动主要产品质量水平进入国际国内先进行列。实施标准领航工程，加快以新兴产业为主的各领域标准制定执行，在关键领域自主制（修）订一批国际标准，加强标准升级换代和国际标准转化应用，鼓励制定实施高于国家标准、行业标准、地方标准的企业标准、团体标准。优化质量认证供给，大力推广绿色有机认证和高端品质认证。实施品牌发展战略，引导企业走品牌发展之路，鼓励企业围绕研发创新、设计创意、生产制造、质量管理和营销服务全过程制定品牌发展战略，支持行业协会为品牌建设提供专业服务，完善品牌建设标准、评价和推广体系，深化知名品牌示范区建设。

（二）提高产业链供应链现代化水平

1. 全面提升产业链竞争力

围绕 5 个重点打造的世界级产业集群各个子产业进行深入梳理，完善产业链图谱，优化配置资源，利用 3 年时间重点打造若干具有国际竞争力的细分产业链，并组织开展"卓越产业链竞赛"，遴选支持一批优质集群产业链（相马→赛马、样品→精品）。同时，以产业链溯源及其技术评估为基础，全面梳理产业链短板，可考虑按照完全受制于国外、与国际先进有差距、已有研发基础三种类别，初步建立起重点产业领域"卡脖子"技术攻关清单，预判攻关时间及其机会窗口。在有限资源投入的情况下，应坚持"最缺什么补什么"的原则，并以专业化为导向，以环节优化、区域协作为基础的"世界级—国家级—省级"三位一体先进制造业集群梯队，并以此为抓手攻克一批制约产业链自主可控、安全高效的核心技术，推动一批卓越产业链竞争实力和创新能力达到国内流、国际先进水平。当然，这些任务的顺利完成，都需要在宏观产业政策引导下，充分发挥财税和金融政策支持作用，做好产业链的"耐心资本"。

2. 切实增强产业链供应链韧性

实施产业链安全可靠工程，在产业链上下游关键节点形成一批国产化替代的原创成果，大幅提高产业技术自给性和安全性。推动产业链供应链多元化，构建必要的产业备份系统，针对产业链重点领域和关键环节依托企业内建关键零部件、材料、设备等备份生产、应急储备、调运配送等体系，强化应急产品生产能力，力争重要产品和供应渠道至少有一个替代来源，提升产业链抗风险能力。发挥产业链优势企业和平台企业作用，依托供应链协同、创新能力共享、数据资源对接等模式提升产业链运行效率和联结水平，支持建立企业联盟、产业联盟、产业技术创新战略联盟，鼓励采用共享制造等新型生产组织方式，带动专业配套企业协同发展。实行普惠性、功能性、包容性产业政策，形成合作共赢生态体系。

3. 大力推进制造业转型升级

引导制造企业发挥数据、渠道、品牌、创意、市场等优势，与现代服务业耦合共生、相融相长，实现链条式组合、网络型对接、联盟化发展，向两业融合的新型制造模式转变，支持创建国家级服务型制造示范城市、企业、项目、平台。开展先进制造业与现代服务业深度融合发展试点示范。同时，夯实产业数字化转型基础，制定工业互联网发展行动计划，加快发展优势制造行业的工业核心软件，建设全国顶尖的工业软件企业集聚高地，积极谋划创建工业互联网数据中心、新型互联网交换中心、"5G+工业互联网"融合应用先导区。以智能化为重点方向推动传统产业数字化转型，支持规模以上工业企业开展生产线装备智能化改造，面向重点行业制定数字化转型路线图，形成可推广方案。在此基础上，以"链—图—策"全景动态的数字化区域产业链治理模式为制度保障，提升产业链治理水平。

（三）强化创新驱动能力

1. 着力提升企业技术创新能力

推动创新资源、创新政策、创新服务向企业集聚，充分发挥企业在技术创新决策、研发投入、科研组织和成果转化应用方面的主体作用。紧跟新一轮科技革命和产业变革的步伐，引导和鼓励企业加强产业技术基础研究，鼓励有条件的企业开展前沿性创新研究，推动企业加强技术研发机构建设，支持重点行业骨干企业提升研发能力。聚焦产业发展的关键环节、关键领域、关键产品，鼓励企业牵头组织实施国家重大科技任务。发挥大企业技术创新显著外溢和带动效应，支持行业骨干企业牵头组建创新联合体，集成高校、科研院所的科技成果，统筹行业上下游的创新资源，推动大中小企业融通创新，形成体系化、任务型的协同创新模式。深入实施高新技术企业培育"小升高"行动计划，支持研发"专精特新"产品，形成以创新型领军企业、独角兽企业和瞪羚企业为重点的企业创新矩阵。

2. 着力强化创新平台载体建设

面向国家重大需求，抓住国家新一轮科技布局的重大机遇，支持有条件的地区和科研院所加快创建国家实验室，支持南京、武汉创建综合性国家科学中心。在新材料、生物医药、通信网络与信息科学等重点领域建设国家重大科技基础设施（注重互联互通与开放共享），加快布局国家级产业创新中心、技术创新中心、制造业创新中心、工程研究中心，争取在更多"中字头""国字号"平台上迅速卡位，全面提升在国家自主创新体系中的地位。聚焦优势产业和新兴产业，深入开展世界级产业集群共建行动、"卡脖子"技术攻关行动和重大技术成果转化行动，在扩容"G60"科创走廊基础上，建设具有国际影响力的产业创新走廊。进一步完善"长江流域园区合作联盟"等创新合作机制，支持企业通过援建、托管、股份合作、招商合作等

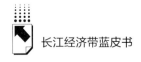

模式，建立沿江跨区域产业发展协作平台、跨区域产业联盟、跨区域科技合作平台。

3. 着力完善科技创新体制机制

坚持科技创新和制度创新"双轮驱动"，借鉴深圳等地的做法，成立科技创新委员会，加快形成全社会共同推进创新的合力。加大财政对基础研究的投入力度，确保基础研究有稳定的财政支持。健全科技成果高效转移转化机制，建立省级中试孵化母基金，完善中试保障和运行机制。健全科技成果转化收益合理分配机制，提高科研人员受益分享比例。完善科技评价机制，优化科技奖励项目，强化以质量、贡献、绩效为核心的评价导向，实行与不同类型科研活动规律相适应的分类评价制度，调动广大科技人员和创新主体的积极性、创造性。自主创新不是闭门造车，必须用开放的姿态，加快吸收国内外先进技术，要大力提升国际科技合作水平，推动国际知名院校和科研机构在长江沿线布局，建立健全促进产学研有效衔接、跨区域通力合作的体制机制，发挥协同联动的整体优势（可建立线上线下相结合的全流域人才流动与技术产权交易市场）。

（四）构建绿色引领发展模式

1. 产业"添绿"

因地制宜腾退旧动能，综合运用市场、法律、政策等手段推动传统产业绿色化改造，调整产业布局，促进新旧动能转换，形成与资源环境承载力相适应的绿色产业体系。一方面，优化产业空间布局，坚决减污扩容，统筹排放容量，为优质大项目腾出空间，充分发挥南京、武汉、重庆、成都等承载重要产业的作用，在多重目标中实现动态平衡。另一方面，推动绿色低碳循环发展，着力完善循环经济体系，大力发展环保产业、绿色技术、绿色金融，开展绿色创新企业培育行动，不断壮大节能环保、生物技术和新医药、新能源汽车等绿色战略性新兴产业规模。

2. 科技"强绿"

加强科技创新力度，整合科教优势资源，强化"产学研"融合，提升绿色科技成果转化率和利用率，形成绿色可持续发展的新动力源。比如，湖北武汉以科教资源优势助推创新发展，发挥武大、华科等高校和众多高新技术企业人才集聚优势，通过建立科技成果转化线上平台，实现新能源、新材料等绿色科技成果及时转化和应用，其经验可以供学习和借鉴。同时，发挥制造业企业在绿色技术创新中的主体作用，同时强化政府对制造业绿色技术创新的政策支撑作用。此外，可适时倡导市场绿色消费和公共绿色采购，激发企业绿色技术创新行为。

3. 金融"助绿"

将生态环境保护与环境污染治理理念融入货币市场、资本市场、外汇市场、黄金市场等子市场的经济活动，建立新型绿色贷款评价指标体系。对于资源节约型、环境保护型项目予以贷款优惠，对于合同能源管理、合同环境管理服务企业加大税收优惠力度，对于非资源节约型、环境破坏型项目实施不同程度的贷款限制。在这过程中，政府应发挥系统协调、政策引导、标准约束、公共研发等服务功能，提供良好的绿色技术创新环境。同时，应通过行业中介构建绿色标准评价与监督机制，督促制造业企业改善环境绩效。在此基础上，进一步倡导市场绿色消费和公共绿色采购，激发企业绿色技术创新行为。

（五）实施"壮企强企"工程

1. 大力培育"链主"领军企业

实施"百企引航"计划，围绕重点产业链，集中力量打造一批根植本土、具有品牌影响力和综合竞争力的引航企业。聚焦产业链终端产品特别是整机装备，发挥企业规模和市场运营优势，强化研发、设计、标准等领先能力，积极将全球知名供应商纳入产品供应链，重点支持通过并购、引进、参股等方式集聚高端要素，提升产业链垂直整合能力，力争涌现出一批技术引领型、市场主导型的"链主"企业，打造具有生态主导力和全球竞争力的世界一流企业。

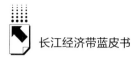
2. 积极培育行业"隐形冠军"

针对《工业"四基"发展目录》所列重点领域，实施"千企升级"行动计划，支持企业瞄准行业关键环节、关键领域，开展核心技术研发、工艺升级、产品迭代、模式创新，塑造技术和市场领先优势，坚守实业、做精主业、深耕专业，锻造更多"撒手锏"技术，努力成为国家制造业"单项冠军"和世界隐形冠军企业，并着力构筑独具特色的"独角兽"群栖地。

3. 着力培育专精特新"小巨人"

围绕提升产业基础能力、产业链现代化水平，坚持培优企业与做强产业相结合，大力支持长江经济带 11 省市中小微企业走专精特新发展之路。鼓励企业开展技术创新、产品创新、商业模式创新，在细分市场形成专业化、精细化、特色化的领先优势，成为产业链重要节点的"配套专家"。畅通企业梯级培育机制，推动成千上万家中小微企业成长为"小巨人"企业。

B.20
江苏长江经济带新旧动能转换
现状、问题和建议

刘向丽　王　刚　赵中星　刘伟良　张月友　方　瑾　陈　凤*

摘　要： 本报告重点梳理了长江经济带江苏段新旧动能转换的成效，剖析了新旧动能转换过程中存在的难点和堵点，在此基础上探索提出了加快推动新旧动能转换的路径及机制，以期对推动长江经济带高质量发展提供一定的参考和借鉴价值。

关键词： 长江经济带　新旧动能转换　高质量发展

　　十九届五中全会提出，"十四五"时期要乘势而上开启基本现代化新征程。"强富美高"新江苏建设、"六个高质量"发展为江苏从全面小康建设转向开启基本实现现代化新征程奠定了坚实基础。在新的起点上贯彻新发展理念、构建新发展格局，在现代化建设上走在前列，其关键就在于加快实现新旧动能转换。江苏地处长江下游和末梢，沿江经济、历史、文化与长江血脉相融。江苏实现新旧动能转换必须推动沿江地区新旧动能加快转换，不断提高长江经济带"含金量"和"含绿量"。

* 刘向丽，江苏省战略与发展研究中心产业经济研究所副所长，正高级经济师；王刚，江苏省战略与发展研究中心产业经济研究所副处长，副高级经济师；赵中星，江苏省战略与发展研究中心副高级经济师；刘伟良，江苏省战略与发展研究中心副主任，研究员；张月友，南京大学长江产经研究院研究员；方瑾，南京大学长江产经研究院博士研究生；陈凤，南京大学长江产经研究院助理研究员。

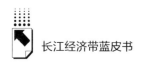
一 江苏长江经济带新旧动能转换现状分析

自长江大保护战略实施以来，江苏沿江各地深入贯彻习总书记关于推动长江经济带发展的重要指示，全面落实国家和省各项决策部署，坚持共抓大保护、不搞大开发，科学布局产业发展，统筹推进沿江生态修复和产业升级工作，新旧动能转换取得明显成效。

（一）产业结构更趋合理化、高级化

沿江八市在江苏经济发展全局中一直保持着举足轻重的地位，2019年，地区生产总值占全省的77.3%，人均GDP水平相当于高收入国家水平。自2015年新旧动能转换政策首次正式提出以来，沿江八市抢抓机遇，积极转变经济增长方式，经济结构战略性调整不断向纵深推进，产业结构逐渐向先进制造业、现代服务业和战略性新兴产业领域拓展和延伸，三次产业发展协调性显著增强，具体表现如下。

1. 服务业主导作用凸显

2019年，沿江八市三次产业增加值分别为1920.32亿元、35239.22亿元、39853.79亿元，占比分别达到2.5%、45.8%和51.7%。自2015年以来，连续五年实现第三产业比重超过第二产业，第三产业已经成为沿江地区经济增长的第一动力。在八市中，仅有镇江、泰州和南通服务业发展稍显落后。随着互联网技术的全方位渗透，服务业内部结构也不断优化。电子商务带动邮政快递业高速增长，分享经济带动交通、住宿、金融、餐饮、物流、教育、医疗等领域新发展。近几年，各市规模以上服务业大类行业中，互联网和相关服务业、商务服务业、软件和信息技术服务业等现代服务业发展迅速。例如，2019年，扬州市规上服务业中有10个行业收入超过10亿元，共实现营业收入417.45亿元，占规上服务业总营收比重为88.1%，其中商务服务业实现营业收入136.4亿元，同比增长13.9%，占规上服务业总营收比重为28.8%；专业技术服务业实现营业收入47.62亿元，同比增长

3.7%，占规上服务业总营收比重为10%。

2. 先进制造业加快崛起

2018年6月，省政府印发《关于加快培育先进制造业集群的指导意见》，重点打造13个先进制造业集群。2019年江苏战略性新兴产业、高新技术产业产值占规上工业产值比重分别达到32.8%和44.4%，高新技术企业达到2.4万家，百亿级大企业超过120家。新材料、新医药、新能源、软件、节能环保等产业产值位居全国第一，集成电路、物联网、生物医药、高端装备等领域产业层次实现了大幅跃升。2019年，无锡高技术制造业、装备制造业增加值分别占规上工业增加值的20.6%和54.4%，较2014年分别提高2.9个和3.7个百分点，培育发展战略性新兴产业成效明显，获得国务院通报激励。扬州先进制造业对全市规上工业总产值贡献率达75.3%。

沿江八市聚焦集群发展，从物联网到集成电路，从大医药健康产业到新能源汽车，海工装备和高技术船舶、高端装备、新型医疗器械等地标产业相继崛起。在2020年先进制造业集群竞赛的初赛中，江苏9个先进制造业集群入围，数量居全国首位。南京江北新区以高质量建设"两城一中心"为方向，聚力创新发展，崛起成为长三角创新策源地。常州"东方碳谷"作为新型碳材料先进制造业集群，2019年其产值约占全国信息碳材料总产值的15.3%，整体规模和技术水平均位居全国第一方阵，部分领域全球领先。泰连锡生物医药和新型医疗器械先进制造业集群产值约占全国总产值的10.9%。

3. 新产业保持良好发展势头

沿江八市把握数字化、网络化、智能化、融合化发展趋势，加快发展物联网、下一代信息网络、新型显示和新型电子元器件等战略性新兴产业，为新旧动能转换提供了重要动力。在新兴产业领域，江苏省涌现出徐工集团、国电南瑞、天合光能等一批龙头骨干企业和细分行业领军企业。高新技术企业总数突破1.1万家，新兴产业企业数量占比超过70%，全省120家超百亿元工业企业（集团）中新兴产业企业占比超过一半，其中，归属沿江八市的企业占绝大多数，成为推进战略性新兴产业发展的主要力量。南京市加

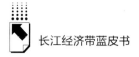

快打造新兴动能，在"四新"行动计划中，聚焦新一代数字经济、新医药与新健康产业、智能网联汽车、新型都市工业等，2020年新兴产业总规模超过4000亿元，为长江经济带高质量发展注入了强劲新动能。

（二）创新驱动取得明显进展

大众创业，万众创新。随着信息和通信、智能制造等新技术在经济社会领域的广泛渗透应用，沿江八市新产业、新动能发展态势稳中向好。

1. 大众创业热潮涌动

江苏省市场主体总数居全国第二，其中，沿江八市新登记市场主体总量和增速均连年攀升。江苏省2019年全年新登记市场主体184.08万户，创近几年新高，新增企业54.26万户，新增个体工商户129.45万户，市场主体总数达1042.84万户。其中，苏州市新增市场主体43.83万户，数量居全省第一；南京市新登记市场主体22.56万户；泰州新增市场主体8.4万户；南通新登记私营企业3.57万户，沿江各市投资创业热情持续高涨。新登记企业结构继续优化，制造业企业向好趋势明显，新登记企业继续保持"三二一"产业结构。沿江地区市场主体发展受新冠肺炎疫情冲击出现短期波动，但随着疫情防控形势持续向好，迅速恢复。一季度新登记市场主体33.6万户，同比下降10.8%；二季度增至67.3万户，同比增长45.2%，环比增长200%，迅速反弹。上半年，全省新登记市场主体日均5549户，同比增长19.9%。其中，南京市实有服务业市场主体131.58万户，相比上年增长3.49万户，增长2.9%。无锡新登记市场主体7万户，批发零售业，信息传输、软件和信息技术服务业，科学研究和技术服务业3个行业的体量居前，占所有新登记主体总数的62.16%。特别是信息传输、软件和信息技术服务业异军突起，新登记市场主体数量同比增长926.79%。另外，疫情倒逼医疗器械产业快速发展，卫生材料及医药用品制造业，医疗仪器设备及器械制造业，水利、环境和公共设施管理业，互联网和相关服务业表现亮眼，同比分别增长74倍、5倍、1.7倍、1.2倍。其中，无锡医用防护服、医用口罩、额温枪生产的医疗器械制造行业同比增长1028.57%。

2. 科技创新能力不断提升

一是企业更重视创新投入、技术研发。2019 年江苏发明专利申请量 17.2 万件，发明专利授权量 4.0 万件，企业专利申请量和授权量占总量的比重分别达 79.34% 和 79.35%，比 2018 年底分别提高了 6.44 个和 2.27 个百分点。其中，沿江八市发明专利申请量达 14.3 万件，发明专利授权量 3.5 万件。江苏万人发明专利拥有量达 30.16 件，同比增加 3.71 件。沿江八市万人发明专利拥有量达 38.5 件，高于全省平均水平。二是国家创新型城市创新能力排名位居前列。在国家首次公布的《国家创新型城市创新能力监测报告 2019》和《国家创新型城市创新能力评价报告 2019》中，江苏省表现优异。全省有 11 个设区市列入国家创新型城市，数量位居全国第一。在 72 个国家创新型城市创新能力排名中，沿江八市中南京、苏州、无锡、常州市位居前 20 名，分别为第 4、第 6、第 11、第 16 名；镇江、南通、扬州、泰州分别为第 21、第 30、第 33、第 36 名。其中，南京创新名城建设成效显著，2019 年，新增备案新型研发机构 102 家，累计备案 210 家，累计孵化引进科技企业 3000 多家；建成运营城市"硅巷"61.6 万平方米。拥有省级以上工程技术研究中心 403 家、新增 49 家，省级以上科技公共服务平台 85 家，省级以上重点实验室 89 家，其中国家重点实验室 29 家。全年培育引进 66 名科技顶尖专家、121 名创新型企业家、833 名高层次创业人才。三是创新成果丰硕。2019 年认定国家高新技术企业 3160 家、累计达 7052 家，认定瞪羚企业 361 家。5 家企业被认定为首批国家级专精特新企业，数量位居全省第一。成功创建国家先进功能纤维创新中心，成为全省第一个、全国唯一由民营企业成立并建设的国家级制造业创新中心。

3. 新产品、新经济迅速发展

一是沿江八市新产品开发效率持续提高，新产品产量持续增长，符合市场要求的创新型产品供给量增加。新型材料、新型交通运输设备、高端电子信息产品城市轨道车辆、光缆、太阳能电池、碳纤维及其复合材料等相关产品产量实现较快增长。航空航天设备、轨道交通设备、船舶和海洋工程设备等领域也涌现出很多战略性新产品，并已大量被投入使用。二是共享经济、平台经济等新模式发展迅速。共享经济逐渐渗透到生活领域，如交通、住宿、餐饮、物流、教育、医疗等，并带动相关产业快速发展；平台经济发展迅猛，如苏宁易购、途牛旅游网、365房产网等新兴平台交易额成倍增长。三是数字产业化进程加快。数字产业化是数字经济的先导力量，为各行业提供数字技术、产品和服务支撑。江苏数字产业已经具备高质量发展的基础。2019年，全省数字经济规模达到4万亿元左右，占GDP比重超40%，规模位居全国前列。其中，沿江八市电子信息产品制造业实现主营业务收入达2万亿元左右。南京软件产业从2000年左右开始起步，产业规模从数十亿元到2019年的5100亿元，规模位居全省第一、全国第四，建成首个"中国软件名城"。截至目前，苏州昆山超5000家企业依托数字技术，加速推进转型升级；拥有苏州市级以上智能车间122家，人工智能相关企业202家。

（三）转型升级稳步推进

传统产业与互联网、大数据、智能制造深度融合发展，采用先进技术再造生产流程和组织流程，推动数字化、网络化、智能化、高端化、柔性化、绿色化，重塑企业核心竞争力。

1.跨界融合积极推进

近些年来，互联网化工程推进项目对沿江八市大中型企业的设计数字化、装备智能化、生产过程自动化等互联网化转型升级支持力度加大，推动众多传统产业实现转型升级。企业自有商标和品牌数量快速增长，在产业链中地位显著提升，有些企业逐渐成为产业链主导企业。在服务业领域，线上线下深度融合，推动苏鲜生、盒马鲜生、超级物种等超市加餐饮新业态加速成长。在农业领域，"互联网＋"农业发展方兴未艾，休闲农业、乡村旅游、民宿经济"触网"后出现跳跃式增长，农村电商带动特色农业、品牌农业快速发展。传统产业加快转型使企业在市场供需基本饱和的情况下销量仍然能够逆势上扬，并保持较快增长速度。

2.制造业改造提升加快推动

沿江地区瞄准装备工艺改造、两化融合、服务型制造、产品质量提升等，加强政策引导，不断加快传统企业技术改造提升步伐。以现代化试点地区为例，江阴大力推动钢铁、纺织等传统产业改造提升，一批投资体量大、技术装备先进、经济效益显著的重点技改项目落地示范引领作用突出；积极发展新技术新模式，推动制造业服务化，已有两家企业获评国家级服务型制造示范企业；加快企业上云，推动互联网、物联网和云计算与工业深度融合，实现精益制造、柔性制造和敏捷制造。苏州工业园区积极推动"工业化＋信息化"深度融合，推动制造业向"制造＋研发＋服务"转型，制造工厂向企业总部转型，经认定的省级总部机构 39 家、占江苏省的 20%。南京江宁区积极推进秣陵工业园区改造升级，以智能互联产业为主导发展方向，打造一个集创意研发、工业设计、新媒体、智慧科技、互联网服务等行业于一体的都市时尚科技园区。

3. 经济发展"含绿量"不断增加

一是引导企业实施绿色化改造工程。沿江八市以化工、钢铁、建材、印染等传统行业为重点，促进企业开展能效提升、清洁生产、废弃物资源化等技术改造。二是加快构建绿色制造体系。沿江八市以推动全产业链和产品全生命周期绿色发展为目标，深入开展绿色工厂、绿色园区示范创建，强化梯次培育和典型引领，激发企业绿色发展内生动力。目前，南京已成功创建 6 家绿色示范工厂和 2 个绿色示范园区，打造了一批绿色产品和绿色供应链。无锡 15 家企业建成国家级绿色工厂，小天鹅洗衣机入选工信部能效之星产品名录，绿色供应链系统构建项目入围工信部 2018 年绿色制造示范项目名录。镇江已累计培育国家级绿色工厂 16 家、国家级绿色园区 1 家、市级绿色工厂 62 家。扬州市累计获得工信部认定的绿色园区 1 家、绿色工厂 8 家、绿色产品 5 项。

（四）改革开放步伐加快

坚持以改革促进破局，以开放搞活发展，不断推进更深层次改革和更高水平开放，优化新旧动能转换环境。

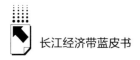
1. 坚定淘汰落后产能

结合长江经济带生态环境保护要求及产业发展情况，沿江八市加大对国家重大工业节能监察力度，深化工业企业资源利用绩效评价，对高耗能产业产能实施总量控制，严禁钢铁、水泥、电解铝、船舶等产能严重过剩行业扩能，严格控制长江中上游磷肥生产规模，做好减量置换，为新兴产业腾出发展空间。例如，自2017年以来，泰州完成省级淘汰印染2200万米低端低效产能，18项市级淘汰落后产能任务全部通过验收。近三年，无锡累计压减钢铁产能520万吨、水泥产能30万吨、印染产能1.35亿米、电镀产能3000吨、造纸产能3.4吨。扬州累计退出船舶产能290万载重吨，退出煤炭产能46万吨，淘汰铸造9万吨、纺织1万吨、铅蓄电池320万千伏安时、电线电缆5.2万千米。南京提前三年超额完成省、市政府下达的"十三五"期间水泥去产能目标任务，全面完成减铸造类企业整治任务，配合相关部门关闭船舶企业40余家，减少了140万吨船舶生产能力。2019年，完成17家企业低端低效产能的淘汰工作。

2. 破解"化工围江"困局

针对沿江区域化工围江问题，沿江各市先后出台了不同的化工行业安全环保整体提升方案和化工行业安全生产专项整治方案，统筹推动化工行业整治提升。江苏省委办公厅下发了《江苏省化工产业安全环保整治提升方案》，提出长江干支流两侧1公里范围内且在化工园区外的化工生产企业原则上2020年底前全部退出或搬迁，严禁在长江干支流1公里范围内新建、扩建化工园区和化工项目。近3年，江苏化工企业累计减少近4000家，沿江八市减少3000余家。同时，沿江八市加快谋划化工园区整体转型升级，对化工企业提出分类管理办法和改造提升方案，围绕产业链、供应链、创新链，推动化工新材料产业上下游配套发展，重点突出高性能碳纤维及复合材料、先进高分子材料、特种化学品和创新药等产业优势。

3. 加快打造对外开放高地

从共建"一带一路"到长江经济带发展，再到长三角区域一体化，处在国家战略"交汇点"上的江苏，以不断扩大开放的姿态，与各国增进交往，扩大合作。沿江地区更是进一步扩大开放领域，大力推进"一带一路"交汇点建设，加大对境外园区建设支持力度，促进中欧班列健康有序发展，推动海外金融平台建设，突出贸易畅通和资金融通，落实准入前国民待遇加负面清单管理制度，大幅放宽市场准入，逐步形成全方位、宽领域、多层次的开放新格局。2019 年，沿江八市进出口总额 40579.85 亿元，其中，苏州、无锡和南京居全省前三位。以先进制造业为主的战略性新兴产业实际使用外资占比提升。跨境电商进出口贸易快速发展，继苏州、南京、无锡、南通进行国家级跨境电商综合试验区探索取得成效后，沿江八市中又有常州跻身国家级跨境电商综合试验区行列，跨境电商产业链不断拉长、生态圈进一步拓展。

二 江苏长江经济带新旧动能转换面临的问题

在阶段性成效面前，我们也应清醒地认识到，江苏长江经济带新旧动能转换工作还任重道远。当前，江苏旧动能增长潜力减弱，新动能发展基础尚不稳固，新兴领域对经济增长的向上"拉力"仍不足以抵消传统领域对经济增长的下行"压力"，再加上宏观经济形势复杂严峻、经贸摩擦影响加深、受疫情等外部环境变化等不利因素的影响，新旧动能成功实现转换依然面临着困难和阻力。

（一）新旧动能接续转换有缺口

一是维持经济持续稳定增长的传统动能正在弱化。进入工业化中期以来，高速扩张并拉动江苏沿江地区经济快速发展的重化工业，如汽车、钢铁、机械、化工、建材等的增速出现明显下滑，纺织、通用设备、家电、机床等部分优势传统产业的竞争力弱化，因而，通过发展传统产业、增加要素投入和牺牲生态环境来实现经济规模扩张的空间大幅缩小。二是淘汰沿江落后产能任务仍然艰巨。化工、电力、建材、造纸等重化基础产业的沿江布局，对长江生态环境影响仍然较大，挤占了新动能发展空间。经过多轮化工

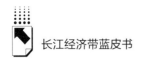
整治，现有园区外化工生产企业相关手续都比较完备，依法压减的难度越来越大，并且关停补偿成本较高，面临职工安置等诸多现实问题，同时，周边城市和邻近省份对开展化工项目兴趣不大，化工整治中的企业关停转移难度不断增加。三是新动能还未成为强大引擎。新技术、新产品、新业态、新模式快速涌现，新动能正处于从分散到聚合、从缓慢到快速成长的孕育期，有望带动经济转型升级的人工智能、5G、物联网、高端装备、生物、新能源、新能源汽车、新材料等新兴产业体量规模偏小，整体对外技术依存度较高，新动能还不能完全接续替代旧动能，经济仍面临较大的下行压力。

（二）基于需求变动的发展动能后劲不足

需求是经济发展的原生动能。长期以来，在"三驾马车"主导的需求管理范式下，各地区形成了高投资、高外贸依存度与低消费的需求动能结构。当前，受国际需求常态性萎缩、国内经济下行压力加大、投资边际收益递减的深度影响，江苏由高投资经济主导的需求侧动能正发生内在结构性变动，以粗放式投资、规模性出口和中低端消费为代表的需求动能发展后劲不足。从相关数据来看，虽然近年来沿江八市消费占 GDP 的比重有所提升，但其实质是以投资和出口额的相对下降为代价的。在当前强投资刺激的宏观政策被抑制、资源环境约束收紧、供需结构错位严重的大背景下，传统以高投放、高耗能、低产出、同质竞争为特点的粗放型投资难以为继，必须寻求以质量和效率为核心的需求侧新动能。

（三）创新要素对新旧动能转换的支撑不足

无论是新动能培育还是旧动能改造，都离不开人才、资金、科技等高端要素。从实践来看，高端要素支撑不足已经成为制约新旧动能转换的重大瓶颈。一是关键核心技术供给不足，技术创新对新旧动能转换的引领带动作用有待提升。新旧动能转换的核心和主动力是自主创新。但目前基础研究投入不足、高校和科研院所成果质量不高、关键核心技术受制于人的局面仍未根本改变，制约了新旧动能顺畅转换。此外，科技成果转化率偏低，科技成果转化不畅，影响了新旧动能转换进程。技术创新政策和市场支持政策结合的不够，重技术研发支持、轻市场政策配套，导致国内企业即使取得技术突破，也很难打开市场。二是金融体系存在结构性问题，金融支撑新旧动能转换的作用没有充分发挥。尽职免责的容错机制尚没有真正建立，银行等金融机构惜贷、拒贷现象普遍，导致新动能领域企业融资难、融资贵问题突出。金融体系不健全，间接融资占比过高，投资基金、证券、保险、融资担保等现代金融培育不足。部分政府引导基金过于注重资产保值增值和风险控制，实际投资项目少，专业化、市场化程度不够，初创公司面临的融资难问题依然没有得到有效解决。三是人力资源存在结构性供需矛盾，有利于人力资源充分发挥作用的体制性束缚较多。教育体制还不完善，难以培养出引领新旧动能转换的领军人才，高端人才和专业技能人才也较为缺乏。蓝领技术工人流动性较大，队伍稳定性差增加了企业用工成本。此外，数据等新生产要素集聚共享不足，数据开放和共享还面临诸多制约。数据等新型要素资源"动不起来"，成为制约新产业新技术发展和新旧动能转换的障碍。

（四）基础薄弱地区新旧动能转换缓慢

沿江各地区处于不同发展阶段，内部经济发展水平差异较大。苏南地区产业转型升级起步较早，吸引了知识、技术、信息、数据等要素大量集聚，新经济快速成长，新旧动能转换成效明显，一些地区基本已经摆脱产业结构转型的阵痛，进入新一轮良性发展轨道。而苏中地区扬州、泰州等传统产业占主导地位的地区，经济基础较为薄弱，难以吸引人才、技术等要素集聚，产业结构调整较慢，经济增长乏力，新旧动能转换缓慢，区域发展不平衡问题更为突出，具体表现为产业能级差距较大、科技创新水平不一、龙头骨干企业分布分散等。例如，全省13个先进制造业集群主要分布在苏南城市，南通等地区产业集群规模不大，物联网、新型显示产业领域的企业数量较少。

（五）体制机制障碍较为突出

不少新动能领域还沿用传统行业管理模式，在新动能的治理中还存在缺

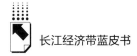

位、越位和不到位现象并存等诸多问题，有利于企业公平竞争的市场环境尚不完善。相关法律法规存在"真空地带"。比如，数据主权和资产、个人隐私保护等相关法律法规不健全，影响人工智能等新兴产业健康发展。干细胞领域法律法规不配套在一定程度上阻碍了干细胞基础研究和产业化。免疫治疗在临床应用过程中，缺乏严格的质量控制标准和完善的评估体系，阻碍了免疫细胞治疗技术的临床研究和产业化。一些地方政府对企业发展的干预过多过细，甚至干预企业发展方向和经营决策，导致一些优质企业不能专心主业做大做强。而在沿江化工产业转型升级过程中，对于化工项目审批仍然实行"一刀切"，坚持10亿元以上投资准入门槛，很多投资不足10亿元但属于鼓励发展类产品目录、科技含量高、附加值高、环境污染少、能耗少、产出效益好的项目被挡在门外，政策不到位影响产业转型升级。

三 江苏长江经济带新旧动能转换的建议

（一）坚持破旧立新，构建促进新旧动能转换的现代产业体系

1. "有中生新"，改造升级传统产业旧动能

传统产业是新旧动能转换的主战场。当前，随着经济的加快发展，产业间的传统界限日益模糊，交互融合成为现代产业发展的典型特征。推进传统产业新旧动能转换，应按照有保有压、有扶有控、差异化施力的基本原则，以市场为导向，以智慧化、融合化为转换方向，使旧动能源源不断转换成新动能。一是做好淘汰落后产能的"减法"，明确目标任务，加快淘汰钢铁、煤炭、水泥、电解铝、船舶、炼油、轮胎、化工等行业落后低效产能，加速产业体系的智能化、绿色化发展。二是瞄准支柱产业，全力提升产业体系的集约化、高端化水平，做好新旧动能转换的"乘法"。如以装备制造业为重点，大力推进网络化协同制造、服务型制造，建设一批智慧型制造业集群，推动制造业向智慧化、纵深化发展。三是立足传统产业优势，做好新旧动能转换的"加法"，如整合提升能源产业发展水平，建设一批国家级高端能源

基地。四是正确处理好保护与发展的关系，对保留企业要通过强化规划引领，促进提标升级，支撑绿色转型发展，切实考虑沿江1公里腾退区内相关企业的实际发展需求，做好规划服务，预留预控科技研发、总部办公、新兴无污染企业等相关用地，为产业转型升级创造空间。

2. "无中生有"，培育壮大新经济新动能

新经济是我国经济发展的"弱项"，是新旧动能转换的新战场。推进新经济增量扩容，为新旧动能转换注入"新血脉"，应深刻把握新一代信息技术革命及产业变革的规律和特点，立足省情市情，将新经济的"智慧产业化"发展与传统经济的"产业智慧化"改造需求相结合，深度挖掘新一代信息技术及产业对新旧动能转换的实践应用价值。一是聚焦智慧经济。大力发展大数据、云计算、移动互联网、物联网、智能制造等产业，着力培育一批世界领先、具备创新能力的工业软件大型企业，形成具备国际竞争力的产业集群，全力建设国际领先的工业互联网与科技云平台，支撑产业创新发展与智慧化改造。二是大力发展数字创意产业。以提升创新设计水平为重点，使设计创新成为制造业、服务业等领域的核心竞争力，布局建设一批高端、优质行业设计平台，发挥平台产业集聚与带动作用。三是积极发展分享经济。以可高效利用的共享设备和设施资源为依托，利用新一代信息技术推进生产能力、创新资源与生活服务的共享，推动经济发展成果共生共享。

（二）优化内外拉力，培育新旧动能转换的高质量内需体系

1. 激发消费新需求，挖掘新旧动能转换内需拉力

新旧动能转换既要注重供给侧，也要注重需求侧，消费是经济发展的主引擎，供需之间只有形成真正的循环，才能形成新动能，变成增长动力。当前，由科技赋能和消费需求升级共同驱动的新型消费始终保持快速增长态势。突如其来的新冠肺炎疫情，进一步凸显了新型消费发展的潜力。为此，沿江八市要立足当前、着眼长远，补齐新型消费发展短板，有效释放内需潜力，增强经济发展新动能。对照国务院办公厅出台的《关于以新业态新模式引领新型消费加快发展的意见》，激发消费新需求。

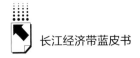

着力培育壮大各类消费新业态新模式。有序发展在线教育，积极发展互联网健康医疗服务，鼓励发展智慧旅游，大力发展智能体育，创新无接触式消费模式。推动线上线下融合、消费双向提速，支持互联网平台企业向线下延伸拓展，引导实体企业创新数字化产品和服务。加快新型消费基础设施和服务保障能力建设。加强信息网络基础设施建设，加大5G网络、物联网等新型基础设施建设力度，优先覆盖核心商圈、重点产业园区、重要交道枢纽、主要应用场景等。完善商贸流通基础设施网络。大力推动智能化技术集成创新应用。安全有序推进数据商用，更好地为企业提供算力资源支持和优惠服务。规划建设新型消费网络节点，着力建设辐射带动能力强、资源整合有优势的区域消费中心。

2. 加强对外开放，重塑新旧动能转换外需动力

随着对外开放的深入，尤其是"一带一路"建设的纵深推进，沿江地区提升外贸质量、挖掘外需动能面临重大机遇。沿江地区应积极发展对外经济，鼓励企业依托新型消费拓展国际市场。推动电子商务、数字服务等企业"走出去"，加快建设国际寄递物流服务体系，统筹推进国际物流供应链建设，开拓国际市场特别是"一带一路"沿线业务，培育一批具有全球资源配置能力的国际一流平台企业和物流供应链企业。充分依托新型消费带动传统商品市场拓展对外贸易，促进区域产业集聚。创新外贸模式，优化外贸结构。推进国家级、省级跨境电商综合试验区建设。实现大中小企业齐头并进，大企业要融入全球供应链、产业链、价值链，小企业要聚焦主业，朝高精尖方向发展。加快服务贸易创新，实现服务贸易的大发展，促进货物贸易与服务贸易的结构优化。大力支持自主品牌培育。打造面向海外推广民族品牌的线上公共服务平台，支持品牌企业开展境外商标注册、技术标准认证、专利申请与境外品牌兼并收购，提升品牌的国际运营能力。

3. 扩大有效投资，释放经济运行动能活力

持续促进民间投资发展壮大。加强投资项目在线审批服务，推进投资体制改革试点。降低投资门槛，破除民间资本进入重点领域的隐性障碍，放宽市场准入。规范有序推广PPP模式。鼓励民间资本重点投入国家"两新一

重"及补短板领域项目。高度重视新基建对产业的推动作用。围绕 5G、人工智能、工业互联网、数据中心、物联网等领域，研究出台新基建产业发展实施方案。拓展深化新基建产业端应用，谋划推动"互联网 + 先进制造业"和"互联网 + 现代服务业"重点项目，扩大新产业新业态投资。依托新基建加快传统产业数字化、智能化改造提升。超前谋划重大项目。找准产业、区位和资源优势的结合点，围绕基础产业、民生工程等重点领域，谋划、创造一批全局性、关键性的重大项目。

（三）聚焦创新驱动，打造新旧动能转换的内生动力体系

1. 培育创新主体，打造新旧动能转换智慧引擎

实现创新驱动，培育创新主体，增强创新能力。首先，要把人才资源开发放在创新驱动最优先的位置，改革人才培养、引进、使用等机制，大力培养和引进重点产业紧缺专业人才，努力造就一批世界级科技领军人才和高水平创新团队。在用好人才存量的同时，注重人才引进，变"招商引资"为"招商引智"。鼓励高等院校、科研院所和创新团队大胆创新创业，形成推动创新创业的人才高地。其次，强化企业的创新主体地位，着力培育壮大科技型中小企业、高新技术企业，特别是在优势产业领域培育一批全球并跑型、领跑型龙头骨干企业。再次，不断完善重点实验室、工程技术研究中心、企业技术中心等创新平台建设和运行机制，推动跨市协同创新平台建设。增加创新投入，强化基础研究和应用研究，增强核心基础零部件、先进基础工艺、关键基础材料和产业技术基础等工业基础创新能力。

2. 优化创新环境，厚植创新生态土壤

健全创新驱动投融资渠道。支持创新金融产品，建设涵盖创新创业投资、银行间交易、区域性股权以及"互联网 + 金融"等的多层次多元化创新融资体系。围绕对加快新旧动能接续转换具有重大支撑作用的项目，政府财政科技资金择优给予配套政策支持，完善科技成果转化贷款风险补偿机制，构建覆盖面广的科技金融风险保障机制。优化创新驱动管理服务环境。以大企业创新平台、行业创新平台、园区创新平台和区域创新平台建设为主

要抓手，重点打造平等开放、分类共享的基础性、共性、关键性公共创新平台服务体系，提高各级创新综合服务能力。通过省域统筹和市域合作实现沿江各市科技企业孵化器、公共技术服务平台等科技创新载体的协调发展。与此同时，在高端创新人才引进与发展、创新资金使用、知识产权保护等方面，聚焦资源与政策，营造良好的创新创业环境。

3. 突破关键核心技术，推动产业链向价值链高端攀升

支持企业间协同突破产业链"卡脖子"核心技术、关键环节。鼓励产业链上中下游企业共同组建联合创新实验室等研发机构，探索协同攻关新模式。支持企业围绕"高精尖"产业领域，建设海外创新平台，联合境外企业、国际知名大学和研究机构开展国际合作研发。鼓励采取委托研发等合作方式实现上海、北京等地区创新资源的协同利用。降低技术对外依存度。培育具有市场优势和技术优势的本土跨国公司成为产业链链主，增强对产业链的把控。鼓励龙头企业牵头成立产业链联盟，参与并积极主导国家、国际标准制定修订。强化生产性服务业关键支撑，推动产业链向研发、设计、定制化生产、品牌运营、远程运维服务等高附加值环节拓展。

（四）树立一盘棋思想，在新旧动能转换中形成区域协调发展格局

1. 加快推进省内全域一体化发展

沿江地区要瞄准世界级城市群的目标，实现协调发展。要在规划定位、发展要素上实现两岸融合，强化产业融合、要素自由流动，完善相关体制机制。沿江八市可通过共建园区实现融合发展，园区可跨江建设。以苏南国家自主创新示范区为依托，推动产业链和创新链双向融合，促进先进制造业集群、现代服务业集聚。以长江两岸高铁环线和过江通道为纽带，构建沿江跨江综合立体交通体系，加强两地对接。发挥南京等沿江特大城市在沿江城市群中的辐射作用，带动产业上下游向周边地区延伸，在科教资源的释放上，要辐射周边地区。沿江城市打造升级版"飞地经济"，苏南一部分县市区与江北建设合作园区，推动产业融合、优势互补、发展共赢。

2. 积极融入长江经济带、长三角一体化等国家战略

全面融入长江经济带与长三角区域一体化发展战略，深入践行开放合作、共治共建共享共赢新理念，打造对内对外开放新走廊，形成更合理分工、更强大合力，构建国内循环为主、国内循环国际循环相互促进的发展格局。江苏要主动服务和支持上海发挥龙头作用，加强同浙江的两翼联动，更好辐射和带动安徽发展，在促进长三角更高质量一体化发展中发挥积极作用，推动长江经济带的协同联动发展。做好与长三角一体化顶层规划的衔接工作，紧紧围绕六个一体化，贯彻落实《〈长江三角洲区域一体化发展规划纲要〉江苏实施方案》。加快都市圈联动发展，以宁镇扬一体化为先导，推动芜湖、马鞍山、滁州、宣城深度融入南京都市圈，苏、锡、常、通融入上海大都市圈。规划建设沪苏通跨江融合试验区，打造上海大都市区北翼门户，推进锡、常、泰跨江融合，打造临江先进制造业基地。加快推进沿沪宁合产业创新带建设，打造"产业＋科创"发展示范带。推动长三角基础设施的互联互通，促进公共服务和信息资源开放共享，通过创新要素跨区域交流融合与高效配置，与 G60 科创走廊形成有效呼应，与上海张江、合芜蚌、杭州、宁波等国家自主创新示范区联动发展，合力打造长三角科技创新共同体。抓紧谋划一批带动性、关联性强的重大项目，不断拓展长三角地区间、长江经济带省市间合作的广度和深度，加快把国家重大战略转化为江苏发展优势。

（五）深化推进体制机制改革，破除新旧动能转换障碍

1. 夯实市场经济的制度基础

充分发挥市场在资源配置中的决定性作用。完善产权保护制度，依法保护企业家财产权、创新权益和自主经营权，激发市场主体活力。强化公平竞争审查。全面实施市场准入负面清单制度，实现清单之外所有市场主体"非禁即入"，全力推进对内开放。清理废除妨碍统一市场和公平竞争的各种规定和做法，破除"玻璃门""弹簧门"，鼓励支持民营企业发展。完善市场经济监督制度和监管机制，创新柔性、灵活的市场监管模式，探索符合新经济发展规律的审慎监管方式。

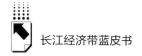
2. 推进要素资源高效配置

加快省内全域一体化，推进长三角区域一体化，推动长江经济带区域间协同联动，实现更合理分工，形成更强大合力，促进经济高质量发展。协调推进宁镇扬一体化、常泰联动、苏锡常一体化，以及江淮生态经济区、沿海发展带、淮海经济区发展。开展土地指标跨区域交易试点，推进跨区域补充耕地和城乡建设用地增减挂钩节余指标交易。扩大资本尤其是民间资本的准入范围，激发企业投资积极性。进一步放松户籍等管制，畅通劳动力和各类人才的社会性流动渠道，引导劳动力要素合理、畅通、有序流动。深化国际科技交流合作，推动技术要素流动。优化政府数据采集、脱敏和公开的开放机制，构建"共建、共享、共治"的数据政策法规环境。

3. 推动政府治理能力法治化、精细化

进一步处理好政府和市场之间的关系，加强权力清单管理，减少对微观市场主体的干预。进一步深化简政放权，打破行政隐性边界。健全重点领域法规制度体系，深化综合行政执法改革，建设法治政府。加强省级层面对长江经济带高质量发展的统筹协调，探索建立跨区域财税分享机制和利益分配机制，构建跨区域合作长效机制。完善营商环境配套制度，构建市场化、法治化、国际化营商环境。综合运用经济、政治、法律等手段，结合大数据、云计算等现代信息技术，坚持标本兼治、分类施策，避免简单粗暴的"一刀切"，提升政府治理能力的精细化程度。

B.21
长江经济带重点产业布局现状、
问题与优化建议

尚勇敏　王振　张美星*

摘　要：　产业空间布局是长江经济带国土空间规划的重要组成部分，
　　　　　也是实现长江经济带高质量发展的关键。本报告通过分析电
　　　　　子信息、装备制造等九个重点产业空间布局特征，总结长江
　　　　　经济带产业空间布局面临的问题，提出优化长江经济带产业
　　　　　空间布局的对策建议，包括促进上中下游城市群分工协作、
　　　　　引导重化工业合理布局、推动都市圈产业创新转型、打造特
　　　　　色产业集群、壮大县域经济等。

关键词：　产业布局优化　高质量发展　长江经济带

长江经济带在我国区域发展格局中具有极其重要的地位和作用，是我国纵深最长、覆盖面最广、影响最大的黄金经济带，是事关国家可持续发展的重要生态安全屏障，更是推动我国形成优势互补、高质量发展的先行区域。按照"共抓大保护、不搞大开发"原则，长江经济带这些年积极开展环境整治和结构调整，取得了非常显著的成效。但面向未来，按照高质量发展和构建新发展格局的要求，实现生态优先绿色发展，建设具有全球影响力的黄金经济带，仍然还在攻坚克难的路上。

---

* 尚勇敏，上海社会科学院生态与可持续发展研究所副研究员；王振，上海社会科学院副院长，研究员；张美星，上海社会科学院信息研究所助理研究员。

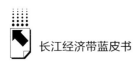

产业空间布局是长江经济带国土空间规划的重要组成部分。本报告将着重研究重点产业在长江经济带的空间布局状况，并以贯彻落实五大新发展理念和率先构建新发展格局为指导思想，梳理产业空间布局面临的问题，提出优化长江经济带产业空间布局的建议。

一 长江经济带重点产业发展与空间现状

（一）长江经济带产业总体发展情况

长江经济带覆盖九省两市，面积约 205 万平方公里，占全国的 21%，人口占全国的 43%，2019 年长江经济带经济总量和规模以上工业企业主营业务收入均约占全国的 46%，进出口总额、地方财政收入分别占全国的43%、24%，产业综合实力较强，其中，装备制造、医药制造、汽车制造、纺织服装、非金属制品、金属冶炼等产业发展水平在全国均居于领先地位。

表 1 长江经济带重点产业主营业务收入及其全国占比

单位：亿元，%

重点产业	全国	长江经济带	占比
电子信息	105966.2	46018.2	43.43
装备制造	129491.2	74100.2	57.22
石油化工	148861.1	61877.6	41.57
金属冶炼	114003.1	44241.1	38.81
纺织服装	44348.9	22358.7	50.42
汽车制造	80484.6	40724.0	50.60
食品加工	65611.3	25134.4	38.31
医药制造	23986.3	12166.1	50.72
非金属制品	48445.8	23812.4	49.15

资料来源：《中国统计年鉴2019》及各省市2019年统计年鉴。

（二）长江经济带重点产业空间布局情况

电子信息产业方面，长江经济带电子信息产业规模较大，其中江苏、上海、四川、重庆规模居前四位，占长江经济带的近70%。苏州、上海、重庆、成都、无锡、杭州、武汉、合肥、南京、南昌等城市电子信息产业规模位居前列。

装备制造业方面，长江经济带装备制造业主要分布在江苏、浙江、上海，三省市装备制造业规模以上工业企业主营业务收入约占长江经济带的60%以上。上海、苏州、无锡、宁波、南通、常州、长沙、杭州、重庆、合肥等城市装备制造业规模居前10位。

石化产业方面，长江经济带石化产业高度集聚在江苏、浙江、上海三省市，产业规模约占长江经济带的63%。上海、苏州、宁波、南京、杭州、无锡、嘉兴、南通、绍兴、常州石化产业规模居前10位，且均位于江浙沪沿江或沿海地区。

金属冶炼产业方面，长江经济带黑色金属冶炼和有色金属冶炼资源禀赋条件较好，产业规模较大，其中江苏、江西、安徽居前三位，占长江经济带的55.2%。苏州、鹰潭、无锡、铜陵、常州、上海、昆明、武汉、马鞍山、宁波金属冶炼产业规模居前10位。

纺织服装产业方面，长江经济带纺织服装产业规模占据全国半壁江山，其中江苏、浙江两省纺织服装产业规模占长江经济带的61.7%，是长江经济带纺织服装产业主要集中地。苏州、南通、嘉兴、无锡、绍兴、宁波、杭州、九江、常州、上海纺织服装产业规模居前10位。

汽车制造产业方面，长江经济带汽车制造产业实力较强，上海、江苏、湖北产业规模居前三位，三者汽车制造产业规模以上工业企业主营业务收入分别占长江经济带的20.2%、18.1%和16.6%。上海、重庆、武汉、宁波、成都、苏州、南京、襄阳、十堰、南昌汽车制造产业规模居前10位。

食品加工产业方面，长江经济带食品加工产业规模约占全国的38.31%，其中湖南、江苏、湖北产业规模居前三位，分别占长江经济带的19.2%、17.1%和15.8%。上海、重庆、岳阳、荆门、南昌、襄阳、徐州、成都、长沙、苏州食品加工产业规模居前10位。

医药制造产业方面，长江经济带医药制造产业规模以上工业企业主营业

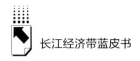
务收入约占全国的 50.72%，其中，江苏产业规模居首位，占长江经济带的 27.4%，其次是四川、浙江，分别占 12.0%、11.2%。泰州、上海、连云港、成都、重庆、杭州、长沙、武汉、南通、台州医药制造产业规模以上工业企业主营业务收入居前 10 位。

非金属制品产业方面，长江经济带非金属制品产业规模占据全国近半壁江山，约为 49.15%，其中，江苏、湖南、四川居前三位，三者占长江经济带的 43.4%。重庆、株洲、上海、宜春、九江、成都、苏州、杭州、南通、长沙非金属制品产业规模以上工业企业主营业务收入位居前 10 位。

（三）长江经济带重点产业空间布局情况

长江经济带是我国重要的战略性新兴产业基地，高端装备制造、新一代信息技术、节能环保、现代生物、新材料、新能源、新能源汽车等战略性新兴产业规模较大。其中，新一代信息技术产业主要分布在江苏、上海、浙江、湖北四省市，现代生物产业主要分布在浙江、江苏、上海、湖北，高端装备制造业主要分布在江苏、上海、湖北、湖南、浙江等省市，新材料产业主要分布在江苏、上海、浙江、云南等省市，浙江、江苏两省的节能环保产业发展水平遥遥领先，上海、江苏、浙江的新能源汽车产业占据重要地位，江苏、浙江新能源产业规模领先。总体上，长江经济带战略性新兴产业仍然高度集聚于上海、江苏、浙江两省一市，以及湖北、湖南等中西部省市的少数经济发达城市，产业链、创新链、供应链呈现集聚现象。

二　长江经济带产业空间布局面临的问题

（一）"三高"产业布局方向与资源环境承载力不匹配

长江经济带产业空间布局的重要底线是合理控制开发强度，将开发活动限制在资源环境承载能力之内，但当前依靠土地占用和资本投入增量扩张的发展模式仍然占主导地位。从资源环境承载力看，长江经济带下游城市承载力明显高于中游和上游城市，而中西部地区城市因环境治理能力不足、生态系统较脆弱等原因，资源环境承载力普遍超载，尤其是西部山地高原地区，不管是环境脆弱性、农业生产能力、水资源适宜度等指数还是交通便捷化指数，都远落后于东部地区和中西部城市群地区，这也是类似于"胡焕庸线"一样难以被打破的规律。

从产业布局现状看，石化等耗水、高排放型产业在中部地区仍有大量分布，尤其是近年来长江经济带中上游地区化工、冶炼、纺织等高污染、高耗能、高耗水产业呈现增长趋势，如 2010～2019 年，下游省市水泥、钢材、布、初级形态的塑料产量（截至 2018 年）分别下降了 4.81 个、2.44 个、4.66 个、4.50 个百分点，而上游省市则分别增加了 5.44 个、3.76 个、-1.64 个、3.44 个百分点，上游省市农用氮磷钾化肥产量则增加了 6.99 个百分点。尽管中西部地区水资源较丰富，但水环境容量不足，长江经济带水环境质量较差的区域也主要分布在长江上游支流，如长江经济带上游、中游、下游城市的考核断面水环境质量平均分别为 3.12、3.12、2.98，[①]说明上游地区水环境压力更大。

从污染物排放量看，2010～2018 年，长江经济带下游省市二氧化硫、废水排放量占比分别从 52.80%、32.39%下降至 46.93%、26.67%，而上游省市则从 20.50%、43.16%增长至 28.28%、55.58%。上游省市技术水平、环境治理能力相对较低，如 2018 年上、中、下游省市建成区排水管道密度分别为 9.48 公里/平方公里、9.37 公里/平方公里和 14.62 公里/平方公里，污水处理率分别为 96.07%、95.72% 和 95.45%，[②] 这不仅造成了污染排放的转移，还导致长江经济带污染排放总量增加，如 2010～2018 年，长江经济带废水排放量增加了 18.47%，增幅高于全国平均水平 13.34%。

可见，在资源环境承载力较弱的上游地区，仍然布局了相当量的"三高"产业，与"以水定城、以水定地、以水定人、以水定产"等依据资源

---

① 考核断面水质为Ⅰ～Ⅴ类，分别赋值为 1～5，值越小反映水质越好。
② 资料来源于《中国城乡建设统计年鉴 2018》，统计口径为城市（不含县、乡镇）。

环境承载力进行产业科学合理布局的理念不一致，有必要坚守长江经济带各省市资源环境承载力底线，促进产业布局优化。

表2　长江经济带"三高"产业主要产品及污染物排放比重变化

单位：%

指标		长江下游省市	长江中游省市	长江上游省市
水泥产量	2019 年	36.21	26.82	36.98
	2010 年	41.02	27.44	31.54
钢材产量	2019 年	57.87	23.04	19.09
	2010 年	60.31	24.35	15.33
布产量	2019 年	73.72	20.45	5.82
	2010 年	78.38	14.16	7.46
农用氮磷钾化肥产量	2019 年	21.92	27.60	50.48
	2010 年	16.73	39.78	43.49
初级形态的塑料产量	2018 年	79.59	9.31	11.11
	2010 年	84.09	8.24	7.67
二氧化硫排放量	2018 年	46.93	24.79	28.28
	2010 年	52.80	26.70	20.50
废水排放量	2018 年	26.67	17.76	55.58
	2010 年	32.29	24.55	43.16

资料来源：国家统计局数据库。

表3　长江经济带上中下游城市资源环境承载力水平

区域	经济社会承载力	资源承载力	环境承载力	资源环境承载力
长江经济带下游城市	1.007	1.040	1.008	1.022
长江经济带中游城市	0.865	1.069	0.956	0.957
长江经济带上游城市	0.781	1.157	0.900	0.927

（二）污染型项目整治形势仍较严峻，沿江污染趋势未根本扭转

长期以来，长江经济带化工企业沿江集中布局，以致形成"重化工围江"的局面，长江流域生态环境风险"红灯"频现，与临江临河工矿企业（化工厂、造纸厂、印染厂、采矿厂、砂石厂等）污染有着直接关系。尽管近年来各省市积极推进沿江重化工企业关停、搬迁和整改，取得了一些成

效，但长江岸线治理修复仍有薄弱环节，沿江重化工业风险仍然较大，如2020年5月，中央第四生态环境保护督察组向重庆市反馈督察情况指出，部分地方违规建设港口码头，侵占破坏岸线，长江、乌江涪陵段共有7个违规码头，仍有部分新增化工项目选址位于长江干流1公里范围内，部分企业违规堆存工业固体废弃物导致污染排放入江。

从污染型产业分布看，2018年长江经济带25个沿长江干流城市纺织服装、造纸、石化、金属冶炼和压延加工四大产业分别占长江经济带的45.6%、43.9%、50.2%、48.7%，不仅高于其工业增加值占比，也高于76个非沿江城市和11个沿海城市的占比，这也导致了长江经济带污染集聚，如2018年25个沿江城市废水达到23.4亿吨，高于75个非沿江城市的总和（21.6万吨），也高于沿海城市排放量，长江干流沿江城市仍然是污染物的主要排放源。

同时，长江经济带岸线资源无序利用较严重，岸线开发利用效率低，且运输管理不合理，沿江港口密集分布，且腹地资源、货物资源、岸线资源的同质化竞争严重。在岸线开发上，地方政府考虑的是"布局更多的项目和产业园"，如2018年长江经济带110个地级以上城市仅石化、医药行业规模以上企业数量合计就超过25000家（约占企业总数的14.70%），生产和运输的危化品多达250多个，尤其是江苏、浙江、重庆等涉危险化学品企业数量最多，重化工围江现象依然未得到明显改变。

表4　长江经济带不同类型城市污染产业分布与废水排放情况

项目	沿江城市	非沿江城市	沿海城市	沿江城市占比（%）	非沿江城市占比（%）	沿海城市占比（%）
纺织服装产业（亿元）	13398.1	11247.9	9096.8	45.6	38.3	31.0
造纸业（亿元）	2671.6	2504.9	1716.4	43.9	41.1	28.2
石化产业（亿元）	31084.7	20709.7	20639.1	50.2	33.4	33.3
金属冶炼和压延加工业（亿元）	21712.4	19441.7	6570.9	48.7	43.6	14.7
工业增加值（亿元）	73561.9	77328.0	30433.2	43.6	45.9	18.1
废水排放量（亿吨）	23.4	21.6	15.0	44.0	40.6	28.1

注：长江经济带沿江城市25个、非沿江城市76个，沿海城市11个，上海和南通同时计入沿江城市和沿海城市，使三类城市产业比重之和大于100%。

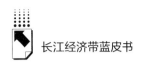

（三）大城市中低端产业偏多与中小城市承载优势未充分发挥不匹配

由于大中小城市在城市体系中的职能定位不同，其在产业选择上也应有所差异，然而长江经济带34个特大和大城市一般加工制造业仍然占据较大比重，约占长江经济带的53.93%，高于常住人口占比48.70%，大城市承载了过多超出其核心功能的中低端产业。其中，特大和大城市的烟草制品（74.7%）、文教工美体育和娱乐用品制造（64.0%）、印刷和记录媒介复制（61.8%）、酒饮料和精制茶制造（59.8%）、纺织服装服饰（59.7%）、纺织（57.6%）、造纸和纸制品（56.3%）、家具制造（55.7%）等产业占比位居前列。这些产业大多是技术含量相对较低、劳动力密集型的产业，中小城市在这些产业上具有较大的成本优势，如中小城市常住人口约占长江经济带的51.3%，其平均工资约7万元、平均房价6200~7300元/米^2，均远低于特大和大城市。而中小城市产业承接相对不足，大中小城市间未能形成具有合理地缘经济关系和形成紧密联系的城市产业分工体系，需要在满足大城市基本功能基础上适度将中低端产业向周边中小城市疏解，促进大城市朝着规模化、小城市朝着专业化方向发展。

表5　长江经济带一般加工制造业和产业发展成本环境

城市类型	一般加工制造业产值（亿元）	一般加工制造业占比（%）	平均工资（元）	平均房价（元/米^2）	常住人口（万人）
特大城市	11561.8	13.26	102431	24635	9021
大城市	35468.7	40.67	80967	10768	17462
中等城市	25627.1	29.39	68666	7264	15562
小城市	14547.0	16.68	71944	6246	12336

注：①一般加工制造业指《2017年国民经济行业分类（GB/T 4754—2017）》中的13~24；②城市等级划分依据《关于调整城市规模划分标准的通知》，城区常住人口50万以下的城市为小城市，城区常住人口50万以上100万以下的城市为中等城市，城区常住人口100万以上500万以下的城市为大城市，城区常住人口500万以上1000万以下的城市为特大城市。

表6 长江经济带不同类型城市一般加工制造业占比

单位：%

产业	特大城市	大城市	中等城市	小城市	大城市合计
农副食品加工业	10.9	31.0	36.8	21.3	41.9
食品制造业	24.6	26.6	31.9	17.0	51.1
酒、饮料和精制茶制造业	9.4	50.4	25.4	14.8	59.8
烟草制品业	40.3	34.4	16.7	8.6	74.7
纺织业	3.0	54.6	26.7	15.7	57.6
纺织服装、服饰业	9.7	50.0	26.0	14.2	59.7
皮革、毛皮、羽毛及其制品和制鞋业	10.4	37.1	30.3	22.2	47.5
木材加工和木、竹、藤、棕、草制品业	7.4	20.3	47.3	25.0	27.7
家具制造业	19.9	35.8	26.9	17.4	55.7
造纸和纸制品业	14.1	42.2	27.6	16.0	56.4
印刷和记录媒介复制业	18.9	42.9	26.0	12.2	61.8
文教、工美、体育和娱乐用品制造业	16.3	47.7	24.5	11.4	64.1

（四）产业布局与优势区域承载力空间未得到有效发挥不相匹配

产业布局优化的重要目标是促进形成优势互补、高质量发展的区域经济格局。经过改革开放40多年的发展，我国经济发展的空间结构发生了深刻的变化，中心城市和城市群正在成为承载发展要素的主要空间形式和载体。研究发现，长江经济带国家级和区域性中心城市资源环境承载力仍有较大的提升空间，一般城市总体上处于超载状态，当前中心城市资源环境承载空间未得到有效开发。而当前产业布局强调向中西部地区转移、向大都市周边地区疏解等，但这通常仅考虑成本、市场条件等，对资源环境承载力、产业比较优势、产业发展总体效率的考虑相对欠缺，产业布局与资源环境承载力和产业比较优势相矛盾。

首先，经济发展水平较高的地区建设条件往往较好，如2016年东部省市建设用地比重达16.32%，中、西部地区分别仅为8.13%和6.40%，尤其是沿海造陆将为生产活动提供更多的土地资源，江苏省2000～2018年增加了4600平方公里的土地面积，东部地区不管是建设用地挖潜还是新增土地面积，都有助于为产业发展提供更多的土地资源。其次，中心城市或城市群基础设施、科技水平、公共服务等普遍高于一般城市，资源环境承载力挖潜空间较大，也有利于承载更多的人口、产业活动。再次，人口和各类生产要素向城市集聚成为普遍规律，而中心城市的要素配置效率相对更高，研究发现长江经济带国家级和区域性中心城市九大重点产业比较优势均高于区域性次中心城市和一般城市，如果产业布局于中心城市也将有助于提升长江经济带产业发展水平以及长江经济带世界级产业集群的国际竞争力。

表7　长江经济带不同类型城市资源环境承载力水平

城市类型	经济社会承载力	资源承载力	环境承载力	资源环境承载力
国家级中心城市	1.262	1.049	1.190	1.208
区域性中心城市	1.148	0.997	1.153	1.135
区域性次中心城市	1.031	1.047	1.041	1.048
一般城市	0.837	1.112	0.953	0.963

资料来源：课题组评价所得。

表8　长江经济带不同类型城市产业比较优势度指数

产业	国家级中心城市	区域性中心城市	区域性次中心城市	一般城市
电子信息	0.414	0.322	0.234	0.226
装备制造	0.437	0.389	0.309	0.272
石化	0.425	0.342	0.264	0.238
金属冶炼	0.345	0.329	0.250	0.209
纺织服装	0.358	0.346	0.295	0.271
汽车	0.452	0.321	0.252	0.222
食品加工	0.427	0.347	0.275	0.262
医药制造	0.408	0.304	0.255	0.228
非金属制品	0.439	0.341	0.307	0.274

资料来源：课题组评价所得。

（五）中心城市创新策源能力不强与创新型产业分散不匹配

长江经济带产业布局优化的重要动能是科技创新。创新要素在地理空间上倾向于集聚或毗邻在大城市或城市群，这有利于产生更大的经济效益。《2019 全球科技创新策源城市分析报告》显示，2012～2017 年，全球 20 座城市以占全球不到2.5%的人口，为全球高水平科技创新直接做出了27.3%的贡献，主导和参与的科技成果数量占全球的63.8%。长江经济带11个直辖市或省会城市集聚了42.37%的研发人员、56.79%的高校，产生了37.83%的专利授权量，以及52.36%的发明专利授权量，但创新能级依然相对较弱，尤其是创新策源力相对较低，如全球PCT专利授权前50城市中，上海（11）、杭州（27）、苏州（49）上榜，但PCT专利数分别仅为13347件、4832件和2627件，与东京—横滨（113244件）、首尔（40817件）、圣何塞—旧金山（39748件）等相比差距较大，甚至远低于深圳—香港—广州（72259件）。

从国外经验看，世界级产业集群和创新集群的形成均依赖研发与生产的协同，如硅谷形成"产—学—城"紧密结合的空间布局，东京都市圈几大产业带均是制造业与研发功能并存，而纽约湾区墨瑟－米德尔赛克斯－尤宁研发与生产的脱节导致其创新能级跌落。习近平总书记提出，要"围绕产业链部署创新链，围绕创新链布局产业链"。《长江经济带科技创新驱动力指数报告（2019）》显示，上海、南京、武汉、苏州、杭州、成都、长沙、合肥、无锡、宁波创新驱动力排名前10，但这些中心城市依然存在高端产业配置不够，产业链、价值链、创新链仍未占据高端环节，关键核心技术攻关不够等问题；同时，当前产业链与创新链跨区域协同不足，以长三角地区为例，2009～2017年长三角制造业专利合作总次数为46806次，城市间合作为25790次，仅占55.10%，城市间的创新合作相对不足。为此，创新型产业应进一步向中心城市集聚，实现创新成果快速转移转化并推动产业结构转型升级。

表9　长江经济带主要城市科技创新情况

指标	省会城市		长江经济带总量
	总量	占比（%）	
研发人员数量（人）	118.58	42.37	279.90
常住人口数量（万人）	13068.00	42.36	54380.00
高校数量（所）	602.00	56.79	1060.00
专利授权量（万件）	41.16	37.83	108.80
发明专利授权量（万件）	8.09	52.36	15.45

资料来源：《中国城市统计年鉴2019》。

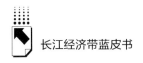

（六）多数县域经济产业发展动能不足，承上启下功能受到较大制约

受长期存在的城乡二元结构影响，城乡居民在社会保障、教育、医疗等公共服务方面存在较大差异，农业转移人口也因此无法真正融入城市，只能在家乡附近的中小城市生活和就业，发展县域经济是破解城乡二元结构的关键。尽管长江经济带县域经济发展水平高于全国平均水平，但区域内部发展极不均衡，东部县级市在GDP、人均GDP、一般公共财政预算收入上均明显优于中西部县市，如东、中、西部县市人均GDP分别为11.45万元、5.41万元和5.70万元。这种差距还表现在内生经济增长动力上，我国产业园区、工业企业大多集聚在大中城市，市县分布较少，这在中西部地区表现得更为明显，如西部地区县级市拥有的规模以上工业企业单位数仅占西部一市三省所有规上工业企业的13.90%，而中部和东部地区占比分别为25.54%和29.62%。县域产业发展基础相对薄弱，财政收入相对有限，并造成一定程度的财政缺口，尤其是中、西部县市一般公共预算财政缺口明显大于东部县市，如中、西部县市财政缺口比例分别高达131.23%和94.95%，远高于东部县市的25.11%。

从三次产业结构来看，总体呈现"二三一"的结构特征，西部县市第三产业占比略高于第二产业，但这更多的是建立在第二产业欠发达的基础上的，第三产业发展相对滞后使就业容纳能力不足，如长江经济带县级市呈现出明显的第一产业就业人口占比高、第二和第三产业就业人口占比低的现象，为此发展县域经济亟须布局对就业带动作用大的产业。同时，大城市的城市功能过剩与县域范围内的城镇功能远远不足并存，尤其是长江经济带还存在边疆地区产业培育和导入不足，不利于留住人口，保障国家安全。

同时，镇域经济作为县域经济的重要组成部分，对于促进社会稳定、带动乡村振兴、拉动社会就业和促进就地城镇化等至关重要，也是发展乡村文旅产业等的重要载体，而当前长江经济带镇域经济较为衰落，相当部分的镇缺乏工业基础和产业支撑，各类生产要素主要流向大中城市，镇域经济发展

表10　长江经济带县级市三次产业产值及就业比重

单位：%，万元

区域	第一产业		第二产业		第三产业		人均GDP
	产值	就业	产值	就业	产值	就业	
东部县市	6.18	45.00	49.16	32.24	44.66	22.76	11.45
中部县市	12.42	60.27	47.32	18.23	40.26	21.50	5.41
西部县市	10.59	63.30	43.84	14.66	45.57	22.04	5.70
全国	7.10	25.10	39.00	27.50	53.90	47.40	6.41

表11　长江经济带县级市规模以上工业企业情况

单位：个，%

区域	市县规模以上工业企业单位数	规模以上工业企业单位数	占比
东部地区	33713	113812	29.62
中部地区	11055	43283	25.54
西部地区	4283	30820	13.90

表12　长江经济带县级市一般公共预算情况

单位：万元，%

区域	一般公共预算收入	一般公共预算支出	财政缺口
东部县市	3759.91	4704.09	25.11
中部县市	1230.32	2844.90	131.23
西部县市	1079.64	2104.77	94.95

缺乏有效的要素支撑，建设用地资源指标也主要向大城市集中，尤其是在我国实行最严格的耕地保护制度和节约集约用地制度下，乡镇经济和农村文旅休闲产业用地资源配置不足，表现为用地指标少、用地审批慢、农地流转难、土地权益退出机制不完善等问题，尤其是乡村一二三产业融合发展，呈现土地功能复合和混合利用特征，使现行单一的土地用途管理制度成为乡村经济发展中的瓶颈之一。

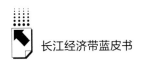

三 推动长江经济带形成优势互补高质量发展的产业布局策略

综合考虑长江经济带各地的区位优势、资源禀赋、产业基础、资源环境承载力等，坚持优势互补、合理分工，坚持强化底线、严格约束，坚持双链融合、双向循环，坚持集群发展、多层布局，坚持协调发展、差异发展，推动形成优势互补高质量发展的产业布局。

（一）发挥比较优势，促进上中下游城市群分工协作

充分发挥各地比较优势，促进产业和人口向中心城市和城市群集中，形成以城市圈为主要形态的动力源，带动长江经济带产业发展总体效率提升，破除资源要素流动障碍，促进各类生产要素自由流动并向优势地区集中，提高资源配置效率，形成上中下游合理分工协作的产业发展格局。

发挥长三角城市群人才富集、科技水平高、制造业发达、产业链供应链相对完备和市场潜力大等诸多优势，围绕电子信息、生物医药、航空航天、高端装备、新材料、节能环保、汽车、绿色化工、纺织服装、智能家电十大领域，建设一批国家级战略性新兴产业基地，形成若干世界级制造业集群。延伸机器人、集成电路产业链，加快培育和布局以下一代人工智能、新一代芯片、网联智能汽车、北斗空间信息等为引领的未来产业。

发挥长江中游城市群综合交通运输、资源环境承载和产业基础等优势，围绕装备制造、汽车、金属冶炼、食品加工、非金属制品、医药制造等产业，提升产业基础能力和产业链水平，提高产业链供应链稳定性和竞争力，打造具有世界影响力的产业集群，提高参与国内外产业分工与合作的能力。

发挥成渝地区双城经济圈内陆开放、劳动力成本、自然生态资源、国防军工等优势，集聚电子信息、装备制造、航空航天、食品加工、非金属制品、纺织服装等产业，建设若干个世界级产业集群，发展适宜航空运输和参

与全球价值链分工的高附加值产业。

发挥滇中和黔中城市群特色资源加工、自然生态、能源、民族文化、区域性消费市场等优势，完善产业门类，延伸产业链条，大力培育和发展大数据、新型消费、生物医药、特色农产品加工、食品加工、非金属制品等产业。

表 13　长江经济带九大产业的重点布局区

产业	布局城市
电子信息	上海、南京、无锡、常州、苏州、南通、杭州、宁波、嘉兴、台州、合肥、芜湖、南昌、武汉、襄阳、长沙、湘潭、重庆、成都、绵阳
装备制造	上海、南京、无锡、徐州、常州、苏州、南通、盐城、扬州、镇江、泰州、杭州、宁波、温州、嘉兴、湖州、绍兴、金华、台州、合肥、芜湖、蚌埠、马鞍山、铜陵、滁州、南昌、鹰潭、武汉、黄石、十堰、襄阳、鄂州、长沙、株洲、湘潭、岳阳、常德、重庆、成都、绵阳、资阳、昆明
石化	上海、南京、无锡、徐州、常州、苏州、南通、扬州、镇江、泰州、杭州、宁波、嘉兴、湖州、绍兴、台州、合肥、芜湖、蚌埠、马鞍山、铜陵、滁州、鹰潭、武汉、宜昌、襄阳、长沙、岳阳、重庆、成都、绵阳、贵阳、昆明、普洱
金属冶炼	上海、南京、无锡、徐州、常州、苏州、盐城、扬州、镇江、杭州、宁波、嘉兴、湖州、绍兴、合肥、芜湖、马鞍山、铜陵、滁州、鹰潭、武汉、黄石、襄阳、长沙、湘潭、重庆、成都、绵阳、贵阳、昆明
纺织服装	上海、南京、无锡、徐州、常州、苏州、南通、盐城、镇江、泰州、杭州、宁波、温州、嘉兴、湖州、绍兴、金华、台州、合肥、芜湖、滁州、武汉、十堰、宜昌、襄阳、鄂州、长沙、株洲、湘潭、岳阳、常德、重庆、成都、绵阳、资阳、贵阳、昆明、普洱
汽车	上海、南京、无锡、徐州、常州、苏州、南通、盐城、扬州、镇江、泰州、杭州、宁波、嘉兴、湖州、绍兴、金华、台州、合肥、芜湖、滁州、南昌、武汉、十堰、宜昌、襄阳、长沙、株洲、湘潭、重庆、成都、绵阳、昆明
食品加工	上海、南京、无锡、徐州、常州、苏州、南通、淮安、盐城、扬州、镇江、泰州、杭州、宁波、嘉兴、湖州、绍兴、合肥、芜湖、蚌埠、马鞍山、滁州、南昌、武汉、宜昌、襄阳、长沙、株洲、湘潭、岳阳、常德、重庆、成都、绵阳、贵阳、昆明、普洱
医药制造	上海、南京、无锡、徐州、常州、苏州、南通、镇江、泰州、杭州、宁波、嘉兴、绍兴、台州、合肥、芜湖、蚌埠、马鞍山、武汉、襄阳、长沙、株洲、湘潭、岳阳、重庆、成都、绵阳、贵阳、昆明
非金属制品	上海、南京、无锡、徐州、常州、苏州、南通、淮安、盐城、扬州、镇江、泰州、杭州、宁波、温州、嘉兴、湖州、绍兴、金华、台州、合肥、芜湖、蚌埠、马鞍山、铜陵、滁州、南昌、鹰潭、武汉、宜昌、襄阳、鄂州、长沙、株洲、湘潭、岳阳、常德、重庆、成都、绵阳、贵阳、昆明

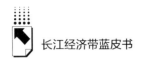

（二）强化资源环境约束，引导重化工业合理布局

推动重化工业向沿海和内陆重点区域布局。遵循全球化工产业沿江靠海发展的趋势，依托长三角地区市场优势、交通优势、产业配套优势等，引导沿江及内陆地区石化产能向沿海转移和转型升级，建设沿海大型产业基地，重点布局江苏连云港、上海杭州湾北岸、浙江宁波舟山三大沿海石化基地，在宁波舟山建设世界一流全产业链绿色石化产业基地。依托中缅原油管道和铁路通道，以昆明为核心建设云南炼化一体化工程，推动西南石化及关联产业链布局。

稳妥推进化工产业入园和转型。长江中上游沿江地区严控新建化工项目，对现有化工类项目实施分类引导搬迁或转型，有序推进萍乡、黄冈、上饶、郴州、怀化、黄山、衡阳、邵阳、随州等城市化工产业改造升级，重点清退太湖、鄱阳湖等沿湖化工项目，加快推进化工项目入园，2035年实现化工企业入园率不得低于70%。

专栏1：石化产业规模较大但缺乏优势的城市

石化产业主营业务收入大于100亿元、比较优势系数最末30位的城市：萍乡市、黄冈市、上饶市、郴州市、怀化市、黄山市、衡阳市、邵阳市、随州市、赣州市、宿州市、宿迁市、抚州市、广安市、常德市、眉山市、咸宁市、巴中市、遂宁市、泸州市、乐山市、淮安市、丽水市、南充市、鄂州市、盐城市、湘潭市、吉安市、阜阳市、益阳市。

依据资源环境承载力优化"三高"产业布局。逐步推动资源环境承载力超载城市石化产业、金属冶炼业、纺织服装产业、非金属矿物制品业等产业转型和改造升级，推动承载力过载城市实行高耗能、高排放、高耗水产业的逐步迁出，引导产业改造升级并向资源环境承载状况较好、环境治理能力强的地区布局。严格沿江项目环境准入，严控企业环境风险。

专栏 2：资源环境超载且产业无比较优势的城市

资源环境承载力超载、石化产业比较优势排名后 20 位的城市：内江市、萍乡市、亳州市、淮南市、黄冈市、池州市、衡阳市、广安市、怀化市、安顺市、毕节市、遂宁市、郴州市、保山市、上饶市、邵阳市、永州市、遵义市、眉山市、赣州市。

资源环境承载力超载、金属冶炼业比较优势排名后 20 位的城市：广安市、泸州市、邵阳市、南充市、荆州市、毕节市、宜宾市、张家界市、安庆市、淮北市、广元市、临沧市、亳州市、昭通市、永州市、乐山市、黄冈市、保山市、丽江市、眉山市。

资源环境承载力超载、纺织服装产业比较优势排名后 20 位的城市：内江市、萍乡市、郴州市、黄冈市、毕节市、黄山市、眉山市、亳州市、泸州市、池州市、衡阳市、昭通市、怀化市、连云港市、达州市、曲靖市、丽水市、丽江市、遵义市、安顺市。

资源环境承载力超载、非金属矿物制品业比较优势排名后 20 位的城市：临沧市、昭通市、丽江市、丽水市、玉溪市、遂宁市、六盘水市、衡阳市、内江市、保山市、巴中市、连云港市、亳州市、眉山市、安顺市、怀化市、曲靖市、淮南市、攀枝花市、永州市。

（三）突出中心城市功能，引领都市圈产业创新转型

推动创新产业与创新要素向中心城市集聚。强化上海、南京、杭州、合肥、武汉、南昌、长沙、重庆、成都、贵阳、昆明等中心城市创新引领功能，推动创新型产业与企业，以及创新型人才和相关要素向中心城市集聚，注重培育创新创业生态系统，打造创新资源密集、创新要素齐全、创新链条完整、创新氛围浓厚、创新活动活跃、创新功能强大的城市创新功能区，大力培育创新型产业集群，以创新带动城市经济结构特别是产业结构迈向价值链和产业链中高端，发挥其作为长江经济带最重要的产业增长极作用，引领长江经济带产业创新转型。

建设以中心城市和都市圈为载体的创新型产业集群。明确中心城市功能定位，强化上海大都市圈及南京、杭州、合肥三大都市圈的科技创新策源功能和高端产业引领功能，建设集成电路、物联网、生命健康、大飞机、前沿新材料等产业以及量子信息、类脑芯片、下一代人工智能、第三代半导体等未来产业的创新型产业集群。强化武汉、长沙、南昌三大都市圈科技创新、先进制造、现代服务等功能，推动创新资源加快集聚、产业结构加快升级，打造以信息技术、生命健康、智能制造等创新型产业为主的产业集群。强化重庆、成都两大都市圈现代制造、科技创新、金融、综合交通枢纽等功能，促进产业、人口和各类生产要素合理流动和高效集聚，建设以新一代电子信息技术、新材料、高端装备等新兴产业为主的创新型产业集群。

（四）聚焦产业比较优势，打造区域性特色产业集群

加快推动长三角产业链供应链协同，积极推动长三角中心城市的机械、纺织服装等一般加工制造业向中小城市转移，推动电子信息、高端装备、生物医药、石化、汽车等主导产业中低端环节疏解，各中小城市积极发展配套产业和配套环节。打破行政区划限制，充分整合长三角资源禀赋，加快建立长三角产业互补分工关系，强化产业链分工，优化产业链布局，推动中小城市形成有特色有优势的产业集群。

围绕区域性中心城市建设特色产业集群。长江中上游地区积极培育九江、赣州、宜昌、襄阳、岳阳、衡阳、绵阳、宜宾、遵义、玉溪等一批区域性中心城市，增强人口和经济集聚功能，积极发展新技术、新业态、新模式，培育健康养老、旅游休闲、文化娱乐等新增长点，并积极承接长三角地区食品、纺织服装等一般加工制造业，以及电子信息、装备制造、汽车等产业中低端环节。长江中上游地区中小城市围绕中心城市积极发展配套产业，并大力发展现代农业、文化旅游、大健康、医药产业、农产品加工等特色产业，形成一批特色产业集群。

建设多个能源资源产业集群。结合资源禀赋建设一批能源资源产业基地，发挥长宁—威远、涪陵国家级页岩气示范区引领作用，建设西南天然气

区域储备中心和成品油储运基地，统筹川南、滇东、黔西、赣南等国家规划矿区的矿产资源，重庆、鹰潭、上饶、宜春、铜陵等建设有色金属冶炼、非金属材料产业集群，并利用铜镍等进口原料，在沿海地区建设有色金属产业基地。加强赣州等稀土资源保护，合理控制开发利用规模，促进新材料及应用产业有序发展。加强湖南桃江、江西彭泽、安徽繁昌等核电站预留选址管控，有序推进云贵等煤炭基地建设。促进资源枯竭城市转型发展，加快培育接续替代产业，延长产业链条。

专栏3：区域中心城市

区域中心城市：苏州市、无锡市、常州市、南通市、扬州市、盐城、徐州市；温州市、嘉兴市、金华市；芜湖市、安庆市、蚌埠市；襄阳市、宜昌市、黄石市；九江市、赣州市、上饶市、宜春市；常德市、岳阳市、衡阳市；万州区、涪陵区、永川区、黔江区；绵阳市、宜宾市、泸州市、南充市、达州市；遵义市；大理市、玉溪市等。

（五）壮大县域经济，推进城乡一体化和产业集群化

以县域为单元推进城乡一体化发展，在中上游地区选择100个左右资源环境承载能力较强、城镇化动力较强的县城，加快交通基础设施建设，补齐公共服务短板，建设满足进城农民工刚性需求的住房，引导县域人口集聚和人口回流。积极推进以重点镇为载体的就近就地城镇化，提升小城镇的吸引力、承载力，吸引更多农村人口到城镇落户。鼓励集体经营性建设用地入市，落实5%的新增建设用地用于乡村发展，适度推进部分城市功能在乡村布局。

把培育和发展特色产业作为发展县域经济的主攻方向，中西部地区发挥生态环境优势、资源优势、劳动力优势，因地制宜做大做强各具特色的主导产业，推进县域产业园区建设，推进一批支撑性强、带动作用大的重点项目，积极承接东部地区产业转移，鼓励东中西部合作共建产业园区，发展

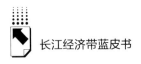
"飞地经济"。推进县域产业集群化发展，确保每个县域建设若干个特色化、专业化的产业集群，不断壮大县域经济综合实力。

长三角地区积极调整产业结构，推进县域经济转型升级，充分利用当地资源禀赋，扬长补短，厚植优势，挖掘县域经济高质量发展新动能。面向上海等中心城市共建创新平台，大力精准招商，共建合作园区，聚焦重点，争取在科技创新、产业升级、开放合作等方面取得突破。

保护传承弘扬长江文化篇

To Protect, Carry Forward and Promote the Yangtze River Culture

B.22

传承弘扬长江文化

程涛平　杨建华*

摘　要：　纵览世界人类文明史，古典文明的起源大多发生在大江大河流域，中国古典文明亦是如此。长江和黄河作为中国两条巨大的河流，就孕育诞生了长江流域的中国南方文化与黄河流域的中国北方文化。且不说远古文明，单是先秦时期长江流域上、中、下游就分别形成了既具共性又各具特色的巴蜀文化、荆楚文化与吴越文化，这使长江文化更加瑰丽多彩。长江文化与黄河文化相互交融、交相辉映，形成了绵延不绝、从未断裂的中华文化。

关键词：　长江文化　黄河文化　中华文化

---

* 程涛平，武汉文史馆馆员；杨建华，浙江省文史馆研究员。

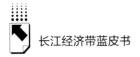
纵览世界人类文明史，古典文明的起源大多发生在大江大河流域，无论是埃及文明、印度文明，还是亚述文明、波斯文明，都发生在尼罗河、恒河以及幼发拉底河与底格里斯河。即使古希腊文明，也是诞生在地中海这样的水域。中国古典文明亦是如此。长江和黄河作为中国两条巨大的河流，就孕育诞生了长江流域的中国南方文化与黄河流域的中国北方文化。这两种文化相互交融、交相辉映，形成了绵延不绝、从未断裂的中华文化。

中国自古以来是多民族、多地区的国家，而灿烂辉煌的五千年中华文明，是由多民族、多地区共同缔造的。在整个历史文化演进的不同时段，不同区域所起的作用是不一致、不平衡的。虞夏商周各代王朝，建都皆在黄河一带，《史记·货殖列传》说："昔唐人都河东，殷人都河内，周人都河南。夫三河在天下之中，若鼎足，王者所更居也，建国各数百千岁。"① 春秋战国时期、秦汉时期、南北朝时期，以及北宋、元、明、清时期政治中心主要在北方。春秋战国时期、魏晋南北朝时期、南宋、明朝初年、民国时代，南方也不时成为政治中心，隋唐以后，长江流域也是中国的经济文化中心。既有黄河，又有长江，这是中国文化的幸运，中国传统文化的主体华夏文化是黄河与长江二元耦合的，原来黄河文化与长江文化不仅如兄似弟，而且你中有我、我中有你，它们各有千秋，几乎齐头并进。春秋战国时期的学者，大半出在黄河流域。但长江流域的南方荆楚与吴越亦产生了许多伟大的思想家，诸如老子、庄子，以及范蠡、计然、屈原，都在中国思想史乃至世界思想史上产生了重大影响。如春秋时越国哲学家、政治家范蠡在中国思想史上最早提出了"因"的哲学。"因阴阳之恒，顺天地之常，柔而不屈，强而不刚，德虐之行，因以为常；死生因天地之刑（法），天因人，圣人因天；人自生之，天地形（见）之，圣人因而成之。"② 这是中国古典文化中第一次对"天人合一"这一古老而常新命题作了较为理性的表述。

作为中国第一大河，长江发源于中国的青藏高原，干流全长 6300 多公

---

① 李学勤：《长江文化史·序言》，江西教育出版社，1995。
② 《国语·越语下》，上海古籍出版社，1978。

里，流经 11 个省市，记录着中华民族特殊的文化记忆与情感。长江造就了从巴山蜀水到荆楚大地、吴越水乡的千年文脉，是中华民族精神的重要源泉。

从新石器时代到春秋战国，浩浩长江从上游到中下游，先后孕育了巴蜀文化、荆楚文化、吴越文化。长江上游位于中华大地的第二阶梯中部和第一阶梯东缘。三星堆是古蜀先民创建的古蜀国都邑，始建于夏，至商代中晚期基本成型，其城墙体系、居住区、作坊点、墓葬群以及祭祀坑等，规模庞大、布局严谨、功能清晰。众多青铜器的出土，说明古蜀国地区青铜冶铸技术十分成熟。三星堆古蜀国在各个领域取得的卓越成就，表明古蜀文明作为中华文明的重要组成部分，在当时已经发展到一个相当的高度。根据《史记》记载，早在两周时代，中亚一些国家与地区已大量出现"蜀布"。当地居民说这种"蜀布"是从印度商人那里流通过来的。这说明蜀文化与印度文化在两周时代已有频繁交往，同时，蜀国所生产制作的日常生活用品很受印度以及中亚这些国家与地区的人们欢迎。

春秋战国时期蜀国的都城，在今成都市辖区之内。《华阳国志·蜀志》谓蜀国："地称天府"，"江汉遵流"。"其宝则有璧玉、金、银、珠、碧、铜、铁、铅、锡、赭、垩、锦、绣、罽、氂、犀、象、毡、毦、丹黄、空青、桑、漆、麻、纻之饶"。"周失纲纪，蜀先称王"。"有蜀侯蚕丛，其目纵，始称王。次王曰柏灌（柏濩），次王曰鱼凫"。① 约战国早中期之际有王名杜宇，杜宇禅位于开明，开明传十二世。从已有的考古资料来看，战国时期的蜀文化粲然可观，在长江上游无疑是领先的。东周时期的巴文化，北起大巴山，南到武陵山，东邻楚，西邻蜀，中心在长江支流嘉陵江下游至乌江下游一带。《华阳国志·巴志》说："土植五谷，牲具六畜"，有"桑、蚕、麻、苎、鱼、盐、铜、铁、丹、漆、茶、蜜"之利。② 迄今已知的东周巴文化遗存，大致都是战国时期的。巴县冬笋坝、昭化县宝轮院、涪陵市小田溪

---

① （晋）常璩：《华阳国志》，上海古籍出版社，1987，第 118 页。
② （晋）常璩：《华阳国志》，上海古籍出版社，1987，第 5 页。

等地发掘了大量先秦巴墓。以船棺为葬具，这是巴、蜀都有的葬俗，青铜兵器，巴人以剑、钺为主，适与蜀人以戈、矛为主相反。巴式剑即柳叶形扁茎无格剑，既可击刺，亦可投掷。剑身基部有类似蜀式图语的花纹，多为虎纹。巴式钺多为圆刃折腰钺，与蜀式钺有亲缘关系。巴人的乐器是錞于，年代越晚錞于越多。巴式錞于多用虎钮，显然与民族信仰有关。公元前316年，秦灭蜀。巴国蹈蜀国覆辙，也被秦国攻灭。秦国对蜀地的统治是直接的，比较严酷；对巴地的统治是间接的，比较宽松。由此，战国晚期蜀文化有衰退迹象，巴文化则仍有上升趋势。

长江下游的江东，大致以太湖为缓冲的水域，北有吴国，南有越国。吴越既是古代的国别，也是民族共同体。《史记》言吴、越皆古国，吴为周太王长子泰伯之后，越为夏少康庶子之裔。吴居苏南，都于吴（苏州），越居今浙北，都会稽（今绍兴），二国王室皆华夏之裔。《史记》记载周太王的儿子泰伯和仲雍为让父王实现灭商的愿望，把王位继承权主动让给弟弟季历，带着亲族来到苏南地区的无锡、常熟一带，建立吴王国。泰伯、仲雍断发文身，接受当地习俗，主动融入当地社会，并把中原先进的农耕技术带到当地，泰伯奔吴是一次中原文化与东南文化的融合与交流，对长江下游地区的开发有着重大的意义。古越族和汉族早期的关系主要在贸易，越人以象牙、玳瑁、翠毛、犀角、玉桂和香木等奢侈品交换北方的丝帛和手工产品。

吴国的疆域以太湖为核心，太湖北岸的南京、苏锡常与太湖南岸的杭嘉湖以及皖南的大部分丘陵，苏北的一部分平原，以及淮南的某些地方。越国疆域主要在钱塘江南岸，即今天的宁绍平原与金华、衢州、丽水、温州、台州、福建和浙江交界一带，扩展到皖南的山地。吴越位于生态环境优越而且原始文化非常发达的江东，1993年发现的南京汤山直立猿人化石表明，江南地区早在35万年前就有古人类在此活动。1974年冬，中国科学院古脊椎动物与古人类研究所专家在建德市李家镇新桥村乌龟洞里发掘出一枚古人类的牙齿化石及大量古脊椎动物化石。经鉴定，这枚人牙化石距今约有5万年的历史，被中国科学院正式命名为"建德人"。有学者认为，"建德人"就是长江下游的原始民族——越族的祖先。最新考古发现，浙江浦江发现了距今一万年的"上山文化"，它已属于新石器时代，上山文化遗址出土的夹炭陶片，表面发现了较多的稻壳印痕，胎土中有大量稻壳、稻叶，在遗址中还有稻米遗存，有专家认为这是长江下游地区目前发现最早的稻作遗存，对研究稻作史提供了十分珍贵的资料。距今8000年的浙江余姚井头山文花出土大量精美的陶器、石器、木器、骨器、贝壳器等人工遗物和早期稻作遗存，以及极为丰富的水生、陆生动植物遗存，距今7000年的河姆渡文化、苏州草鞋山文化、南京北阴阳营文化、常州圩墩文化、崧泽文化、杭嘉湖平原的马家浜文化等，这些生活在江南地区的新石器遗址的主人，后来成为越族先民。杭州余杭的良渚文化，更是将长江下游文化推进至文明时代。近几年来良渚文化时期的余杭反山、瑶山遗址发现，向我们证实了当时军事、政治权力确已被神化，大型宫殿、都城与水利设施的建设，权杖的出现，良渚先民已经进入文明时代。春秋时期，长江中游的楚国，采用"联越制吴"政策，使吴越相互攻伐。吴王夫差不辱父命，征服了越王勾践，挥军北上，争霸中原，成为春秋五霸之一。越王勾践则卧薪尝胆，经过"十年生聚，十年教训"，最后消灭吴国，亦称霸中原。

先秦时期的吴越，由于土地过于分散窄小，金属农耕具较早得到使用，以及个体家庭的劳动组合方式，使商品生产较中原地区更为发达，人们"善进取，急图利，而奇技之巧出焉"。[1] 商品生产发展，也促进了商品流通理论的产生和发展。早在春秋时就出现了几项带规律性的理论，这集中反映在"计然之策"上。计然，文献上又"计倪"，他是勾践的著名谋士，像吴越其他思想家一样，他的商品经济伦理也是建立在理性的"天道"基础上的。他认为天时变化规律是可以掌握的，"岁在金，穰；水，毁；木，饥；火，旱"。[2] "天下六岁一穰，六岁一康，凡十二岁一饥，故圣人早知天地之反，为之预备"。[3] 能预测未来的丰歉水旱，也就能预测商品供求变化的长

---

① 《宋史·地理志》，中华书局，1985。
② 司马迁：《史记·货殖列传》，中华书局，1959。
③ 袁康、吴平辑录《越绝书·计倪内经》，上海古籍出版社，1985。

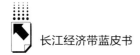

期趋势。所以"旱则资舟，水则资车"，当大旱时，应准备舟船的经营业务，因大旱时舟船没人要而价贱，大旱过后，舟船又将成为特别需要的商品进而会涨价。大水时预作车子生意，道理也一样。这样的经营理论，越大夫文种也曾表述过："臣闻之贾人，夏则资皮，冬则资裘，旱则资舟，水则资车，以待乏也。"① 计然还提出了中国基本的商品价值规律，即"贵贱论"。他说："论其有余不足，则知贵贱。贵上极则反贱，贱下则反贵。贵出如粪土，贱取如珠玉。"②《史记·货殖列传》说，"计然之策"在越国运用十年，国家大富，"遂报强吴，观兵中国，称号无霸"。

作为文学作品的《诗经》主要是黄河流域的代表作。③ 从多方面表现了商周时代和春秋早期丰富多彩的现实生活，反映了各个阶层人们的喜怒哀乐，开辟了中国诗歌的独特道路。由于特殊的社会生存条件，《诗经》缺乏浪漫的幻想，缺乏飞扬的个性自由精神。④ 而这一缺憾通过长江流域的《楚辞》得以弥补，战国时期的诗人，无疑以长江流域楚国的屈原、宋玉为翘楚。至于美术，根据现有的考古资料，可以大致不误地说：上古三分美术史，约莫二分在长江，无论发生时期——史前，以及成长时期——夏、商、周、秦、汉，都是这样。与黄河、长江两大流域相比，中国其他地方的古代遗存只能是与本源有联系的旁源。

长江文化与黄河文化在地域上有明显的分野。长江、黄河这两条象征着中华文明源头的巨川将南北割裂开来，再加之山水、地形、气候乃至人种等先天文化因素的综合作用，使南北文化互为对峙、各显风采。在北方，土地的广袤辽阔，河流的浑厚凝重，处处给人以苍茫悲壮的沉重感觉。人们生存的条件是那样的艰难，要维持生命，必须未饥先筹粮，未寒先补裘，把所有的心血都倾注在现实事务中，因而它的文化便凸显出一种实在、厚重、质

① 《国语·越语上》，上海古籍出版社，1978。
② 司马迁：《史记·货殖列传》，中华书局，1959。
③ 《诗经》中的十五《国风》就是十五个地方的土风歌谣。其地域，除《周南》《召南》产生于江、汉、汝水一带外，其余均产生于从陕西到山东的黄河流域。
④ 章培恒、骆玉明主编《中国文学史》，复旦大学出版社，2004，第81~104页。

朴、具体的现实精神。而南方的自然生态，处于秀山溪谷的阻隔中，处于湖泊河流的割裂中，使个体的价值和情感得到了凸显，物产丰赡，气候温燠，再给人以一种和谐、舒坦、美好、生命永恒的感觉，因而它的文化又体现着一种轻灵、流动、飘逸、富于想象的气质。

早在一千六百多年前，刘勰就在他的《文心雕龙·辨骚》中说道："至于托云龙，说迂怪，丰隆求宓妃，鸠鸟媒娀女，诡异之辞也；康回倾地，夷羿蔽日、木夫九首，土伯三目，谲怪之谈也；依彭咸之遗则，从子胥以自适，捐狭之志也；士女杂坐，乱而不分，指以为乐，娱酒不废，沉湎日夜，举以为欢，荒淫之意也。摘此四事，异乎经典者也。"刘氏认为，南方文化不受礼法限制、束缚，突出个体情感，与北方重实用的功利观大不一样。

司马迁在《史记·货殖列传》云："秦地好稼穑，务本业；燕赵好气任侠，民俗儇急；邹鲁俗好儒，备于礼，故其民龊龊，颇有桑麻之业，无林泽之饶，地小人众，俭啬，畏罪远邪；越楚俗剽轻，易发怒，敬鬼神，好淫祀，地有云梦之饶，不待贾而足。"

梁启超在《中国地理大势论》中说："燕赵多慷慨悲歌之士，吴楚多放诞纤丽之文，自古然矣。自唐以前，长城饮马，河梁携手，北人之气概也；江南草长，洞庭始波，南人之情怀也。"[①]

长江文化与黄河文化的风格有若干不同，可谓异彩纷呈，各领风骚。长江文明的基础经济是稻作农业。稻作农业与旱作农业有区别，稻作农业更加稳定，……相比而言，旱作农业的管理方式比较粗犷。不同的耕作方式也影响了人的性格，南方人的性格更为细腻，所以较高等级的手工业品很多都出在长江流域，像楚文化出土的那么高端精细的丝织品、漆器等，在北方是不容易找到的。

就区域文化类型来看，中国南北文化自古即有差异，不同的自然和人文环境，孕育了不同的风俗民情、士人心态、文化特征。南方士人聪慧、精

---

① 梁启超：《中国地理大势论》，载刘梦溪主编《中国现代学术经典·梁启超卷》，河北教育出版社，1996。

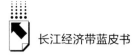
细；北方士人憨直、阔博；南方文化明丽、纤巧、缜密、委婉、飘逸，内省、求精、温怨、柔曼、灵秀等；北方文化豪迈、奔放、雄浑、质朴、拙括、外向、刚直、慷慨、俊肃等，可以在习俗、性情、学风、观念、思维等若干方面，找到南北相对的许多语辞来形容或概括文化的差异，但也存在许多共性，共同构成博大精深的中华文化。

长江黄河，华夏源流，抚今追昔，文脉千秋。今天，在国家大力推进长江经济带发展的大背景下，传承和弘扬长江文化，意义深远。倡导长江精神，首先有利于增强民族自信，促进中华民族的伟大复兴。其次，有利于在全世界建立人类命运共同体。长江文化博大精深，在世界文化中独树一帜，文化是没有国界的，让长江文化永远助力中华民族和世界各民族发展。

B.23
研究保护长江文化资源
传承弘扬长江文化精神

王小红*

摘　要： 长江与黄河并称为中华民族的"母亲河"，长江文化是中华文化的主干之一，其历史悠久、内涵丰富、影响深远、富于创新、充满活力。今天，"长江经济带"已成为我国应对全球经济一体化发展的国家战略，需要与时俱进的长江文化予以支撑。因此，我们要正视长江文化被区割、淡化和消融等现实问题，从多方面着手，加强长江文化资源的调查、保护，传承弘扬长江文化精神。

关键词： 中华文化　长江文化　长江经济带

中华文明源远流长，其生成和演进是多族群、多区域的多元一体，而其中的长江文化和黄河文化是两支最具代表性和影响力的地域文化，共同构筑了中华文化长城之主干，并称为中华民族的"母亲河"。自长江流域得以大面积开发之后，我国最繁华的地区多产生在这里，唐代有"扬一益二"之号，宋代有"苏湖熟，天下足"之称，近代以来更有"国际性的大都市"上海，沿线城市如南京、武汉、重庆等作为上海的经济腹地也随之发展起来，如今"长江经济带"已成为我国应对全球经济一体化发展的国家战略。

---

* 王小红，四川大学中华文化研究院教授。

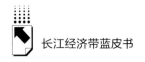

"长江经济带"不仅是经济战略，而且很大程度上是文化战略问题，因此，长江文化需要研究、保护、传承、弘扬，才能在新时代大放异彩。

一 长江文化的历史演进

从远古时代起，华夏文明的星火便播种在长江流域。在漫长的历史发展过程中，作为主要支脉的长江文化不断演进变化，为华夏文明提供了丰富的历史遗迹和宝贵的物质文化与非物质文化遗产。

从考古发现来看，到目前为止，中国境内最早的国家文明出现在长江流域，上游有旧石器早期的巫山人、元谋人，下游则有繁昌人字洞旧石器文化，时代早到 170 万~250 万年前，这是迄今为止东亚地区发现的最早的一批人类和文化遗存。时代稍晚的还有湖北"长阳人"、四川"资阳人"等。长江流域上、中、下游都已发现重要的新石器文化遗存：上游东至三峡地区，西北至甘孜、阿坝境内，西南至安宁河、雅砻江流域，有新石器文化遗址数十处，其中最著名的有大溪文化、宝墩文化、三星堆文化、金沙文化遗址等；中游的新石器时代遗址几乎遍布江汉地区，尤以江汉平原分布最为密集，仅湖北已发现的新石器时代遗址就有 450 多处，著名的有屈家岭文化、青龙泉文化等；下游以太湖平原为中心，南达杭州湾，西至苏皖接壤地区，形成河姆渡文化—马家浜文化—良渚文化序列，在宗教、礼制和工艺等方面，与黄河流域的商周文化相互交流与交融。同时，长江流域是世界栽培稻的起源地，也是我国乃至世界上最早的陶器制作技术、木结构建筑技术、木船制造技术、漆器制作技术诞生地。华夏始祖炎、黄二帝兴起于长江流域，我们中华民族自称的"华""夏""汉"，亦得名于长江流域的山川。

夏、商、周三代是我国以华夏族为主体的多部族发展时期，尤其是经过周代礼乐文明的浸润，华夏族融合的趋势进一步增强，中华文化的根基得以奠定。到春秋战国时期，稳定的华夏民族共同体已然形成，而中华文化还在长江流域形成了三个主流文化圈：上游的巴蜀文化、中游的楚文化、下游的吴越文化，三大文化圈都有非凡的创造，有的文化成就影响极其深远，如长江中下游的青瓷及其"龙窑"烧制技术，楚国发达的漆器工艺，吴越国的铜剑铸造技术和航海技术，吴、越、楚、巴蜀的铁器冶炼和丝绸纺织技术，以及"楚辞"文化与"道家"学说等，都代表着许多开创性的业绩。

秦灭六国之前，先灭长江上游的巴蜀，并以此作为王业之基，最终灭六国而建立统一王朝，中国成为统一的多民族国家从此开端。楚汉相争，刘邦命萧何留守巴蜀，东定三秦，大败项羽，建立西汉王朝，汉语、汉字、汉赋、汉民族、汉文化、汉文明等得名都与西汉王朝有着密切的关系。西汉虽定都关中，其汉文化体系中却包含着大量楚文化要素。

三国时期，蜀汉和东吴都建都于长江流域，还有内陆人工航道"破岗渎"和对外的"海上丝绸之路"之开辟。西晋末年"衣冠南渡"后，中国经济、文化重心开始向长江流域迁移，华夏文化还远播到东亚列国，对日本、朝鲜半岛的文化产生深远影响。

隋唐时期，长江流域全面崛起。唐代人有谓长江下游区域是"茧税鱼盐，衣食半天下""天下大计，仰于东南"之胜地。长江下游的扬州和上游的益州成为全国性大都市，史称"扬一益二"。"安史之乱"后，长江流域的经济文化地位超过黄河流域的格局便大体定形。

据国内外史家研究，两宋时期商品经济、文化教育、科学创新均达到中国古代最繁荣的时期，而其经济文化发达城市主要集中在长江流域，如《宋会要辑稿》载北宋熙宁十年（1077）各路府州县及镇市的商税额表明，长江流域的商业最发达，其次为黄河流域，再次是珠江流域。宋代长江流域更是名人辈出，古文运动大师欧阳修，"三苏"（苏洵、苏轼、苏辙），江西诗派开创者黄庭坚，北宋改革家王安石，北宋理学大师周敦颐，南宋理学大师朱熹，南宋四大诗人杨万里、范成大、陆游、尤袤等，皆是名垂千古的文化巨子。

元代的长江流域继续保持领先发展。据文献记载，元代书院有296所，其中大部分位于长江流域诸省市，如江西94所、浙江49所、湖南21所、湖北9所、江苏6所、四川5所、上海4所。元代长江流域还出现了纺织技

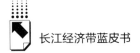

术改革家黄道婆，而景德镇创烧青花瓷发展成为中国及世界的"瓷都"，英文"瓷器"与"中国"同名。

明朝初期以长江流域的南京为中心，建立了一系列的政治、经济、文化、军事、外交等制度，后虽迁都北京，但国家经济上更是依赖南方，"天下之租赋，江南居其十九"；长江中游的江汉平原地区也进入大开发时期，号称"湖广熟，天下足"。长江下游的松江布得水运之便，运销全国乃至远销日本和朝鲜，遂有"衣被天下"之称；江苏吴江盛泽镇于明万历年间"日出锦万匹"，康熙时期更是"富商大贾数千里辇万金而来，摩肩联袂"，因此有"绸都"之美誉。这一时期类似的工商业繁盛市镇在长江流域相当普遍，如湖南樟树镇为药材集散地而被称为"药都"，无锡、芜湖、九江、长沙是天下闻名的"四大米市"，九江、汉口则是著名的茶市。经济的发展促进了文化教育的兴盛和思想的创新，明清时期的长江流域是人才渊薮：南京的国子监的学生曾达9000余人，江南贡院鼎盛时期容纳2万多名考生同时考试，苏州则号称"状元之乡"；而学术思想流派如心学、实学，乾嘉学派中的吴派、皖派和扬州学派，以及复兴之湘学、蜀学等，在长江流域各地争妍斗奇。

近代，中国被西方资本主义国家通过"鸦片战争"强行打开大门，在严酷挑战下走上艰难的近代化历程，长江流域既是标志着中国进入近代时期的《南京条约》的签订地，也是被迫回应这种挑战并率先做出大胆探索实践的区域。从宁波、上海、镇江、南京、九江、汉口等城市开埠使外国商船可在长江各口岸往来到"太平天国"战争的发生，从"洋务运动"自强到"戊戌变法"失败，从"辛亥革命打响第一枪"到亚洲第一个资产阶级共和国"中华民国"的建立，从"新文化运动"的开始到《新青年》杂志的创办，从中国共产党的成立到"南昌起义"的爆发，从井冈山第一个革命根据地的创建到中国第一个苏维埃政府的建立，从于都迈开"万里长征第一步"到"遵义会议"历史性地召开，从"四渡赤水"到"飞夺泸定桥"，从第二次"国共合作"到抗战胜利，从打响"渡江战役"到新中国成立……中国近代史上几乎所有重大的里程碑事件都与长江流域密切相关。

万里长江，滋养着一代代华夏儿女，浇灌了千万年长江文化，而长江文化由孕育、产生、发展并逐步成熟、繁荣，如今依然朝气蓬勃、创新无限，为绚丽多姿的中华文化书写出浓墨重彩的一笔，也必将在未来绘就出更辉煌的新画卷。

二　长江文化的内涵、影响及其当代价值

长江文化与黄河文化、珠江文化等虽然都是流域文化，也都是中华文化的重要组成部分，都具有开放性与包容性，在历史长河中相互交流与融合，然而，由于地理、气候条件和生产生活方式等方面的差异，这些流域文化又表现出不同的文化特征。从地理和气候条件看，黄河流域主要位于温带，其虽跨越青藏高原、黄土高原、北部草原的河套地区、中下游平原和滨海地区，但核心区集中在河套地区和中下游平原，这两大区域基本上相连成片，因此，黄河文化的各区域文化，共性突出，连语言、风俗习惯都相近。与此不同，即使从上游的四川盆地开始，到汉中盆地、江汉平原、洞庭湖平原、鄱阳湖平原、皖中平原、太湖平原，以及长江三角洲，各盆地、平原之间都有高山深谷、河流湖泊阻隔，因此，尽管各地域主要都位于温带和亚热带，但文化特色却差异较大，诸如巴蜀文化、荆楚文化、两淮文化、吴越文化，以及近代以来形成的海派文化等。从生产和生活方式来看，在中国北方和西北方，草原广袤，历史时期人们主要逐水草而居，以游牧、狩猎文化为主，兼有其他经济文化；黄河流域的文化是典型的农业文化，历经夏、商、周三朝，至孔子时形成一整套系统的思想、文化、理论体系，常以正统文化自居，是中国古代文化的正统所在；而长江流域及其以南地区，包括珠江流域，主要生产是稻作和渔业采集，为农耕—山林—水泽复合型文化，珠江文化还具有热带亚热带、海洋文化和商业文化特色，而以巴蜀文化、楚文化、吴越文化等地域文化为主要载体的稻作文化，在时空上影响非常深远。

上已述及，长江流域包含了丰富多样的地理地貌，形成了多姿多彩的地域文化。从西到东，按地势分划，大的地貌单元有青藏高原、云贵高原、四

川盆地、江汉平原、长江中下游平原等，东流入太平洋，那里有地球最深的马里亚纳海沟，因此，从世界屋脊到全球深沟，长江流域地形阶梯性明显，孕育的文化也相应异彩纷呈。大体而言，长江文化，巴蜀云贵发其源，荆楚两湖壮其威，江浙皖沪极其美。长江文化的学术内涵，上中游以老庄思想、辞赋文章为特色，下游以欸乃渔歌、乡村小唱为主调；儒家义理萌于大禹，仙道房中成于西蜀，巫鬼神怪备于东巴，仙真人则行于中下游。具体而言，巴蜀在上古时期就形成了天皇、地皇、人皇等信仰，产生出《连山》阴阳、《洪范》五行、涂山氏之"南音"、《诗经》之二南、《山海经》严遵"道德仁义礼"价值观，天、地、人三才合一观，以及汉赋、盛唐诗歌、宋词、古文、历算等文化成果，都成为中华信仰、哲学、伦理、文学艺术的重要渊源；荆楚的老庄思想、楚辞文学；吴越的软语吴歌、唐宋诗路等，都影响中华学术文化至深，是认识中华文化儒道互补特质的重要入口。一部中华文化，举凡民族之根、宗教之魂、文学之雅、武略之壮，都可在长江文明中去体会。长江流域是楚辞之源、汉赋之乡、唐诗之路、宋词之苑、戏剧之都，大半部文学艺术史，都孕育或壮大于长江流域。另外，以长江为地标，在古代中国形成了"江左""江右""江南""江西""江北"等统合地域的文化区，更与江南东路、江南西路、江南行中书省等政区文化相互联动。

长江文化的基本特征是水文化。在古代中国，河流是灌溉、航运、渔业等生产活动的重要依托。在先秦，包括长江在内的江、河、淮、济被称为"四渎"，这些流域是华夏先民们主要的活动地，因此四渎具有独特的精神文化地位，而长江位居四渎之首。到了秦代，四渎皆有庙宇祭祀，如成都的江渎祠，直到明清时期都是人们岁时祭祀长江之所。古代先民在祭祀长江的同时，很早就对其资源进行开发利用，因此，长江文化也是农业水利文化。在长江上游，秦代蜀守李冰在成都修建了举世闻名的都江堰工程，从此成都平原成为天府之国，带动了长江上游经济文化的整体发展；在长江中游，五代时期治理了云梦泽和彭蠡泽，促进了长江中游平原农业垦殖的发展，又修建了江西吉安的槎滩陂，有力地促进了江西地区农业垦殖的进程；在长江下游，先民们利用长江滩涂、湖泊，发展了独具特色的圩田农业，实践了一种人与自然和谐发展的生产模式。农业水利的开展又成为长江精神文化的重要来源，如为了感恩李冰父子的治水、用水功绩，在长江上游形成了"川主"民间文化。

长江也是水路交通文化之江。从先秦开始，长江的互联互通功能就日益显著。秦统一巴蜀之后，即筹划浮江伐楚；在长江中游，古代时期，生产力发展的进程就是水利兴修的进程，秦人修建了著名的灵渠，沟通了长江和珠江两大水系，为华夏一统做出了重要贡献，可以称之为古代中国"互联互通"工程的典范；在长江下游，战国时期即开凿了著名的邗沟，再发展至隋唐时期闻名遐迩的大运河。宋代对长江全流域的航运整治措施主要有设置航标、清理暗礁等。到了元代，长江流域设置了统一的水路站赤，长江水道成为国家交通干线。长江水路交通是古代中国的文化大动脉，宋代《长江万里图》勾勒出了长江两岸的秀美景致，而无数文人更是在长江旅途中进行文化创作，从"两岸猿声啼不住，轻舟已过万重山"到"姑苏城外寒山寺，夜半钟声到客船"，从"窗含西岭千秋雪，门泊东吴万里船"到"日出江花红似火，春来江水绿如蓝"，从吴越之地到巴蜀地区再到青藏高原，长江俨然成为一条中华民族的文脉之江。

长江亦是民俗文化之江。长江流经高原山区、盆地平原，尤其是高原山区，峰峦叠嶂，山高谷深，地面崎岖，交通不便，分布众多少数民族，各民族都有不同特色的民风民俗。在"世界屋脊"的青藏高原上，天高地寒，冰雪皑皑，藏族世世代代聚居生活在这片神奇的土地上，在与自然做斗争中、在与周邻民族的不断交流中，用智慧和汗水创造了具有高原色彩的"雪域文化"。在景观奇特的云贵高原上，少数民族众多，他们受山川形胜的影响，都有着各自浓郁特色的文化以及形形色色的风俗习惯，如彝族喜舞善舞，传统节日以脱胎于对火崇拜的火把节最为隆重；楚雄白族有大力舞，表演议事、祭祖、扫堂、上山、献战俘、送祖先等情景；西双版纳的傣族居住于"竹楼"或傣楼，属干栏式建筑；而哀牢山下的花腰傣族则住在土掌房中。在长江中下游地区，由于平原广阔，江湖山林相映，除汉族广泛分布外，也有少数民族散居，如湘西和鄂西南是土家族的集中分布区，这里传统的摆手舞和特有的"西朗卡铺"（土家铺盖）被称为土家族人民的艺术之花，土家族聚居地每至年节，"男女相携，蹁跹进退"，诗文中留下的"至今土庙年年赛，深逢就传摆手歌""相约新年同摆手，春风先到土司祠"等诗句，就是土家族新春跳摆手舞的生动写照，这种舞蹈除娱乐性动作外，还夹杂有田间劳动、春米、打糍粑等模拟动作。另外，在长江流域各地，江河是人们踏青游江的好去处，也留下了无数的物质与非物质文化遗产，如唐宋时期长江流域风行"人日"游江的习俗，人们在游江之后，往往题刻留念，因此创造了诸如涪陵白鹤梁、云阳龙脊石等宝贵的文化遗产；还有数不胜数的出游诗文词曲。

纵观历史，长江文化在中华民族发展中发挥了重要作用，而百年来特别是改革开放后，长江文化更是以其先导性，在一定程度上影响了中国社会的进程，带动了中国政治经济文化的发展。今天，长江流域作为中国经济成长的重要增长极，以长江中下游流域发达产业为龙头，承接中游地区的交通便利优势，将长江上游的基础性资源输送到下游地区，构建三位一体的"长江经济带"辐射全国。因此，中央重点实施的"三大战略"之一就有长江经济带，而长江文化为"长江经济带"建设服务，文化产业可以提升地域文化软实力。

三　长江文化被区割、淡化和消融的现实

长江文化历史悠久，内涵丰富，影响深远，但由于长江流域古人类文化遗址发现较晚等原因，一说起中华民族和文化，人们往往只想到黄河，而忽略了长江，长江文化的价值常常被淡化，关注度也远没有黄河文化高，存在的问题还很多，其中，最为突出的是各地的文化差异较大，难以整合力量共同发展，以及为了发展经济，往往不注重自然环境和历史文化的保护。

众所周知，长江流域众多相对独立的地理单元造就了长江文化的多样性，数千年的发展使长江流域孕育了巴蜀文化、荆楚文化、湖湘文化、吴越文化、徽文化、赣文化、江淮文化、客家文化和西南多元少数民族文化等多

种子文化类型，且各子文化越来越凸显其独特性以服务于地区发展，长江文化的整体性不强。而在长江流域经济发展迅猛的今天，以长江文化为载体的地方文化资源，如文化遗迹、文化遗产等被过度开发，成为地方政府的吸金石，长江文化因此往往被切割成地域文化、省份文化，形成不同的文化区。而各文化区呈现不同程度的自我保护，缺乏相互间的交流。如四川、重庆、云南、贵州属于西南地区，同处于西南官话覆盖区域，这一地区人民虽然在语言、饮食习俗等方面具有一定的相似性，但凝聚力还不够；湖北、湖南、广东、广西等因清代的"湖广填四川"而与四川地区有一定的文化上的联系，但文化差异性仍较大；江西、安徽、福建等省与周边地区的差异性也较大，如江西在近代历史中是我国革命老区，但进入现代发展之后一直没有出色的表现，而安徽北部有淮河流经，与江苏北部淮河流经区域具有更多联系，反而与省内其他地方存在较大差异；江苏、浙江、上海等省市历来经济发达，文化繁荣，总体上属于吴越文化区域，但是这些省份即使内部也因语言、习俗等问题而分成如苏南、苏中、苏北等更多的小区域，具有一定的排他性。

长江流域的各区域，虽同属于长江文化体系，但各地的文化发展差异较大。而各地实行地方保护和盲目开发，虽然一定程度上提高了经济收益，却使文化效益大打折扣，有的甚至以牺牲环境为代价，因此，急切需要整合发展。同时，受到现代文化的冲击，长江文化的淡化和消融趋势更为明显。许多年轻人并不了解自己所处的长江文化区的文化价值，这不利于长江文化的传承与弘扬。

四　加强长江文化资源调查、保护和传承发展的几点建议

长江是历史与自然给予中华民族的馈赠，长江文化是赓续千年的文脉。因此，习近平总书记在全面推动长江经济带发展座谈会上强调，要把长江文化保护好、传承好、弘扬好，延续历史文脉，坚定文化自信。

第一，深入挖掘长江文化的内涵和现实意义，在新时代赋予长江文化以新内涵、新活力，以辩证思维处理好保护、传承、弘扬之间的关系。长江文化内涵的挖掘，要从自然属性入手，由自然属性及于文化属性。今天的长江文化不仅是考古发掘中的文物和标本，也不再局限于诗词的文学表现范畴，而是逐渐成为全社会各方面的热门话题，但是目前的研究、保护、传承和弘扬还远远不够，也还存在一些不平衡、不充分的现象，不仅需要开展长江沿线文化资源的全面普查，对于相关文化遗产进行分类分级登记保护，而且需要加强文化保护区建设，尤其对于一些重要的文化资源进行重点保护开发，还需要加强宣传教育，增进人民群众对于长江文化的了解，在学校教育系统内积极开展长江文化资源相关教育，促进青少年对于长江文化的了解、关注和认同。同时，避免以产业布局、旅游开发等名义进行文化透支，尤其是房地产项目、旅游小镇、网红流量等形式的破坏性开发。

第二，重视长江文化的统一性，要以系统思维处理整体与局部的关系。长江文化虽是一个整体地域概念，但其内部各文化区并没有实现紧密的团结，更没有形成有机的整体。在文化领域，吴、楚、蜀，上、中、下游的文化整合程度仍有待提升。长江作为贯穿中国东、中、西部的河流，其文化呈现出典型的线型文化特征。但线型的长江文化被各省市分割。与国内长城、大运河等线型文化相比，长江文化略显分散，统一的、全流域的文化研究较少。目前已经出版有《长江文化研究文库》《长江文明丛书》《长文明之旅》等书籍，但缺乏系统性、根本性和持久性。因此，需要整合资源，加深研究，提炼精神，突出价值，展示成就，开拓新境。建议编纂《长江文化大典》，将各类资料汇编起来，构筑系统研究、持久发展的资料基础；撰写《长江文化发展史》，梳理长江久远的文化历史；撰写《长江文明区域史》，注重各地域历史发展与长江之关系；撰写《长江文明专题史》，分自然、经济、民族、宗教、哲学、文学、史学、艺术、考古等各种专题，展示以长江为纽带，以地域、民族为区块，以专题、主题为内容的，以一干多枝、一体多元为特色的长江文明大型文库，彰显长江文化的内涵和特质，为建设繁荣兴盛的长江经济带提供文化支撑。

强调对长江文化资源的保护和传承，当然要强调沿线各省市的共性和联系，加强各地区之间的交流，尤其是跨文化区域的交流，诸如巴蜀文化与楚文化之间的交流、楚文化与赣文化之间的交流、吴越文化与其他区域文化之间的交流等，尤其要对经济欠发达的省市予以扶持，以长江文化为名义，强调同属于长江文化下的各省份的互帮互助，增强各地区对长江文化的认同。另外，各文化分区应加强协作与统筹，在保持自身独特性的同时，避免恶性竞争、相互抄袭、以假乱真。

第三，运用创新思维，采取多种方式，让长江文化活起来。要以典型长江文化入手，研究如何生动展示长江文化之美，创作更多传播文化价值的作品（包括各种大家喜闻乐见的作品），让更多人感受可触摸的长江。成立相关长江文化研究、保护、宣传机构，依托长江沿线的成都、重庆、武汉、南京、上海等文化重镇，有序推进长江文化的传承与保护工作。

B.24
巴蜀文化中的酒文化

蔡　竞*

摘　要：　酒文化不仅是中华传统文化的重要组成部分，更是巴蜀文化的重要因子。本报告以巴蜀文化中的酒文化为着眼点，通过总结、梳理、分析古蜀时期酒文化、历代诗词中的蜀酒文化和蜀酒未来发展中的酒文化三方面各具特色而又紧密联系的文化现象，探寻蜀酒文化与长江文化之源的密切关系，为蜀酒文化在中华文化中的独特呈现提供一种有益的思考。

关键词：　巴蜀文化　酒文化　长江文化

习近平总书记多次指出，要保护传承弘扬长江文化。长江造就了从巴山蜀水到江南水乡的千年文脉，是中华民族的代表性符号和中华文明的标志性象征，是涵养社会主义核心价值观的重要源泉。[1] 长江文化与黄河文化是中华文明多元一体系统中各有悠久而独立的始源、并行生长、生存和发展，并互相交错影响和相互融汇的两支主体文化，共同构成中华民族传统文化最可宝贵的精神财富。

酒是人类最古老的食物之一。中华民族是世界上最早掌握人工酿酒技术的民族之一。作为一种特殊的食品，酒既是一种客观的物质存在，也是一种文化象征。中华民族的文明进程、中华民族的精神气质，在酒文化中有着最

＊　蔡竞，四川省政府参事室主任。
①　习近平：《在深入推动长江经济带发展座谈会上的讲话》，《求是》2019 年第 17 期。

为丰富和真切的体现。以酒为载体，以酒行为为中心所形成的文化形态，以其悠久的历史、博大精深的蕴涵和丰厚的精神文化价值，成为中华民族文化的重要组成部分。

长江不仅养育了华夏文明，培育了中华民族源远流长的历史文化，同时为酿造美酒提供了优质的水源，长江流域地区在酒的创造、传承、创新上有悠久的历史。无论是四川的"六朵金花"① 还是与蜀酒毗邻的黔酒无一不在长江流域。特别是长江四川段干流全长 1788 千米，占长江全长的 28.4%；四川省内流域面积 46.7 万平方千米，占长江全流域的 26%。可以说，酒文化不仅是包括长江文化在内的中华传统文化的重要组成部分，更是巴蜀文化的重要因子，且传承不辍、历久弥新。常璩在《华阳国志·蜀志》中亦说："九世有开明帝，始立宗庙，以酒曰醴，乐曰荆，人尚赤，帝称王。"② 据学者研究，这里的醴就是川酒的专名。③ 这从文献说明巴蜀酒文化的历史尤为悠久。从 20 世纪持续至今的在四川三星堆地区进行的两次重大考古活动中，出土了 3000 年至 3500 年前的大量陶酒器和青铜酒器，④ 从酿造、贮藏到饮用，应有尽有。这也从出土文物方面证明了文献记载的无误。探索长江流域与酒文化的渊源，有助于扩大中国酒文化影响力。同时，酒文化在中国文化系统里又孕育繁衍发展而成一个相对独立、蕴涵丰富、内分子系清晰又互为勾连的子体系。酒诗词就是这个系统中的一个重要表象。在酒与诗文互为滋养的 3000 多年里，不计其数的历代佳酿，以其独特的方式涵养了 3000 多年来的万千诗人。美酒流进肚子里，随之升华成诗人笔下万千隽永的诗章。

一　蜀酒之源三星堆

巴山钟灵，蜀水毓秀。四川地区酿酒的历史，可以追溯到远古新石器时

---

① 指获得中国历届酒评比名酒称号的六种酒：五粮液、泸州老窖、剑南春、沱牌曲酒、全兴大曲、郎牌。

② （晋）常璩撰，刘琳校注《华阳国志校注》，巴蜀书社，1984。

③ 林向：《蜀酒探原——巴蜀的"萨满式文化"研究之一》，《南方民族考古》1987 年第 1 期。

④ 慧绘：《三星堆酒器和郫筒酒》，《文史杂志》2008 年第 2 期。

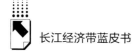

代，在人类文明尚处于蒙昧的那个时期，成都平原便出现了酒及酒器，[①] 勤劳智慧的巴蜀先民，创造了光辉灿烂的古蜀文化，而作为古蜀文化代表的三星堆文明，酒文化更是占据了一席之地。[②]

三星堆古遗址位于四川省广汉市西北的鸭子河南岸，分布面积 12 平方千米，距今已有 3000～5000 年历史，是迄今在西南地区发现的范围最大、延续时间最长、文化内涵最丰富的古城、古国、古蜀文化遗址。现有保存最完整的东、西、南城墙和月亮湾内城墙。三星堆遗址被称为 20 世纪人类最伟大的考古发现之一，昭示了长江流域与黄河流域一样，同属中华文明的母体，被誉为"长江文明之源"。这里气候温和，土地肥沃，水质优良，农业发达，人文深厚。从粮食的自然发酵到人工酿酒，三星堆的酿酒历史可谓悠久，酒文化深深浸润了古蜀人的生活。

自从 20 世纪 30 年代，三星堆遗址被发现以来，已经进行了两轮大规模的考古。特别是 2021 年 3 月 20 日开始，自中央电视台连续三日的直播，更让人们对三星堆以及考古中国的热情高涨，兴趣益然。2021 年 5 月 28 日，四川省文物考古研究院公布，三星堆新发现 6 个"祭祀坑"发掘收获颇丰，截至目前，已出土丝绸、规整精致的象牙微雕、涂有朱砂的神秘木匣等重要文物一千余件。在本次出土的珍贵文物中就有很多属于酒具，如盉、觚、觯、瓮、罍、钵、尊、爵等。这些酒具的种类之繁复，做工之精密，令人拍案叫绝。这也从另一个角度印证了"自古蜀中出佳酿""蜀酒之源三星堆"的考证之说。

"国之大事，在祀与戎"[③]。三星堆古蜀人酿的酒首用来祭祀先人和神灵。三星堆器物坑中出现了大量作为礼器的铜尊。尊作为古代主要的礼仪用器，在祭祀活动中占有十分重要的地位。在商周古文字中，"尊"字像双手捧举一长颈圜底的容器之形。根据周代礼书的记载，尊是盛放祭祀以备灌酌

① 陈修元：《三星堆酒文化散记》，《环球人文地理》2018 年第 3 期。
② 夏如秋：《从"三星堆"到剑南烧"春天益老号"——古代四川酒文化历史源流考》，《中国酒》2001 年第 5 期。
③ （战国）左丘明著，（晋）杜预注《左传》，上海古籍出版社，2016。

的酒器。而三星堆出土的尊体量较大，可以容纳较多的酒浆；它的器口开敞，酒香四溢，能够容易地传达到享用者那里。所以尊在祭祀等活动所使用的酒器中最受重视。

而从酿酒用高颈罐的这一特色上，不难看出蜀人酿酒技能已达到很高的水平。而从带有束颈特点的瓶形杯酒具来分析，当时蜀人饮酒方式为啜饮。也就是说，此时蜀人所饮之酒已是一种无滓的清酒，比同期中原地区"汁滓相将"的"连糟"酒的酿制方法更为先进。可以说，酒文化是三星堆文化的重要组成部分，构成了古蜀文明的传统。数千年来，酒成为三星堆文明的重要载体，成为四川史前文明传承和敞开未来不可或缺的物质文明元素。

二　蜀酒之香古诗词

酒香，是中国古诗词的显性特征。依据现有文献，严格意义上的中国酒诗词源头在《诗经》。如《诗经·小雅·宾之初筵》的"饮酒孔嘉，维其令仪"中有酒字，归类为酒诗；而《诗经·周南·卷耳》的"我姑酌彼金罍，维以不永怀"和"我姑酌彼兕觥，维以不永伤"两句中，"酌"是饮酒动作，"金罍""兕觥"是酒具；《诗经·小雅·节南山》诗句"忧心如酲"中，"酲"字表现的是人在酒后恍恍惚惚的状态；《诗经·周颂·执竞》诗句"既醉既饱，福禄来反"，写了酒后的兴奋。这些诗句中，虽无酒字，却也是货真价实的酒诗。

四川多美酒，蜀中诗人多。在氤氲酒香中孕育的四川诗人，始终是中国3000年文学史上最璀璨的明星群体。他们血性激情又富于生活情调的气质，一经川酒的滋润，就炼化成了川酒美名的镜像。川酒不仅是他们创作不可或缺的题材，也是"斗酒诗百篇"的灵感源泉。他们的思想行为、生活情感、政治抱负，也因川酒的独特韵味而获得了丰富的内涵。李白的狂放不羁，苏轼的旷达有度，杜甫的长歌当哭，黄庭坚"谪仙何处，无人伴我白螺杯"①

---

① （宋）黄庭坚著，马兴荣等校注《山谷词校注》，上海古籍出版社，2011。

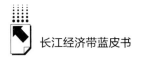

的孤独，陆游"醉中拂剑光射月，往往悲歌独流涕"①的失意，都因字里行间浓浓的酒味而增色；而他们酒香浓郁、无足而行的诗章，也随之演化成为对川酒的赞美和歌唱。

汉代酒诗与文人个体生活和情感的联系开始密切。汉代酒诗数量虽不多，但在表现汉人酒生活和酒心理等方面，也多为后人赞赏，而"不如饮美酒，被服纨与素"②之语，更是千古传诵的名句。蜀郡人士司马相如与卓文君以酿酒营生。"文君当垆，相如涤器"的美谈至今仍为人称颂，李商隐提笔留下了"美酒成都堪送老，当垆仍是卓文君"③的名句。

及至魏晋南北朝，酒开始进入诗文作者的心理和情感世界，酒和文人从此踏上了高度融合之路，诗文随之成为呈现古代文人酒生活和情志的优质载体。最早体现出这种变化的，是建安之雄曹操和他的《短歌行》："对酒当歌，人生几何！譬如朝露，去日苦多。慨当以慷，忧思难忘。何以解忧？唯有杜康。"④雄才大略的曹操有强烈的现实关怀和高远的人生目标，岁月的流走，使他产生了焦虑。在酒的激发下，曹操用诗歌唱出了建安人将生命意识升华为建功立业的心声，赋予酒和诗歌全新的意义。在曹操影响之下，酒开始全面融入当时文人的诗文创作中，成为他们表达个人生命欲求和凌云壮志的发酵剂。

陶渊明就是其中之一，他的酒诗往往作于三杯两盏淡酒之后。他写寻常事，用田家语，极尽清轻素淡而诗味隽永无伦。陶渊明身怀猛志，身心却难以融入他本该沉浮其间的主流社会，在间间断断做了几任小官之后，竟归隐饮酒作诗以为乐。对此，陶渊明在《饮酒二十首序》中说："余闲居寡欢，兼比夜已长，偶有名酒，无夕不饮。顾影独尽，忽焉复醉。既醉之后，辄题数句自娱。"⑤他又说："性嗜酒，家贫不能常得，亲旧知其如此，或置酒而

① （宋）陆游著，钱仲联校注《剑南诗稿校注》，上海古籍出版社，2005。
② 逯钦立辑校《先秦汉魏晋南北朝诗》，中华书局，1983。
③ （唐）李商隐著，（清）冯浩笺注《玉谿生诗集笺注》，上海古籍出版社，1979。
④ （东汉）曹操著《曹操集》，中华书局，1959。
⑤ （晋）陶渊明著，逯钦立校注《陶渊明集》，中华书局，1979。

招之。造饮辄尽，期在必醉；既醉而退，曾不吝情去留。环堵萧然，不蔽风日。短褐穿结，箪瓢屡空。晏如也。"① 陶渊明不慕荣利，远离尘世，淡然人生的生命态度，"寄酒为迹"，"既醉之后，辄题数句自娱"的生活方式，开创了中国文人新的生命范式。他的生命态度、生活方式和淡雅脱俗的酒诗词，成为后代文人心中神一样的存在和永远向往的远方。这个时期，成都郫县（现郫都区）盛产竹，著名文学家山涛便配以大米、酒曲等原料酿出备受称赞的郫筒酒，杜甫在《将赴成都草堂途中有作先寄严郑公》中便说"酒忆郫筒不用酤"。中国的酒与文的发展是并行且互相促进的，鲁迅在《魏晋风度及文章与药及酒之关系》一文中，就把盛行饮酒的魏晋时代称作"文学的自觉时代"。

诗性唐代，也是诗文与酒全面融合、文人与酒互为诗化的时代。被时代赋予了自豪感和浪漫情怀的唐代文人，把拥抱社会和热爱生活的激情，与魏晋文人的叛逆和独立精神化合成诗文的"催化剂"和激发器。在美酒的馨香里，唐代文人一方面以澄净的心神延续魏晋文人诗酒度日的生活方式，另一方面又以前所未有的胸襟和气魄，完成了中国酒诗词的升华和转向——从现实人格的表现和塑造，转向生活和性情的诗意表达，转向诗酒自足的生活理性。

李白的《将进酒》一诗，堪称诗与酒的混合发酵，从而把诗歌推向了顶峰。"酒作为一种载体，见证了诗人的喜怒哀乐、豪情抱负，最后化作诗的旋律在文学的长河中流转不息。"② 还有学者认为："虽然中唐时期政治、经济相较盛唐有所衰退，但总体而言唐朝酒业政策开放，为诗酒文化提供了良好的发展空间；唐代中外交流频繁，越来越多的人积极参与诗歌创作，使诗酒文化愈加繁荣。"③ 唐代开元时，四川绵竹周边春季酿产的酒被称为春酒，或称剑南酒、蜀酒、成都酒。"剑南之烧春"被唐人李肇记载入《唐国史补》，位列"叙酒名著者"条所载唐时 14 家名酒之一。诗圣杜甫就在

---

① （晋）陶渊明著，逯钦立校注《陶渊明集》，中华书局，1979。
② 尤锋：《品读〈将进酒〉赏味"酒文化"》，《高中生学习》2021 年第 4 期。
③ 胡红光：《白居易诗歌中的酒文化研究》，《文化产业》2021 年第 14 期。

《送路六侍御入朝》中写道："剑南春色还无赖，触忤愁人到酒边。"川酒的"香且浓"，铸就了历代文化先贤和诗人笔下的浪漫恣意和无限灵感，陈子昂就有诗云："银烛吐青烟，金樽对绮筵。"① 有人说，杜甫翁是闻着酒香来到四川的，他在会友酒酣时写下了"重碧拈春酒，轻红擘荔枝"的赞语。同时，杜翁还在《野望》中发出了"射洪春酒寒仍绿，目极伤神谁为携"的唏嘘。雍陶回到成都，喝了家乡的酒后留下了"自到成都烧酒熟，不思身更入长安"的赞叹；张籍流连于成都万里桥，留下了"万里桥边多酒家，游人爱向谁家宿"的感叹；岑参游历蜀地，也留下了"成都春酒香，且用俸钱沽"的真实记载。"纵观先秦至唐代的川酒历史文化，可以一窥唐以降直至现今川酒在全国独树一帜的主要原因。四川盆地气候环境适宜，盛产酿酒原料，水质优良；同时，酿酒历史悠久，从最初的祭祀用酒到贵族官员宴饮用酒，再到百姓酿酒买酒，由上而下的饮酒之风盛行至今。川酒在古代蜀地的社会生活中恒久不变，构成川酒独特的文化意义。"②

两宋是中华文化的极盛之世，酒业也空前发达。在文墨和美酒的馨香里，盛唐文人的激情、自信和张扬，变成苏东坡、黄庭坚、辛弃疾、刘过、陈亮等文人"左牵黄，右擎苍"的豪迈，以及辛弃疾、陆游、文天祥们的不屈和悲愤。两宋日益浓郁的书卷气，使越来越多的文人走向了沉稳的儒雅和世事洞明的疏淡。他们不喜欢唐人年少轻狂式的酒场喧闹，也不喜欢唐人酒场的雍容华贵和金碧辉煌。他们自觉地将传统酒文化中那份抗世精神与理想意气，内化为寻求心理平衡的依凭。他们追求享受型的诗酒人生，在意个人生活和生活情调的自足，沉醉于端着别致的小酒杯，在"浅斟低唱"中风流自赏，在十七八女孩执红牙拍板唱"杨柳岸晓风残月"的轻歌曼舞和诗酒唱和中流连；也追求生活的品位，喜欢布局疏简、精致的酒场里的清雅。四川作为重要的商贸之地，商业繁荣，酒市发展鼎盛，各类美酒数不胜数，如锦江春、鹅黄酒、荔枝绿、蜜酒等。苏轼作《蜜酒歌》赞曰："三日

---

① （唐）陈子昂著，徐鹏校点《陈子昂集》（修订本），上海古籍出版社，2013。
② 杨梦秋：《先秦至唐代蜀酒文化的历史脉络》，《文史杂志》2020 年第 2 期。

开瓮香满域""甘露微浊醍醐清"。① 黄庭坚在《西江月·茶》中赞叹川酒"鹅黄":"已醿浮蚁嫩鹅黄,想见翻成雪浪"。② 田况在组诗《成都遨乐诗》中描绘道:"霞景渐曛归櫂促,满城欢醉待旌旗。"③ 可见当时成都饮宴风象之况、饮酒风气之盛。方干在《蜀中》也说:"游子去游多不归,春风酒味胜馀时。"④ 只有故乡的酒,才能消散游子心中的惆怅。

及至元明清三代,虽然文人与酒、与诗文的关联度越来越密切。就酒诗词的量而言,都远超以往,且都分别产生过一些在历史上广有知名度的酒诗词作家和名篇。但就酒诗词的发展而言,这三代主要成就还是对酒诗词传统的继承和延续。元朝时的虞集在《归蜀》中就说:"赖得郫筒酒易醉,夜深冲雨汉州城。"⑤ 可见山涛的郫筒酒从晋一直流行到了元朝。清代四川著名诗人张问陶不仅嗜酒成癖,更是留下许多题酒名篇。"不泛百花潭,不登峨眉山。忘情到山水,更比闲人闲。……诗卷飞海外,朝衣醉田间。……我生三十年,年年游醉乡。不知百年中,当倾几万觞。"⑥ 对在《饮酒诗十篇和稚存》组诗中抒写了他对蜀酒的酷爱。在喝了薛涛酒后,赋诗《朴园属咏薛涛酒》:"千古艳才难冷落,一杯名酒忽缠绵。色香好领闲中味,泡影重开死后缘。我醉更怜唐节镇,枇杷花底梦西川。"⑦ 朋友送来家酿美酒,他写下了《汉州张忆堂赠家酿曰海棠春口占致谢》:"碧鸡坊里苦吟身,金雁桥边送酒人。艳色名香何处有,乡心沉醉海棠春。"⑧ 不仅自己爱酒,张问陶的妻子林佩环也支持他饮酒,曾赠诗云:"爱君笔底有烟霞,自拔金钗付酒家,修到人间才子妇,不辞清瘦似梅花。"⑨

酒是中国古代文人心中最绚丽的风景,也是他们生活中最可心的精灵。

① (宋)苏轼著,(清)王文诰辑注,孔凡礼点校《苏轼诗集》,中华书局,1982。
② (宋)黄庭坚著,马兴荣等校注《山谷词校注》,上海古籍出版社,2011。
③ (宋)袁说友等编《成都文类》,赵晓兰整理,中华书局,2011。
④ (清)彭定求等编次《全唐诗》,中华书局,1960。
⑤ (元)虞集著,王颋点校《虞集全集》,天津古籍出版社,2007。
⑥ (清)张问陶撰《船山诗草》,中华书局,2000。
⑦ (清)张问陶撰《船山诗草》,中华书局,2000。
⑧ (清)张问陶撰《船山诗草》,中华书局,2000。
⑨ (清)张问陶撰《船山诗草》,中华书局,2000。

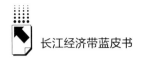
酒伴随过中国古代文人，酒也成就了他们。在酒液流淌过的中国历史长河里，酒香所及之处，就一定有中国文人深情地吟唱，历史典册中的每一篇酒诗词，都是他们心灵深处永不绝响的歌声。正所谓"春酒剑南莹石泉，骚人揽步近兰烟。月阑幽渚兼葭静，把盏推杯认凤缘"。①

三　蜀酒未来在文化

从百年前的小作坊、小品牌，成长为如今的千亿级产业集群、风靡国内外的大品牌群，川酒产业走过了一段辉煌的历史。时至今日，川酒拥有全国白酒行业百强企业 30 余户、中国驰名商标 12 个，在中国十七大名酒中占有 6 席。四川白酒之所以能够发展成为四川省的支柱产业和中国白酒工业"脊梁"，一方面得益于四川省独特的自然物候，另一方面则拜四川诗人所赐。

从文化生产力的角度说，中国酒诗词是涵养和激发中国酒业不断发展的现实生产力。从史前到当代，中国酒业发展史上的点滴进步，都是文化涵养、激发和反哺的结果，而酒品中的非物质化价值，也得依赖文化激发、涵养和彰显。因为喝酒的人不仅是酒诗词的创造者，也是酒诗词最热心的读者。美酒在滋润中国人生活的同时，酒诗词也会悄无声息地演化成为社会大众的"美食"。酒客中那些光怪陆离的趣谈轶闻，不仅是人们觥筹交错间津津乐道的谈资，也是中国社会最传统的"化民"工具。因此，无论酒诗词中皇家贵胄、庶民凡夫、贩夫走卒与迁客骚人们曾经的一举手一投足，还是典章制度、爵角觥杯、诗词歌赋与酒令酒话里的酒香，都是大雅大俗的浑然同体，有雅俗共赏的特质，也是当代社会建构和经济社会发展的文化软实力。历史已经证明，因酒而衍生的酒诗词，既深受人们所喜爱，也能够担负起引导、提升和丰富人们精神生活的重任。笔者在调研川酒时，曾写下《贺宜宾"中国酒史研究中心"成立暨〈十里香大酒坊〉电视剧开机二

---

① 笔者所著《绵竹夜吟三首——记于唐宋酒文化研讨会开幕前夜》之二。

首》，其一云："盛时瑶尊好称觞，酒史宏文福梓乡。一样兴衰关庶物，恒昌国酿泛奇香。"其二云："乱世混沦时漏长，新元衔梦创辉光。关情生计播甘露，澄冽原粮大酒坊！"

文化兴则国家兴，文化强则国家强。习近平总书记在给《文史哲》编辑部全体编辑人员回信时，指出："增强做中国人的骨气和底气，让世界更好认识中国、了解中国，需要深入理解中华文明，从历史和现实、理论和实践相结合的角度深入阐释如何更好坚持中国道路、弘扬中国精神、凝聚中国力量。回答好这一重大课题，需要广大哲学社会科学工作者共同努力，在新的时代条件下推动中华优秀传统文化创造性转化、创新性发展。"[1] 笔者在英国等西方国家考察调研时，往往会被当地人邀请去参观酒庄，庄主总会给参观者讲述酒的历史、文化、精神和情怀，而不仅仅是简单的"一口干"。法国的葡萄酒、英国的威士忌、俄罗斯的伏特加皆闻名于世。但这些国家的酒，更像是一种工艺品，与中国数千年来积淀而成的酒及其背后的精神文化内涵相比，依然相形见绌。

中国酒诗词真实地记录了中华民族创造生活、享受生活的智慧和情趣。中华民族3000年生活的点滴和瞬间，都因酒诗词而鲜活地流传至今，中华民族有品质的生活方式也因酒诗词而得到立体展示。无论是神圣的三代祭神祀祖礼仪，以乐为本的大汉盛世之象，率性深情的魏晋南北朝生命之问，还是盛世雍容的大唐盎然诗性，清雅理性的两宋书卷气，纵酒为乐的元代大众狂欢，雅致与尘俗同在的明清生活之乐，中国酒诗词不光是现代人认知过去、世界各族人民认知中华文化的媒介，也当然是传播中国诗酒生活方式的有效载体。蜀酒也将肩负起时代的使命与责任，融入到中华民族伟大复兴的激荡澎湃的洪流之中，彰显文化自信，展示中国精神。诚如笔者2021年初春，欣入五粮液集团调研时夜吟所云："酿出浓香此独尊，江流万里入天门。仙人醉揽星空月，名士长留大雅魂。酒筛迟悲才俊暮，尘缘尽掩窖泥痕。绵延世纪风靡久，哪个重来不举樽。"

---

① 《习近平给〈文史哲〉编辑部全体编辑人员回信》，《人民日报》2021年5月10日。

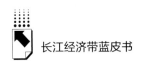

参考文献

《全唐诗》，上海古籍出版社，1986。

徐连达：《唐朝文化史》，复旦大学出版社，2004。

赵建民、金洪霞主编《中国饮食文化概论》，中国轻工业出版社，2012。

朱瑞熙等著《宋辽西夏金社会生活史》，中国社会科学出版社，1998。

李斌城等著《隋唐五代社会生活史》，中国社会科学出版社，1998。

袁邈桐：《曲水流觞——中国传统诗酒文化》，《商业文化》2014年第1期。

张宗福：《论唐诗的酒文化内涵》，《阿坝师范高等专科学校学报》2006年第4期。

刘茂才、谭继和：《巴蜀文化的历史特征与四川特色文化的构建》，《四川省情》2005年第10期。

李柳芳：《唐代诗歌与中国的酒文化》，《广西广播电视大学学报》1998年第4期。

胡骄键：《中国酒文化的三重境界》，《安庆师范学院学报》（社会科学版）2010年第5期。

葛景春：《诗酒风流——试论酒与酒文化精神对唐诗的影响》，《河北大学学报》（哲学社会科学版）2002年第2期。

丁启阵：《中国诗酒关系略论——附论物质文化与精神文化的融合》，《中国典籍与文化》2001年第2期。

张胜明：《四川酒业"酿造"酒文化》，《瞭望新闻周刊》2002年第11期。

冯健、赵微：《川南黔北名酒区的历史成因和特征考》，《西南大学学报》（社会科学版）2008年第6期。

张茜：《中国传统岁时食俗中酒文化的功能》，《酿酒科技》2014年第8期。

萧家成：《论中华酒文化及其民族性》，《民族研究》1992年第5期。

康珺、倪江波：《四川酒文化的剖析》，《商业文化》（学术版）2010年第2期。

羊玉祥：《川酒诗话》，《川北教育学院学报》1998年第4期。

徐学书：《唐宋以来成都的酒文化》，《四川文物》2001年第6期。

宁志奇：《蜀酒探源话绵雒》，《科学中国人》2010年第11期。

王海：《三星堆酒，承载上古文明》，《华夏酒报》2016年11月8日。

B.25
长江中游的楚文化

程涛平*

摘　要： 长江中游的历史是中国历史的重要方面。楚国崛起、成长、壮大于长江中游地区，从春秋中期起，楚国疆域为列国之首，战国中期一度成为世界第一大国。楚文化影响所及达到半个中国，无论物质还是精神层面对世界有着巨大贡献。楚国灭亡后，楚文化泽被后世，对汉代直至近现代的中国仍影响深远。长江精神与黄河精神有明显的分野，黄河精神具有创造世界的博大气象，长江精神贵在协和夷夏，具有开放性、兼容性。

关键词： 楚文化　长江精神　黄河精神

楚国崛起于长江中游。楚文化研究的领军人物张正明先生在《楚文化史·导言》中说：楚文化因楚国和楚人而得名，是周代的一种区域文化。它同东邻的吴越文化和西邻的巴蜀文化一起，曾是盛开在长江流域的三朵上古区域文化之花。当楚文化迹象初露之时，它只是糅合了中原文化的末流和楚蛮文化的余绪，特色还不多，水平还不高，几乎无足称道。春秋中期是楚文化际会风云之对，从此，它便领异标新，而与中原文化竞趋争先，竟有后来居上之势。这个交融、衍生、勃兴、转化的过程所体现的文化演进规律，

---

* 程涛平，武汉文史馆馆员。

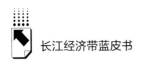

是引人入胜的。①

考古发现，长江中游地区具有古老而发达的史前文化体系（城背溪—大溪—屈家岭—石家河新石器时代文化体系）。其中，位于湖北天门的新石器时代石家河城是江汉流域土著三苗的大本营。拙著《先楚史》论证，以大禹为代表的华夏文明南下，攻破石家河城，迫使三苗遗民四处流徙，留在长江中游地区的三苗遗族被称为荆蛮，以江汉流域的盘龙城为大本营继续生存、发展。后盘龙城被商王大戊强占为行都，荆蛮被迫沿长江顺流而下，进入赣江，迁徙至江西吴城，在商王武丁的打击下，又迁至湘江下游的湖南宁乡炭河里，继续生存发展。商代晚期放弃对南土的统治，荆蛮得以重返江汉流域，以湖北黄陂的鲁台山为大本营。西周早期，荆蛮部族急剧发展壮大，遍布于长江中下游地区。由于周王朝大规模分封诸侯，强占荆蛮土地，以及沉重的贡赋，荆蛮与周王朝的矛盾不断激化，周昭王南征荆蛮意外身死汉江，周穆王及周宣王等历代周王继续对荆蛮不断镇压，从西周末期到春秋早期，荆蛮被迫与周初从中原南下的芈族集团融合，对抗周王朝，春秋早期，以公元前704年楚武王称王为标志，正式成立楚国。从此，楚国在长江流域登上了历史舞台。②

先秦时期长江中下游地区疆域最大的诸侯国是楚国。西周晚期的楚王族已经占领长江中游的随枣走廊，继而占有今湖北境内江汉流域。西周末至春秋初，楚王族势力在江汉流域迅猛发展，由"僻在荆山，土不过同"，到春秋早期楚成王时"楚地千里"。楚国疆域包括湖北地区沿长江两岸、汉水流域以及淮河流域部分地方。春秋中期，楚国经过楚穆王、庄王、共王、康王的开疆拓土，已经占有今湖南中部、安徽大部、江西北部，并且一度征服徐国、吴国等长江下游的诸多蛮夷之国，形成"赫赫楚国，而君临之，抚征南海，训及诸夏，其宠大矣"的局面。春秋中期以后，楚开始大举南进，今湖南已属其势力范围，在春秋晚期，楚国已经到达南岭山脉一带。局部地

① 张正明著《楚文化史》，上海人民出版社，1987，第1页。
② 程涛平著《先楚史》，武汉出版社，2019。

带楚势力可能已经越过南岭，扩大到今广西东北部一隅。楚疆之大，为春秋列国之首。

战国初期在各大国的疆域中，仍以楚国为最大，越次之，赵、齐次之，秦、燕次次之，魏又次之，韩最小。公元前382年（楚悼王十八年），楚悼王任用吴起，楚国"南平百越，北并陈蔡，却三晋，西伐秦"。"兵震天下，威服诸侯"。成为名副其实的南方强国。到公元前333年（楚威王七年），楚国灭越，拓地东至浙江。至此，楚国的疆域广大。《战国策·楚策一》载，苏秦说楚威王时，夸耀楚国："西有黔中、巫郡，东有夏州、海阳，南有洞庭、苍梧，北有汾陉之塞；郇阳地方五千里，带甲百万，车千乘，骑万匹，粟支十年，此霸王之资也！"按照现在的区域划分，楚国疆域"南到五岭；北近黄河；东北到鲁和莒的故地，即今曲阜、莒县，东至琅琊等地；西至今湘、鄂和川、黔边界；东南至会稽山以南；包括现在的湖北、湖南、安徽、江苏四个省的全部或大部，以及河南、山东、陕西、江西、浙江等省的一部。面积超过百万平方公里"。公元前323年（楚怀王六年），楚国攻魏，再次成功拓境。同年，世界上由于亚历山大大帝逝世，其缔造的马其顿帝国随即瓦解。此后10余年间，楚国不仅是战国各诸侯国中最大国，还是世界第一大国。《淮南子·兵略训》记载：楚之地，"南卷沅湘，北绕颍泗，西包巴蜀，东裹郯邳，颍汝以为洫，江汉以为池，垣之以邓林，绵之以方城，山高寻云，溪肆无景……大地计众，中分天下"。楚怀王时，楚国疆域最大，东跨越地以尽于海，西及秦、巴，南领百越群蛮，北界秦、韩、郑、宋、薛、郯和莒，淮水流域及长江、珠江中下游均属于楚，地跨现今11省之多，包括今天的鄂、湘、皖、苏、浙、闽、赣、黔及鲁南、鲁东、河南南半部，陕南汉水流域，四川东都沿长江两岸及雅安地区，云南东中、北部，广东的湛江以东的大部分，广西的漓江流域等。楚国地处亚热带，四季分明，日照充足，空气湿润，适合于不同的农作物、牧草、森林、牧畜的生长和繁殖。

自公元前704年（楚武王三十七年）楚国建国，至公元前223年（楚王负刍五年）楚国灭亡，在481年的漫长时间里，经历无数的战争，楚国

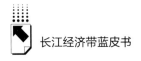

的主要活动，疆域盈缩，都发生在长江中下游地区。

对于楚国的扩展，李学勤先生曾指出："楚文化的扩展，是东周时代的一件大事。春秋时期，楚人北上问鼎中原，楚文化也向北延伸。到了战国之世，楚文化先是向南大大发展，随后由于楚国政治中心的东移，又向东扩张，进入长江下游以至今山东省境。说楚文化影响所及达到半个中国，并非夸张之词。"

楚国故地不仅出土文物令人震撼，出土简帛文献之多，也无与匹敌。罗运环先生指出：就楚简帛而言，目前为止，全中国先秦简帛共出土 43 批，仅 2 批为秦简，余皆为楚简帛。楚地考古不断地新发现，尤其是以楚简为代表的出土文献不断地面世，为楚国历史文化研究带来了活力。其中一些重要的发现，在中国乃至世界学术界已产生或正在产生着深刻的影响。时间稍近一点的，如荆门郭店楚简，1985 年正式出版，立即引起国内外学术界的高度重视。再近一些的，如上博简（属于楚简），尤其是清华简，正处于国内外学术研讨的高峰期。

楚民族在其发展过程中，不断与中原文化进行交流。春秋战国时代，北方的主要文化典籍，如《诗》《书》《礼》《乐》等，已成为楚国贵族诵习的对象。《左传》记楚人赋诵或引用《诗经》的例子，就有好多起。但与此同时，楚文化始终保持着自身强烈的特征，与中原文化有显著区别。南方的经济条件较北方具有一定的优越性，《汉书·地理志》说，楚地"有江汉川泽山林之饶；江南地广，或火耕水耨，民食鱼稻，以渔猎山伐为业，果蓏蠃蛤，食物常足"。由于谋生较为容易，就可能有较多的人力脱离单纯维持生存的活动，投入更高级更复杂的物质生产。所以至少在春秋以后，楚国的财力物力，已经明显超过北方国家。丰富的物质条件，较少压抑而显得活跃的生活情感，造成了楚国艺术的高度发展，这是楚文化明显超过中原文化的一个方面。在中原文化中，艺术包括音乐、舞蹈、歌曲，主要被理解为"礼"的组成部分，被当作调节群体生活、实现一定伦理目的的手段。因而，中庸、平和被视为艺术的极致。而楚国的艺术，无论娱神娱人，却是在注重审美愉悦的方向上发展，充分展示出人们情感的活跃性。楚地出土的各种器物和丝织品，不仅制作精细，而且往往绘有艳丽华美、奇幻飞动的图案。《招魂》《九歌》所描绘的音乐舞蹈，也显示出热烈动荡、诡谲奇丽的气氛。应该说：以春秋战国时代而论，楚文化与中原文化，实是各有特点，各有所长。楚国艺术的一般特点，如较强的个体意识、激烈动荡的情感、奇幻而华丽的表现形式等，也都呈现于楚辞中。西汉末，刘向辑录屈原、宋玉的作品，及汉代人模仿这种诗体的作品，书名即题作《楚辞》。这是《诗经》以后，我国古代又一部具有深远影响的诗歌总集。另外，由于屈原的《离骚》是楚辞的代表作，楚辞又被称为"骚"或"骚体"。如果单就艺术领域而言，长江流域楚文化的成就较黄河流域文化更高。

楚国无论是在物质层面还是精神层面对世界都有巨大的贡献。张正明在其主编的《楚文化志》中概括楚国的成就："假如把上古的东方文化和西方文化做一番比较，那是饶有兴味的。东方文化以东周的华夏文化或者其南支楚文化为代表，西方文化以古希腊文化为代表，时代大致相当。青铜冶铸的工艺水平，楚高于希腊。锻铁是希腊早于楚，可锻铸铁却是楚早于希腊。当楚国及其邻国的工师在丝绸上表现他们多彩多姿的意匠之时，希腊及其邻国还不知丝绸究竟是怎样生产出来的。希腊留下了许多彩绘的陶瓶，楚留下了许多彩绘的漆器，它们都以典雅华丽见称于世，但就工艺而论，陶瓶不如漆器复杂。希腊因多石少林，发展了石砌的殿堂，楚则多林少石，发展了木构的台榭。论操舟航海，楚人不能与希腊人比肩；论驱车陷阵，则希腊人不能与楚人方轨。石雕，是楚不及希腊；木雕，却是希腊不及楚。以人物为题材的造型艺术，是希腊居前；至于音乐，却是楚领先。就哲学和文学来说，楚和希腊各有千秋。政治体制方面，希腊的长处在于民主制，楚的长处在于集中制。……从文化的总体成就来看，楚与希腊难分轩轾。它们从不同的方向出发，都登上了上古文明的峰顶。由此，说楚文化是当时世界第一流的文化，决无溢美之嫌。"[1]

楚国于公元前 223 年亡于秦以后，楚文化的影响并未随之终结。楚秦争

---

[1]　张正明主编《楚文化志·序》，湖北人民出版社，1988，第 2 页。

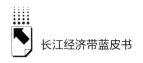

战之际，楚国的才士大量入秦，被秦所用。为秦国统一天下做出巨大贡献的甘茂、魏冉、李斯，都是楚人。

楚文化博大精深，泽被后世，楚文化源远流长，对中华民族影响深远。蔡靖泉先生在其名著《楚文化流变史》中提出："汉朝实际上兴于楚人"。楚人刘邦建立的汉朝，在西汉早期较为全面地复兴和弘扬了楚文化。公元前202年初，刘邦登上了皇帝宝座，建立了汉朝。汉朝虽因承刘邦的汉王名号而定名为"汉"，实际上是由楚遗民建立的统一王朝。随刘邦平定海内的开国元勋，大多为楚人。司马迁总结秦亡汉兴说："初作难，发于陈涉；虐戾灭秦，自项氏；拨乱诛暴，平定海内，卒践帝祚，成于汉家。五年之间，号令三嬗。""三嬗号令者"都是楚人，汉家之成主要就是陈胜、项羽和刘邦共同张楚亡秦的结果。学者因此指出，"秦楚之争，最后的胜利者是楚。胜利的楚以刘邦为代表，转化为汉皇权"。

楚人建立汉朝以后，楚文化也得以全面复兴并主导了汉初文化的发展。刘邦以鲁公之礼葬项羽，不杀诸项氏枝属，封项伯等项氏族人为侯。汉王朝始终以楚文化为主导，汇融南北各地文化。刘邦兴汉朝，所草创的一些重要制度，表面看起来好像是如古今许多史家说的那样"承秦之制"。实际上并不尽然，而是对楚制的完善继承。如分封制与郡县制，直接借鉴了楚国首创的封君制与郡县制并行的统治经验，刘邦虽允许诸侯王设置与中央王朝相应的官僚系统，但规定其丞相须由中央王朝委派。司马迁说明："高祖时诸侯皆赋，得自除内史以下，汉独为置丞相、黄金印。诸侯自除御史、廷尉正、博士，拟于天子。"颇似于楚国赋予封君以统治权的封君制，同时加以发展和变化，采用了战国诸雄委派相国治理封君之邑的做法，限制了诸侯王的权力。中央王朝直接控制天下要害地区的郡县，又抑制了诸侯王的发展和分裂。自刘邦全面推行分封制与郡县制相结合的地方行政制度以后，汉王朝也就逐渐稳固了。

再如礼乐制度，汉代多继承楚国。楚国自春秋中期强盛之后，仿效诸夏而大兴礼乐，并且较列国有过之而无不及，这由文献记载和考古资料可以清楚地看出。"吉、凶、军、宾、嘉"五类传统礼仪，在楚国不仅咸备，而且细密。楚人"隆祭祀，事鬼神"，有关祭祀、丧葬等吉、凶礼仪及相关的歌乐也尤为发达。楚辞中的《九歌》和《大招》、《招魂》，即用于祭祀和丧葬仪典的乐歌。出土的种类齐全、数量众多、规模宏大、制作精良的楚国礼器和乐器，在迄今所知的东周礼乐器中是列国所无与伦比的，充分显示了楚国的礼乐水平。繁缛复杂的楚国礼仪，乃本于周制糅合楚俗以成；丰富多彩的楚国歌乐，则荟萃北音融入楚声以成。楚国的礼乐制度，比较系统又独具特色。布衣出身的刘邦，起初因对礼乐制度缺乏认识和没有好感，甫登帝位，面对"群臣饮酒争功，醉或妄呼，拔剑击柱"的不分上下、不讲礼貌而放荡不羁的状况，深感忧虑，他因此让叔孙通制定汉礼。叔孙通初从刘邦时，因穿儒服而为刘邦嫌恶，"乃变其服，服短衣，楚制，汉王喜"。由此，叔孙通主持制定的礼乐制度，迎合汉皇的喜好。刘邦习楚俗、乐楚声，叔孙通所制定的朝会礼仪中，"功臣东向，正契楚俗"。楚俗又尚赤，刘邦自托为"赤帝子"，为汉王后"而色上赤"。朝仪中"设兵张旗帜"，所张之旗一律从楚制而为红旗。《汉书·高帝纪》赞："旗帜上赤，协于火德。"另外，朝仪的服饰在色彩和形制上，因汉初帝王好楚俗、乐楚声而带有楚文化色彩。汉初的《房中祠乐》，后更名为《安世乐》，系楚声，成为汉代重要的宗庙乐曲。刘邦重视祭祀天地鬼神，颇承楚人"信鬼而好祠"的风气。平定天下后，他又令各地巫祝分祠诸神。楚地旧祠的东君、云中君、司命等神祇皆在敬祭之列。楚地旧有的祠神乐歌，如《九歌》中的《东君》《云中君》《大司命》《少司命》等，在汉初仍为楚地的祭祀乐歌。

还有楚国的法律制度，被汉朝有选择地吸收。楚国的法律制度较之于列国和秦国法律，比较公正平等，并且慎用刑法，《晋书·刑法志》说："萧何定律，除参夷连坐之罪，增部主见知之条，益事律兴、厩、户三篇，合为九篇。"汉《九章律》只择取了秦律六篇为基本刑法，却废弃了秦法中广泛株连无辜这样极不合理的刑罚，又增加了要求官吏不可庇护罪犯、知犯罪必举报、否则与之同罪的律条，补充了有关国家工程兴建、畜牧管理、户籍管理和赋税征收等方面的三篇法规。不言而喻，汉《九章律》虽然多袭秦律，但其减损增益却在一定程度上继承了追求利国宜民、严明公正的楚国法制

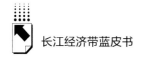

传统。

最值得称道的还是汉代对楚国学术思想的继承。形成于战国楚地、风行于战国后期、集中地反映了楚式王道文化的道家黄老之学，尽管在秦代为奉行霸道文化的秦统治者所摒弃而一度沉寂，但在楚人亡秦兴汉之后，在汉初重又勃兴并被奉为统治思想，并且因奉行楚道家黄老之学的政治主张而实现了天下大治。由于天下一统、南北合政，楚文化也随时移世变，成为新时代文化创造的重要基础，在新的历史条件下融会其他地域文化向汉文化转变。至西汉全盛的武帝时代，武帝黜道尊儒、易服改制，汉家礼乐大兴、诗赋昭彰，新型的汉文化便在楚文化与南北地域文化的汇融演变的进程中形成。

魏晋南北朝以后，尽管楚文化的独自体系已不复存在，楚文化的影响仍然巨大而深远。魏晋风度与老庄精神，风行一时。以老庄为宗的玄学，大行其道，道教的革新与跃进，创立的形而上思辨哲学，始终是中国古代哲学的主干；儒学的革新和发展，主要是援道变儒、融道兴儒的结果；中国土生土长的道教，乃是楚文化直接影响下的产物；佛教依托道家、道教才得以在中国落户、附丽道家流变的玄学才得以在中国风行，佛教的中国化实际上主要是佛教的道学化，兴盛的中国化佛教——禅宗便是典型的外佛内道的中国佛教；中国古代的艺术精神，一直以道家宗师老子和庄子阐发的审美理论为根基。

隋唐统一帝国建立后，奉行"清静无为"的治国纲领，出现了盛唐气象，王朝崇道，致使道教隆盛，佛教援道承玄，逐步中国化，以刘知幾、韩愈、柳宗元、刘禹锡的著作为代表，继承了楚文化的史学理论和哲学思想。中国传统的三大节日之一的端午节，演变成了纪念楚文化代表人物屈原的节日。

宋元时代，在分合治乱的国势变迁中，形成北宋社会南方经济文化的优势地位，南宋时期，更确立了南方的经济文化领先地位。弘道变儒的荆公新学和融道新儒的理学兴起，以欧阳修、苏轼为代表的北宋文学和以陆游、辛弃疾为代表的南宋文学，以及元代的诗文和杂剧，均发扬庄骚传统而成就突出。

明清之际，发挥道家思想的哲学思潮兴起，王夫之反刍《易》《老》、流连"庄骚"、通审六经、奋开生面。戴震扬道批儒，承前启后。晚明的文学启蒙运动和文学创作实绩不俗，特别是书画承袭"楚韵"，提振了楚风。

近代以来，国门大开，西学涌入，中西文化的碰撞、交流、融通和中华文化的师长补短、取精用宏、推陈出新，是近现代文化发展的潮流。近现代中西文化的碰撞，使道家传统发生嬗变。中华大地风气新开与承道学而纳西学的思想杂糅，援据西学而扬弃道学的中西文化相结合，文艺创作始终以《庄子》和屈骚树立的丰碑为典范。"庄骚两灵鬼，盘踞肝肠深。"开近代风气之先、呼唤革命风雷的晚清思想家和文学家龚自珍的这两句诗，昭示了楚文化对中国文人、中国文化的巨大影响。蔡靖泉先生认为，"可以说，长江流域形成的楚文化的优良传统，在近现代得到大力发扬并且大有升华"。

新时代必须大力弘扬楚文化的精神。湖北省政协原主席王生铁总结得好：楚国的巨大成就的背后，体现了五种精神：筚路蓝缕的艰苦创业精神、追新逐奇的开拓进取精神、兼收并蓄的开放融会精神、崇武卫疆的强军爱国精神、重诺贵和的诚信和谐精神。这五大精神，可以概括为长江精神，与黄河精神一样，是中华民族的宝贵财富。

长江精神与黄河精神有明显的分野。黄河精神重在创新，充满自信，长江精神贵在"和谐"，坚忍不拔。

黄河精神具有创造世界的博大气象，以中华文明的发祥时期而论，包括由原始蒙昧的社会状态脱离出来，跨进文明社会的门槛，关键的转折恐怕还是要寻之于中原。黄河文明形成于公元前 4000 年至公元前 2000 年之间，是在黄河中下游大平原的历史沉淀中产生的人文精神、发明创造及公序良俗，出现了父传子家天下的政权体制，形成了比较成熟的国家机构，制定了比较完善的礼乐制度，出现了比较规范的文字，出现了中国最早的诗歌总集《诗经》和哲理丰富的《易经》等许多不朽之作，文明的光芒照亮了亚洲的东方，在世界范围内享有极高的声誉。故黄河文明可以当之无愧地称为创造中华文明的摇篮，黄河精神的综合创造力是全世界无与伦比的。而长江精神中，楚国为中华民族做出了最为宝贵的贡献——协和夷夏。春秋时期黄河流

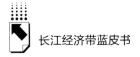

域的夷夏关系比较紧张，经常处于对抗状态。"夷"，就是古书所谓"蛮夷戎狄"。"夏"，就是华夏。位于长江流域的楚国，本身就是土著荆蛮与中原南下的芈姓楚王族融合而成，始终明智地奉行了一条协和夷夏的路线。夷夏之间，如果举措失宜，就会两边不讨好；反之，就能左右逢源。协和夷夏，用文献所记楚人自己的话来说，就是"抚有蛮夷"，"以属诸夏"体现了楚国具有开放性、兼容性，这是先秦最开明、最进步的路线。春秋末年已进入发展鼎盛时期的楚文化，在协和夷夏的同时，积极倡导华夏文化，进而跃居诸侯国文化发展的前列，甚至成为东周华夏文化的主要代表。至战国时期，在楚国的倡导下，夷夏关系的对抗逐步泯灭、消失。如同奔腾的长江、黄河，千折百回，最后都"朝宗于海"，流向大海一样，无论黄河流域还是长江流域，都逐步达到了夷夏同一。中华民族能够形成大一统局面，延续至今，楚国功莫大焉。

B.26
江南文化源流、特征、精神及其传承弘扬

杨建华 *

摘　要：　江南，地理上，位处于长江下游、太湖流域；历史上，古属
　　　　　"扬州"，春秋战国时属吴越，秦汉至南北朝时名为三吴，唐
　　　　　宋以降称为江南。吴越文化——江南文化之源，其主要特征包
　　　　　括稻作文化、舟楫文化、丝织文化、玉器文化、宗教文化、尚
　　　　　勇文化与静雅文化。江南吴越文化与百越文化、荆楚文化和中
　　　　　原文化相互影响、交互融合。江南文化精神主要有刚柔相济的
　　　　　人文性格、求实进取的理性意识与包容和合的共生情怀。

关键词：　长江文化　江南文化　吴越文化

　　江南，地理上，位处于长江下游、太湖流域；历史上，古属"扬州"，
春秋战国时属吴越，秦汉至南北朝时名为三吴，唐宋以降称为江南；文化上
是一个诗意的指称。白居易《江南好》："江南好，风景旧曾谙，日出江花
红似火，春来江水绿如蓝。能不忆江南。"韦庄有《菩萨蛮》："人人尽说江
南好，游人只合江南老。春水碧如天，画船听雨眠。"杜荀鹤在《送人游
吴》更是描写了江南的"人家尽枕河，水巷小桥多"的诗画文化空间。江
南文化主要指长江下游一带的文化。

---

* 杨建华，浙江省文史馆研究员。

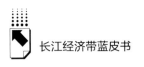

一 江南文化源流及其特征

（一）吴越文化：江南文化之源

吴越文化以太湖流域为中心，其范围包括今上海、江苏南部、浙江、安徽南部、江西东北部。吴越文化先民属越族，亦称"于越"。"于越"作为一个族名，按传统说法，"于"是越人胶着语的发语词，无实义，中心意思包含于"越"中。一般认为，"越"通"戉""钺"，是古代的一种武器，为越人所发明，故名之。于，上古文一般写作"於"，属通假字。"於"实是于越族人的一种图腾符号，是该族的护族符。越，应当说是起源于"戉"，最早是一种石器，类似于后世的铲、斧，是史前于越族人用来种植水稻的重要生产工具，它在河姆渡文化、马家浜文化遗址中皆有发现，当时已磨制得很精致，为穿孔、弧刃。它是于越人所特有的一种重要的稻作生产工具，因此到良渚文化时期，它便由精美的玉石来制作，并逐步地被神化，成为军事统治权及神权、政权的象征，这在良渚文化时的瑶山、反山大墓中有多例发现。尤为引人注意的是，这些墓中发现的玉钺大都刻有飞鸟或神人羽冠的图纹。这不是一种偶合，而是于越族人将护族符与王权结合的标志，并且还标志着于越人正从完全以血缘为纽带的氏族部落走向部分以地缘为基础的民族共同体。此时于越族人便将固有的图腾符号与新出现的王权象征物糅合起来命名自己新生的共同体。

1993年发现的南京汤山直立猿人化石表明，江南地区早在35万年前就有古人类在此活动。1974年冬，中国科学院古脊椎动物与古人类研究所专家在建德市李家镇新桥村乌龟洞里发掘出一枚古人类的牙齿化石及大量古脊椎动物化石。经鉴定，这枚人牙化石距今约有5万年的历史，被中国科学院正式命名为"建德人"。有学者认为，"建德人"就是长江下游的原始民族——越族的祖先。最新考古发现，浙江浦江发现了距今一万年的"上山文化"，它已属于新石器时代，上山文化遗址出土的夹炭陶片，表面发现了较多的稻壳印痕，胎土中有大量稻壳、稻叶，在遗址中还有稻米遗存，有专家认为这是长江下游地区目前发现最早的稻作遗存，对研究稻作史提供了十分珍贵的资料。距今 8000 年的浙江余姚井头山文花出土大量精美的陶器、石器、木器、骨器、贝壳器等人工遗物和早期稻作遗存，以及极为丰富的水生、陆生动植物遗存，距今 7000 年的河姆渡文化、苏州草鞋山文化、南京北阴阳营文化、常州圩墩文化、崧泽文化、杭嘉湖平原的马家浜文化等。这些生活在江南地区的新石器遗址的主人，后来成为越族先民。杭州余杭的良渚文化，更是将长江下游文化推进至文明时代。近几年来良渚文化时期的余杭反山、瑶山遗址的发现，向我们证实了当时军事、政治权力确已被神化，大型宫殿、都城与水利设施的建设，权杖的出现，良渚先民已经进入文明时代文。

（二）吴越文化特征

吴越国别的"吴文化"和"越文化""同俗并土、同气共俗"，逐渐在相互交融、激荡、流变与集成中形成统一文化类型，并有其鲜明的共同标志形式，如舟楫、农耕、稻作、印纹硬陶、土墩墓、断发文身、好兵斗勇、淫祀，先秦典籍多有记载。这两支文化之间在经济形态、生活习俗方面存在较大的共性，在长时期的发展中，互相交往、互相影响。到了包含有几何形印纹陶的高祭台类型文化时代，便逐步融合成为吴越文化的主流。吴越文化是长江文化的一个典型子文化系统。它的主要文化特征如下。

第一，稻作文化。水稻栽培的成功是于越先民对世界文明作出的一项重要贡献，并由此而形成了区别于其他区域文化的"稻作文化丛"。这一文化丛包括水稻的生产工具、运输工具、加工工具、食用器具以及生产形式、社会惯例、宗教禁忌等多种文化特质。于越人水稻耕种方式之一是"鸟田"，并由此衍生出一系列的凤鸟崇拜文化因子，如会稽鸟耘、凤鸟司历、鸟占鸡卜，以及鸟纹、鸟人、鸟田、鸟语等。[①] 而于越的族名正与这稻作文化及凤

---

① 杨建华：《吴越凤鸟神话论》，《浙江学刊》1990 年第 1 期。

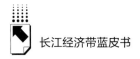
鸟崇拜直接相关。

第二，舟楫文化。吴越文化发生于太湖流域，在上古属"扬州"。其间三江相环，河流纵横、湖泊棋布，东南为大海所抱。这是一片湖泊沼泽地带，肥沃却不易耕种，同中原易于垦殖的黄土有很大差别，更不像中原地带的一马平川。这里人们外出多数以舟代步。河姆渡文化时期已经出现了木桨，良渚文化时期，木桨形制得到进一步改进，有宽翼、窄翼等式样。自1958年后，在江苏武进淹城护城河的淤泥中，就先后出土四条独木舟，其中一条长度有11米。[①] 《越绝书·纪地传》中说："越人之性，以船为车，以楫为马。"春秋时期，吴国多次以舟师与楚、齐作战。《左传·哀公十年》有"徐承帅舟师将自海入齐"，并且在《左传》中还记载着许多吴国舟船的名称，如"余皇""楼船"等。《越绝书·纪地传》有"戈船三百艘"的记载。吴人挖邗沟也正是为了用船来运载军器、粮食以便同齐作战。"胡人便于马，越人便于舟"。[②] 吴越的造船业在春秋时期就已非常繁盛。如果说中原地区的人们以车打破了地理的界限，促进了诸国的融合，那么吴越人们则正是以船征服了水堑的阻隔，促进了文化的交流，并对吴越人的性格有着巨大的冶铸作用。

第三，丝织文化。吴越人很早就掌握了纺织技术。在属马家浜文化吴县草鞋山遗址的最下层，出土了我国迄今所知年代最早的、以葛为原料的三小块炭化纺织物残片。在属良渚文化的湖州钱山漾遗址中，出土了世界迄今为止最早绢片、丝带之类的丝织品，其纤维原料都属家蚕丝，先缫而后织。同时在吴江梅堰发现黑陶器上有浅刻蚕纹的图案。干越生葛絺，"冬披毛裘，夏披絺绤"。[③] 可见，吴越人的服饰质料多是用绮罗纱葛。著名的西施就是一个浣纱女。越王勾践被吴释放归国后，"乃使国中男女入山采葛"，由女

---

① 中国史学会《中国历史学年鉴》编辑部编《中国历史学年鉴1984》，人民出版社，1985，第331页。
② 《淮南子·齐俗训》，《诸子集成·淮南子》第七册，中华书局，1954。
③ 《淮南子·原道训》，《诸子集成·淮南子》第七册，中华书局，1954。

工织成"黄丝之布"十万匹,"以求吴王之心"①。在服饰中,衣是风俗的中心。由于夏季暑热,吴越人衣着的形制一般是紧身短衣,有所谓"短缱不结,短袂攘卷"之说。其衣襟向左开,即"左衽",袖口窄小,腰间常系有丝带或短裙。长沙战国楚墓出土的吴越文物人形柄匕首上的人像,其袖子在左手腕处打结,腰间系短裙,上有尖角形和条形图案②。这种形制不同于中原的峨冠博带、宽袍大袖。吴越人的服饰对楚国也产生了很大的影响,《史记·叔孙通传》中就有"衣短衣,楚制"之说。

第四,玉器文化。玉是于越人的一项独特工艺创造,并随着政治权力的神化,在玉器上也熔铸了更多的观念性东西,如将玉琮、玉璧作为祭天地鬼神的法器,视作神权的象征,将玉钺作为军事统治权的标志等。中原地区在新石器时代根本没有用玉传统,但进入夏、商、周后,却也将玉看成祥瑞之物,有所谓"苍璧礼天、黄琮礼地"的说法。商周时代的琮、璧与良渚文化的同类形状没有差别,只是琮上没有兽面纹。商周的其他一些玉器,如璜、环、玦、珮等,也都可以在良渚文化,甚至早于良渚文化的菘泽文化和马家浜文化中找到。中原商周文化的用玉传统,以及玉器的大多数种类如琮、璧等,都是继良渚文化而来的。商周铜器的兽面纹、云雷纹和主要纹饰布局,与良渚文化有密切的关系。商代的铜钺和良渚文化的玉钺都是一种代表着杀伐之权的礼器,作用类似于权杖。除去材质和因材质决定的个别地方不同之外,其他都基本上一样,说明它们之间存在渊源的关系。

第五,宗教文化。《史记·封禅书》记载:"越人勇之言,'越人俗鬼,而其祠皆见鬼,数有效。昔东瓯王敬鬼,寿百六十岁。'乃令越巫立越祝祠,安台无坛,亦祠天神上帝百鬼,而以鸡卜。"③ 吴越人以为,这样可以捕捉到那不可把握的、偶然的命运。并能将时空所规定了的有限生命向无限扩展。因此越王勾践向文种询问如何灭吴,文种进以"九术",其中第一术便为"尊天事鬼,以求其福"。据史书说,勾践"乃行第一术,立东郊以祭

---

① 袁康、吴平辑录《越绝书·内经九术》,上海古籍出版社,1985。
② 高至喜:《湖南发现的几件越族风格的文物》,《文物》1980年第12期。
③ 司马迁:《史记·孝武本纪》(第2册),中华书局,1959,第478页。

阳，名曰东皇公；立西郊以祭阴，名曰西王母。祭陵山于会稽，祀水泽于江洲"，结果是"事鬼神，一年国不被灾。越王曰：'善哉，大夫之术！愿论其余'"。①《隋书·地理志》也说："江南之俗……信鬼神，好淫祀。"在众多鬼神敬祀中，水神无疑是一个极其重要的对象，"春祭三江，秋祭五湖"②。祈求通过虔诚祭祀，获得水神庇佑，达到人与自然的和谐。据台湾学者凌纯声先生所云，龙船正是这种祭祀时所驾之舟。③

第六，尚勇文化。先秦时期吴越民众以尚武为风气，吴越人正是以船征服了水堑的阻隔，在这种对水的征服中，铸就了他们那冒险精神与慷慨气节。越王勾践说："锐兵任死，越之常性也。"④ 不少典籍亦称："吴越之君皆好勇"，⑤ "士有陷坚之锐、俗有节概之风"⑥。《吴越春秋》记载，吴子胥逃亡吴国，路遇渔夫与濑水之女，得到他们慷慨救助，然伍子胥怕露形迹，要渔夫、女子隐匿其馈食的盎浆，渔夫、女子乃以为辱没其耿介的人格，便先后自沉于江水中，他们死得何其豪迈、壮伟，这是一种向真自己、真血性里发掘的人生的真意义、真道德，它根本不同于中原一些儒者的乡愿之俗。宋以后更有壮观的持旗踏浪与大潮一较身手高低的弄潮习俗。潘阆《酒泉子》词："弄潮儿向涛头立，手把红旗旗不湿"。

第七，精雅文化。在先秦，钱塘以北为吴，钱塘以南为越，"吴中烟水越中山"。这是对吴越两地人文地理的很好概括。晋室南渡后士族文化特质改变了吴越文化的审美取向，注入了"士族精神、书生气质"，开始成为中国文化中精致典雅的代表。吴越人因生活于水网密集、地域辽阔的平原地带，形成温婉秀美秉性，且独多风流倜傥的文人学士。所谓"吴兴山水发秀，人文自江右而后，清流美士，余风遗韵相续"，多温柔敦厚、风流儒雅，讲求自然平和，强调精神上的自由，比较柔婉，吴语细软优雅，有吴侬

① 赵晔：《吴越春秋·越王勾践阴谋外传》，江苏古籍出版社，1999，第95页。
② 袁康、吴平辑录《越绝书·德序外传》，上海古籍出版社，1985，第101页。
③ 凌纯声：《南洋土著与中国古代百越民族》，台湾《学术季刊》第2卷第3期。
④ 袁康、吴平辑录《越绝书·记地外传》，上海古籍出版社，1985。
⑤ 班固：《汉书·地理志》，中华书局，1962。
⑥ 左思：《吴都赋》，载萧统《昭明文选·三都赋》（上册），中华书局，1977，第85页。

软语的美称；吴越饮食以香甜可口为特征；吴越地区辈出文人墨客和科学家。宋代以来，吴越文化愈发向精致的方向生长。历代典籍也不约而同地对江南人这样评论道：越人"柔而不屈，强而不刚"①，"吴越多秀民"②，越人"人性惠柔，善进取"③。随着近代工商业的萌芽，吴越文化又形成了经典雅致的海派文化。

二　江南文化与其他文化的交流、融合

第一是对百越民族文化的影响。"百越"是中原人士对散居于南方各地众多土著民族的泛称，它最早称"越"，《尚书·禹贡篇》曰："淮海惟扬州，彭蠡既猪（潴），阳鸟攸居。"《周礼·职方氏》曰："东南曰扬州，其山镇曰会稽。"《尔雅·释地》亦曰："江南曰扬州。"扬州即越州，上古"扬"与"越"是同音异字，可通假。故《尔雅·释音》曰："越，扬也。"《吕氏春秋·有始篇》亦云："东南为扬州，越也。"由于这一地区的土著民族为数甚众，到战国时期，便以"百越"称之。《吕氏春秋·恃君篇》曰："扬汉之南，百越之际。"《汉书·地理志》师古注引臣瓒言："自交趾至会稽七八千里，百越杂处，各有种姓。"百越民族究竟有哪些？根据《史记》、《汉书》及宋人罗泌《路史·后纪》所罗列，主要有于越、勾吴、瓯越、闽越、山越、南越、滇越、骆越、夷越、羊舸、夔越、苍吾、桂国、干越、蛮扬、目深等，其分布范围大致是今天长江南岸的江浙、闽皖、台湾、湘赣、滇黔、两广一带。这一地区在文化习俗上有较多共性，如种植水稻、干栏民居、印纹陶器、铜鼓龙船、崖葬罐葬、断发文身、雕题凿齿、洪水传说等。百越民族具有如此之多的文化共性，一部分是因南方自然条件相同而造成，另一部分是各族在文化上互相交流所使然。由于于越文化具有高强力度文化辐射性与广泛的代表性，现代有学者提出，南方或东南文化，也许可以统称

---

① 《国语·越语》，上海古籍出版社，1978。
② 张楷修：《安庆府志卷六·民事志·风俗》，中华书局，2010。
③ 《宋史·地理志》，中华书局，1985。

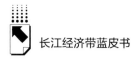

为"越文化"。①

第二是对楚文化的影响。于越与荆楚是长江流域两大部族，他们各自以丰富而灿烂的文化建构了长江流域的文明。在这一建构中，两支文化不断地相互交流，取长补短。战国以前，楚文化更多的是受着越文化的影响。考古工作者在楚的文化中心——江汉地区已发现许多具有于越文化特征的遗物或遗迹。例如，扁平足微外撇、扁圆腹、平底、方耳外撇的陶鼎、铜鼎，属典型的于越族器具，这在楚都纪南城东北郊的九店、雨台山楚墓内已有出土。商周时期的条形、长足、宽底的越式鼎，靴形铜斧，铜钺，印纹硬陶，以及器物中盛行的龙纹、S形纹、回纹等在楚墓内也都有发现。另外在考古发现中，还经常出现这样一种情况，楚式剑、楚式矛与越式剑、越式矛竟非常相像，难以区别。于越文化对楚文化的影响不仅在器物上，而且还体现在文学、艺术、哲学等观念性的思想文化上。这在战国中后期还能明显地看到。如《楚辞》"兮"这一感叹虚词的大量运用，就是源于于越民族文学的。现流传于世的楚国《人物夔凤帛画》所体现出来的天人观念也与于越文化中凤鸟崇拜直接相关。由于这种文化的强烈影响，文化习俗也有了较多的相似之处。《史记·货殖列传》说，"越、楚同有三俗"；《汉书·地理志》亦云，其"民俗略同"。

第三是对中原商周文化的影响。传统观念认为，中原是中国文明的摇篮，首先进入文明时代，然后像太阳升起那样，光芒普照大地，于是，其他地区在它的照耀下，也相继跨入文明的门槛。这种观念导致了一种错觉，即只中原文化是辐射文化，其他地区的文化只是受容文化。但北方红山文化与南方河姆渡、良渚文化的发现，从根本上否定了中原是中国文明唯一发祥地的观点。考古资料证明，中原最早的三个王朝夏、商、周都吸收并继承了已跨进文明大门的良渚文化的许多因素。例如，中原商周文化的用玉传统，以及玉器的大多数种类如琮、璧等，都是继良渚文化而来的。商代的铜钺和良

---

① 参见〔英〕李约瑟：《中国科学技术史》（第一卷导论），科学出版社、上海古籍出版社，第188页。

渚文化的玉钺都是一种代表着杀伐之权的礼器，作用类似于权杖。除去材质和因材质决定的个别地方不同之外，其他都基本上一样，说明它们之间存在着渊源的关系。

以吴越文化为基础的江南文化是一种具有丰富内涵并充满鲜明的自身特色的文化。它不仅有不同于中原地区的经济社会结构和饮食、居住、服饰等生活方面的独特的风俗和习惯，也有着与中原地区异趣的文化心理和宗教观念，有自己的哲学、文学、艺术乃至其他思想文化领域的杰出创造。江南文化的文化在其早期文明的发展中，一方面始终走着自身相对独立发展的道路，另一方面，又以其开放的性格不断与毗邻的中原文化、荆楚文化相互交流、相互影响，共同参与和推进整个中华文化的融合与塑造。

三　江南文化精神及其传承与弘扬

文化精神是指一种文化深层结构与内核，是一种文化思想结晶和灵魂，也是一个民族或地域人们所共享的文化通则。黑格尔说，"精神是最高贵的概念，……唯有精神的东西才是现实的；精神的东西是本质或自在而存在着的东西"。① 江南文化精神正是长江下游的人们在长历史时段中积淀形成起来的一种独特地域思想文化和深层精神结构，是江南文化内核和灵魂。这一内核使这一地域人在无意识中受其制约而趋于特定行为模式和生存模式，并使这一文化中的个人思想和情感固定化。江南文化精神至少具有以下几个主要特征。

（一）刚柔相济的人文性格

江南不仅有着厚重历史积淀与人文空间，还有着一种空灵、诗意的文化氛围与似水一般的风土人情。人们说景观十年，风景百年，风土千年，就是指"景观"为一种初级景致，"风景"是经过反复积淀凝练形成的百年美好景观，"风土"则是千年不变的风土人情，是一种根植于一个特定自然区域

---

① 〔德〕黑格尔：《精神现象学》（上卷），商务印书馆，1979，第 17 页。

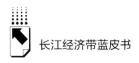

人们心中的特定景观。俗话说，一方水土养一方人，同时，一方水土也培植了一方人的人文性格。

江南人有着相同的地理环境与人文性格。那就是水的文化背景。水，不仅是生命的神圣之源，而且有着一种至善至美的品格，它宁静、恬淡、包容、深沉，体现着一种轻灵、流动、飘逸、富于想象的气质。水性至柔，而又百折不挠，无坚不摧。它柔和秀美，温婉细腻，坚忍顽强，百折不挠，秀慧智巧，侠骨柔情，刚柔相济。这正像老子所说，"天下莫柔弱于水，而攻坚强者莫之能胜"。江南人既追求那空灵、飘逸的情趣，又有着雄俊、耿介的个性。

（二）求实进取的理性意识

黑格尔说，"理性乃是有目的的行动"①。这在先秦吴越国的思想家那里就得到了高度凝练与抽象的呈现。春秋时越国哲学家、政治家范蠡在中国思想史上最早提出了"因"的哲学。"因阴阳之恒，顺天地之常，柔而不屈，强而不刚，德虐之行，因以为常；死生因天地之刑（法），天因人，圣人因天；人自生之，天地形（见）之，圣人因而成之。"② 这是中国古典文化中第一次对"天人合一"这一古老而常新命题作了较为理性的表述。它以一种肯定力量把被动服从，神秘图解转化为积极追求和理性意识。所谓"因"，就是要深刻地认识自然，积极而稳健地顺应其中的规律，进而达到"天人合一"。其中天顺应人的愿望，叫"天因人"，人根据天地自然之道办事，叫作"圣人因天"。圣人之所以能成事，就在于他善于利用天时。"夫人事必将与天地相参，然后乃可以成功"，这就是说，人事变化与自然条件互相配合，是人们获得成功的必要前提。这是一种理性主义的精神，范蠡在事业上成功，也正是以理性主义的天道指导人生而取得的。范蠡为越王谋臣时，要越王效法自然，随天时而行事，天灾不起，不率先进攻别人，社会没

---

① 〔德〕黑格尔：《精神现象学》（上卷），商务印书馆，1979，第15页。
② 《国语·越语》（下），上海古籍出版社，1978，第646页。

有发生变乱，不去挑起战事。《国语·越语下》通篇几乎都是记载了范蠡根据"因"的思想来晓喻越王勾践，使勾践在未到时机不发起进攻，而待一切就绪，则向吴人宣战，最终战胜了吴国。这是春秋时期著名的根据"天人合一"、人事要顺应自然的思想来进行战争，安排国是，最终取得成功的先例。这正像斯宾诺莎所说，"唯有遵循理性的指导而生活，人们的本性才会必然地永远相符合。人们唯有遵循理性的指导而生活，才可说是主动的"。① 范蠡的"因时之所宜""随时以行"② 的"因"理性哲学和功成名遂身退的理性人生观很受后人推崇。

先秦时期的吴越，由于土地过于分散窄小，金属农耕具较早得到使用，以及个体家庭的劳动组合方式，使商品生产较中原地区更为发达，人们"善进取，急图利，而奇技之巧出焉"。③ 这与儒家文化鄙视功利技巧截然不同。商品生产发展，也促进了商品流通理论的产生和发展。早在春秋时就出现了几项带规律性的理论，这集中反映在"计然之策"上。

计然，文献上又"计倪"，他是勾践的著名谋士，像吴越其他思想家一样，他的商品经济伦理也是建立在理性的"天道"基础上的。他用自然规律来观察经济现象，确定国家的经济活动。他说："凡举百事，必顺天地四时，参以阴阳。"④ 并提出"时用则知物"⑤，即预测什么时间所需的商品，事先作好准备，这也就是要根据市场需求来决定经营品种。他认为天时变化规律是可以掌握的，"岁在金，穰；水，毁；木，饥；火，旱"，⑥ "天下六岁一穰，六岁一康，凡十二岁一饥，故圣人早知天地之反，为之预备"。⑦ 能预测未来的丰歉水旱，也就能预测商品供求变化的长期趋势。所以"旱则资舟，水则资车"，当大旱时，应准备舟船的经营业务，因大旱时舟船没

① 〔荷兰〕斯宾诺莎：《伦理学》，商务印书馆，1958，第179页。
② 《国语·越语》（下），上海古籍出版社，1978。
③ 《宋史·地理志》，中华书局，1985。
④ 袁康、吴平辑录《越绝书·计倪内经》，上海古籍出版社，1985。
⑤ 司马迁：《史记·货殖列传》，中华书局，1959。
⑥ 司马迁：《史记·货殖列传》，中华书局，1959。
⑦ 袁康、吴平辑录《越绝书·计倪内经》，上海古籍出版社，1985。

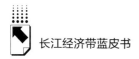
人要而价贱，大旱过后，舟船又将成为特别需要的商品而又会涨价。大水时预作车子生意，道理也一样。这样的经营理论，越大夫文种也曾表述过："臣闻之贾人，夏则资皮，冬则资裘，旱则资舟，水则资车，以待乏也。"①

计然还提出了中国基本的商品价值规律，即"贵贱论"。他说："论其有余不足，则知贵贱。贵上极则反贱，贱下则反贵。贵出如粪土，贱取如珠玉。"②《史记·货殖列传》说，"计然之策"在越国运用十年，国家大富，"遂报强吴，观兵中国，称号无霸"。

宋以后，陈亮倡导事功精；顾炎武提倡经世致用，反对空谈，提倡"利国富民""善为国者，藏之于民"；黄宗羲提倡"工商皆本""天下为主、君为客"，君臣共治、"学校"议政的类似于近代君主立宪议会制度的设想，他对君主专制的抨击，这些都闪烁着民主启蒙理性思想的光彩。

江南人的求实进取理性意识还体现在这一区域是中国最早的近代资本主义萌发地。江南依凭江河海陆之利开拓商业贸易，在五代吴越国时期就已开辟了与海外各国广大的海上商贸航线，远达阿拉伯国家，至南宋江南很多城市都成为东南重要的对外通商口岸城市。明代以后，由于经济发展又勃然兴起了一大批中、小城市，正像明人茅坤所说："至于市镇，如我之湖，归安之双林、菱湖、琏市，乌程之乌镇、南浔，所环人烟小者数千家，大者万家，即其所聚，当亦不下中州郡县之饶者。"③ 湖州府的南浔，在南宋时仅是一个村落，由于丝织业、棉纺织业及商业的发展，自元后成为市镇。到明中叶时，它已发展成江南著名的五大巨镇之一，市镇南北袤 5 里、东西广 3 里，与府城已不相上下。同时，丝织、棉纺等行业快速扩张，张瀚在其《松窗梦语》中叙述了其先祖张毅庵由一个小生产者扩大生产规模，成为丝织工场主的情况："毅庵祖……购机一张，织诸色纻币，备极精工。每一下机，人争鬻之，计获利当五之一。积两旬，复增一张，后增至二十余。商贾所币者，常满户外，尚不能应，自是家业大饶。后四祖继业，各富至数万

---

① 《国语·越语》（上），上海古籍出版社，1978。

② 司马迁：《史记·货殖列传》，中华书局，1959。

③ 详见茅坤《茅鹿门先生文集》卷二《与李汲泉中丞议海寇事宜书》。

金。"这时，还大量出现了自由雇佣劳动。元末明初时人徐一夔在其《始丰稿·织工对》中记载了杭州相安里一个有十多名雇佣工人的丝织工场的生产情况。在这一工场里，十多名工人受雇于同一个雇主，分工协作，每天工作至深夜。普通织工的工资是每天"二百缗"，技艺高超的织工可自由地另觅雇主，从而可得"倍其值"的工资。这说明当时劳动力的买卖，已有了一个较客观的标准，劳动者可自由地出卖自己的劳动力，已带有现代资本主义的性质。韦伯说："在手工行业中，'计价手工业'是'小资本主义的'企业，家庭工业是分散的资本主义的企业，任何方式的真正资本主义的作坊企业都是集中的资本主义的企业。"①

（三）和合包容的共生情怀

"和合"是指对立面的互相渗透和统一，是包含着自身否定的扬弃，对立的双方在扬弃中获得了存在与发展。这正如黑格尔所说，"唯有这种正在重建其自身的同一性或在他物中的自身反映，才是绝对的真理。真理就是它自己的完成过程，就是这样一个圆圈"。② 江南文化是不同文化交糅融合而形成，先秦时有吴文化与越文化的融会，汉唐时有南方文化与中原文化、儒家文化与佛教文化的融会，明清后有东方文化与西方文化的融汇。正是在这样的文化交融中才创造出了丰富灿烂深厚悠久的江南文化。这正如老子所说，"江海所以为百谷王者，以其善下之"。③

在先秦，钱塘以北为吴，钱塘以南为越，"吴中烟水越中山"。这是对吴越两地人文地理的很好概括。吴人多温柔敦厚、风流儒雅，具有"软"的特点。越人生活于山地丘陵，形成坚硬劲直的性格，多坚实厚重、英武善战的勇士，不屈不挠，重阳刚之气，具有坚韧进取精神，勇于探索，注重主体性，有"硬"的特点。先秦时吴越这种江南文化的二元和合的内核衍续百代而不衰。

对不同文化的包容态度，是江南文化的一个重要特征。这块生机勃然的

---

① 〔德〕马克斯·韦伯：《经济与社会》（上卷），商务印书馆，1997，第 181~182 页。
② 〔德〕黑格尔：《精神现象学》（上卷），商务印书馆，1979，第 13 页。
③ 《老子·六十六章》，载《诸子集成》第三册，中华书局，1954。

土地上早就有着"海纳百川，熔铸中西"的包容情怀。明末年间江浙沪的徐光启、李之藻、杨廷筠就是最早主张学习西方科学的著名学者，也是中国最早的"西学派"重要成员。他们生当内忧外患交相煎逼、"国势衰弱，十倍宋季"的明末，苦苦探索"富国强兵之术"。开启近代思想启蒙、倡导经世致用实学。礼部尚书徐光启还是一名天主教徒，他们加入天主教，并非出于宗教迷信，而是希求以西学之优纠正中国学术之弊，以"合众全力，补此有憾世界"（汪元泰《哀矜行诠引》）。因而，对他们有吸引力的主要不是基督教教义，而是不同于儒家文化的西方文化体系。作为科学家、翻译家的李之藻就称耶稣会教士为"西儒"，他引进西方天文学、几何学、应用数学。译介古亚里士多德《名理探》，力倡中国文化思维的逻辑化。他与传教士利玛窦、罗雅谷等合作翻译了《浑盖通宪图说》《圆容较义》《经天该》《同文算指》《历指》《测量全义》《比例规解》等天文学、数学、地理学、测量学等 10 余种，涉及众多学科，赞扬西方"天学""精及性命，博及象纬舆地，旁及勾股算术，有中国儒先累世发明未晰者"（李之藻《畸人十篇序》），并从利玛窦研究西方科学，制有观测天象的日晷等器械。

和合包容深深影响着人们的行为模式，江南文化既有崇尚理性、务实勤奋精神，又有崇文好学、追求雅致的风尚；既有弄潮儿的勇毅硬气，也有三秋桂子、十里荷花的诗意。江南文化性格属于外柔内刚，既有坚忍、刚毅、负重的品性，又有宽容、平和、柔慧的特点；既有闯滩、冲关、冒险的现代意识，又有守成、从容、求实的传统品性。在现代化建设中，长三角呈现出了这样一种态势：创业与休闲并举，刚劲与文秀交融，精致与大气交融，进取与平实交融，传统与现代交融，文化与经济同步，内生与开放互补，事功与道德并重，个体与社群共荣。

参考文献

〔荷兰〕斯宾诺莎：《伦理学》，商务印书馆，1958。

〔英〕亚当·斯密：《国民财富的性质和原因的研究》，商务印书馆，1972。

〔德〕黑格尔：《精神现象学》，商务印书馆，1979。

〔德〕韦伯：《经济与社会》，商务印书馆，1977。

〔英〕齐格蒙特·鲍曼：《共同体》，欧阳景根译，江苏人民出版社，2003。

《国语·越语上》，上海古籍出版社，1978。

《诸子集成·淮南子》（第七册），中华书局，1954。

陈鼓应：《老子注译及评介》，中华书局，1984。

袁康、吴平辑录《越绝书》，上海古籍出版社，1985。

赵晔：《吴越春秋》，江苏古籍出版社，1999。

司马迁：《史记·货殖列传》，中华书局，1959。

萧统：《昭明文选》，中华书局，1977。

《宋史·地理志》，中华书局，1985。

张楷修：《安庆府志卷六·民事志·风俗》，中华书局，2010。

杨建华：《中国古典文化精神》，浙江人民出版社，2018。

杨建华：《社会化小生产：浙江现代化发展的内生逻辑》，浙江大学出版社，2008。

B.27
保护传承弘扬长江文化的几点建议

葛　川*

摘　要：　长江是中华民族的代表性符号和中华文明的标志性象征，长江文化是涵养社会主义核心价值观的重要源泉。保护传承弘扬长江文化，就需要摸清家底，找到创造性转化、创新性发展的路径。通过对长江文化要素梳理和实地调研，针对长江文化保护传承弘扬中的存在的问题，提出健全长江文物和文化遗产资源管理体系、凝练重点专题研究、加强长江文化保护研究机构与人才队伍建设等对策建议。

关键词：　长江文化　长江文物　传统文化

在 2020 年长江经济带发展座谈会上，习近平总书记首先就强调，要加强生态环境系统保护修复，要把修复长江生态环境摆在压倒性位置。他还特别指出，保持长江生态原真性和完整性。同时指出，长江造就了从巴山蜀水到江南水乡的千年文脉，是中华民族的代表性符号和中华文明的标志性象征，是涵养社会主义核心价值观的重要源泉。要把长江文化保护好、传承好、弘扬好，延续历史文脉，坚定文化自信。要保护好长江文物和文化遗产，深入研究长江文化内涵，推动优秀传统文化创造性转化、创新性发展。要将长江的历史文化、山水文化与城乡发展相融合，突出地方特色，更多采用"微改造"的"绣花"功夫，对历史文化街区进行修复。同时，长江及

---

* 葛川，中国文化遗产研究院研究员。

长江经济带是当代中国经济和政治生活最活跃、贡献率非常高的区域。长江及长江经济带必将引领着国家未来的发展，因此长江文化价值、内涵的认识问题，是长江文化保护传承弘扬的核心和关键。要破解这一问题，必须回望历史，立足当下，展望未来。

回望历史，一位百年前西方学者对长江及其所在中国区域的评论值得细思"……长江流域在政治和商业上都极为重要，为此需要多强调几句。长江深入中国内地，而且很大的轮船从海上可直接沿长江的主要河段上溯而行。长江流域的广大地区也依靠和长江与外界便捷来往。地理上，长江介于中国南北之间，从而对商品的分配和战争的进行都颇具影响。所以，一旦在长江流域建立起了势力，就在中国内地拥有了优势，并且能自由、稳定地通过长江沟通海洋；而在长江地区的商业优势又会巩固其他方面的有利地位。这些合在一起，谁拥有了长江流域这个中华帝国的中心地带，谁就具有了可观的政治权威。出于这些原因，外部海上国家应积极、有效地对长江流域施加影响，而中国由此得到的益处也会被更广泛地、均衡地扩散到全国。在长江流域丢下一颗种子，它会结出一百倍的果实，在其他地区也有三十倍的收获……"因此，历史经验告诉我们，长江是中国在地理空间上文化联系的枢纽，一旦忘记长江文化对中国的战略价值，从某种意义上说就失去了统一的中国。保护传承弘扬长江文化，就需要通过革故鼎新、去其糟粕、取其精华令中华绵延数千年积淀深厚的优秀文化不断发扬光大。

立足当下和展望未来，当下论坛的召开是对"党中央、国务院五年三次座谈会确立实施长江经济带发展这一重大国家战略"最积极的响应与落实，论坛的召开对扎实推进长江文物与文化遗产的系统性保护、传承长江文化文明、弘扬长江精神具有重要现实意义。2020年在全面推动长江经济带发展座谈会上，习近平总书记用很大篇幅阐述长江文化保护传承弘扬的问题。这说明长江经济带高质量发展需要文化和文明的支撑。中国有自己的价值观和规则，也不会放弃坚守古老的文化和文明。因为别人会根据我们的历史来理解我们。

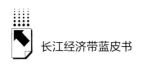

一　长江文化概念和研究意义的思考

长江文化相对于长江经济带来说，其定义是非常困难的一件事情。首先，长江是一个地理概念，按照地理学流域的概念我们可以相对精确地确认它的空间范围，这个不难。但难的是如何在这一空间中认出其多样而丰富的一个个单独的文化。其次，一个个单独的文化并不是单独存在，在200万~220万年至今的时间长河中，经过数十代人的碰撞、演变、融合、流变，形成了无数的文化，并且这些文化你中有我、我中有你，互相共生和杂陈，让研究者很难识别其真相和面貌，更不要说文化内涵挖掘提炼。最后，长江经济带范围内，人类诞生200万~220万年以来，多少代人在这一地理空间生栖、繁衍，其时空框架恢宏而浩瀚，如何找到一代一代人的文化信息，并论证其纯正和杂化特征，更是不易。因此，归纳出一个多元一体、独特而普遍的长江文化概念必须找到一个抓手。这个文化认识抓手最直接的证据就是文物，文物是物质的，其相对真实、易于保存、看得见、摸得着的特点，让人们选择把文物当抓手来解读长江文化概念，是一个可行的选择。文物作为一个实实在在地存在，保护起来也容易让人们识别和感知。仔细审视中国地图，长江经济带版图仿佛是一个仙人乘槎的格局。这一记满文明密码的格局，生长在中华优秀传统文化这棵根深叶茂的参天大树上。捧一捧长江水满满的承载的都是文化与文明，200万~220万年人类进化、五千年长江文明、百年来现代化进程都可以在滚滚江水中和大地上找到符号与印记。长江文化的物质符号和印记的包罗万象，其跨越时空万万年的奥秘解读，正是对长江文化不定之义的定义方式阐释与思考，这种开放式定义就是长江文化概念和研究意义永远存在的活力。长江文化概念就是透过时空中曾经存在过的被文化信息保护传承弘扬的行为就是长江文化，解读长江经济带时空内留下的文物价值，就是研究长江文化的意义。人、物、环境和制度是长江文化最直接的载体。

二　长江经济带文化时空框架及文物简述

　　长江经济带的经济、政治、文化的带动作用是显而易见的。国家战略从局部的"长三角一体化"发展到李克强总理多次强调的"让长江经济带这条'巨龙'舞得更好"。长江经济带的未来是既要共抓大保护，不搞大开发，又要创新发展不止步，引领全国作贡献。因此，中国特色社会主义现代化的长江经济带崛起必将是中华民族实现伟大复兴大业的中流砥柱！

　　回看历史，瞻望文化，长江文物与文化遗产底蕴深厚，资源丰富，发展潜力巨大，是长江文化的重要载体和长江文化的价值阐释的重要组成部分。因此，长江经济带沿线 11 省市均是文物与文化遗产资源大省。进一步聚焦这些文物与文化遗产资源大省的文物符号与印记折射出长江文化的基因。这些文化基因涉及长江文化的古文化遗址、古墓葬、古建筑、石窟寺、石刻、革命旧址等类型不可移动文物及其历史文化名城（村、镇）和历史街区等。长江文化的基因还会涉及金、银、铜、铁、锡、木、石、纸等馆藏文物（可收藏文物），具体包括历史上各时代重要实物、艺术品、文献、手稿、图书资料、代表性实物等。如果从更大范围、更广泛视角来认知长江文化基因的话，长江文化基因就是收藏在博物馆里的文物、陈列在广阔大地上的遗产、书写在古籍里的文字。

　　200 万~220 万年以来，巫山人、郧县人、和县人的骨骼和遗址证明东亚地区有了世界早期人类栖息地；从万年前的江西仙人洞、湖南道县玉蟾岩、到五千年的江苏昆山绰墩，证明世界栽培稻的起源与演化在中国；长江经济带区域的河姆渡、良渚先民开启中国独特木结构先河，创造了独特的木结构榫卯建筑技术、木船制造技术、漆器制作技术等；宛如天工的浙江良渚鸡骨白"玉"礼器与凌家滩玉猪、丝织品，让长江文化折射出文明之光；三星堆青铜、盘龙城玉戈、新干青铜，长江中下游铜绿山、铜岭、铜陵等矿冶遗址，让青铜文明离不开长江流域资源的支撑；文化滥觞、为民治水、商贾江南、盐铁瓷茶让"汉文化"和"唐人街"等的中国发现、发明和创造

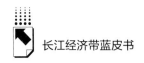

走向世界;"上帝折鞭处"重庆钓鱼城国人的坚守,改变了世界格局;《天工开物》引起了李约瑟的好奇,《南京条约》的屈辱、上海的外滩让我们重新思考什么是中国文化。今天,长江经济带的天然物质条件十分优厚,长江作为能量输入的源泉,源源不断地为中华文明的伟大复兴输入着正熵。

三 长江文化保护传承弘扬短板的共识

长江文化恢宏壮丽,源远流长,正如《新华每日电讯》刊载题为《"捡起来"却"锁起来关起来",长江文化资源仍在"沉睡"》的报道中描述的"三峡,万里长江上最险峻、神奇的峡谷,孕育出丰富的文化遗存,被誉为长江文明的华彩乐章"。这些长江文化重要的证据以文物的形式存在,这些符号与印记被"捡起来"、被"发现"。同样一群记者和文化观察者看到后,发出了这样的声音:"20多年来,抢救性保护的20余万件三峡文物不少仍在'沉睡',后续研究挖掘不足,部分重要的文化旗帜已鲜为人知……不只是三峡文物,由于'重保护、轻研究''重保护、轻转化',长江文化资源普遍存在'沉睡现象',亟待构建系统性研究和创造性转化的长效机制,唤醒'沉睡'的长江文化资源。"这些描述仅仅是一些文化保护传承弘扬现状的缩影,基层同志的声音,更是一针见血,"有时并不是我们拥宝不自知,而是研究提炼工作推进缓慢,很多文化符号的内核,以及哪些元素可以转化都还没有明晰,基层也是力不从心"。"沉睡"的不只是三峡文物,在长江沿线各地,处于"沉睡"状态的文化资源并不鲜见。归纳起来,新华社记者给出的结论与建议是"对文物的发掘、保护很多,对文物研究、提炼、转化太少"是许多文化研究人员的共同感受。

"我国文化领域长期存在的'重保护、轻研究''重保护、轻转化'问题,是文化资源'沉睡'的根源所在。要让收藏在博物馆的文物、陈列在广阔大地上的遗产、书写在古籍里的文字都活起来,基层干部和专家建议,当务之急是构建系统性研究和创造性转化的长效机制。"

改革开放以来,长江经济带已发展为我国综合实力最强、战略支撑作用最大的区域之一。国富需要民强，民强需要文化，高度的文明才能满足人民对社会全面发展的向往。今天，长江经济带的天然物质条件十分优厚，长江作为能量输入的源泉，源源不断地为中华文明的伟大复兴输入着正熵。近年来，尽管当地政府开始重视文化建设，文化资源转化利用问题均不同程度发生着改变。但过去很长一段时期，文物曾被视为"经济发展绊脚石"和"城市死角"，保护传承弘扬工作很难成为基层领导决策的重点工作。文物保护传承弘扬工作长期滞后于经济发展。

当前习近平总书记关于"长江文化"的保护传承弘扬等作出了重要指示，党中央对"长江文化"的高度重视，为推动"长江文化"的保护传承弘扬提供了宝贵机遇。而如今长江文物和文化遗产作为长江文化保护的代表，其保护传承弘扬面临着突出的问题，例如文物点多面广保护条件复杂，文物类型和文化内涵丰富但无法满足的人民文化需求，保护项目绩效、质量、社会贡献率评价缺失等诸多挑战与问题。

四　长江文化保护传承弘扬依靠谁

长江文化保护问题是客观存在，但依靠谁引起我们的思考。"长江文化"的保护传承弘扬课题无处不在。重要的课题研究必须依靠多学科研究机构、研究专家精诚合作，一个课题一个课题地做，一步一步地走，这样必然会对中华文明的整体研究、对文化的持续发展做出贡献。研究长江文化的保护传承弘扬依靠谁，联系到历史来看，必须依靠教育或科研机构和人。古代长江经济带教育发达，科技称雄，民间书院兴起，理学兴盛，为长江文化保护传承弘扬奠定了基础。今天，举个行业例子，国家文物局及其下属中国文化遗产研究院作为国家文物局直属事业单位、文物保护科技的国家队，其核心职责包括文物研究及其保护、修复、展示、利用等的研究、实践，以及文博高级人才教育培训等。他们始终将文物保护科学研究与实践作为立院之本，坚持把社会效益放在首位。努力发挥在文物法规政策与基础理论等方面的智库作用，世界文化遗产保护、监测与研究的总平台作用，文物保护修复

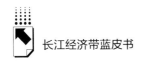
科学技术研究以及实施方面的引领示范作用，文化遗产保护教育培训基地作用。

近年来，围绕国家文物保护急难险重的任务，这些文物保护的科研机构就承担了很多系列的长江经济带重大保护性研究项目，包括开展川渝石窟保护利用专项、重庆合川钓鱼城本体保护与展示项目、繁昌人字洞的保护规划和抢险保护工程、遗址公园建设等。文研院搭建了"中国世界文化遗产监测预警总平台"，编制了《中国世界文化遗产地监测预警体系总体规划》，并为重庆钓鱼城的申遗文本、江南水乡的申遗研究，长江经济带的世界遗产地保护项目贡献着智慧。

2015 年，中国文化遗产研究院被列入国家文物局文博人才培训示范基地，以行业发展、文博单位调研为工作基础，以培养文博行业技术技能型人才、提高教育质量为宗旨，积极推进文博各专业领域的教育培训。培训方向为世界文化遗产监测管理、考古发掘项目负责人和职业院校骨干教师等管理人员培训与各类材质文物保护修复专项技术技能人才培训等，涉及国内培训和国际合作培训，均取得了较为显著的成果。

这些项目的开展对长江文化的保护传承弘扬提供了可以借鉴的经验，可以为长江文化的保护传承弘扬提供助力。长江文化是历史留给人类的宝贵财富，物质遗产的跨地区、跨专业的合作研究是促进长江文化系统性保护的重要方式。中国文化遗产研究院保护机构案例，仅仅是长江文化保护传承弘扬机构建设与人才队伍发展的缩影。"耐得住寂寞，坐得了冷板凳"坚持在长江文化研究、实践、人才交流与培养、学科建设等方面开展可持续研究，才能为解决长江文化保护科学问题提出、关键技术的发明创造贡献智慧和力量。

五 长江文化保护传承弘扬的建议

做好长江文化保护传承弘扬工作具体应从以下几个方面开展。

坚决贯彻落实党中央、国务院决策部署，健全长江文物和文化遗产资源管理体系，将长江文化保护项目绩效与社会贡献率评价工作纳入国务院重点督察工作范畴。持续开展"长江文物"评估认定工作，对于经考古发现的不可移动文物和可移动文物开展价值评估认定。做好定级、建档和数据资源管理工作，建立文物资源管理体系和信息共享机制，加强资源数据的保存、研究与共享利用。探索创新保护管理机制体制，强化中央统筹、跨地区跨部门协调和属地管理。充分落实中央宏观调控、属地管理责任和主导作用，加强各地区部门沟通协调，通力协作推进长江文物和文化遗产保护传承弘扬工作。将长江文物和文化遗产保护传承弘扬工作纳入国务院重点督察工作。

加强顶层设计，团结力量，凝练重点专题研究，持续推进事关全局的重点工作，实现"长江文化与生态融合的大保护"。开展长江文物与文化遗产保护传承弘扬重点事项专题研究，推动长江文物和文化遗产保护整体水平提升，通过更广泛的参与合作交流，实现长江大保护目标。

加强长江文化保护研究机构与人才队伍建设。长江经济带文物与文化遗产资源丰富多样，但文物与文化遗产保护机构与人才队伍相对薄弱，目前又出现文物保护高端人才大量流失的现象。因此一方面要大力提倡习总书记提出的"莫高精神"，培养一批"专才"和"特才"，另一方面要加强长江文化的学科建设力度，推动长江学的建立与巩固，令其成为体现中国特色的学科示范。

加大长江文化考古研究和历史文化遗产保护力度。推动长江经济带重要文物考古工作纳入"考古中国"重大研究项目，加强长江文化文明研究。推进开发建设中考古调查、勘探、挖掘等前置工作，做好发掘资料等整理和成果出版工作，深入挖掘阐释长江文化遗产承载的深厚历史价值和传统文化，充分发挥考古在长江文物保护、展示利用中的基础性和指导性作用。保护是文物工作的头等大事。探索抢救性保护、预防性保护和文物保护工程精细化的发展路径，推动长江文物和文化遗产保护整体水平提升。落实长江历史文化遗产保护责任，提升文物防护能力，加强现代技术在长江文物保护中的推广应用，持续开展长江文物防灾减灾研究以及以监测预警为基础的预防性保护体系建设，全面提升长江文物保护水平。

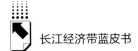
提高长江文物与文化遗产保护传承弘扬工作的科学化、标准化水平。基于长江文物与文化遗产的理解和认识，吸收国内外同类型文化遗产保护经验，开展多学科参与的保护传承弘扬理念、技术综合研究，增强长江文物与文化遗产保护传承弘扬技术工作的科学性、可操作性。

让长江文物和文化遗产"活起来"。研发长江文物和文化遗产展示产品，借助新媒体传播渠道和技术手段，深入阐释长江文物和文化遗产价值体系，构筑和弘扬长江文化精神。通过建设各类生态博物馆、考古遗址公园、文化公园等促进文旅融合，发展文化创意、文化旅游等产业，协调文化遗产保护与属地经济社会可持续发展的关系。

B.28
加大农业文化遗产保护利用力度
助推长江经济带高质量发展

胡彬彬　范哲林*

摘　要：　长江流域独具地域特色的农业文化遗产遗存，既是宝贵的历史文化资源，更是确保粮食安全与农业可持续发展的极其重要的生产生活资源。保护并利用好这些农业文化遗产，释放其可以利国、利民的文化红利，实现"文化资源→文化资产→文化红利"的模式转化，对于推进长江经济带高质量发展，实现文化、社会、环境和经济的可持续发展具有重要价值。

关键词：　长江农业文化遗产　长江经济带　高质量发展

2020年9月，习近平总书记在湖南考察时指出，我国已进入高质量发展阶段，并强调坚持农业农村优先发展，推动实施乡村振兴战略。要牢固树立绿水青山就是金山银山的理念，在生态文明建设上展现新作为。要坚持共抓大保护、不搞大开发，做好洞庭湖生态保护修复工作。2018年4月，在深入推动长江经济带发展座谈会上习近平总书记强调，"推动长江经济带探索生态优先、绿色发展的新路子，关键是要处理好绿水青山和金山银山的关系。这不仅是实现可持续发展的内在要求，而且是推进现代化建设的重大原

---

* 胡彬彬，湖南省政府参事；范哲林，中南大学中国村落文化研究中心博士。

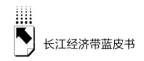
则"。可见，高质量发展的一个根本遵循，就是生态优先、绿色发展，共抓大保护、不搞大开发，使绿水青山产生巨大生态效益、经济效益、社会效益。从这个层面来说，加强农业文化遗产的保护利用，原本就应该是长江经济带高质量发展必须关切的重要方面。保护农业文化遗产，实质上就是保护那些优秀的、特质的复合农业生态系统，延续农业文化的自然环境与人文环境，最终实现文化、社会、环境和经济的可持续发展。

长江流域作为农业文明的重要发源地，具有优越的自然环境，拥有悠长久远的稻作耕种历史、经验丰富的农耕技术和丰富多样的农业品种资源。有关稻作文明最早、最重要的关键遗存物证都在长江流域。湖南道县玉蟾岩上万年人工栽培稻种和澧县彭头山 9000 年前的农田遗存、浙江良渚文化遗址5000 年前伟大的史前稻作文明成就等，不仅牢固地奠定了长江流域传统农耕文明的基石，更充分证明了长江流域在人类农耕文明史上举足轻重的地位。

2002 年联合国粮农组织提出，"农业文化遗产"旨在"建立全球重要农业遗产及其有关的景观、生物多样性、知识和文化保护体系，这些系统与景观具有丰富的生物多样性，而且可以满足当地社会经济与文化发展的需要，有利于促进区域可持续发展，使之成为可持续管理的基础"。也就是说，长江流域这些独具地域特色和承载生产生活智慧的农业文化遗产遗存，既是长江经济带宝贵的历史文化资源，更是确保中国及世界粮食安全与农业可持续发展的极其重要的生产生活资源。因此，加大农业文化遗产保护与利用力度，将其有序有度地纳入长江经济带高质量发展规划，让这些资源"活"起来，不仅应该，而且十分必要。

一　遗存与现状

"农业文化遗产"这一概念，是 2002 年由联合国粮农组织提出的，同年在全球环境基金支持下，联合国粮农组织联合有关国际组织和国家，发起了"全球重要农业文化遗产"大型项目。此后，世界各国开始积极发掘本国的农业文化遗产。2004 年，我国文化部、财政部开启"中国民族民间文化保护工程"之"中国农业文化遗产保护项目"。2013 年开始，农业部正式开展"中国重要农业文化遗产"的评选工作，我国也成为世界上第一个建立国家级农业文化遗产保护的国家。

截至 2020 年 1 月，我国已先后公布了 5 批、共 118 项中国重要农业文化遗产，其中长江经济带除上海以外的 10 个省市（直辖市），共拥有 59 项，占全国的一半。世界范围内进入联合国粮农组织"全球重要农业文化遗产"名录的项目已达 50 个，我国列入的 15 个项目之中，有浙江青田稻鱼共生系统、江西万年稻作文化系统、云南红河哈尼稻作梯田系统、贵州从江侗乡稻鱼鸭系统、云南普洱古茶园与茶文化系统、浙江绍兴会稽山古香榧群、江苏兴化垛田传统农业系统、浙江湖州桑基鱼塘系统、中国南方稻作梯田（广西龙胜龙脊梯田、福建尤溪联合梯田、江西崇义客家梯田、湖南新化紫鹊界梯田）9 项位于长江经济带，占全球的 18%、中国的 60%。

从类型上看，全球重要农业文化遗产与中国重要农业文化遗产不仅在长江经济带都有分布，而且占据了全国的"半壁江山"，说明长江流域农业文明在中国乃至人类农耕文明史上有举足轻重的地位。不过，就全国所占比重而言，作为农业文化遗产的主要分布带，长江经济带的资源却并未得到应有的重视，其优势更是没有很好地发挥出来。

2020 年 6~9 月，中国村落文化研究中心对长江流域重要农业文化遗产资源进行了专题考察，同时结合我们多年来的调研数据显示，长江经济带的农业文化遗产资源不仅远不止于此，而且类型多样，主要有以下几种类型。

（1）农业种植养殖类：四川郫县稻鱼共生系统、云南大姚蜂蜜养殖系统、浙江东钱湖白肤冬瓜种植系统、湖南江永香芋种植系统、湖北蔡甸藜蒿栽培系统、安徽寿县八公山黄豆种植与豆腐文化系统、江西大余鸭养殖与板鸭文化系统、四川双流辣椒栽培系统、贵州剑河稻作文化系统等。

（2）农业遗址类：云南抚仙湖古滇聚落群、浙江河姆渡文化遗产、湖北鸡鸣城遗址、湖南道县玉蟾岩遗址、湖南澧县彭头山遗址等。

（3）农业聚落类：贵州西江千户苗寨、浙江金华市诸葛村、江苏苏州

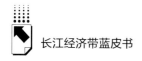
市杨湾村、上海闵行区彭渡村、安徽徽州呈坎村、湖南江永勾蓝瑶（含牛庄屋）和会同高椅村等3944个"中国传统村落"等。

（4）农业景观类：江苏姜堰溱湖湿地农业系统、浙江永嘉稻作梯田系统、江西遂川稻作梯田系统、湖北随州神农部落景区、湖南苗侗的传统干栏式建筑群落、湖南城步南山的农—牧景观带等。

（5）农业民俗类：重庆石柱县的"玩牛"、浙江南浔三道茶、浙江咸祥八月半渔棉会、江苏金湖秧歌、上海羊肉烧酒食俗、上海崇明岛的天气谚语、湖南绥宁黄桑苗族的"祭狗"、湖南隆回小沙江花瑶的"打滔"和"讨僚"、湖南江永勾蓝瑶的洗泥节等。

（6）农业野生资源类：浙江海滨山黧豆、江苏盐城野豌豆、湖北咸宁土圞儿、湖北神农架的天麻、安徽大别山山核桃、江西竹节人参、重庆巫山野生小娃娃鱼、云南药用野生稻和疣粒野生稻、湖南宁乡黄材野生香榧林、湖南江永桃川和茶陵尧水野生稻群落等。

这些数量众多、形态各异的农业文化遗产资源，大量承载着长江流域不同历史时期、不同地域和不同民族的文化信息，既是宝贵的且仍在活态传承的文化遗产，更是长江流域民众乃至中华民族赖以生存的物质基础与精神财富。还有相当数量的农业文化遗产资源与近代革命进程紧密相连，如湖南汝城县沙洲村，记载了"半条被子"的传奇；四川很多的村落都见证了红军长征的脚步，如巴中市通江县沙溪镇景家塬附近的红云崖村，"赤化全川"四个刻在石壁上的大字，是当年红军在此打土豪、分田地所留下的石刻标语。它们在历史上写下了辉煌的一页，是非常重要的红色文化遗产。

二 价值与意义

保护并利用好长江流域的农业文化遗产，对于推进长江经济带的经济、社会与文化高质量发展，建设生态文明先行示范带、创新示范带和协调发展带，具有重要价值。

维护粮食安全、食品安全，促进可持续发展。在漫长的农耕生产过程中，长江沿岸民众通过利用种养结合、循环利用、水旱轮作、施有机肥等传统农业耕作技术，保持了土地的可持续性生产。目前，很多相对发达的农村地区，现代化农业带来了大批量化肥农药的使用，尽管获得高产，却也严重地破坏了水土自然生态。而在传统农业农耕文化区，由于仍旧保持着各种手工农业生产方式，将农业生产视为整个生态系统中的一环，实现了环境和动物、植物之间的循环利用，促进农业生态体系的不断良性发展。很多农田使用了上千年，土地的生产力还能维持长盛不衰。例如，贵州从江地区的农村，侗族农民仍长期保持"饭稻鱼羹"的生活传统，形成了"种植一季稻、放养一批鱼、饲养一批鸭"的"稻鱼鸭种养殖复合系统"。稻田为鱼和鸭提供丰富的饵料，鱼、鸭则为稻田清除虫害和杂草，减少了农药的使用；反过来，鱼、鸭的粪便又为水稻的生长提供有机肥料，减少了化肥的使用。从经济的角度看，具有更高的投入产出比；从生物的视角看，则有突出的生态优势。当前，粮食安全形势严峻，化肥、农药、重金属超标导致不少农村的饮用水、耕地污染严重，在这一双重背景下，充分借鉴和利用传统农业耕作中蕴含的人与自然动态适应的智慧，对今天农业的可持续生产，缓解粮食危机、食品危机甚至社会危机，具有重要的参考意义。

保护物种、粮食品种和文化的多样性。现代农业的高速发展，使作物的生产逐渐批量化、规模化、链条化。以杂交稻和转基因作物为代表的高产农作物，确实为解决粮食危机作出了重要贡献，却也挤压了原生物种的生存空间，消解了原有的生产方式与生活习俗，从而导致整个长江流域以农耕为特质文化的衰落甚至消亡。与其他类型的文化遗产不同，农业文化遗产是一个系统而非单一的项目，其保护对象涵盖了家禽家畜、农耕作物、生产方式、生活习俗、乡村景观等不同方面。无论从项目设置的初衷还是最终的效果来看，保护农业文化遗产都有利于保护生物、生产和文化的多样性。湖南新化紫鹊界梯田，是首批中国重要农业文化遗产，也是全球重要农业文化遗产和世界水利灌溉工程遗产。由于独特的自然环境，出产"紫香贡米"、"紫贡黑米"、紫鹊界"红米"、"贡茶"等大量原生物种。千百年来，苗、瑶、侗、汉等多民族在这里繁衍生息，南方稻作文化和苗瑶山地渔猎文化交融互补，山歌、祭祀、傩戏、耕作、狩猎等各种习俗至今仍旧散发着古朴神秘的气息。依靠森林植被、土壤、田埂等形成储水保水系统，更是凭借独树一帜的基岩裂隙孔隙水水源，构成了几十万亩蔚为壮观的纯天然灌溉工程景观，列入农业文化遗产保护名录之后，又进一步提升了当地政府、民众和社会各界对于当地特质资源的重视，其在现代文明的冲击之下不仅没有消亡，反而愈趋散发着顽强的生命力。

助力乡村振兴战略实施，文化资源转化为文化红利。农业文化遗产所在地不仅自然生态环境良好，而且民俗文化多样、人文景观丰富，如果得到善待和重视，有度利用，完全能够成为促进农村生态文明建设的新动能，推动当地乡村振兴战略的顺利实施。以中国第一个列入首批"全球重要农业文化遗产"的浙江青田稻鱼共生系统为例即可说明。青田县通过稻鱼共生系统、传统农耕生产方式、"青田鱼灯"等民俗活动及自然景观的保护与利用，带动了休闲农业与观光农业的发展。更重要的是，有机无公害的稻鱼共生产业得以在全县推广，青田稻鱼米和青田田鱼在市场上的认可度越来越高。近年来，青田稻鱼共生系统这一品牌每年给当地带来的总产值都在2亿元以上，实现了农民增收，直接推进了当地乡村振兴。农业文化遗产保护的意义与价值，在很大程度上也就在于此。中国村落文化研究中心的调研显示，我国农业文化遗产资源很大一部分位于国家扶贫工作的重点县、重点村，不仅自然生态环境良好，而且民俗文化多样、人文景观丰富，如果能在保护与利用工作上做得到位，是可以转化为文化红利，并让贫困地区村民脱贫致富。湖南江永勾蓝瑶寨被当地政府加大力度保护与活化利用之后，村民都已高质量脱贫奔小康，年收入由2015年的人均不足1500元到了2019年的人均8900多元。江苏兴化垛田传统农业系统入选中国重要农遗名录后，稻米价格从每斤5元涨至15元，垛田年接待游客超150万人次，村民收入大幅提高。

激发乡土文化活力，建设美丽乡村。农业文化遗产是传统文化与现代文明对话的重要载体，在民族精神、地域环境、历史文化的延续中得以显现，构建了物质与精神、自然与人文等多维辩证关系。作为活态存在的遗产，它既是传统乡土文化核心价值依附的根本，也是当代社会不可或缺的组成部分。促进农业文化遗产可持续发展，既要确保农业文化遗产地始终有原住民居住活动，又要让他们在不破坏原有生态系统的前提下获得文化红利，提高生活水平。因此，利用好了农业文化遗产，可以进一步激发乡土文化的活力，一方面，有助于生态宜居的乡村环境的打造，因为一些农业文化遗产如中国南方梯田、特色村寨，本身就是很好的乡村文化景观；另一方面，通过这种文化资源发展起来的旅游农业，既能实现长江经济带乡村旅游业发展质的提升，又能以"产业兴旺"带动"农民富裕"，使旅游、扶贫、生态保护有机结合，增加所在地农产品、旅游、休闲等附加值。

三　对策与建议

目前，长江流域的农业文化遗产优质资源保护利用在长江经济带实施规划中明显缺失，没有得到应有的善待和重视，甚至在一些乡村出现生态环境、历史文化遗产和农民财产权利的三重损害的情况，不利于长江经济带高质量发展的整体推进。基于此，提出以下对策与建议。

以设立农业文化遗产保护区为抓手，对传统农业文化遗产实施整体性保护。扩大调查范围，分阶段有步骤展开长江经济带范围内的"农业文化遗产"专项摸底普查工作，根据农业文化遗产的分布情况，加大投入力度，将相关保护区列入"中国重要农业文化遗产"保护项目，并争取列入联合国粮农组织的"全球重要农业文化遗产"保护项目。农业文化遗产不是孤立发生的，而是在特定区域内，各个方面相互影响、相互制约和相互作用的，是一个有机联系的整体。所以，对农业文化遗产的保护，既要将与传统农业生产休戚与共的田地、水系、山林等自然环境和构成农耕文化区的有机整体的房屋、道路、交通等人文设施与景观列为保护对象，更要将农业耕作技术、生产经验、劳动工具、精神信仰和特有农作物品种与生物资源，以及因农业生产而形成的风俗习惯、道德价值观念等活态文化纳入保护规划，强调农业文化遗产的动态性保护和适应性管理。

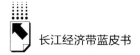

全面普查地方农耕物种，建立原生物种基因库，并确保在适宜生产的区域持续栽培。地方农耕物种是在特定的自然环境和社会历史条件下，经过人类长期驯化、培育而成，它们是生物多样的重要组成部分，包含有多重价值。然而，近年来，有近半数的地方品种群体数量下降，甚至一些地方的农业物种已然消亡。因此，要在长江经济带范围内，组织一次"农业物种遗产"的专项普查工作，建立起原生物种基因库。可制定《长江经济带农业物种调查表》《长江经济带农业物种保护项目推荐表》《长江经济带受保护农业物种遗产推荐表》等普查表格，查清长江经济带农业物种资源种类、数量、面积、伴生物种、分布地点和濒危状况，建立起长江经济带农业物种资源信息数据库。在此基础之上，制定出台相关保护管理规划，有计划地分期、分批、分级建立保护点，确保地方农业物种特别是珍稀的农业野生物种资源，在适宜生长的区域持续栽培，进而得到有效的保护。

建立长江经济带农业文化遗产有效保护和合理利用模式，优化制度体系。坚持农业文化遗产保护的整体性、动态性、活态性、适应性原则，突出"保护为重、活态传承、平衡利益、发展民生"理念，出台一揽子农业文化遗产保护管理办法，明确农业文化遗产保护区的范围和标准；对确立为农业文化遗产保护的项目，给予资金支持，并制定相应的评价、监督、检查和评估标准；建立以农业文化保护、耕种技术保护、农业景观保护、人文生态保护、生物多样性保护和社会经济发展为评估依据的指标体系；划定开发利用的"红线"，从制度上杜绝因发展地方经济而对保护项目生态文化造成破坏的可能性。保障当地农民基本利益，建立合理的共享机制，鼓励沿用传统耕种技术与方式。建立传统农业生产技术培训制度，提高当地农户的自觉意识。推广政府与社会资本合作、政府购买服务等模式，树立好农业文化遗产地产品的品牌效应，坚持品质优先。完善价格补偿模式，给予财政补贴，适当提高产品出售价格，使得农民愿意从事传统农业生产。

做好顶层设计，明确将农业文化遗产的保护利用纳入长江经济带高质量发展规划。在制定和实施长江经济带高质量发展规划时，要将农业文化遗产的保护利用纳入进来，使农村、农业、农民和乡村文化进行有机融合，促进自然环境、社会生态、传统文化与涉农产业的和谐发展。充分发掘农业文化遗产的价值，并以此为抓手，带动遗产地的环境改善与农民致富，继而以点带面，提高辐射周边区域乃至全国的影响力，推进长江经济带高质量发展规划稳步前进，精准实施。在具体实施中，必须坚持"共抓大保护，不搞大开发"的理念，因地制宜，以农业文化遗产得到有效保护为前提，以遗产地农户为主要参与主体，以提高当地农户的经济收入与生存、生活质量为目标，将"发挥优势，扬长避短"作为文化资源转化的基本原则，以农业生产和乡村旅游为中心，依据产业间的关联性，通过一系列产业措施和运作机制，释放遗产地的经济发展潜力、优化生存环境、不断提高人民生活水平，释放可以利国、利民的文化红利，实现"文化资源→文化资产→文化红利"的模式转化。这样的"文化红利"不只是经济红利，更是可以滋养和确保中华民族优秀品格代以相继的精神红利。

建立健全政府主导下的农业文化遗产多元化补偿机制，持续提高农业文化遗产保护区的生态服务功能。鉴于长江经济带农业文化遗产保护尚处于初始阶段，生态补偿资金的需求很大，建议国家和省市财政部门，在统筹财力的情况下，增加农业文化遗产保护专项资金预算额度，发挥政府在农业文化遗产保护补偿中的主体和主导作用，确保政府投入力度与农业文化遗产保护补偿任务相适应。建立健全农业文化遗产保护多规划衔接、多部门协调的长效机制，整合目标相近、方向类同的文保专项资金和涉农资金。以农业文化遗产保护项目为平台，把保护专项资金、文保专项资金和相关涉农资金捆绑集中使用。在农业文化遗产保护利用中，地方政府可以根据"谁受益、谁付费"的原则，积极开辟新的资金渠道，探索项目、政策、资金、智力、技术、实物、对口支援等多种生态补偿方式。通过培育"造血"功能的配套政策，增强农业文化保护地生态涵养区的"造血"功能，实现"输血式"补偿与"造血式"补偿并重并举。

典型案例篇

Typical Cases

B.29

数字经济赋能长江经济带
区域高质量发展[*]
——以四川省为例

黄　寰^{**}

摘　要： 加快培育数字经济对推进长江经济带高质量发展具有重要意义。本报告从新发展理念、供给侧结构性改革、创新竞争优势等方面分析了数字经济赋能长江经济带高质量发展的现实需求，以四川省为例提出了数字经济发展的总体成效及其面临的问题和挑战，并进一步从数据要素、关键技术、互联网平台、新型数字基建等方面提出了四川省数字经济引领长江

* 本文系成都大学文明互鉴与"一带一路"研究中心项目，成都市新经济发展研究院项目，四川省、重庆市社科规划"成渝地区双城经济圈"重大项目（SC20ZDCY001），2021年度四川省科协科技智库调研课题，四川省社科重点研究基地沱江流域高质量发展研究中心重大专项招标课题（TYZX2020－01），四川高校社科重点研究基地成渝地区双城经济圈科技创新与新经济研究中心项目的阶段性成果。
** 黄寰，四川省政府参事室特约研究员。

经济带高质量发展的有关建议。

关键词： 数字经济　长江经济带　高质量发展

2020 年 11 月习近平总书记在南京主持召开全面推动长江经济带发展座谈会时强调，坚定不移贯彻新发展理念，推动长江经济带高质量发展。近年来，长江经济带在全国经济发展中的重要性不断凸显，沿江 11 省市经济规模占全国经济总量的 45% 以上。加快推动长江经济带高质量发展，是关乎全国发展大局的现实需求。当前，以高增长、高融合、高技术为特征的数字经济在长江经济带蓬勃发展并逐渐成为区域经济转型发展的重要驱动力。为此，进一步促进数字经济赋能，为长江经济带高质量发展提供更好的规模优势和竞争优势，具有重要意义。

一　数字经济赋能长江经济带高质量发展的现实需求

（一）坚持长江经济带贯彻新发展理念的意志体现

习近平总书记多次强调了长江经济带"以生态优先、绿色发展为引领"，为长江经济带发展定下了绿色发展的主基调。而数字经济作为以新一代信息技术为支撑新经济形态，在资源配置、要素流动等方面都具有明显的效率提升作用，不仅有利于提高实体经济的供需匹配，还将进一步通过大数据、人工智能等新兴技术的应用挖掘出新的经济增长潜力，填补全面淘汰落后产能后的经济支撑，推动新旧动能加快转换，这是对积极响应长江经济带绿色发展的最佳体现。

（二）推动长江经济带供给侧结构性改革的关键抓手

长江经济带是我国经济发展的主引擎，也是全国供给侧结构性改革的

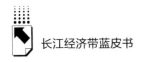

"主战场"。长江经济带拥有全国最优质的产业资源和最丰富的产业门类，推动长江经济带供给侧结构性改革，离不开各个层次产业结构的优化提升和技术的融合应用。当前，数字经济的融合应用正不断向现代产业体系的各个方面深入渗透，如融合了智能化、平台化的工业互联网平台，运用线上线下流通互补的现代农业，以及在医疗、教育、传媒、娱乐、金融等开展创新体验的服务业领域等，数字经济能有效贯穿长江经济带供给侧结构性改革涉及的产业链整个供需环节，运用互联网思维逐渐下沉到产业结构的各个层面，从而实现供给侧资源要素的高效匹配。

（三）发挥长江经济带创新竞争优势的重要领域

创新驱动是长江经济带高质量发展最重要的动力源，创新发展优势也是支撑长江经济带当前和今后保持领先发展势头的重要支撑。从技术上看，云计算、大数据、人工智能等数字新技术已成为驱动产业和社会变革的重要力量。从业态上看，近年来通过提供数字技术或服务实现发展价值和潜力的一批互联网企业，逐渐提升了传统实体经济的数字化程度，成为创新创业活力激发的先行样本。数字经济将充分体现长江经济带技术创新、模式创新、制度创新的现实要求，成为长江经济带在全国乃至世界经济体系中充分发挥创新竞争优势的重要领域。

二 四川省数字经济发展的总体情况

自 2019 年被确定为国家数字经济创新发展试验区以来，四川省按照国家部委决策要求着力部署数字经济战略发展，数字经济发展取得了显著成效。

（一）数字产业发展能级不断提升

近年来四川省数字产业发展取得实质性进展，尤其在集成电路与新型显示、超高清视频、软件与信息服务、大数据、5G、人工智能等产业领域初步形成了较完整的产业链条。截至 2020 年，四川省电子信息产业主营业务收入超过 1.2 万亿元，电子信息制造业总量居全国第 4 位，软件业务总量居全国第 7 位，5G 产业链企业超过 240 家，已公开 5G 专利 2582 件，位居全国第六，区块链产业应用在供应链金融、资金监管、产品溯源、数字身份等领域广泛分布，人工智能产业链也初步形成了以机器人、无人机等为代表的人工智能产业特色方向。随着国家"芯火"双创基地、国家网络视听产业基地、国家超高清视频产业基地落户四川，四川省数字产业集聚发展势头持续向好。

（二）产业数字化转型效果显著

首先在农业数字化方面，四川省数字农业 4 个国家级试点和 6 个省级试点加速推进，通过认定的国家级现代农业产业园有 7 个。其次在信息化和工业化融合发展方面，四川省数字化研发设计工具普及率达到 75.6%，居全国前列，全国首个工业互联网标识解析白酒行业节点落户四川，"企业上云"累计超 20 万户。此外在数字文旅建设方面，"智游天府"平台建设初见成效，2020 年全省实现网络交易额 36022 亿元，网络零售额 5881 亿元，全省国家级电商进农村综合示范县累计达 112 个。

（三）新型数字基础设施不断完善

近年来四川省加快完善新型数字基础设施。宽带城市群、大型数据中心、超算中心等一批重大工程落地实施，全省网络基础设施建设规模全国领先，实现四川省城乡全覆盖，建成 5G 基站 3.7 万个，成都超算中心建成投运，全国一体化大数据中心国家枢纽节点加速创建，"星河"智能卫星互联网工程进展顺利。新型数字基础设施的不断完善将为四川省数字经济发展提供更有力的支撑。

（四）面临的问题和挑战

一是数字经济对经济发展的支撑作用有待加强。2019 年四川省数字经济总量超过 1.4 万亿元，占 GDP 比重 33% 左右，数字经济发展呈现蓬勃之势。但相比国内其他数字经济先行省份，四川省数字经济对经济发展支撑作用有待加强。有关数据显示，2019 年数字经济规模均达到 1 万亿元以上的有北京、广东、浙江、上海、江苏等地，其中北京、上海数字经济占 GDP 比重超过 50%，广东、浙江、江苏等地数字经济占 GDP 比重也超过了 40%，湖北、重庆、河北等地占比也略高于四川省，相比之下数字经济对四川省经济发展的支撑作用还有待加强。

二是数字经济产业发展竞争力不强。近年来四川省在集成电路、大数据、人工智能、5G 等数字化产业领域强化发展布局，数字产业化增加值超过 2000 亿元，但与广东、江苏、北京、浙江、上海等地相比还有一定的差距。作为全省支柱产业的电子信息产业虽然营收率先突破了万亿元，但总体上仍然面临着产业附加值偏低、关键领域空白、关键技术"卡脖子"等问题。大数据、人工智能等产业也有待核心技术和关键产品的突破式创新，缺乏具有代表性、辐射性的大型龙头企业带动，总体上数字经济产业发展竞争力不强。

三是数字技术融合应用水平有待提升。2020 年四川省生产设备数字化率及关键工序数控化率分别为 47.3% 和 50.19%，与江苏、山东等省市相比仍有较大差距。当前四川省大力推进产业数字化转型，但现阶段而言许多企业还停留在自动化、信息化系统导入方面，具有潜力的、高水平的数字技术与实体经济的应用融合还有待深化，尤其是农业、工业领域总体缺乏数字化系统思维及整体设计能力，以及基础设施、资本融通、人才结构等数字化转型要素的支撑力不足，影响了数字技术及应用的效能发挥。

三 进一步提升四川数字经济引领
长江经济带高质量发展的建议

当前，多重国家战略叠加为长江经济带沿江省市发展带来了新的机遇，四川省作为长江经济带上游重要的战略发展腹地，应当着力打造数字经济发展高地，进一步发挥数字经济对经济社会的提升和支撑作用，引领长江经济带高质量发展。

（一）培育市场激发数据要素新动能

随着数据要素作为基本生产要素的重要性不断提升，加快推进数据要素市场化配置在全社会生产领域中的现实需求愈发凸显。推进数字经济发展，离不开数据要素的运作支撑和价值挖掘，培育市场激发数据要素新动能是四川省数字经济发展不可或缺的关键环节。

一是持续强化全省数据要素流通的顶层设计。着力解决数字要素产权界定制度不完备、数据标准规范体系不尽完善、数据安全治理能力有待提升等基础性问题，加快建立具有四川特色的数据要素市场规则和政策体系。

二是积极谋划推进支撑性项目。把握国家大数据中心枢纽节点建设机遇，同步建立覆盖全省的区域及数据中心。加快大数据交易中心、大数据区块链交易平台等平台载体建设，同时依托成都市大数据集团积极探索实体化市场主体组织方式，横向、纵向统筹发力，加快形成完备的数据交易、流通、服务体系，建立健全大数据产业生态。

三是着力强化数据资源价值性驱动。坚持市场导向、应用牵引，引导广大市场主体丰富数据应用场景，重点关注四川省电子信息、装备制造、食品饮料、先进材料、能源化工5个万亿级支柱产业以及社会治理等领域的场景应用，深度开展数据价值的开发利用，努力实现数据资源配置程序合规化、效率最大化和效能最优化，高位推动全省数据要素价值化进程。

（二）加快数字经济核心关键技术攻关

突出技术创新在四川省数字经济发展中的核心作用，围绕核心关键技术攻关，破除全省重点数字经济产业领域的技术制约，锻造有竞争力的四川省数字经济创新链。

一是加大数字经济核心关键技术研发力度。加快推进大数据、人工智能等核心关键技术的研发，集中力量攻克行业内"卡脖子"技术，大力支持天府大数据研究院、华为成都研究所、区块链创新研究联合实验室等以及川大、电子科大等研发主力军发展，发挥四川省现有大科学装置、科技基础设施和交叉研究平台作用，布局前沿领域研发、核心关键技术联合攻关。

二是创新数字技术攻关机制和项目形成机制。结合四川省数字经济发展实际制定核心关键技术清单、产业链断链断供风险清单和处置清单等，短中长期结合，迭代梳理、动态更新发布重点数字技术攻关项目清单。创新攻关组织形式，支持领军企业牵头组建体系化、任务型的创新联合体，定向突破制造业等领域"卡脖子"问题。完善以企业为主体、市场为导向、产学研深度融合的技术创新体系。

（三）构建工业互联网服务平台体系

工业互联网是现代数字信息技术与工业制造业产业链、资金链、信息链各个环节深度融合的新业态和新模式，也是未来国家和地区产业竞争的关键和制高点。构建四川省工业互联网服务平台体系，将对促进全省产业数字化起到重要作用。

一是依托成都重点创新载体空间，打造跨行业跨领域工业互联网平台。基于华为鲲鹏生态基地、成都超算中心、工业大数据应用技术国家工程实验室等载体，打造参与全球竞争的跨行业跨领域工业互联网平台。采用生态圈发展理念，整合产业链上下游、价值链各环节的开发者、企业和用户，借助平台的数据、技术等推进资源与要素优化配置。

二是围绕成都智能应用、天府智能制造产业园、中德（蒲江）中小企业合作区等产业功能区，促进工业互联网应用集聚发展。

依托产业功能区打造工业互联网技术与平台应用的产业高地，成为工业互联网智能制造产业高水平系统输出的创新经济增长策源地。建立"智能制造＋工业互联网服务"区域性集中区，带动工业互联网＋智能制造实体产业高水平聚集。推进各产业园区根据自身工业互联网智能制造整体规划能力确立发展任务，促进技术迭代，建设企业级工业云及园区级工业云，形成特性化工业互联网产业园。

（四）保障强化新型数字基础设施支撑

新型数字基础设施是数字经济发展的重要支撑，同时新型数字基础设施也体现出对新一代数字技术的高度依赖，为数字经济诸多领域的融合应用提供了重要场景。

一是完善信息基础设施。推进全省 5G 站点布局建设，实施 NB-IoT、eMTC（基于蜂窝通信物联网）等物联网设施商用部署和业务测试，布局信息枢纽、新型互联网交换中心、国际互联网数据专用通道等项目建设，推进千兆光纤宽带向机构单位、企业、园区等延伸覆盖。

二是建设融合基础设施。统筹部署城市智能泛在感知设施，加强标准规范衔接，按照配套感知和连接设施的部署要求，预留新型设施部署位置和空间，重点推进智慧建筑、市政物联等应用场景的感知设施部署。

三是布局创新基础设施。建设以云计算数据中心为代表的算力基础设施，在产业功能区布局边缘计算设施，预留城市规划使用空间，强化大数据、云计算等技术设施支撑保障。加快布局建设数字经济核心技术领域重点实验室等重大科技基础设施和产业技术创新基础设施，构建面向数字经济全产业服务的创新基础设施服务体系。

B.30
精心打造"长江风景眼、重庆生态岛"

——重庆市广阳岛绿色发展示范建设探索实践

欧阳林 *

摘　要：　作为"长江风景眼、重庆生态岛",重庆市广阳岛在绘制规
　　　　　划蓝图、创新体制机制、加快生态修复、明确功能定位等方
　　　　　面做出了很多有益探索,建议在下一步工作中,加强统筹、
　　　　　整体联动、探索创新,加速重点项目建设,放大绿色示范
　　　　　效应。

关键词：　生态保护　绿色发展　广阳岛

2016 年 1 月,习近平总书记在重庆主持召开的推动长江经济带发展座谈会上,作出了"共抓大保护、不搞大开发"的历史性决断。为贯彻落实习近平生态文明思想和总书记对重庆的重要指示精神,重庆市委、市政府强化"上游意识",担起"上游责任",把抓好广阳岛保护和规划建设作为修复长江生态环境的具体行动,作为推进城市更新、提升城市品质的重要抓手,广阳岛已成为重庆生态优先、绿色发展的亮丽名片。

一　广阳岛基本情况

广阳岛位于重庆市南岸区铜锣山、明月山之间的长江段,历史上曾有广

---

* 欧阳林,重庆市政府参事。

阳坝、广阳洲等别称,枯水期全岛面积约 10 平方公里,三峡大坝 175 米蓄水位线上面积约 6 平方公里,是长江上游面积最大的江心绿岛和不可多得的生态宝岛。

广阳岛片区以广阳岛为中心,规划范围 168 平方公里,其中,江北区、两江新区负责长江以北 53 平方公里范围建设,南岸区、重庆经开区负责长江以南 105 平方公里范围(不含广阳岛及广阳湾重点项目)建设,广阳岛绿色发展公司负责广阳岛全岛建设运营管理和广阳湾重点项目建设。

(一)大规模开发建设,广阳岛伤痕累累

由于广阳岛生态景观良好、自然景观突出、距离中心城区核心区较近,2017 年以前,广阳岛功能定位为以住宅商业开发为主,曾规划了 300 万平方米房地产开发量,并先后引入多家企业拟对广阳岛开发建设。2011 年,广阳岛启动大规模征地拆迁和市政基础设施建设,至 2016 年底,广阳岛上对 2.68 平方公里用地进行了平场,完成了 25.45 公里市政道路建设,部分建设用地已公告准备出让。持续的开发建设,在岛上遗留了 7 个土堆和大面积板结硬化的平场地块,形成了 25 处高切坡和 2 处炸山采石尾矿,生态环境遭到严重破坏,千百年来形成的小尺度梯田、自然水系等生态肌理不复存在。

(二)大开发到大保护,广阳岛迎来新生

2017 年 8 月,重庆市委、市政府深入贯彻落实习近平总书记在推动长江经济带发展座谈会上的讲话精神,作出决策:广阳岛以生态保护为主,不再搞商业开发,停止广阳岛土地出让。要求牢固树立"生态优先、绿色发展"理念,必须坚持"共抓大保护、不搞大开发"方针,重新研究广阳岛功能定位,高起点、高标准、高质量开展广阳岛规划建设工作,切实把广阳岛规划好、保护好、利用好。

(三)明确全新定位,广阳岛绽放新颜

2018 年 2 月 22 日,市委书记陈敏尔率队上岛植树调研,要求努力把广

阳岛打造成为"长江风景眼、重庆生态岛"。随后，重庆市委、市政府将广阳岛在内的 168 平方公里范围划定为广阳岛片区整体规划建设，2019 年 4 月积极争取国家长江办支持在广阳岛片区开展长江经济带绿色发展示范，并明确在优化生产生活生态空间、实施山水林田湖草生态保护修复、推进产业生态化生态产业化、践行生态文明理念、依法保护依法监管、体制机制和政策创新六个方面积极推进示范建设，引领重庆在推进长江经济带绿色发展中发挥示范作用。

二　主要做法和成效

在广阳岛实现由大开发向大保护的大转变以后，围绕"长江风景眼、重庆生态岛"定位，重庆市坚持高起点高定位谋划，高质量高标准推动，各项工作实现了稳步启动、有序推进，广阳岛片区良好的发展势头逐步延伸，强大的发展动能加速集聚，绿色发展示范效应逐步显现。

（一）坚持生态优先，精心绘制规划蓝图

坚持从全局谋划一域、以一域服务全局，围绕片区"两山四谷十一丘、一江七河十一库"山水格局，处理好广阳岛保护利用与城市提升、广阳岛与周边区域、广阳岛与重庆全域的关系，坚持多给生态"留白"、多给自然"添绿"，建立街区＋地块的"穿透式"规划管理体系，建立规划编制与实施动态管理制度，把好山好水好风光融入城市建设，构建形成总体规划层面的《广阳岛片区总体规划》，详细规划层面的《广阳岛片区控制性详细规划》，以及专项规划层面的《广阳岛生态城生态环境规划》《能源专项规划》《智慧城市专项规划》等为主的规划体系，实现了岛内与岛外一体规划、生态与人文一体保护、功能与品质一体提升。

同时，以广阳岛片区为核心启动区，引领东部槽谷地带打造重庆东部生态城，推动与中部历史母城、西部科学之城、南部人文之城和北部智慧之城共同构建城市发展新格局和成长新坐标。在规划编制过程中，重庆市人大常

委会出台《关于加强广阳岛片区规划管理的决定》，实现了立法与规划同步。根据决定和规划要求，广阳岛作为广阳岛片区核心管控区，禁止土地出让和商业开发建设，建筑总规模由 300 万平方米降至不超过 20 万平方米。

（二）创新体制机制，高位推动绿色发展示范

由于广阳岛片区涉及南岸区、江北区、重庆经开区、两江新区 4 个区域，重庆成立由市长唐良智担任组长的广阳岛片区领导小组，组建广阳岛绿色发展公司与领导小组办公室合署办公，建立统一规划、分区实施、统筹平衡推进机制。在推动片区绿色发展示范建设过程中，重庆市委、市政府高度重视，陈敏尔书记精心谋划，多次上岛指导片区规划建设和生态修复工作；唐良智市长靠前指挥，统筹推进片区重点工作；吴存荣常务副市长加强协调，研究解决片区建设中有关问题；陆克华副市长兼任领导小组办公室主任，坚持每周例会调度、每周上岛办公，推进落实片区重点工作。市人大持续关注支持，将常委会会议搬到广阳岛现场。市政协加强监督指导，组织政协委员视察片区绿色发展示范情况。市高法院出台 11 条意见，深化长江经济带环境资源审判协作机制。市检察院设立广阳岛生态检察官办公室，打造生态环保检察"示范田"。三峡集团王琳总经理多次听取工作汇报，亲自部署三峡集团参与广阳岛生态建设的有关工作。

同时，积极争取国家部委和有关单位支持指导。中组部支持重庆市按照边建设边挂牌方式，推进长江生态文明干部学院建设。国家发展改革委（国家长江办）上岛调研指导，督促推进片区绿色发展示范建设。自然资源部将广阳岛生态修复工程纳入国家山水林田湖草生态修复示范项目，拨付专项奖补资金 2.47 亿元。生态环境部支持长江生态文明干部学院作为生态环境部的干部教育培训基地，指导广阳岛创建"两山"实践创新基地。科技部积极推进消落带生态修复与景观提升、水土保持与污染控制等重点工作纳入国家重点研发计划专项。中国科学院与重庆市开展广阳岛片区长江经济带绿色发展示范区科技战略合作，推动长江模拟器、"美丽中国"示范区等项目共同建设。

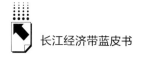
（三）加快生态修复，还岛于民迈出重要一步

深学笃用习近平生态文明思想，创新运用乡野化理论，探索实践"护山、理水、营林、疏田、清湖、丰草"6大策略、18条措施和45项技术，摸索总结"三多三少"生态施工方法和生态文明施工10条，系统开展山水林田湖草修复治理。广阳岛生态修复一期克服疫情、高温、洪水等不利影响，完成生态修复和环境整治300万平方米，自然恢复面积达到全岛面积的67%，植物恢复至383种，消落带植株保存率达到85%以上，植被覆盖率恢复至82%，310种动物生息繁衍，完成生态修复和环境整治300万平方米，形成10公里生态体验环线和6个示范点。

随着生态环境的持续改善和生态设施的不断完善，广阳岛已形成10公里环岛生态体验线路和西岛头、综合示范地、粉黛草田、山顶平台、东岛头、广阳营6个示范点，勾勒出一幅原生态的巴渝乡村田园风景，初步建成生动表达山水林田湖草生命共同体理念的"生态大课堂"，于2020年8月22日起对市民试开放，9月5日开通试运行朝天门—广阳岛生态观光水路航线，并先后举办"稻花香里说丰年"原乡节、"粉黛中秋"、"生态市集"等系列活动，吸引了4万余名市民、250余家政商团体上岛参观，引发社会各界高度关注，广大市民对市委、市政府还岛于民的决策，对"长江风景眼、重庆生态岛"的定位，对广阳岛的巨大变化，对呈现出来的原乡风情纷纷点赞。

（四）聚焦"五大功能"，提速推进重点项目建设

围绕长江生态保护展示、大河文明国际交流、巴渝文化传承创新、生态环保智慧应用、城乡融合发展示范五大功能，精心策划建设一批特色鲜明、内涵丰富、影响力大的项目，促进绿水青山转化为金山银山。在项目推进过程中，注重生态性、艺术性和科学性，坚持专家领衔、专业担当、专班统筹，推进硬件建设和软件建设同步，探索实施全生命周期管理、全过程咨询服务和设计施工总承包（EPC）等模式，高水平、高质量、高效率推进项目

建设。

目前，在广阳岛和广阳湾实施的 16 个重点项目中，广阳岛生态修复一期已完工；广阳岛生态修复二期和广阳湾生态修复已开工，广阳岛国际会议中心、大河文明馆、长江书院土石方已动工；广阳营已部分开放；智慧广阳岛一期已开始实施，长江模拟器大科学装置已启动硬件建设，广阳岛野外科学观测站初步进行选址；清洁能源、固废循环利用、生态化供排水和绿色交通等生态设施正在优化方案设计；长江生态文明干部学院、长江生态环境学院、广阳湾大桥正在完善有关审批手续，抓紧推进征地拆迁和前期工作；国际峰会配套保障基地、东西两个配套服务中心正在开展方案设计。

（五）岛内岛外联动，整体推进片区建设

坚持产业发展协同协作、基础设施互联互通、城乡建设走深走实、公共服务共建共享、生态环保联建联治、绿色示范共促共进，广阳岛片区建设实现整体推进。

广阳岛以南片区由南岸区、重庆经开区按照"智创生态城"定位加快建设。推进生态修复，牛头山、团结湖、茶园大道、广阳大道、苦竹溪、渔溪河"一山一湖两路两河"生态廊道完成方案设计；完善基础设施和功能配套，迎龙新城、通江新城道路管网等基础设施建设有序启动，数字经济创意产业园人才公寓等配套项目即将竣工，重庆工商大学茶园校区一期、广阳湾和通江新城中小学完成方案策划；发展绿色产业，长江工业园、重庆软件园、重庆密码产业园、迎龙数字经济创意产业园加快提档升级，中国智谷（重庆）科技园集聚高新技术企业 230 户、科技型企业 1100户，维沃重庆研发生产基地、中国移动数据中心、中国化学环境总部等项目纷纷落地，大生态、大数据、大健康、大文旅、新经济"四大一新"产业逐步成型。

广阳岛以北片区由江北区、两江新区组织实施。江北区望江厂片区有机更新、望江主题小镇打造稳步启动，铜锣峡隧道、花红湾隧道、望江隧道等骨干路网方案加快深化，望江棚改安置房建设有序推进，郭家沱中期污水管

网、郭家沱养老服务中心、铁山坪森林公园品质提升等项目加快实施，铜锣峡岸线等生态修复有序推进，朝天门至广阳岛生态体验航线沿江环境综合整治初见成效。两江新区鱼嘴风貌区修编工作有序启动，郭家沱至果园港沿江岸线、鱼复物流基地环境整治稳步推进，果园港路网"541"（5个大通道、4座大立交和一批大配套项目）、郭家沱长江大桥、渝长扩能、轨道4号线二期、渝长高速连接道、渝怀铁路及复线、铁路东环线等加快建设，果园港多式联运、现代物流商贸、临港工业以及港区配套服务等功能持续完善，擦亮"枢纽港"亮丽名片。

（六）坚持系统推进，绿色发展示范成效初显

对标对表国家长江办意见和市委、市政府"六个示范"要求，坚持边实践边总结，积极推进绿色发展示范的新机制、新路径、新模式探索，启动了生态产品价值实现、生态修复关键技术应用、生态信息模型构建和消落带生态修复等专题研究，开展了习近平生态文明思想指导下的10个"生态"系列探索实践，取得初步成效。一是探索"生态规划图"模式，在优化生产生活生态空间上作出示范；二是探索"生态中医院"和"生态消落带"模式，在实施山水林田湖草生态保护修复上作出示范；三是探索"生态朋友圈"和"生态产业群"，在推进产业生态化、生态产业化上作出示范；四是探索"生态大课堂"和"生态智慧岛"，在践行生态文明理念上作出示范；五是探索"生态法治网"，在强化依法保护、依法监管上作出示范；六是探索"生态岛长制"和"生态资金池"，在体制机制和政策创新上作出示范。

一年多来，在习近平生态文明思想的科学指引下，广阳岛实现了从大开发到大保护的大转变，通过在长江以南115平方公里范围内资金统筹大平衡，形成了绿色发展的新机制，换来了全岛及整个片区的绿水青山大生态，良好的生态环境促进区域经济实现大发展，推动绿色发展示范建设取得阶段性成效。2020年6月，国家长江办中期评估时对"自然恢复+技术创新"生态修复模式予以肯定。2020年11月，广阳岛被生态环境部表彰授牌为第

四批"两山"实践创新基地。2020年11月和2021年1月，广阳岛生态实践与创新两次走进中央电视台《新闻联播》。

三 下一步工作思路

全面贯彻落实习近平总书记在长江经济带发展座谈会上的系列重要讲话精神和对重庆重要指示要求，始终牢记以广阳岛片区引领全市在推进长江经济带绿色发展中发挥示范作用的历史使命，准确把握新发展阶段，深入践行新发展理念，积极融入新发展格局，切实担当新发展使命，坚持系统观念，突出"六个示范"，统筹岛内岛外联动，持续按下建设"快进键"，努力实现"两年大变样"，做亮广阳岛城市新名片，全力把广阳岛片区建设成为"两点"的承载地、"两地"的展示地和"两高"的体验地，深度融入成渝地区双城经济圈建设，谱写绿色发展新篇章。

（一）加强统筹，凝聚推动发展强大合力

紧紧围绕国家长江办批复意见和市委、市政府"六个示范"工作要求，加强统筹协调，注重规划指引，强化资金保障。

积极争取支持指导。加强同中组部、国家发展改革委（国家长江办）、生态环境部、科技部等国家部委和中国科学院、三峡集团、国开行等单位的对接，在长江生态文明干部学院、长江生态环境学院、长江模拟器等项目建设，三峡库区消落带生态修复、农田小流域水土保持等纳入国家专项，以及全国"一村一品"示范村镇创建等方面，给予政策、资金支持和工作指导。

持续完善规划体系。加快片区城市规划设计，持续完善详细规划和生态环境、可持续水系统、能源系统、综合交通等专项规划，加快制定生态城规划建设导则，构建以总体规划为龙头、以城市设计为平台、以专项规划为支撑、以控制性详细规划为蓝图、以规划建设导则为指引的"1＋N"规划体系。

强化多元化资金投入保障。坚持算大账、算长远账、算整体账、算综合

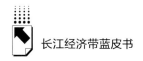

账，持续推进"政府投资带动、社会资金参与、金融资本助力、企业自身造血"的"1+3"投融资模式，建立以生态为导向的发展模式（EOD）资金平衡机制，以市场化方式构建可持续的资金投入模式和保障机制，推动岛内岛外保护开发联动，实现生态保护与经济发展、短期利益与长期利益的动态平衡。

（二）持续快进，加速重点项目建设

按照"打造百年经典"的要求，坚持硬件和软件同步建设，高标准高质量高效率推进重点项目建设，形成更多实物工作量和可视化成果。

广阳岛重大功能性项目。加快广阳营保护修复，2月起实现全部开放；加快广阳岛生态修复二期建设，力争7月前主体性工程完工；加快智慧广阳岛建设，力争三季度完成一期建设并启动二期建设；加快与中科院合作项目建设，力争年内长江模拟器一期、广阳岛野外科学观测站初步建成；加快长江书院、大河文明馆、广阳岛国际会议中心建设，力争年底主体建筑完工；加快生态设施建设，力争年底建成生态化供水、污水处理、供冷供热、清洁能源利用和固体资源回收利用等系统，初步形成绿色交通综合路网。

广阳湾重大功能性项目。启动广阳湾生态修复，力争年内主体性工程完工；开工长江生态文明干部学院、长江生态环境学院等项目，力争年内取得明显进度；加快广阳湾大桥、国际峰会配套保障基地（含广阳湾生态酒店）和广阳岛东西两个配套管理服务中心前期工作，力争年内动工。

（三）提升品质，抓好全岛开放管理

坚持"一分建九分管"，努力打造一个管理有方、运行有序、观光有景、服务有质的生态岛，提升市民体验感、幸福感、获得感。

一是加强全岛管护。按照"500年前的生态、50年后的生活"标准，以"乡野化"理论指导推进生态修复管护，完善停车场、驿站、智慧系统等功能设施。坚持"树都是靠修剪出来的"理念，精心修剪呵护花草林木，美化树形、调整树势、减少病虫害及消除安全隐患。坚持"人与自然是命

运共同体"理念，持续丰富生物多样性，让中华秋沙鸭、黑鹳、斑头雁等更多的保护动物在广阳岛栖息。按照"种粮食种出一本书"的要求，加强农业生产统筹，打造国际山地农业创新地、中国生态农业实践地、重庆现代农业展示地。构建疫情防控和开放管理协调机制，常态化做好疫情防控。

二是有序推进开放。紧扣重要节点，加强场景设计，有序推进全岛开放。在春节期间正式开放广阳营，让市民望峡江风光、忆峥嵘岁月、赏寒梅暗香、品生态文化；在油菜花盛开期间举办花黄春早活动，让市民看到画一样的油菜花作品；在建党 100 周年时实现广阳岛生态修复工程性完工，全面建成生动表达山水林田湖草生命共同体理念的"生态大课堂"；在夏末秋初完成智慧广阳岛一期建设，让市民体验智慧生态、智慧建造、智慧风景、智慧管理四大应用场景；在丰收时节，聚焦种子、土地等开展原乡节活动，让市民找到浓浓乡愁。

三是加快"两山"转化。坚持硬件与软件同步，高起点谋划项目运营管理和宣传推广，加快生态 + 教育、旅游、文化、体育、农业、智慧的深度融合，有序推出生态餐宴、特色住宿、文化产品、多元交通等旅游产品，完善吃住行游购娱配套，实现建设管理与运营发展统筹推进，加快绿水青山转化为金山银山。

（四）整体联动，加速推进生态城建设

聚焦绿色规划、绿色设计、绿色投资、绿色建设、绿色生产、绿色流通、绿色生活、绿色消费，岛内岛外联动，统筹推进片区生态修复、重大功能设施、基础设施、公共服务设施等重点项目，推动生态城建设取得明显进度。

广阳岛以南片区：开工茶园大道、广阳大道、苦竹溪、牛头山片区等生态廊道建设，启动轨道 24 号线、广阳湾一期道路和木耳厂水库截污干管等基础设施建设，加快重庆工商大学茶园校区、广阳湾和通江新城中小学、人才公寓及刘家坪停车场等公共设施建设，推进广阳湾总部基地、绿色金融基地和东港生态环保创新基地等产业基地打造，加快重庆软件园、迎龙数字经

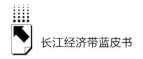
济创意产业园和长江工业园环境提升和产业入驻，高水平建设智创生态城。

广阳岛以北片区：完成铜锣湾、铜锣峡岸线锣旗寺段生态保护修复工程和郭家沱滚装码头整治，加快望江主题小镇和果园港国家物流枢纽核心区综合交通建设，持续开展朝天门至广阳岛生态体验航线环境综合整治提升，开工铜锣峡漫步公园、望江谷生态公园、郭家沱中期污水管网、望江博物馆、接待展示中心等重点项目，启动铜锣峡隧道、花红湾隧道、望江隧道等骨干路网前期工作。

（五）探索创新，放大绿色发展示范效应

坚持系统观念，突出"六个示范"，持续推进习近平生态文明思想指导下的"生态"系列探索实践，打造生态优先、绿色发展的亮丽名片。

加快"两山"转化探索步伐。持续推进广阳岛"两山"实践创新基地建设，探索"公司＋研究院"模式推动"政产学研用"协同创新，加强对生态修复技术、产品、材料、工法的研发，加快对生态产品价值量化、转化、投入和补偿机制的探索，注重对生态文化、江河文化、巴渝文化的挖掘，拓展产业生态化、生态产业化发展路径，着力打造绿色技术创新中心、绿色工程研究中心和国家绿色产业示范基地，努力破解绿水青山就是金山银山高级多元方程式。

加快示范经验总结推广。持续推进广阳岛生态文明创新、生态产品价值实现、生态修复关键技术应用、生态信息模型构建和消落带生态修复等专题研究，推进生态修复技术指南、方案、导则等标准体系制订，启动生态修复项目动态跟踪评价机制等专项研究，在绿色发展示范新路径、新模式、新机制方面加快形成一批可复制可推广经验，逐步在全市乃至全国推广。

B.31
湖北省梁子湖流域
创建湖泊治理国家示范区的经验启示

徐照明　吴玉婷　张　潇　周星*

摘　要：　梁子湖是武汉城市圈重要的战略备用水源地和生态安全屏
　　　　　障，湖北省明确在环梁子湖区域建立湖泊治理国家示范区。
　　　　　本报告从科学划定国土空间、持续改善水环境、保护修复水
　　　　　生态、推动全域绿色发展、健全体制机制等方面提出思路对
　　　　　策，着力构建基于流域视角水质较好大湖生态保护与绿色发
　　　　　展样板，为推动长江经济带发展发挥示范作用。

关键词：　梁子湖　湖泊治理　绿色发展　长江经济带

一　背景介绍

　　梁子湖位于长江中游南岸、湖北省东南部，地处武汉"1 + 8"城市圈
中心，流域总面积 3265 平方公里，地跨武汉、鄂州、黄石、咸宁四市共 33
个乡、镇、街、区。流域内山水林田湖草资源丰富，水系发达，湖泊星罗棋
布，列入湖北省省级保护名录的湖泊共有 42 个，水面总面积达 483 平方公
里，其中，梁子湖水面面积 271 平方公里（2012 年）。自 2014 年起在梁子

---

*　徐照明，长江设计集团有限公司总经理助理，正高级工程师；吴玉婷，长江勘测规划设计研
　究有限责任公司副高级工程师；张潇，长江勘测规划设计研究有限责任公司副高级工程师；
　周星，长江勘测规划设计研究有限责任公司副高级工程师。

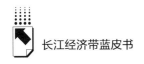

湖周边陆续实施涂镇湖、牛山湖等退垸还湖工程后，目前梁子湖已经成为湖北省水域面积、蓄水量均最大的湖泊。

梁子湖流域区位优势显著，经济社会发展水平总体较高。流域北接鄂东转型发展示范区和湖北（光谷）科创大走廊，中拥武汉城市圈战略备用水源地，南承黄鄂黄国家层面农产品主产区以及幕阜山生态屏障，是湖北省推动长江经济带高质量发展重大国家战略的前沿阵地。2017 年梁子湖流域总人口 176 万，GDP 为 1327 亿元，以占全省 1.76% 的土地、2.97% 的人口贡献了 3.63% 的经济总量，整体发展实力位居湖北省前列。

梁子湖的主要特点有：（1）水量丰沛、水质优良。流域多年平均径流量 23.19 亿立方米，梁子湖总蓄水量达 6.1 亿立方米，水质常年保持在地表水Ⅲ类及以上，部分水域可达Ⅰ类，湖泊总体处于中营养状态。（2）生态系统完整、生物多样性丰富。流域主要生态系统类型包括丘陵森林生态系统、农田生态系统、河流生态系统、河漫滩等沼泽生态系统、湖泊生态系统及库塘生态系统六种类型；梁子湖是长江中下游典型的草型湖泊，沉水植物带占湖面面积的 70%～80%，素有"武昌鱼故乡"和"鸟类乐园"之称，是湖北圆吻鲴和中国特有珍稀经济鱼类团头鲂的模式标本产地、亚洲稀有水生植物物种蓝睡莲的唯一生存地、我国新记录物种和国际特有新记录物种扬子狐尾藻的发现地。

2017 年 6 月 25 日，湖北省第十一次党代会明确提出，支持在环梁子湖区域建立湖泊治理国家示范区。因此，治理和保护好梁子湖，为通江湖泊树立基于流域视角水质较好大湖生态保护与绿色发展样板，对于改善长江经济带生态环境具有重要的示范意义。

二 面临的形势与挑战

（一）生态空间格局有待优化

历史上梁子湖流域为"三山三水三分田"的格局，半个多世纪以来，梁子湖流域受到了大规模人类活动的影响，土地开发利用格局发生了深刻变化。1987～2017 年，流域建成区占比从 3.09% 升至 8.72%，扩张了 1.82 倍且增速越来越快，建成区分布主要集中于流域北部的武汉光谷、鄂州葛店开发区等沿江一带。伴随着城市化进程，水域及湿地持续减少，水生态空间萎缩进而影响湖泊湿地洪水调蓄、水质净化、生物栖息等功能的正常发挥，威胁流域水安全。近年来，梁子湖流域发生了 2010 年大水、2013 年大旱、2016 年 "98＋" 大水、2019 年高桥河漫水等洪旱灾害，造成了严重的经济损失。随着湖泊保护力度的加大，梁子湖的湖泊面积和容积有所恢复，但离 20 世纪 50 年代、80 年代的水域范围还有一定差距。

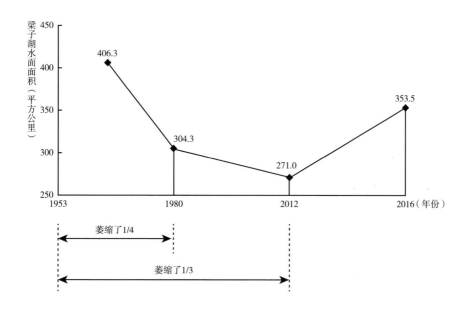

图 1　梁子湖水面面积变化情况

筑坝建闸等导致江湖自然连通阻断，围湖垦殖等导致湖泊连通性不够，梁子湖流域生境碎片化现象也较为明显。由于历史空间规划的编制管理机构分散、层级结构和编制标准不统一，梁子湖空间规划冲突严重。一是自然保护区、湿地公园、水产种质资源保护区等不同类型生态空间存在交叉交叠、多头管理等问题。二是湖区周边农业空间与生态空间、城镇空间与生态空间

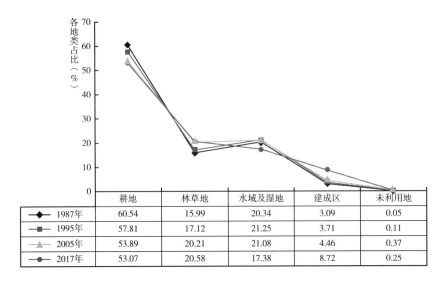

	耕地	林草地	水域及湿地	建成区	未利用地
◆ 1987年	60.54	15.99	20.34	3.09	0.05
■ 1995年	57.81	17.12	21.25	3.71	0.11
▲ 2005年	53.89	20.21	21.08	4.46	0.37
● 2017年	53.07	20.58	17.38	8.72	0.25

图 2 1987～2017 年梁子湖流域土地利用变化情况

存在冲突，如梁子湖湿地自然保护区存在大量农田和 5 个乡镇 57 个村庄共
12.19 万人，多个建设项目位于保护区缓存区和试验区，尚需统一协调。

（二）局部生态环境遭受威胁

受到城市建设和土地开发影响，梁子湖流域众多湖泊水质差异明显，南
部保护较好的梁子湖水质明显优于北部城市化开发程度较高的鸭儿湖。

湖泊生态系统脆弱。一方面，湖泊富营养化趋势明显，梁子湖目前虽处
于中营养状态，但总氮、总磷含量偏高，处于向富营养过渡的阶段，而北部
鸭儿湖水系的梧桐湖、严家湖、五四湖已处于轻度富营养状态。水质下降导
致梁子湖生态系统也随之退化，优势群落沉水植物的种群及数量逐步减少，
部分水域浮游植物优势种群正从贫营养型的硅藻、甲藻向富营养型的绿藻、
蓝藻转换。鱼类资源呈萎缩态势，鱼类物种结构日趋单一，资源衰退，天然
银鱼、胭脂鱼等部分珍稀鱼类基因消失、产量逐年降低。受入湖营养盐不断
增多影响，部分小型湖泊从生态状况尚好的草型湖泊演变为藻型湖泊，生物
生产力下降，生态环境退化。另一方面，洪涝灾害频发也是打破生态系统平

衡的重要因素。据调查，1998 年的大洪水导致梁子湖水生植物覆盖率减少了 50%，水质从Ⅱ类下降到Ⅳ类；2010 年洪灾，持续高水位导致梁子湖超过 80% 的水生植物死亡。

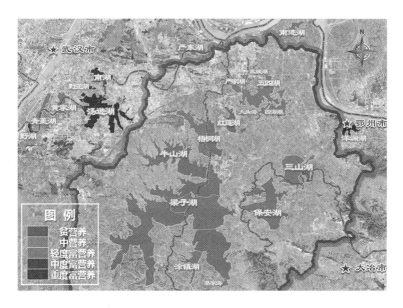

图 3　梁子湖流域主要湖泊营养状态（2017 年）

（三）绿色发展和湖泊监管存在短板制约

从流域发展来看，流域传统的支柱产业处于价值链中低端，多是资源高耗型产业，科技含量相对较低，对生态环境的破坏也比较严重；农业耕作水平较落后，农业结构单一、附加值低，农业资源浪费严重；产业链条短导致产业间联系不紧密，资源综合利用程度不高。流域内社会经济发展不充分、不协调的问题仍然存在，梁子湖跨区域产业发展模式、产业结构调整缺乏统一布局，地区间存在同质化发展和重复建设，服务品质整体不高，造成旅游设施雷同、争抢客源等区域竞争局面。尽管北部集中了多个开发区和新区，但有机联系不强，未形成集聚效应，对流域经济社会发展的支撑作用还未完全显现。

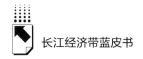

湖泊管理基础薄弱，监测手段还不健全，覆盖全流域的监测体系尚未建成。流域存在多头管理问题，跨区域分治局面未得到彻底改观，湖泊保护相关的制度建设处于探索阶段还不成熟，湖泊监管长效机制尚未形成。

三 梁子湖流域创建湖泊治理国家示范区的思路与对策

梁子湖流域湖泊治理的总体思路是：以习近平新时代中国特色社会主义思想为指导，为推动长江经济带高质量发展，以保护和治理梁子湖为重要抓手，遵循"生态保护、绿色发展"的原则，坚持问题导向，坚持流域统筹、水陆同治的理念，从国土空间、生态系统、水环境、绿色发展、体制机制等方面，探索建立水质较好大湖的治理和保护新模式，为全国树立水质较好大湖生态保护与绿色发展的典范。

（一）科学划定国土空间

对于梁子湖这样的跨市湖泊，由于水的流动特性，需从流域角度，统筹流域层面的国土空间布局，针对各市农业空间、生态空间及城镇空间有冲突的地方进行科学调整。按照"多规合一"要求，以主体功能区为基础，科学划定梁子湖流域"三区三线"，统筹各类空间型规划。以"三区三线"为载体，在合理整合各类空间管控手段的基础上，提出满足各部门空间管理需要的综合管控措施，重点开展水生态空间范围划定和权属确定，针对不同类型水生态空间，明确水资源、水环境、水生态等各类要素的差异化管控措施，推进山水林田湖草系统治理。

（二）持续改善水环境

按照"同一湖泊、同一水质"的要求，统一梁子湖水质管理目标，并重新核定梁子湖纳污能力，相应调整入湖污染物控制方案。重点加强梁子湖上游主要支流截污控污，狠抓工业污染防治，强化污水处理厂运行监督考核,强化农业面源污染治理,加快推进湖泊内源污染治理,建设环湖"海绵体"隔离带,将梁子湖周边大量的湖汊和湖边塘改造成湖滨缓冲带,截断沿湖面源污染,沿湖补种水生植物吸附入湖污染物,控制湖泊富营养化。

(三)保护修复自然生态系统

遵循"应保尽保"的原则,整合优化梁子湖流域现有各类自然保护地,确保湖泊、湿地、森林等各类自然生态系统、自然景观和生物多样性得到系统性保护。系统实施山水林田湖草保护与修复,修补受损生态系统结构,构建完整的生态安全屏障体系,提高生态系统保护能力,提升生态产品供给能力,维护生态安全;实施生态空间改造提升工程,提升生态斑块的生态功能和服务价值,建立完善的生态廊道,提高生态空间的完整性和连通性;重点保护水和湿地生态系统,强化水源涵养林建设与保护,开展湿地保护与修复,加大退耕还林、还草、还湿力度,加强滨河(湖)带生态建设;以长江"十年禁渔"为契机,让湖泊休养生息;加大水生野生动植物类自然保护区和水产种质资源保护区保护力度,开展珍稀濒危水生生物和重要水产种质资源的就地保护;提高水生生物多样性,防止外来物种入侵。

(四)着力推动全域绿色发展

完善防洪减灾体系,实现流域洪旱无虞。持续推进退垸还湖、堤防整治、河港综合整治、病险工程改造、山洪灾害防治等工程建设,提高行洪排涝能力;推进海绵城市建设,提高城市应对洪涝灾害的能力:打造自然积存、自然渗透、自然净化的"海绵城市";保障饮用水源地安全;加强非工程措施建设,提高暴雨灾害、环境风险的预报预警能力和防控能力。加快环湖路网建设,大力发展绿色航运。通过调整产业结构,推动经济结构转型升级。打造以生态农业为基础、新型工业为支撑、现代服务业为引领的梁子湖"生态+"绿色发展的现代产业体系,推进循环发展,实现经济结构转型升级。全面构建生态人居体系,做好非物质文化遗产传承和地方特色文化传统保护,紧紧围绕"山水乡愁地"总体定位和"水墨山水画"风格意境,加

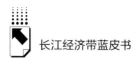
强美丽乡村建设，打造"美丽乡村"升级版。传承弘扬以梁子湖传说、古窑文化、鄂文化、楚文化、三国文化为代表的历史文化，创新特色生态文化。

（五）建立健全管理体制机制

深化制度建设，推进保护立法，从流域视角，完善梁子湖治理与保护的各项制度和机制，逐步建立以湖泊保护为核心、以治理体系和治理能力现代化为保障，以河湖长制、生态补偿、排污权核算和交易、绩效考核评价、责任追究与环境损害赔偿等为主体的湖泊管理体系。充分调动企业的积极性，利用市场化机制推进梁子湖保护和绿色发展。加强跨区域协作，建立流域湖泊治理与保护联席会议制度，形成"政府主导、部门协同、社会参与、公众监督"的共治格局。

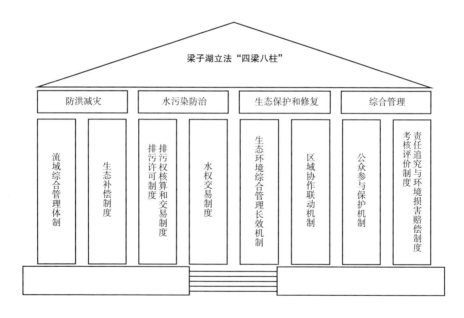

图4 梁子湖保护制度建设框架

推动梁子湖"智慧湖泊"建设，切实强化湖泊管理能力建设。加快涉水信息台账建设，推进流域水功能区、排污口、饮用水水源地等水资源保护基础信息调查与复核；完善流域水资源保护监测网络体系，充分利用无人机、遥感、视频跟踪识别、物联网、云计算、大数据、地理信息集成等先进技术，建立空天地一体感知监测、智能化监管的河湖监测评估体系；结合移动应用，构建自动监测和人工实验室监测相结合、自主监测和共享填报相结合的多位一体水资源保护监控预警体系；搭建"智慧梁子湖"信息系统平台，制定科学合理的梁子湖流域防洪排涝综合调度方案，建设完善的防汛治涝指挥系统，实现重要工程远程监控和自动控制，实现数据实时共享，提高湖泊管理水平。

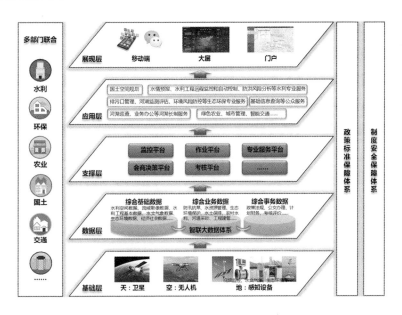

图5 "智慧梁子湖"总体构架

四 结语

梁子湖是长江中下游重要的通江湖泊，对于武汉城市圈而言有着极为重要的战略地位，开展梁子湖湖泊系统保护与治理成为地方经济社会发展以及落实长江大保护的必然需求。本报告从流域视角出发，系统梳理梁子湖流域

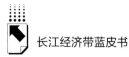

保护与治理的现状,总结了梁子湖治理的经验和问题,并对梁子湖生态保护、服务绿色发展提出了一些思考建议,提出了"空间格局优化—污染源系统控制—湖泊水体生境修复—流域协同管理"治理对策,研究成果可为下一步梁子湖流域治理保护工作提供参考。

B.32
创新驱动长江经济带发展

——以长三角 G60 科创走廊建设为例

长三角 G60 科创走廊联席会议办公室

摘　要： 长三角 G60科创走廊自谋划启动建设五年以来，始终秉持新
发展理念不动摇，历经2016年"源起松江"1.0版，2017年
"联通嘉杭"2.0版，2018年"九城共建"3.0版，2019年纳入
国家《长江三角洲区域一体化发展规划纲要》，从秉持新发
展理念的基层生动实践上升为国家战略重要平台。2020年，
科技部、国家发改委等六部委联合印发《长三角 G60科创走
廊建设方案》。2021年写入国家"十四五"规划，从宏伟蓝图
转化为行动纲领。五年来，长三角 G60科创走廊一步一脚印、
一年一台阶，经济实力、科创实力、综合实力突飞猛进，高
质量发展的含"金"量、含"新"量持续提升，始终用创新驱
动长江经济带发展，为服务国家战略和新发展格局作出
贡献。

关键词： 长三角 G60科创走廊　科技创新　制度创新

推动长江经济带发展是习近平总书记亲自谋划、亲自部署、亲自推动的
重大决策，是事关全球发展格局、国家发展全局、区域发展布局的重大部
署。习近平总书记先后3次主持召开长江经济带发展座谈会，反复强调，要
坚定不移贯彻新发展理念，推动长江经济带高质量发展。近年来，长三角

G60 科创走廊在科技部牵头的推进 G60 科创走廊建设专责小组的统筹领导下，在沪苏浙皖三省一市党委政府的关心支持下，在长三角区域合作办公室的有力指导下，坚定不移以习近平新时代中国特色社会主义思想为指引，深入贯彻落实习近平总书记关于长三角一体化高质量发展的重要讲话和指示批示精神，按照上海市委"一高地、三生态"要求，坚持以供给侧结构性改革为主线，以改革创新为根本动力，不断强化国家战略科技力量引领高水平科技自立自强，深入践行科创驱动以先进制造业为支撑的产业集群高质量一体化发展，为更好服务国家战略任务、构建新发展格局注入强劲活跃新动能。

一 坚守初心使命，扎实推动长三角 G60科创走廊建设从基层探索的生动实践上升为国家战略的重要平台

早在 2007 年，时任上海市委书记的习近平同志，在调研松江时指出，要"大力发展先进制造业，大力发展生产性服务业，推动与长三角周边城市的分工合作，不断提升产业能级和水平"。长三角 G60 科创走廊自 2016年启动建设以来，始终牢记总书记的殷切嘱托，深入实施创新驱动发展战略，坚定走好"科创＋产业"道路，实现了从"0"到"1"的创新突破，经历了从 1.0 版"源起松江"、2.0 版"联通嘉杭"到 3.0 版"九城共建"，再到纳入国家顶层设计，从秉持新发展理念的基层生动实践上升为国家战略重要平台。2021 年写入国家"十四五"规划，进一步明确了加快建设的目标方向，进一步强化了国家层面的顶层设计，从美好蓝图转化为行动纲领。

（一）源起松江

松江，位于上海的西南门户，享有"上海之根、沪上之巅、浦江之首、花园之城、大学之府"等美誉，自元代以来，松江制造便享誉盛名。改革开放以来，松江乘着改革开放的浩荡春风，在快速发展上取得了先发优势，迅速从农业大县转型为工业大区。1994 年，上海第一张市级工业区牌照颁

发给松江，当时松江工业区引进上百家台资、外资企业投资布局，工业产值一度占到上海的 1/7，进出口额占到上海的 1/5，创造了辉煌时刻。然而，随着松江第一波工业大发展到了瓶颈阶段，产业能级不高，传统动能式微，以代加工为特征的工业结构面临巨大的转型压力，"十二五"期间房地产税收收入更是一度占到了松江地方财政收入的近 50%。

何以破题？唯有转型。2016 年在上海市委、市政府的坚强领导下，松江以习近平总书记 2007 年重要指示作为"十三五"规划顶层制度设计的初心使命，贯彻上海市委、市政府对松江提出的"大刀阔斧推进转型发展，走出一条新路"要求，对产业结构进行了科学布局和深度调整，迈出了松江二次转型发展的坚实步伐。2016 年松江坚决贯彻落实中央供给侧结构性改革，在上海市委、市政府的坚强领导下，依法铁腕稳妥打响了全区"五违四必"攻坚战（"五违"即违法用地、违法建筑、违法经营、违法排污、违法居住，"四必"即安全隐患必须消除、违法无证建筑必须拆除、脏乱现象必须整治、违法经营必须取缔）。尤其是松江区九亭镇，地处上海城乡结合部，是松江"五违"乱象最突出、安全隐患最严重、社会治理最复杂、群众反映矛盾最集中的一个镇，当年松江区委区政府从最硬的骨头啃起，将九亭镇作为"五违四必"区域环境综合整治的突破口，全区共拆除各类违章、无证、低效工业厂房 4100 多家，腾出建设用地 1 万多亩，仅九亭镇就腾出土地近 6000 亩。上海"五违四必"整治现场会在整治成效最显著的松江区九亭镇召开。

破为了更好地立，敢破还要善立。松江区委、区政府确定了"向规划要品质、向存量要空间、向科创要动力、向质量要效益"的总体思路，并于 2016 年 5 月 24 日，在习近平总书记提出"上海要建设具有全球影响力的科创中心"重要指示 2 周年之际，召开 G60 上海松江科创走廊建设推进大会，正式提出"科创驱动松江制造迈向松江创造"，出台 60 条产业政策，每年投入 20 亿元专项资金，沿 G60 高速公路松江段两侧布局"一廊九区"，打造 101 平方公里、辐射面积约 283 平方公里的 G60 科创示范走廊，G60 科创走廊 1.0 版正式从构想迈向实践。启动建设的第一年，实现了创新驱动发展强劲、产业结构调整强劲、先进制造业投资强劲、辐射带动能力强劲。当年地方财政收入增长 33.2%，核心和先导性指标大幅提升，被国务院认定为全国供给侧结构性改革典型案例，被上海市委、市政府增列为上海建设具有全球影响力科技创新中心的重要承载区，《人民日报》刊文评价：如此成绩，全国罕见。

（二）联通嘉杭

2016 年 5 月提出 G60 上海松江科创走廊后，时任中共中央政治局委员、上海市委书记韩正同志多次视察 G60 上海松江科创走廊，要求松江"大刀阔斧推进转型发展，走出一条新路"。12 月 15～16 日，松江区党政代表团赴浙江省杭州市、嘉兴市学习考察，对接合作。

2017 年 3 月 29 日，在上海临港松江科技城举行 G60 科创走廊要素对接大会，通过要素对接、集聚和辐射，推动 G60 沪嘉杭沿线一体化，使松江成为服务长三角科创驱动实体经济发展和科创要素流动的重要平台，为上海建设具有全球影响力的科创中心走出一条具有松江特色的发展新路。同一天，浙江省委、省政府批复嘉兴市作为接轨上海示范区。

2017 年 7 月 12 日，在上海市和浙江省党政班子的见证下，松江、杭州、嘉兴三地在沪签订《沪嘉杭 G60 科创走廊建设战略合作协议》，标志着 G60 科创走廊 2.0 时代正式开启。依托 G60 科创走廊，松江与杭州、嘉兴深化全方位、紧密型的科创合作和产业对接，实现科创要素的自由流动和高效配置，为打造具有全球影响力的科技创新高地，建成全球重要的先进制造业和信息经济产业中心，当好全国跨区域协同发展的排头兵积极实践跨区域合作。

（三）九城共建

2017 年 11 月 17 日，中共中央政治局委员、上海市委书记李强同志视察松江，提出打造"一高地、三生态"、不断推动长三角区域产业协同创新等发展要求，开启了贯穿长三角三省一市九城联动的 3.0 版长三角 G60 科创走廊的篇章。

2018 年 6 月 1 日，在首届长三角地区主要领导座谈会期间，长三角 G60 科创走廊第一次联席会议在松江召开，松江区、嘉兴市、杭州市、金华市、苏州市、湖州市、宣城市、芜湖市、合肥市签订战略合作协议、共同发布《G60 科创走廊总体发展规划 3.0 版》，标志着 G60 科创走廊发展为贯穿长三角三省一市、覆盖九座城市的 3.0 版，实现了从高速时代向高铁时代的跨步迈进。

（四）纳入纲要

2019 年 5 月 13 日，中共中央政治局全体会议审议通过《长江三角洲区域一体化发展规划纲要》，在第一章第一节和第三章第一节分别明确"建立 G60 科创走廊等一批跨区域合作平台""依托交通大通道，以市场化、法治化方式加强合作，持续有序推进 G60 科创走廊建设，打造科技和制度创新双轮驱动、产业和城市一体化发展的先行先试走廊"，标志着 G60 科创走廊从秉持新发展理念的基层生动实践，上升为长三角一体化发展国家战略的重要平台。

为贯彻落实规划纲要和中央要求，科技部牵头成立国家层面推进 G60 科创走廊建设专责小组，并于 2020 年 11 月 3 日会同国家发展改革委、工业和信息化部、中国人民银行、银保监会、证监会联合印发《长三角 G60 科创走廊建设方案》，制定了 18 条建设任务，明确了长三角 G60 科创走廊三个战略定位：中国制造迈向中国创造的先进走廊、科技和制度创新双轮驱动的先试走廊、产城融合发展的先行走廊。2020 年 12 月 27 日，科技部牵头在 G60 科创走廊策源地松江召开了贯彻落实《长三角 G60 科创走廊建设方案》推进大会暨推进 G60 科创走廊建设专责小组扩大会议（2020 长三角 G60 科创走廊联席会议）。会议强调要立足新发展阶段、贯彻新发展理念、构建新发展格局，不断强化国家战略科技力量，增强产业链供应链自主可控能力，明确到 2025 年将长三角 G60 科创走廊基本建成具有国际影响力的科创走廊，成为我国重要创新策源地，长三角 G60 科创走廊的战略意义、战

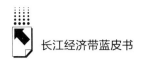
略势能和战略优势日益凸显。

2021年，加快建设长三角G60科创走廊被写入国家"十四五"规划纲要，其第三十一章"深入实施区域重大战略"专章中明确提出"瞄准国际先进科创能力和产业体系，加快建设长三角G60科创走廊"，"提高长三角地区配置全球资源能力和辐射带动全国发展能力"，标志着长三角G60科创走廊"十四五"发展历史方位和战略空间有了新的拓展，为新时代新起点加快推动长三角G60科创走廊一体化高质量发展指明了方向、构建了蓝图。

二 秉承新发展理念不动摇，推进长三角G60科创 走廊建设不断创造高质量发展逆势飞扬新奇迹

习近平总书记在第二次长江经济带发展座谈会上强调，要坚持新发展理念，坚持稳中求进的工作总基调，加强改革创新、战略统筹、规划引导，使长江经济带成为引领我国经济高质量发展的生力军。五年来，长三角G60科创走廊始终秉持新发展理念不动摇，抓紧抓实发展先进制造业不放松，全面优化升级产业结构，提升创新能力和竞争实力，增强供给体系的韧性，实现了经济高质量发展的良好态势。

实践证明，长三角G60科创走廊3.0版建设以来，高质量发展的含"金"量、含"新"量明显增强。

从长三角发展格局看：长三角G60科创走廊逐步成为推动长三角区域一体化发展的重要引擎。九城市区域面积、常住人口、GDP均占长三角总量的近1/4，地方财政收入占长三角的比重从1/4上升到1/3，市场主体数量占比超过长三角的1/4，高新技术企业数量占比接近长三角的1/3；松江作为长三角G60科创走廊策源地，跨越式发展势头强劲。"十三五"以来，地方财政收入已连续66个月保持正增长，GDP、地方财政收入均呈现两位数增长，工业、贸易、上市企业数量均跃居全市前列，高新技术企业数量实现五年里翻两番。2021年上半年主要经济指标均位居全市前列。

从全国发展大局看：贡献度不断提高。九城市 GDP 占全国的比重从 1/16 上升到 1/15；地方财政收入占全国的比重从 1/15 上升到 1/12；市场主体数量占全国的比重从 1/18 上升到 1/16；高新技术企业数量占全国的比重从 1/12 上升到 1/10；科创板上市企业 72 家，超过全国的 1/5；知名度不断提升。全国各地 6000 余批次、35 余万人次考察团到过 G60（覆盖了 31 个省、自治区、直辖市以及港澳台）；传播力不断增强。各级各类媒体相关报道 8 万余条；由进博局和人民网舆情数据中心联合编制的《第三届中国国际进口博览会传播影响力报告》显示，G60 专场配套活动的传播热度在全国上百场配套活动中名列第 12 位。G60 科创云廊亮相央视 2021 年新春特别节目，介绍词为"汇聚于此的世界级产业集群，托举起中国制造迈向中国创造的璀璨光带"。

从全球影响力和传播度看：各大新闻媒体聚焦 G60，2020 年以来美联社、美通社、道琼斯新闻、美国著名学术刊物《外交》、巴西《司法日报》、新西兰的《外交事务》、伊朗法尔斯新闻社、泰国公共电视台等国际媒体推出相关报道近百条；各类学术机构关注 G60，3 位诺贝尔奖获得者以及联合国国际生态安全科学院、英国社会科学院、挪威技术与科学院、俄罗斯自然科学院等国内外院士专家团先后考察 G60 产业和科技创新成果；各类交往活动日渐频繁，来自美国、英国、日本、瑞典、荷兰、马来西亚、尼日利亚等 9 个国家有关代表团近 300 人次到 G60 规划馆考察交流，G60 品牌的对外传播力和影响力与日俱增。

（一）坚持在固链补链、延链强链上下功夫，着力推动以先进制造业为支撑的现代产业集群发展

强化"卡脖子"攻关协同，围绕提升产业链现代化水平，统筹推进补齐短板和铸造长板，针对产业薄弱环节，实施好关键核心技术联合攻关，解决了一批"卡脖子"问题，在产业优势领域深耕细作，搞出了一批独门绝技，具有原创性和自主可控性的 AST 超硅半导体全球先进集成电路 300 毫米、450 毫米单晶硅晶体生长系统、ALD 光伏工作母机、TP1200 涡桨发动

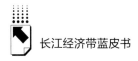

机、清华启迪便携式质谱仪、生物节律紊乱体细胞克隆猴、"魂芯二号A"、量子通信、中电科首架国产全复合材料高性能双发飞机、高性能玻璃纤维低成本大规模生产技术等重大科创成果持续涌现，有效增强了产业链供应链自主可控能力。强化质量标准建设，九城市企业主持或参与制订国家标准806项、行业标准426项，轮值举办3届G60质量标准论坛，每年发布G60质量标准评价指标体系，联合制定《长三角G60科创走廊智能制造评价规范》等一批先进制造业团体标准。强化头部企业带动，九城市协同制定《关于支持长三角G60科创走廊以头部企业为引领推动产业链跨区域协同合作的实施意见》，引导和鼓励头部企业跨区域发展，加快产业链协同供给、大中小企业抱团发展，先后集聚头部企业1470多家，2020年产值超3.2万亿元。特别是在深化与中国商飞、中芯国际、腾讯长三角超算中心等重点企业产业链合作上成果丰硕。半年内为大飞机装机设备领域输送潜在和合格供应商增幅达30%；在大飞机特殊工艺材料领域，实现了九城市"从0到1""从1到N"的突破，16家企业41种产品完成供应对接；一周内为中芯国际搭建80余家产业链合作企业储备库，面向松江等城市企业开展5轮现场考察活动；为腾讯成立400余家企业库，开启"腾讯G60行"活动，先后开展松江首站、苏州站、合肥站要素对接活动，九城市越来越多的企业成为"腾讯合伙人"。强化重大项目支撑，围绕"1+7+N"产业联盟体系，建立产业（园区）联盟14个、产业合作示范园区11个、产业协同创新中心5个、科技成果转移转化示范基地11个，先后落地G60脑智科创基地、腾讯长三角AI超算中心、中欣晶圆、基石药业、长鑫存储等一批百亿级项目，加快集聚形成集成电路、生物医药、新材料、新能源汽车、现代装备、新一代信息技术等若干个百亿级和千亿级产业集群。

（二）坚持在集中要素、集聚资源上下功夫，全面提升科技策源功能

突出国家重大战略任务需求导向，深入实施创新驱动发展战略，打造科学新发现、技术新发明、产业新方向的重要策源地。在创新主体培育上，引

导高新技术企业自由流动，支持科技型中小企业做强做大，完善产学研用一体化创新模式，先后集聚高新技术企业 2.8 万余家、国家和省级重点实验室及工程技术研究中心 1262 个、高等院校 176 所。在创新人才聚集上，围绕创造有吸引力、有竞争力的人才引进环境，九城市常态化轮值举办 G60 人才峰会，出台互认互通人才 18 条政策；被列为国家移民管理局、上海市人民政府移民政策实践基地之一，落实移民政策先行先试等合作事项；组织开展九城市中青年干部和高层次人才深入学习贯彻习近平总书记关于长三角一体化发展重要论述专题班；组建了长三角 G60 科创走廊专家咨询委员会，聚集国家级人才 1000 余人，院士专家工作站 547 个、博士后流动站 771 个；打造"G60 科创云"要素对接平台并开设"九城纳贤"云招聘专区，聚焦战略性新兴产业，实现 176 所高校与九城市 10 万余个中高端用工需求无缝对接。在创新机制建设上，建立健全与中国科学院上海分院、上海科学院的战略长效合作机制，成立高水平应用型高校协同创新联盟，连续举办 3 届 G60 科技成果线上拍卖会，交易总额突破 16 亿元，不断打通创新驱动的"最先一公里"和"最后一公里"。

（三）坚持在强化服务、优化生态上下功夫，有效发挥金融支撑作用

以金融服务实体经济为重点，强化金融服务、丰富金融产品、优化金融生态，不断畅通产业循环、市场循环、经济社会循环，为九城市高质量发展提供了精准有效的金融支撑。精准对接科创板，实体化运作"上交所资本市场服务 G60 科创走廊基地"，建立"精准辅导＋科创属性＋联合推荐"机制，对拟上市企业实施精准培训，上交所已受理九城市科创板企业 122 家、发行上市 72 家，均占全国的 1/5。上证 G60 创新综合指数和战略性新兴产业成分指数较上线发布日分别增长 44% 和 76%。上证 G60 成指 ETF 产品和 G60 综指增强型基金分别于 2021 年 3 月 5 日和 4 月 22 日获证监会批复，并先后召开产品推介会，加快发行上市。持续推进科技金融创新，在科技部指导下探索设立长三角 G60 科创走廊科技成果转化基金。围绕贯彻落实中国

人民银行"15 + 1"条金融支持政策，协同三省一市人民银行、银保监局、地方金融监管局联合印发《金融支持长三角 G60 科创走廊先进制造业高质量发展综合服务方案》，与合作银行建立季度例会、双月通报等常态化工作机制。推进科创型企业发行双创债，推进科创型企业累计发行"双创债"19 单、融资金额 116.1 亿元，占全国已发行总规模的 1/7。面对突如其来的新冠肺炎疫情，第一时间协调合作银行推出 40 多款抗疫金融产品，为疫情防控、企业复工复产贷款超 731 亿元。着力优化金融服务生态，构建全方位综合金融服务体系，成立 G60 金融服务联盟，涵盖金融机构 327家；上线 G60 综合金融服务平台，注册金融机构 474 家，发布金融产品1926 款，解决企业融资需求超过 1.9 万项，授信融资总额超 1.39 万亿元；挂牌成立上海市企业政策性担保基金服务 G60 基地，首创"政府 + 园区 +担保 + 银行"四方协同政策性融资担保服务机制，试点推出批次包、园区贷、创业贷等金融新产品，担保总规模放大到 50 亿元；启动 G60 产融结合高质量发展示范园区建设，构建 8 类 35 项评估指标体系，赋能 10 方面金融资源支持。

（四）坚持在制度创新、政策协同上下功夫，深入推进体制机制改革

聚焦影响九城市协同发展体制机制障碍，全面深化改革，持续推动制度创新、政策协同，使改革成为核心功能跃升的助推器、发展优势凸显的放大器、活力竞相迸发的加速器。加强央地联动，坚持在国家推进 G60 科创走廊建设专责小组领导下，全面落实《长三角 G60 科创走廊建设方案》，抓好《推进长三角 G60 科创走廊建设报告评议制度》执行，确保国家层面关于G60 科创走廊建设的重大决策部署落实落地。推进区域协同，九城市连续 3年组团参加中国国际进口博览会，组织实施政策发布会等专项配套活动，充分承接进博会的溢出效应；推动上海西部松江、闵行、嘉定、金山、青浦五区签署《推进上海西部五区科技和产业协同发展实现与长三角 G60 科创走廊联动发展的战略合作框架协议》，打造上海西翼以产业链创新链为特征的

科创联盟。优化政务服务，深化九城市 30 个涉企事项"一网通办"，实现九城市 89 个区（县）"一网通办"专窗全覆盖，共同营造市场化、法治化、国际化一流营商环境，被国务院确定为长三角政务服务"一网通办"试点区域，连续两年代表上海接受世界银行测评，为中国营商环境全球排名提升 47 个位次作出重要贡献。

三 坚持"时"和"势"辩证统一，深刻分析总结 长三角 G60 科创走廊建设成效的背景和经验

习近平总书记在省部级主要领导干部学习贯彻党的十九届五中全会精神专题研讨班上强调，当今世界正经历百年未有之大变局，但"时"与"势"在我们一边，这是我们定力和底气所在，也是我们的决心和信心所在。长三角 G60 科创走廊建设之所以能取得务实成效，就在于科学把握了"时"与"势"的高度统一，做到了顺时而为、乘势而上。

（一）深刻把握了发展大势

第二次世界大战以来，世界各国特别是发达国家纷纷着眼于产城深度融合，打造科技和产业创新的承载区，成为世界经济发展的重要趋势之一。首先是美国 101 国道从圣荷西到洛杉矶两侧的硅谷，其次是波士顿 128 号高速公路沿线的产业制造重镇，再有就是英国的 7 号公路，这些都是沿着高速公路布局产业要素和创新要素，带来了经济的腾飞。比如，硅谷和美国 101 国道两侧，是创新加上多层次资本市场的对接，形象的说法是"三朵云"：一是基金如云，二是创新主体如云，三是互联网如云。斯坦福大学是硅谷的核心。G60 高速松江段沿线，既有全国知名的大学城，也有面向长三角、以产业链和创新链为纽带的制造业重镇，还背靠上海全球卓越城市"五大中心"建设，具有相似的产业配套基础和资源要素禀赋。G60 科创走廊建设的顺利推进始终对标国际一流，坚定"四个自信"，根据中国的制度特色和制度优势，从顶层制度设计上深刻把握发展趋势，沿 G60 高速公路和沪苏湖高铁

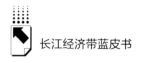

线路布局科创和生产力要素，"串珠成链"有效加快了沿线九城市一体化和高质量协同发展，不断提升产业链供应链的稳定性和竞争力。

（二）全面融入了国家战略

长三角 G60 科创走廊建设始终以习近平新时代中国特色社会主义思想为指引，以时任上海市委书记习近平同志考察松江时提出的重要指示为初心，以打造实施长三角区域一体化发展国家战略重要平台为使命，聚焦"科创 + 产业"战略使命，不断提升产业链和供应链的自主可控能力，在以国内大循环为主体、国内国际双循环相互促进的新发展格局中迈出坚实步伐。2020 年面对新冠肺炎疫情的严重冲击，G60 九城市地方财政收入实现了 3.2% 的逆势上扬，新增市场主体超过 179 万家、同比增长 24%，1000 多个省级重点项目开工建设、总投资超过 1.06 万亿元，率先实现了经济运行回稳、主要指标回升、供需两端回暖，长三角区域重要发展动力源和科技创新策源地功能持续显现。

（三）充分发挥了协同优势

长三角 G60 科创走廊的成功实践，得益于九城市创新链产业链供应链的完整性，在逆势环境中能第一时间补链固链强链，充分发挥各方面协同优势。规模体量优势，九城市区域面积 7.62 万平方公里，常住人口 4900 万人，2020 年 GDP 约 6.67 万亿元，均占长三角的近 1/4。交通便利优势，依托 G60 高速、沪苏湖高铁交通大通道，辐射贯穿九城市，"2 小时通勤圈"效应明显，符合地缘经济同城效应的市场资源配置规律，便于科创、产业、金融、人才等要素自由流动和优化组合。集聚集成电路、生物医药、人工智能、高端装备等七大战略性新兴产业，拥有上海临港松江科技城、苏州工业园区、杭州国家自主创新示范区、合肥综合性国家科学中心等 40 余个全国乃至世界知名的科技产业园区，2019 年九城市 R&D 研发投入达 1942 亿元，集聚各类人才 1050 万人，2020 年发明专利 5.7 万项，创新要素集聚等优势比较明显。

四　紧扣一体化和高质量两个关键，持续推动长三角 G60 科创走廊行稳致远

习近平总书记在扎实推进长三角一体化发展座谈会上强调，要结合长三角一体化发展面临的新形势新要求，坚持目标导向、问题导向相统一，紧扣一体化和高质量两个关键词抓好重点工作，真抓实干、埋头苦干，推动长三角一体化发展不断取得成效。长三角 G60 科创走廊将在统筹国内国际两个大局、统筹推进疫情防控和经济社会发展的实践中，深入贯彻党的十九大和十九届二中、三中、四中、五中全会以及中央经济工作会议精神，贯彻落实习近平总书记在两院院士大会上的重要讲话精神，不断强化国家战略科技力量引领高水平科技自立自强，全面落实《长三角 G60 科创走廊建设方案》，紧扣一体化和高质量两个关键词，以市场化、法治化为导向，以"科创 + 产业"为抓手，同心协力、久久为功，推动长三角 G60 科创走廊行稳致远，更好服务长江经济带、长三角一体化和上海科创中心建设等国家战略。

（一）围绕构建新发展格局，全力建设中国制造迈向中国创造的先进走廊

围绕打造先进制造业产业集群，夯实产业基础、延伸产业链条，不断提升产业链供应链的稳定性和竞争力。在打造产业集群、增强产业链供应链自主可控能力上求突破，围绕七大战略性新兴产业，联合编制产业协同发展规划，合作共建产业园区，强化区域优势产业协同、错位发展，在重点领域培育一批具有国际竞争力的龙头企业，建设一批全球竞争力的战略性新兴产业基地，布局一批重量级未来产业，努力掌握产业链核心环节、占据价值链高端地位，强化补链强链、集链成群，加快建设世界级先进制造业产业集群。在强化金融支撑上求突破，坚持市场导向、产业方向，以金融科技赋能为抓手，探索建立 G60 产业基金，进一步做实 G60 金融服务联盟，建立 G60 银行金融科技大数据平台，发挥科创板对 G60 科创走廊的支撑作用，积极推

动"双创债"发行,做大做强交易型开放式指数基金(ETF)产品,探索在长三角各股权交易中心设立 G60 科创走廊分中心,提升金融服务实体经济能力,共同打造产融结合新高地。在推进要素对接上求突破,以打造协同开放的经济发展高地为目标,进一步完善九城市组团参加中国国际进口博览会长效机制,加快建设产业协同创新中心,持续完善产业联盟体系,搭建G60 科创走廊要素对接平台。

(二)围绕强化战略科技力量,全力建设科技和制度创新的先试走廊

加快培育多元化创新主体,优化创新资源配置,加强改革举措系统集成、集中落实,不断推动科技创新和制度创新双轮驱动。在科技创新上,聚焦重点领域和关键环节,探索建立高新技术企业在 G60 科创走廊范围内跨区域认定机制,充分发挥 G60 专家咨询委员会和高水平应用型高校协同创新联盟作用,加快推进国家级科技创新基地建设,积极争取并布局一批国家实验室、集聚一批帅才型科学家、突破一批"卡脖子"关键核心技术,实现更多从"0"到"1"的突破,牢牢把握创新主动权和发展主动权。在制度创新上,聚焦深化改革和优化服务,成立 G60 创新研究中心和法治研究院,探索建立改革创新试点示范成果异地复制推广机制,力争率先实施一体化统计指标和办法等,深化九城市"一网通办"试点工作,不断强化精准制度创新和有效制度供给。

(三)围绕推动产业和城市一体化发展,全力建设产城融合发展的先行走廊

以产业发展提升城市能级,以城市发展支撑产业转型,加快"松江枢纽"等重要交通节点枢纽功能建设,统筹 G60 科创走廊生产生活生态空间,形成产业基础良好、规划布局合理、城市功能完善的产城融合发展格局。加强建设用地规范管理,进一步盘活存量低效建设用地,全面落实国家建设用地转让、出租、抵押二级市场政策,制定产业集群发展的土地配套政策。加

强重点领域智慧应用，以 5G、工业互联网等为重点，加快上海松江区等国家工业互联网示范基地建设，推进一批新型信息基础设施项目，构建全要素、全价值链、全产业链的工业互联网生态体系。加强产业园区示范引领，依托上海临港松江科技城、苏州工业园区等全国乃至世界知名的产业园区，充分发挥产业（园区）联盟、产业合作示范园区、科技成果转移转化基地等平台载体作用，建设产城融合发展示范园区，发挥引领作用，复制推广经验，共同打造产城融合宜居宜业典范。

长三角 G60 科创走廊九城市将始终以习近平总书记关于长三角区域一体化发展的重要讲话和重要指示批示精神为指引，切实增强思想自觉、政治自觉、行动自觉，不断强化国家战略科技力量，增强产业链供应链自主可控能力，为实现高水平科技自立自强、构建以国内大循环为主体、国内国际双循环相互促进的新发展格局担当 G60 使命、作出 G60 贡献。

建言献策篇

Policy Recommendations

B.33
进一步营造工业互联网法律和政策环境的建议

张元方　吴　亮*

摘　要：　国务院参事张元方等调研指出，我国工业互联网相关制度供给不足，市场认知和共识度低，工业数据"产权保护"与"资产确权"法律缺位，政府补贴效果不佳，制约了工业互联网在产业基础高级化、产业链现代化攻坚战中作用的发挥，应明确工业互联网名称和定位、强化对"卡脖子"环节的支持、加速工业数据确权立法和交易机制探索、完善投融资体系和财政扶持管理机制、培植各行业工业互联网集群等政策建议。

关键词：　工业互联网　工业数据确权　工业数据交易

---

* 张元方，国务院参事；吴亮，国务院参事室特约研究员。

近年来，我国工业互联网发展热度跃升，垂直领域"头雁"初现，跨行业、跨领域实践创新探索不断，对产业链供应链上下游协同的支撑作用逐步增强。作为第四次工业革命的基石，工业互联网以产线智能化改造升级为切入点，逐步实现研发设计、生产制造、运维服务等全流程互联互通，并通过海量数据采集、分析，提高企业、行业运行效率，加快产业基础高级化、产业链现代化进程，提高国家综合竞争力，为构建新发展格局，实现高质量发展提供基础性支撑。

一 工业互联网发展面临的突出问题

近年来，我国工业互联网发展较快，网络、平台、安全三大体系夯基架梁工作加快推进，产业规模约 3 万亿元，工业应用程序超过 25 万个，在重点平台中平均工业设备连接数已近百万台。长江经济带横跨东中西三大板块，沿线基础和产业模式差距大，工业互联网实际落地情况在全国具有代表性。我们走访了上海、湖北等地政府和部分企业，发现目前工业互联网发展主要面临以下几方面问题。

（一）工业互联网概念与边界模糊，市场认知度依然较低

工业互联网最早由通用电气提出，但产业界与学界对其定义一直存在争论。上海电气有关负责人认为，工业互联网"还没有一个清晰的定义"，只能"摸着石头过河"。业界普遍有三种解读：一是定义过窄，把工业互联网看作新型工业操作系统，是传统工业操作系统的"云端化"；二是概念泛化，认为任何产业链上的信息化就是工业互联网；三是定位不清，认为工业互联网是智能制造的"终极形态"。由于概念不清、边界不明，工业互联网成了一个"筐"，什么都可以往里面装。部分企业"蹭热点""骗补贴"。

（二）工业数据尚未确权，法律保护缺位已成突出短板

工业互联网发展的主要瓶颈在于数据流动不畅。企业普遍反映，数据保

护立法缺失，数据碎片化、"数据孤岛"尚未破解，导致制造业数据"沉睡"的多、"活跃"的少，分裂的多、整合的少，工业互联网转不起来，产业链数据联动极为困难。我们在调研中发现，企业普遍对于数据的流动共享顾虑重重，其中，数据确权、安全合规和技术标准都是数据在流通时的"堵点"。上海商飞由于拿不到某些供应商的数据，其智能生产体系出现"断点"。湖北省经信厅负责同志认为，由于没有工业数据保护法，企业担心自己的数据被拿走后不再归属于自己，产生的价值与自己无关。目前业界整体态势是：大企业希望整合更多数据，小企业则对数据严防死守。

（三）补贴政策"撒胡椒面"，投前评估与投后监督难度过大

2017 年至今，相关部委及各省份政府出台大量工业互联网支持政策。但是这些支持政策重走"撒胡椒面"老路，重数量、轻质量，大量企业一哄而上"抢政策红利"，造成巨大资源浪费。专家担忧，这类补贴政策下，工业互联网领域或将再现新能源汽车"骗补"乱象。另外，对补贴成效的追踪不足，"投前评估—投后审核"体系尚未形成闭环。调研了解到，湖北某地级市成立市级工业互联网专项，每年拿出数千万元奖补企业智能化改造。但是，这笔财政资金发给企业后，没有后续监管、跟踪，财政资金效果变成未知数。

二　进一步加强政府部门对工业互联网支持的建议

（一）进一步明确工业互联网名称和定位，强化对"卡脖子"环节的支持

建议由工信部牵头，会同国家发改委、科技部等部委，并充分发挥行业协会作用，编制《工业互联网发展指南》，进一步厘清工业互联网、工业互联网平台等名称、定位，厘清工业互联网边界，为地方政府和相关企业推进工业互联网建设提供基础性指引。支持重点，以网络、平台、安全三大体系为基础，以设计、制造、运维流程与衔接为要点，对细分领域"卡脖子"

环节进行针对性扶持。例如，工业智能化产品中的减速器、控制器等核心零部件，工业软件中的设计类软件、仿真分析软件、编程软件等。

（二）加快工业数据保护立法进度，鼓励地方探索数据交易

数据保护是当前全球性难题，工业数据相较于个人数据，不涉及个人隐私保护的障碍，确权难度较低，建议先行实现工业数据确权，在此基础上加快规范工业数据的采集、存储、管理、交易，构建良好的法治环境。一是推进政府数据共享开放相关法律法规的建立健全；二是从促进产业发展的角度界定数据产权、数据运营权、收益分配权；三是开展基于5G、区块链、人工智能等新技术标准化试点，综合运用政府标准、市场标准等，增加标准有效供给。就立法而言，建议吸取个人信息保护法立法过程中的经验，参考欧盟《通用数据保护条例》、《数据治理条例》（草案）等国外经验，尽快组织专家组进行系统研究，出具工业数据保护法专家建议稿，加快启动立法程序，并鼓励地方政府先行推进地方立法。

（三）建议政府扶持政策提高扶持门槛，完善审核管理机制

建议参考集成电路"大基金"，成立专门的工业互联网扶持基金，以政府投资为主，吸纳社会资本参与，坚持共同出资、集体协商，市场化运行，最大限度保证投资有效性。鼓励金融机构根据工业互联网特点，应用区块链技术，建立更具针对性的资产评估指标，创新融资租赁、供应链金融等金融产品。政府财政专项扶持有必要提高扶持门槛，确保扶持资金流向优质企业，并对资金是否专款专用建立审查、跟踪制度，对"骗补"或补贴利用欠佳企业进行综合评估，对公示业绩不达标、材料作假的且性质恶劣的企业建议纳入失信企业名单。着力推动国资国企工业场景深度开放，并由各级国资委牵头，加强对国资国企工业互联网和数字化转型的考核评价。

（四）启动工业互联网集群行动，建立工业互联网产业园区

建议在此前工业互联网试点示范基础上，启动工业互联网集群行动，以

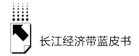

行业整合能力和产业链辐射能力强的细分龙头为抓手，树立标杆，形成示范效应，动态完善区域供应商推荐名录。以龙头企业为核心节点，带动所在产业链上下游中小企业提升数字化水平，完善数据融通、全产业链数字化的工业互联网体系。建议鼓励地方政府围绕当地产业链现实需求，结合优势产业，在此前智能制造产业园基础上，全面推动产业园区开展 5G 内外网升级改造，针对性升级成为工业互联网产业园区，发挥工业互联网在赋能产业链供应链协同、降低综合成本等方面的价值。

（湖北省政府参事彭智敏，同济大学国家现代化研究院姚旭、李新月、杜衡等同志参加调研）

B.34
洞庭湖流域农业面源污染治理的
湖南探索及相关建议

李武 张红武 樊希安 马力*

摘　要：　在开展推动长江经济带发展研究中，国务院参事李武、张红武
　　　　　等调研指出，洞庭湖流域农业面源污染治理取得了积极成效，
　　　　　但还存在种植业"保生态"与"保生产"矛盾尖锐、面源污染
　　　　　源头不明、技术规范性和评价体系有待加强、监管机制和生态
　　　　　补偿机制不完善等问题，提出了加大政策资金支持力度、加强
　　　　　治理创新科技支撑、发挥农民主体作用等政策建议。

关键词：　洞庭湖　农业面源污染治理　长江经济带

"守护好一江碧水"是习近平总书记的殷切嘱托。洞庭湖作为长江流域重要调蓄湖泊，对长江生态有较大影响，有效治理流域农业面源污染是统筹做好大江大湖大生态文章的重要举措。为此，2020年12月中旬，国务院参事室长江经济带发展研究中心调研组就洞庭湖流域农业面源污染治理情况赴湖南进行调研，现将有关情况报告如下。

一　洞庭湖流域农业面源污染治理工作取得的成效

（一）以整改为抓手加强养殖污染防治

一是狠抓突出养殖污染问题的整改。对反映、发现的问题整改实行挂图

---

* 李武，国务院参事；张红武，国务院参事；樊希安，国务院原参事；马力；国务院原参事。

作战，及时逐项对账销号。2019 年长江经济带生态环境警示片披露的"汨罗谢辉养殖场粪污污染问题"、长江经济带生态环境"举一反三"自查发现的"41 个养殖场粪污处理设施不配套或配套不到位"问题、中央环保督察回头看反馈的禁养区"应退未退、应划未划"等问题都如期完成整改销号。

二是加强畜禽、水产养殖污染防治。组织开展洞庭湖区养殖环境整治、大型水库养殖污染治理等专项行动，依法依规清退畜禽养殖场/户 34742 个；将 58 个生猪调出大县全部纳入国家畜禽粪污资源化利用整县推进项目。2020 年，全省大型畜禽养殖场粪污处理设施配套率达 100%，规模养殖场粪污处理设施配套率达 97.3%，畜禽粪污资源化利用率达 86.0%，完成精养池塘改造近 70 万个，发展稻渔综合种养面积 275 万亩。

（二）以示范为引领强化种植业污染源头管控

一是大力开展农业面源污染治理示范。2016 年以来，开展了岳阳县等 6 个县市区农药包装废弃物回收试点、澧县等 15 个县市区化肥农药农业废弃物污染整治试点、赫山区等 11 个县市区典型小流域农业面源污染治理试点、沅江市等 6 个县市区长江经济带农业面源污染综合治理项目，及时总结实施成效，推广行之有效的治理模式。

二是强化种植业污染源头管控。深入实施化肥农药减量行动，重点落实科学施肥、绿肥种植、"果菜茶"有机肥替代化肥、病虫害统防统治等行动，全省化肥使用量连续 7 年实现负增长。

（三）以村域为重点实施农村生活污染综合治理

一是大力实施村域地表径流治理工程，推进美丽乡村示范建设。以村庄、庭院生态靓化建设为基础，因地制宜，分户或联户建设生活污水厌氧净化处理系统；将房前屋后池塘、湿地改建成表流湿地，配套铺设管网与污水处理系统连接，确保源头控制到位。

二是着力抓好农村"厕所革命"，全面完成农村生活垃圾治理任务。近三年全省改（新）建农村户厕 380 余万户、农村公厕 3000 余座。积极推进农村垃圾规范化处理和就地分类减量行动，全省各县市区村级卫生基础设施基本完善。

二 目前洞庭湖流域农业面源污染治理面临的困难和问题

（一）种植业养殖业是农业面源污染主要来源，"保生态"与"保生产"矛盾尖锐

洞庭湖流域作为我国农产品的重要生产基地，肩负着国家稻谷、猪肉稳产保供的政治责任。目前因新型肥料、生物农药和植物源农药产品种类少、价格高、见效慢等原因，在农业生产中使用很少，洞庭湖流域粮食丰产仍主要依赖传统化肥、农药的投入，加上农田施肥施药机械化水平不高、农民的农业生态保护意识淡薄、部分地区养殖粪污及秸秆等资源化利用率低等问题，导致发展农业生产与降低农业面源污染的矛盾尖锐。

（二）关键面源污染源头不明、技术规范性和评价体系有待加强

当前湖南农业面源污染普查工作已完成，但尚未建成针对关键流域/区域的农业面源污染发生监测网络体系，难以准确核算流域/区域农业面源污染负荷及其入河/湖通量，不能有效识别和监控农业面源污染发生的关键源头，无法对农业面源污染的发生流域/区域实行目标管理和精准施策。同时，针对流域不同污染源的农业面源污染产排污核算方法尚未细化，未考虑地表径流下游农田、绿地的削减过程和生态承载能力等因素，难以准确评价农业面源污染的生态环境影响，加上针对不同类型的农业面源污染源的治理措施缺乏指导性技术标准，导致技术、机制的优化调整决策困难。

（三）可持续运行监管机制和生态补偿机制有待完善

当前，实施的洞庭湖流域农业面源污染治理示范工程，存在后续运行监管机制缺乏、资金不足、执法力量薄弱、执法装备滞后等困难；开展的化肥

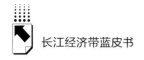
农药减量、秸秆粪污资源化利用、渔业禁养退养、农田重金属修复等生态环境保护行动，存在基础设施薄弱、服务组织力量不强、技术支持不够、运行管理机制缺乏等问题，跨流域的市场化、多元化生态补偿机制还没有建立起来。

三　加强大江大湖流域农业面源污染治理工作的几点建议

（一）加大对大江大湖地区农业面源污染防治的政策资金支持力度

一是实施倾斜性的大江大湖流域农业面源污染防治政策。推动产业引导资金、科技创新成果、产业基础设施向江湖地区倾斜；对大江大湖地区的重大农业面源污染治理项目，不纳入属地政府控债范围，扩大生态治理专项资金、专项债券额度。

二是加快建立国家和流域层面的生态补偿机制。进一步扩大流域生态补偿范围，适度提高补偿标准；制定完善大江大湖流域农业面源污染防控、减量和治理相关的绿色发展生态补偿清单；探索建立跨流域的生态补偿合作机制，实行国家重点生态功能区转移支付资金与补偿地区农业面源污染治理绩效挂钩的考核评估制度。

三是加强资金整合提升大江大湖流域农业面源污染治理效果。强化顶层设计，将分散在农业、环保、国土、水利、卫生、住建等部门的资金整合，建议由上级部门分配资金额度，明确规定转移支付资金的使用范围、比例，改条为块下拨资金，将涉及农业面源污染治理项目的决定权、资金分配权下放给县级人民政府，"以县为主"进行资金整合，重点支持有利于农业面源污染防控的农田、养殖、农村生活等基础设施建设，提高农业源头减排和过程消纳面源污染能力。

（二）加强大江大湖流域农业面源污染治理创新的科技支撑

建立大江大湖流域农业面源污染防治科技创新专项资金，引导科研事业单位、企业、民间组织参与农业面源污染治理工作；重点支持专用新型肥料、高效安全新农药、经济实用生物农药等产品研发，推动新型肥料、生物农药和植物源农药节本增效；强化秸秆和畜禽粪便处理新技术、施肥施药新装备新技术的示范推广；加强流域/区域农业面源污染监测与评价体系建设，突出开发基于县域农业面源污染发生的在线监测和辅助决策系统。

（三）发挥农民主体作用依法夯实农业面源污染治理保障

一是充分发挥农民在农业面源污染治理中的主体作用。要督促各级政府进一步加大对农业面源污染危害的宣传力度，增强广大农民的环保科技意识；提供绿色农产品产前、产中和产后技术服务，拓展绿色农产品的供销渠道；积极探索实施政府特许经营、政府购买服务等形式的生态修复项目，有效连接生态产品价值增值和价值实现，让农民切实享受农业面源污染治理和农业绿色发展红利。

二是进一步提高农业面源污染治理的执法监管水平。要建立"国家、省、市、县、乡、村"各级联动的执法监管体系，探索形成农业面源污染治理奖惩机制、警民互动监管机制，加强执法装备与执法运行经费支持，充分利用现代网络监测技术，尽快建立农业面源污染治理监管信息化管理平台，提升执法监管水平；同时，要加快建立流域边界邻省河湖联合执法机制、边界河湖流域治理问题合作联动解决机制，打破属地管辖权限制。

（湖南省人民政府参事肖万春、国际泥沙研究培训中心副主任刘广全、中国水利水电科学研究院减灾中心主任吕娟等参与调研）

B.35
培育长江经济带物流市场化运营主体 加快形成沿江、跨省物流业大格局

张元方 吴 亮*

摘 要： 在开展推动长江经济带发展研究中，国务院参事张元方、国务院参事室特约研究员吴亮等调研指出，长江经济带物流企业"小、散、弱"问题依然突出，"物流大动脉"存在较多堵点，成为制约长江经济带产业基础高级化和产业链现代化的瓶颈。建议以培育物流业市场化运营主体为抓手，对症下药，破除行政、行业、数据壁垒，加快形成长江经济带物流业发展大格局。

关键词： 长江经济带 物流市场化 运营主体

一 长江经济带物流大动脉面临四个突出问题

物流企业市场主体规模小、综合服务能力弱已成长江经济带建设"物流大通道"的核心痛点，无论是企业还是地方政府都在"叫痛"，原因有以下四个方面。

（一）供给侧"不连接"阻碍了物流服务大市场的形成

一是物流服务商小、散、弱，环节间"不连接"，缺乏综合性物流企业。当前长江经济带物流企业以专项物流为主，侧重于仓储、运输、配送等

---

* 张元方，国务院参事；吴亮，国务院参事室特约研究员。

单一环节，网络覆盖不广，区域扎根不深，货源获取能力不强，多式联运的物流组织能力明显不足。由于衔接成本太高，当前多式联运发展也不理想。武汉新港阳逻港区负责人介绍，算上铁路作业相关费用，东西湖至阳逻港的铁路短倒费比到上海洋山港的水运费用还高，跟公路比优势也不大，制约了水铁联运发展。

二是区域间"不连接"，跨行政区域联动度有待进一步提升。调研发现，长江沿线各地都热衷于建设水路、铁路、航空等物流枢纽，但区域间行政壁垒问题严重，跨区域资源整合难度很大，难以形成全流域的物流体系。以港口为例，各城市纷纷试图围绕自己的港口打造交通枢纽，将其作为集聚产业的基础平台，进一步降低了集中度。长航集团是长江最大的航运企业，业务量仅占整个长江的3%。上港集团20年来一直在推进内河港口整合，先后在沿线重庆、武汉、宜宾、南京等布局了20余个港口，试图打造横跨上、中、下游的服务网络，但效果并不理想，内河业务规模依然很小。

（二）需求侧"割裂"限制了物流企业市场规模壮大

一是需求主体间的市场"不开放"，行业资源缺乏整合。长江经济带大多数制造企业物流采取自营或半自营方式，物流业务外包意愿不强。以钢铁产业为例，长江沿线有宝武钢铁、南京钢铁、马鞍山钢铁、重庆钢铁等大型钢铁企业上百家，产能占全国的1/3，物流业务量超18亿吨，但各自都有下属的物流公司，市场相对封闭，行业间无法整合，都难以做大。即使是制造企业内部物流，也分散在采购、生产、销售等多个部门，以东风集团为例，内部有3个事业部、25家分子公司涉及物流业务，内部条块分割非常严重，制约了企业物流效率的有效提升。

二是物流企业与制造企业"不联动"，缺乏融入产业链的综合性物流服务商。一方面物流企业对制造业的物流需求了解得不够，不能提供适时的全流程的物流服务；另一方面制造企业难以找到能够提供满足需求的物流服务商。招商局集团作为全国最大的综合物流企业，合同物流仅占集团物流业务的10%左右。

（三）数据信息"不共享"制约物流业效率提升与模式创新

一是政府部门数据不开放，物流运行"透明难"。海关、铁路、机场、港口等政府相关管理部门都有各自的数据，对外不开放，相互不连通。武汉一家中欧班列运营商介绍，在途信息透明对客户至关重要，现在一进铁路系统就像进了"黑洞"，什么也看不到；海关系统以前还可付费查询通关信息，现在也不让查了。

二是制造企业数据不开放，物流服务"整合难"。长江经济带的制造业信息化程度较高，但基本没有与外部物流系统直接对接，大多数仍采取电话、纸质单据等传统方式。以上海电气为例，目前集团层面正在打造工业互联网平台，也将智慧供应链作为重要板块，但只涉及采购招标、信息发布等环节，真正物流作业环节与内部系统对接还处于谋划阶段。

三是物流企业数据不开放，货源资源"共享难"。我国物流企业信息化程度不高，实施或部分实施信息化的物流企业仅占39%；全面实施信息化的企业仅占10%。从长江经济带的调研情况来看，也没有形成面向整个物流行业的基础信息平台，货源、物流资源共享机制难以建立。

（四）营商环境"不稳定"制约物流企业健康成长

一是平台垂直交叉管理，企业行政服务成本依然较高。物流行业涉及诸多部门，长期以来存在条线垂直管理和属地平面管理的交叉问题。上海一家保税物流企业提到，虽然上海的行政管理成本在该企业支出占比已从40%降低到35%，反映了近年来减税降费、简化流程取得的成效，但与新加坡、中国香港等5%的行政成本占比相比还有较大差距。

二是政策连续性和稳定性有待提升，企业经常要面对"致命一击"。物流相关政策"一刀切"现象依然存在，政策执行缺乏缓冲空间，对快速成长的物流企业来说，这往往是"致命一击"。以分类监管政策为例，在上海临港新片区的创新监管方式推进中，突然通知内、外贸货物不能在同一仓库监管，难以满足客户的现实需求，导致某仓储企业刚刚装修、整租的7万多平方米仓库闲置，经营风险骤升。

二　对策与建议

（一）营建有利于形成长江经济带物流业发展大格局的生态环境

一是加快编制《长江经济带物流业专项规划》。建议在推动长江经济带发展领导小组办公室工作框架下，增设综合物流工作专班，并牵头编制《长江经济带物流业专项规划》，统筹布局沿线物流基础设施，通过物流网络布局破除地域分割体制性障碍，通过综合交通组织破除运输方式间藩篱的行业性障碍，通过统筹平面与垂直管理交叉破除政策性障碍，形成长江经济带沿江、跨江以及综合运输体系的物流大格局。

二是强化设施整合，提升运营能力，完善多式联运综合物流服务体系。加快长江中游航道改造进度、提高三峡枢纽联运能力，增强沿江铁路货运能力、完善跨江运输网络，优化长江经济带联动辐射的硬件条件。探讨以鄂州国家航空物流枢纽为试点，联动保税区和产业园区，系统打造物流市场主体高质量发展的试验承载区，构建水陆空多式联运物流体系。打造与沿江自贸区联动协同的国际供应链服务平台，支撑构建高标准开放型产业组织网络体系。

三是加快数字化转型，促进物流业与制造业及市场对接。以上海、重庆、武汉三个航运交易所以及长江航运物流公共信息平台为基础，对接港口、铁路、海关等领域的数据，打造长江经济带智慧物流平台，并作为物流数字化转型的底层平台。建立市场化数据共享机制，吸引各产业链相关主体参与平台建设。以各地工业互联网平台为依托，建立智慧供应链平台，鼓励引导制造、物流企业接入"平台"，实现产业链供应链深度融合共享。

四是将供应链降本增效作为优化营商环境的核心导向。建议制定《关于长江经济带供应链降本增效的指导意见》，以供应链降本增效为营商环境优化导向，梳理物流企业面临的"问题清单"，创新有利于物流业发展大格局形成的政策体系，打造"营商环境2.0版"，切实降低物流成本，全面提高供应链效能。建议以长江经济带为试点，建立物流及供应链企业的数字化信用体系，推动供应链金融产品创新，以资本为核心抓手，推动供应链与产业链的深度融合。

（二）加强鼓励引导，推动转型升级，多渠道培育壮大物流市场主体

一是建议制定《长江经济带物流龙头企业培育行动计划》。聚焦物流枢纽运营主体功能提升、物流园区运营主体网络化整合、航运龙头企业服务功能拓展、制造业物流服务体系整合等重点方向，系统梳理形成培育物流业龙头企业的行动方案，配套税收优惠、土地、国企混改试点等相关政策，通过联盟搭建、股权合作、兼并重组等多种创新模式，打造一批覆盖长江经济带沿线、业务辐射全国乃至全球的综合物流龙头企业。

二是建立综合性供应链平台，引导产业物流创新发展。聚焦钢铁、汽车、装备制造、化工等长江经济带具备显著优势的产业，打造一批服务行业的综合性供应链平台，构建通江达海、覆盖全产业链的产业物流服务体系，推动采购、生产、销售等环节的物流系统高效整合，在垂直产业领域培育若干家跨区域、全流程的综合性产业物流运营主体，支持链主企业发起组建产业物流联盟，出台相关配套政策促进联盟的培育和发展。

三是优化资源整合，有力支撑第三方物流企业发展壮大。鼓励引导货运代理、干线、仓储、配送等专项物流企业转型升级和模式创新，加快扩展服务功能，增强物流网络的覆盖能力，强化物流节点与综合交通枢纽、制造业、电商物流的对接，降低综合物流成本；增强多式联运的运输组织能力，提供全流域、全流程的物流服务，提高物流效率；增强物流信息的交互共享能力，向全社会提供公开透明的物流信息，促进物流业与制造业、市场需求的融合。

（上海市政府参事金亦民，湖北省政府参事彭智敏，同济大学国家现代化研究院杜衡、刘浩、姚旭等参与调研）

B.36
共抓赤水河大保护

张红武 甄贞 吴亮*

摘　要： 围绕推动长江经济带发展工作部署，国务院参事张红武等调研提出，赤水河流域存在生态资源争夺、补偿方式单一、联合执法不到位问题，建议：制定联席会议机制统筹规划、建立生态评估监测"一本细账"、吸引社会力量完善流域生态补偿机制、建立统一监管统一执法机构、将赤水河纳入国家公园体系、倡导绿色经济增长，共抓赤水大保护，实现流域高质量发展。

关键词： 赤水河　生态补偿　国家公园

一　存在的问题

赤水河有"美景河""美酒河""英雄河"美誉，调研了解到，近年来云南、贵州、四川三省（以下简称"三省"）就赤水河流域生态补偿、跨省联合执法等"共抓大保护"。目前三省流域内各地政府积极开展小水电清理整改、全面禁渔、种植业面源污染治理、石漠化和水土流失综合治理、废弃露天矿山生态修复等工作，赤水河生态保护整体情况良好，生物资源保护和修复取得一定成效，汇入长江水质基本保持在Ⅱ类标准，发现胭脂鱼、长江鲟、中华鲟等珍稀物种活动。但仍存在以下问题。

---

* 张红武，国务院参事；甄贞，国务院参事；吴亮，国务院参事室特约研究员。

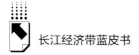

第一，两岸争上产业园区掀起生态资源争夺战。2019年酱香酒以白酒行业7%的产能，实现行业24.03%的销售收入和42.7%的利润。赤水河两岸贫困地区、革命老区依托酱香酒推动经济社会发展，具有一定的历史沿革、得天独厚的天然优势和良好的基础条件，地方党委、政府通过布局酱酒产业巩固脱贫攻坚成果、促进乡村振兴的意愿强烈，群众也期盼较高。赤水河流域现已形成以白酒酿造、建材、农产品加工、能源矿产为主的主导产业，有的省甚至提出"建设以能源化工、汽车和装备制造为重点的新型工业重点发展区"。赤水河两岸因此出现生态资源争夺的局面。调研了解到，赤水河流域酱酒产能（包括建成与在建），贵州超30万吨，四川为10多万吨，两岸争上酱香酒项目的问题比较突出。

第二，生态补偿资金来源、补偿方式单一。生态资源争夺战从一个侧面说明现有生态补偿机制不到位，难以形成上下游、左右岸利益平衡。三省2018年签订为期3年的《赤水河流域横向生态保护补偿协议》。调研了解到存在以下问题：一是补偿收益远远比不上"开发收益"。县级财政普遍困难，匹配资金实难到位，生态保护补偿资金的供需矛盾日益突出。二是补偿方式单一。现有生态补偿以资金补偿为主，仅用于水污染治理和生态保护项目，缺乏对口协作、产业转移、人才培训、园区共建等提升上游地区可持续发展能力的补偿方式，群众生态补偿获得感不强。

第三，联合执法效果不佳。2013年三省就签署三省交界区域环境联合执法协议。但调研了解到，除每年一次的例行联合执法，三方未建立情况通报和信息共享制度。即使是每年一次的联合执法，实际参与联合执法的人员最多几十人，少则十多人，仅选取流域内10多家企业进行抽查，且对于赤水河水质的判断，执法仅选取高锰酸盐、氨氮、总磷和总氮四项作为考核指标，并不能全面反映赤水河流域生态环境保护情况。由于联合执法和相互监督不到位，赤水河流域一些大酒厂大量冷却废水长期超标排放、配套污水处理设施长期不正常运转。在仁怀调研时，调研组成员亲眼看到赤水河中出现长达数公里的白色漂浮物，浩浩荡荡向下游流去。

二　几点建议

赤水河"一河跨三省"，目前三省正联合推动出台《赤水河生态保护条例》，编制赤水河流域生态优先绿色发展实施方案。以赤水河为代表的流域治理包含了生态环境保护与经济发展的多类矛盾，在长江流域极具典型性。要想系统性破解流域难题，还需建立更高层面的体制性安排和统筹协调机制。现提出建议如下。

第一，建立联席会议机制协同共抓大保护，在国家部委层面制定统筹跨省流域发展规划。建议由国家发改委牵头，三省和相关部委参加，制定相关政策，建立联席会议机制，成立合作协调管理机构。从高质量发展角度统筹谋划，通过协商机制、联动机制、互补机制，按"谁使用谁受益谁付费"原则，编制赤水河流域保护发展总体规划，由省级层面统筹项目安排与补偿措施，统一规划产业发展和生态保护，协同共抓大保护。尤其是与生态补偿相结合，建立白酒产能的三省协调协同机制，对两岸产能进行统筹和适度平衡。

第二，建立赤水河生态评估检测体系和生态环境账本。当前赤水河没有"一本细账"，断面监测主要聚焦水体，监测指标主要是酸碱度、氮磷钾含量，以及泥沙颗粒物等，没有对环境容量、污染负荷、生态承载能力进行量化分析，缺少生态环境资源考核体系。建议由生态环境部指导，三省协调建立赤水河生态环境指标的科学评估体系、监测体系，以赤水河水质作为主要因素，同时兼顾森林生态保护、水资源管理等因素，形成赤水河流域生态环境定期评估机制。

第三，吸引社会力量参与，完善流域生态补偿机制。三省签订的《赤水河流域横向生态保护补偿协议》即将到期，建议由生态环境部牵头，会同财政部、国家发改委等，从国家层面制定赤水河流域跨省横向生态补偿技术指南，明确补偿原则、补偿标准、实施目标、分配考核等程序和标准，建立对口协作、产业转移、人才培训等注重"造血功能"的补偿模式。建议

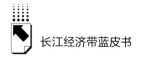
由赤水河中下游企业按照一定比例共同出资，吸收社会捐助，成立赤水河流域保护绿色公益基金，建立多领域、多层次的生态补偿模式，积极支持赤水河流域发展生态农业，确保农民增收致富。

第四，建立赤水河流域统一的执行监管机制与执法机构。建议由生态环境部牵头，将当前三省生态环境部门建立的环境联合执法机制上升为部级统筹的协作机制，研究制定流域监管行政机构的有关方案并报请国务院决策。建立情况通报和信息共享制度，解决相互监督、共同治理、协作监管机制不完善的问题。

第五，建立将赤水河纳入国家公园体系。我国还没有以流域为范围建立的国家公园。目前赤水河流域已建成有 3 个国家级自然保护区，流域内初步查明物种 3000 余种，很多是国家Ⅰ、Ⅱ级重点保护珍稀野生动植物和鱼类，赤水河具备建立国家公园的自然条件。建议国家林草局将赤水河纳入国家公园体系，确保重要自然生态系统、自然遗迹、自然景观和生物多样性得到系统性保护。

第六，倡导绿色经济增长模式，实现流域高质量发展。建议以茅台、郎酒两大集团为先导，倡导流域企业主动向绿色低碳循环发展模式靠拢。建立完善的循环经济生态链，实现从原料到最终废弃物的资源化循环综合利用；践行资源节约、环境友好的生产发展理念；鼓励企业做优产品、做强标准、做实品牌，淘汰散、乱、小、差等落后产能，形成流域产品综合竞争力；倡导绿色生活方式，形成绿色生活习惯。

（四川省政府参事王根序、姜晓亭，贵州省政府参事王赤兵，同济大学教授李建华，同济大学国家现代化研究院副研究员姚旭，北京大学教授宋豫秦，北京林业大学教授雷光春参与讨论）

B.37
关于建设"城乡共享社会"扎实推进共同富裕的建议

吴　亮[*]

摘　要：　国务院参事室长江经济带发展研究中心课题组调研指出，桐乡市城乡融合发展试验区的探索实践表明，在长三角等较为发达的都市圈和城市群中，可通过构建"城乡共享社会"，在城与乡的框架内优化基础设施和公共服务布局，推进统筹落地共建共治共享发展理念，优化布局都市圈、城市群内部新型工农城乡关系，让现代化的美丽乡村成为大都市圈的重要组成部分，成为县域经济产业链价值链的重要起点，从而有效破解"城乡二元结构"，扎实推进共同富裕。

关键词：　长三角　城乡共享社会　共同富裕

一　县域经济发展中遇到的困难

国务院参事室长江经济带发展研究中心课题组在长江经济带中下游的浙江、江苏、湖北等地的调研发现，处于城市圈、城市群框架内的县域单元，有很多发展机遇，也有较多的困惑，主要表现在以下几个方面。

---

[*] 吴亮，国务院参事室特约研究员。

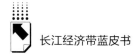

一是产业和人才被大城市"虹吸",一些县城面临产业空心化问题。县城产业难升级、人才难聚集,主要原因在于与周边大城市处于"不平等竞争"状态。大城市集中了土地、人才、产业、资金、公共服务等优势资源,县城只能承接大城市中产业的"梯次转移",吃"大城市剩下的或不要的",形成"灯下黑",普遍面临产业空心化的窘境。大城市周边的县域产业如何升级,新动能方向何在,对此迫切需要新的思考和再定位。

二是县域资源不断向县城集中,一些县域内部的"单极化"现象日趋严重。一些县市"学习借鉴"大城市发展思路,将全域优势资源向县城集中,进一步抽吸乡镇发展资源,不断扩大县城规模。调研发现,一些靠近县城的村庄,土地指标被县里上收了,成为"没地、没钱、没人"的"三无城郊村",有些还形成环县城贫困带。此外,城乡接合部不断出现的农村城镇化社区与乡村社区之间的边界日益模糊,两种治理体系在这一空间上如何融合、如何实现有效治理面临挑战。

三是"人才下乡"和"资本下乡"遇到瓶颈,迫切需要新的发展思路和政策供给。为什么人才和资本不断向大城市集中?主要原因在于:土地指标都被大城市、县城上收了,教育、医疗、文化等优质公共服务集中于大城市,形成"人往高处走"的空间架构和城市化发展格局。很多干部和群众反映,乡村振兴的关键是"人才下乡"和"资本下乡",但因为要素资源配置的严重不均衡,优质发展资源很难下沉,反而是不断"向上走","城乡二元结构"被强化了。

二 桐乡市构建"城乡共享社会"的先进经验

桐乡市是浙江嘉兴市代管的县级市,地处长三角一体化腹地,距上海主城区和杭州主城区均约 1 小时车程。全市总面积 727 平方公里,户籍人口 69.9 万、新居民 55.2 万,2019 年地区生产总值 968 亿元,在全国百强县中排第 29 位。2019 年桐乡被纳入国家城乡融合发展试验区的嘉湖片区。

桐乡市与同济大学合作，以构建"城市共享社会"为发展理念，探索以较小化成本破解"城乡二元结构"，寻找城乡共同富裕的实现路径，主要做法包括以下几个方面。

（一）将县城作为基本公共服务供给中心，推动医疗、教育等"县聘乡用"，实现基本公共服务普惠化

桐乡充分发挥县城在公共服务方面服务镇村的供给能力，推进医疗、教育、文化部门人员"县聘乡用"，推动教育、医疗资源下沉，持续强化公共服务向乡镇、村庄辐射延伸。医疗方面，桐乡基本完成了省、市级三甲医院托管下的县域医共体建设，建立起省、市、县、镇、村五位一体的分级诊疗体系。桐乡还建立多个"互联网医院"和体验中心。教育方面，以集团化办学不断扩大优质学校对乡镇的辐射范围，组建多个教育联盟集团，乡村学校质量较快提升。文化方面，建立图书馆总分馆一体化管理体系，打造具特色的城镇村三级全覆盖"伯鸿"品牌城市书房和乡村书屋，建设书香文旅驿站。

（二）将乡镇作为特色产业聚集中心，培育"垂直行业冠军"，推进产业资源双向共享，实现就业体系网络化

桐乡没有在县城周边大搞开发区，而是以培育特色产业、垂直产业冠军为出发点，将乡镇作为产业节点，全市7个镇均建有特色产业园区。乌镇文旅产业享誉全国，其模式和资本被北京等复制并取得成功。洲泉镇在化纤、橡胶、机电等特色产业优势突出，培育了新凤鸣、双箭、桐昆等行业领军企业，朝着千亿级产业小镇迈进。濮院镇是全球最大的羊毛衫生产和批发基地，该镇永越村党委书记庄明火说："全球顶尖毛衫设计师和品牌商只要出新款，第一时间都到濮院来找供应链，我们这边三天就能出款，并且品质好、成本低。"由于产业集中，上海等地一些设计工作室和设计师扎根濮院镇。乡镇产业发展，为农民本地就业提供了充足的岗位，"住在村里，工作在镇里"成为桐乡的普遍场景。

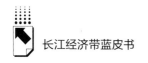
（三）将美丽乡村作为产业链价值链起点，推动乡村资源的城乡共享，实现美丽乡村资源要素的有效配置

挖掘县乡消费潜力，关键是农民手里要有钱。美丽乡村变成美丽经济，关键是乡村资源要值钱。四通八达的交通基础设施，让城乡资源配置有了空间廊道，持续投入的美丽乡村建设，让乡村生态环境资源价值提升。在此基础上，桐乡市不断进行乡村产业链、价值链再设计，探索一系列促进乡村产业发展的"新场景"，重新定义乡村功能，找寻乡村融入大都市圈的新路径。位于洲泉镇湘溪村的华腾牧业，积极开展生猪养殖融合庄园经济的整体布局，"猪舍里"已成为长三角的知名打卡地，目前正谋划扩展周边的民宿、文旅等功能布局，尤其是完善田间图书馆等社交功能设施，逐步构建摄影、文化、艺术等人群集聚的新空间。

（四）将发展数字化农业作为"三农"新基建，推进农产品智慧供应链建设，促进农业一二三产业融合

作为国内首个"云上农业"样板间，谭家湾云上试验农场内各农业场景中的关键要素数据已"上云"，实现种植、追溯等全流程自动化；云端系统"驾驶"穿梭机器人、空中轨道机器人等智能机器设备，实现农产品运输、病变植物远程诊断等自动化；农民能实时与全国各地的农业专家进行咨询互动，可为全国"上云"的各涉农主体提供跨区域综合赋能服务。桐乡在推行"一证一码"追溯模式的基础上，积极推进农产品线上销售，做大做强"网上农博桐乡馆""潘鲜生""邮乐购"等网络销售平台，建立一批村（社区）农产品团购群，加快布局农产品智慧供应链。同时，结合美丽乡村示范建设，推进谭家湾遗址数字化改造，植入"旅游＋"元素，承接乌镇旅游溢出效应。

在公共服务、产业布局、乡村场景、农业生产方面的城乡共享，使桐乡乡村要素资源在城乡框架内得以有效配置，促进了农民增收。2019年桐乡农村居民人均可支配收入38197元，同比增长9.5%，城乡居民收入比1.59（比上年同期缩小0.04个点），远优于2.64的全国平均水平。城乡共享社会的建设，促进了创新创业资源向桐乡的聚集，在北京大学国家发展院发布的"2020 朗润龙信创新创业指数"中，桐乡市的创新投入在全国百强县中排第 14 位。

三 破解"城乡二元结构"、探索"共富" 实现路径的有关建议

党的十九届五中全会提出"扎实推进共同富裕"。桐乡市"城乡共享社会"的探索实践，为实现公共服务和发展资源共享、有效破解城乡二元结构提供了一种可行的制度设计。

城乡共享社会不是为了做大"总盘子"先牺牲某一方利益、然后再进行利益补偿，而是重新定义和挖掘不同层级的资源优势，推动城乡要素有效配置、实现城乡双向赋能，这为建立工农互促、城乡互补、协调发展、共同繁荣的新型工农城乡关系提供了新模型，推动了城市化与乡村振兴两大战略在县域这一空间节点上的有机统一。

（一）将"城乡共享社会"作为构建新型工农城乡关系的核心内涵，推进城乡融合发展理论创新

"城乡共享社会"是在城市化和逆城市化并行出现后的社会发展新形态。党的十九届五中全会再次明确提出，"推动形成工农互促、城乡互补、协调发展、共同繁荣的新型工农城乡关系"。这种新型工农城乡关系到底新在哪里？继"城乡一体化""城乡融合发展"之后，"城乡共享社会"可视为一种新的城乡发展观。建议进一步围绕"城乡共享社会"的发展规律、构建原则、实现路径、发展目标、评价标准等展开深入研究，丰富其理论内涵，为新的历史条件下破解"城乡二元结构"提供理论支撑。

（二）将"城乡共享社会"作为城市化战略与乡村振兴战略的协同模式，推进城乡融合发展政策创新

国家发改委在全国划定了 11 个（首批）城乡融合发展试验区，在政策

和空间上将城乡界面打通，这为构建"城乡共享社会"提供了政策创新通道。但调研发现，当前在城乡空间统一规划、农村宅基地改革、农村集体经营性建设用地入市、涉农资金整合、生态价值实现等方面，地方上的政策创新与改革需要中央层面给予充分授权，需要建立改革容错和纠偏机制。建议在国家城乡融合发展试验区的框架下，优先在发展基础较好地区中，选出部分改革意愿和创新动力较强的市县区，以建设"城乡共享社会"为导向，给予地方改革授权，推动政策集成创新，为城市化与乡村振兴的战略协同推进积累经验。

四 将"城乡共享社会"建设作为基础设施、公共服务、产业优化布局的内在逻辑，推动城乡融合发展的实践创新

一是在空间规划和空间布局上，要统筹布局城乡基础设施和公共服务，形成扁平化、网络化布局。建议在省级、市级土地指标分配上，合理向乡村公共服务设施建设倾斜，单列乡村公共服务体系用地计划，针对城乡公共服务均等化示范项目给予优先保障。二是在乡村合理布局一些面向县域乃至城市圈的特色医疗和教育、文化项目，促进产业、资金和人才"下乡"，推进都市圈、城市群内部资源要素的分布式安排。三是加快推进构建城乡一体化的物流体系，补上乡村物流短板，促进产业链供应链融合。建议在新一轮乡村建设行动中，进一步加大农村智慧物流与供应链体系建设的投入，促进农村供应链与新兴产业链加快融合。

（同济大学国家现代化研究院研究员杜衡、任峰等参加调研）

B.38
推动长江经济带发展和共建
"一带一路"融合面临的问题及对策建议

摘　要：　国务院参事室长江经济带发展研究中心课题组指出，长江经
济带与共建"一带一路"融合发展面临政治文化融合不深、
生态环境协同治理不足、物流体系标准化程度不高、产业整
体国际竞争力不强、国际营商环境不优等问题，提出了架设
沟通平台和文明互学互鉴桥梁、协同打造生态文明建设国际
示范带、系统化构建多式联运国际物流体系、提升国际产能
和装备制造合作水平、深入推进贸易和投资自由化便利化等
政策建议。

关键词：　协同治理　营商环境　"一带一路"

　　近年来，长江经济带各省市以新发展理念为引领，以绿色发展为导向，以促进"五通"为主要内容，融合推进长江经济带发展与"一带一路"建设，共抓大保护格局基本确立，绿色发展理念在"一带一路"沿线国家逐步得以推广，与沿线各国互联互通架构基本形成，对内对外开放合作新机制逐步健全，长江经济带发展与共建"一带一路"融合取得积极成效。

---

* 成长春，原江苏省政府参事；黄寰，四川省政府参事室特约研究员。

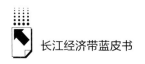
一 长江经济带发展和共建"一带一路"融合面临的问题

长江经济带各省市在生态优先、协同发展、互联互通、整体联动等方面还存在诸多问题，使其在参与高质量共建"一带一路"行动中还面临不少困难和挑战。

（一）跨国政治文化融合不深

一是沿线国家政治与安全对话有待加强。受大国竞争和国内政治博弈影响，"一带一路"沿线部分国家对我国提出的发展倡议仍然存在不同程度的戒备心理。二是沿线国家民间文化交流亟待加强。目前的人文交流工作以官方为主，民间双向的人文交流活动亟待加强。三是沿线国家发展理念融合不到位。"生态更优美、交通更顺畅、经济更协调、市场更统一、机制更科学"的区域发展"五更"目标追求，亟须拓展传递至"一带一路"沿线国家。

（二）跨区域生态环境协同治理不足

一是缺乏协同治理机制与政策法规。11省市政府间在环境治理目标与标准、治理能力、治理政策与绩效考核上存在差异，协同应对跨区域的环境污染治理能力较弱。二是缺乏河湖治理的有效联防联控机制。虽然针对水环境保护与治理已推行河长制、湖长制，但在流域发生重大水灾或者旱灾时，亟须完善上下游河长协同联动机制。三是缺乏环境治理利益协调机制。跨区域水权及碳排放交易的推进需要完善相关产权制度与排污权交易制度以协调地区之间与行业之间的利益。四是缺乏务实高效的生态环保合作交流体系。长江经济带尚未在"一带一路"国际生态合作中发挥出应有的带动效应，"绿色服务"走出去的意识不强，缺乏统一的交流合作与协调监管体系。

（三）跨域物流体系标准化程度不高

一是中欧班列硬件设施亟待改造升级。沿途国家班列物流配套设施标准化程度差、分拨转运效率不高。除西欧外，班列途经的中亚、俄罗斯、中东欧、蒙古等地铁路基础设施建设滞后，信息化程度低。二是西部南向大通道亟待向纵深拓展。南向通往北部湾的海铁联运项目和通往越南的国际班列取得突破，但与中南半岛纵深国家、孟中印缅经济走廊国家的国际班列或海铁联运进展不大。三是融合主通道作用亟待优化提升。受三峡过坝常态化拥堵，以及上海港、宁波舟山港集装箱压港等瓶颈因素影响，长江黄金水道作为两大战略融合发展的纽带，其主通道作用被削弱。

（四）区域产业整体国际竞争力不强

一是流域不平衡不协调问题突出。长江经济带各地区之间的发展水平存在较大差距，影响到区域产业整体竞争力的提升。二是区域产业转型升级存在困境。部分地区还处于老旧工业淘汰退出、新兴产业发展待兴的阶段，不少企业反映成本高、人才缺、市场竞争无序等难题对转型发展造成困扰。三是区域产业利润空间收窄。区域内的实体制造业面临着上游要素成本上涨、下游产品市场价格下跌两头挤压的局面，不利于充分融入"一带一路"对外贸易新格局。

（五）互联互通的国际营商环境不优

一是国内中欧班列各自为政，同质竞争严重。国内一些内陆城市争夺中欧铁路通道起点，对内补贴运费抢货源，对外任由沿线国家抬高运价，造成班列线路重复、货源分散、往返空载率和物流成本高等问题。二是中欧班列多国通关，手续烦琐，通关成本较高。中欧班列所经国家，大多为整体发展水平、开放水平较低的经济体，通关需要多方协调。三是沿线地区安全形势复杂，投资风险较大。部分国家政局动荡，不确定因素增多，亟须在国家层面加强与"一带一路"沿线国家的对话磋商。

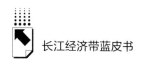

二 深化长江经济带发展和共建
"一带一路"融合的建议

在世界正经历百年未有之大变局和中国迈向全面建设社会主义现代化国家新征程之际，应牢牢把握加快构建双循环新发展格局和深入推动高质量发展的根本要求，将全面推动长江经济带发展与推动共建"一带一路"高质量发展有机结合，共同打造"一带一路"国际产能合作中心、产业投融资服务中心、科技成果产业化中心、丝路大数据中心、文化交流中心，加快建设"五通"绿色经济走廊。

（一）架设沟通平台和文明互学互鉴桥梁

推动各国间经济依存、政治互信是建设"一带一路"命运共同体的根本保障。"一带一路"沿线各国政府间应加强国家发展战略对话与协商，为长江经济带各省市与"一带一路"沿线国家和地区的交流合作提供政策保障。

一是建立政府协商对话机制。建立长江经济带与"一带一路"中央主管和服务机构的定期沟通机制；以中欧班列贸易、国际产能合作为契机，建立沿线国家间主管部门对话协商机制；推动各国经济发展战略和政策对接，推动各国为区域经济融合发展营造优良环境，切实保护各国投资与贸易。

二是开展多领域的人文交流。长江经济带各省市应积极参与国家人文交流项目，与"一带一路"沿线国家和地区在科、教、文、卫、防疫、反腐等领域密切合作。借鉴四川开展熊猫、川菜、中医药等交流项目经验，发挥地方特色优势，开发更加亲民的人文交流。成立长江经济带旅游联盟，与"一带一路"无缝对接，联手开拓沿线国家旅游市场，同时加强规范出境游市场，强化旅行社对导游和游客行为的约束。

（二）协同打造生态文明建设国际示范带

推动生态文明建设既是推动长江经济带绿色发展的重要手段，也是促进长江经济带与"一带一路"高质量融合发展的关键路径，沿线省市要增强环保意识，坚持生态优先、绿色发展，协同打造生态文明建设国际示范带，携手共建绿色丝绸之路。

一是践行绿色发展理念。11省市在参与"一带一路"建设中，要认真贯彻落实习近平总书记"必须从全球视野加快推进生态文明建设"的生态文明思想，把绿色作为底色，深入推进"人类命运共同体"、"两山"论等重要发展理念在"一带一路"合作中落地生根，积极分享长江经济带生态文明建设的经验与成果，不断提升"五通"的绿色化水平。

二是完善生态环保合作交流体系。11省市在参与"一带一路"建设中，要严把基础设施建设、产业转移、产品进出生态关，积极与"一带一路"沿线国家和地区开展绿色供应链国际合作与示范，共同推动绿色产品标准体系构建。发挥长江经济带创新优势，推动建设绿色技术银行以及环保技术和产业合作示范基地，加强绿色、先进、适用技术在"一带一路"沿线发展中国家的转移转化。推进长江经济带各城市与"一带一路"沿线友好城市联合开展生态环保公益活动。

三是探索跨域、跨境生态补偿机制。深入探索建立长江下游经济发达区反哺中上游经济欠发达区的机制及央企—地方直接补偿机制。同时，积极探索创新"一带一路"跨境生态补偿机制在沿线国家的嫁接使用，注重不同付费原则相互配搭、重视双/多边协商、建立多层次综合管理体系等国际先进经验，优化"一带一路"生态环境合作治理体系。

（三）系统化构建多式联运国际物流体系

新发展格局之下，在推动以国家物流枢纽为中心的国内大循环基础设施建设、建立更加顺畅的国内物流与供应链体系的同时，加速推进"一带一路"大通道建设，疏通国际物流供应链的"堵点""断点"，实现中外物流企业与贸易货主企业高效对接。

一是统筹建设国内服务中欧班列和海铁联运的物流枢纽和通道。合理布局规划中欧班列运营中心，加快推进重庆、成都、郑州、满洲里、阿拉山口

等集拼集运节点建设，继续推进北部湾、深圳、宁波、上海、连云港、日照、青岛、天津等海铁联运通道建设。二是畅通西部南向、东向大通道。以处在长江经济带与"一带一路"交汇带的重庆、四川为起点，加快推进西部南向大通道向中南半岛延伸，拓展海铁联运和班列业务；加快规划建设三峡船闸分流新通道、南通通州湾长江口分流新通道和远洋集装箱干线港，提升长江航运物流服务质量；统筹协调南向通道和东向黄金水道运输能力、货物种类。三是推动"一带一路"沿线港口和场站建设。鼓励有实力的国内企业"走出去"，与沿线国家合作共建海港、铁路、高速公路、物流分拨中心等基础设施项目，打造集成的高标准的物流体系，提升基础设施互联互通水平。

（四）提升国际产能和装备制造合作水平

深入开展国际产能和装备制造合作，把长江经济带的优势产能与"一带一路"沿线国家和地区的巨大需求有机结合，促进长江经济带与"一带一路"共同繁荣。

第一，发挥城市群开放引领作用。完善长三角城市群、长江中游城市群、成渝双城经济圈等区域合作机制，提升长江经济带对"一带一路"沿线的辐射能级。推广中新工业园（苏州）、中新产业园（重庆）合作模式和运营管理经验，推进"一带一路"中外合作园区建设。第二，加快"一带一路"的战略支点建设。支持上海打造服务"一带一路"建设桥头堡，提升南京"一带一路"创新国际化优势，推进武汉港口型国家物流枢纽建设，推动重庆打造长江经济带西部中心枢纽，增强成都西部经济中心功能，显著提升长江经济带上"一带一路"的战略支点的支撑能力。第三，充分发挥各类企业主体作用。沿线省市要聚焦"一带一路"重点国家、优先领域、重大项目，鼓励各类企业联合组建跨国公司，通过多种方式推进国际产能合作；鼓励农业企业走出国门租借土地，发展现代农业。第四，深入推进供给侧结构性改革。推动钢铁、纺织、石化等传统优势产业率先"走出去"，开展国际产能合作；在巩固原有装备制造业基地、现代装备制造和高技术产业基地的基础上,推进长江经济带装备制造业高端化、智能化、集聚化、绿色化、服务化融合发展。第五,加速布局全产业链。整合基础设施项目开发、工程承包、工程机械融资租赁、售后服务等全产业链,通过搭建设备租赁平台、建立工程机械产业园、设立专业品牌联盟等,带动工程机械产业链对外产能和装备制造合作。

(五)深入推进贸易和投资自由化便利化

一是完善中欧班列国内运行机制。进一步完善中欧班列品牌统一运营机制,取消地方政府补贴,减少不正当竞争。在阿拉山口、满洲里节点采取集拼集运业务等举措,大力提升中欧班列运行效益。二是优化长江经济带营商环境。深化"放管服"改革,加快推广自贸区可复制改革试点经验,建立以负面清单管理为核心的外商投资管理制度、以贸易便利化为重点的贸易监管制度、以资本项目可兑换和金融服务业开放为目标的金融创新制度、以政府职能转变为核心的事中事后监管制度。三是改善"一带一路"沿线地区营商环境。在上海合作组织、独联体、欧洲安全与合作组织等框架内,建立中欧班列合作磋商机制,推广"安智贸"通关模式,共同提升沿线通关一体化、贸易自由化水平。推广四川自贸区多式联运"一单制"改革经验,有效解决提单唯一性和物权效力问题,促进陆上运输通道向贸易通道转变。以各国场站为中心,打造产能合作示范区、陆上自贸港,示范带动沿线地区改善营商环境。

(南通大学江苏长江经济带研究院杨凤华、陈为忠等参加调研)

B.39
关于建好全国一体化大数据中心
国家枢纽节点的四点建议
——以成渝枢纽节点为例

石 勇 李玉光*

摘　要： 国务院参事室组织调研组在实地调研基础上，为建好全国一体化大数据中心国家枢纽节点提出建议：一是尽快编制出台统一的标准规范；二是建立数据采集标准，提升数据质量，解决数据孤岛问题；三是构建数据安全防护体系，保障数据体系发展；四是强化人才支撑，加大核心技术研发力度。

关键词： 一体化大数据中心　国家枢纽节点　成渝地区双城经济圈

2020年10月16日，习近平总书记主持召开中共中央政治局会议，审议了《成渝地区双城经济圈建设规划纲要》，强调要全面落实党中央的决策部署，突出重庆、成都两个中心城市的协同带动，注重体现区域优势和特色，使成渝地区成为具有全国影响力的重要经济中心、科技创新中心、改革开放新高地、高品质生活宜居地，打造带动全国高质量发展的重要增长极和新的动力源。

经国务院同意，国家发展改革委、中央网信办、工业和信息化部和国家能源局于2020年12月23日共同印发《关于加快构建全国一体化大数据中

---

* 石勇，国务院参事；李玉光，国务院参事。

心协同创新体系的指导意见》，指出围绕着国家重大区域的发展战略，根据能源结构、产业布局、市场发展、气候环境等，在京津冀、长三角、粤港澳大湾区、成渝等重点区域，以及部分能源丰富、气候适宜的地区布局大数据中心国家枢纽节点。2021 年 5 月 24 日，国家发展改革委等四部门印发《全国一体化大数据中心协同创新体系算力枢纽实施方案》，提出在成渝等地布局建设全国一体化算力网络国家枢纽节点。

近期，为了解成渝两地一体化大数据中心建设情况，国务院参事室组织调研组前往成都、重庆进行实地调研，认真听取意见建议，具体情况如下。

一　基本情况

成都市是成渝地区双城经济圈建设的极核城市，是新时代西部大开发的关键支点。成都市深入贯彻全国一体化大数据中心协同创新体系建设部署，加快推动各项工作落实落地，积极构建连通西部服务全国的数据中心体系，培育高质量发展新动能。成都市委、市政府围绕国家枢纽节点建设，规划以集中连片区域为主要承载地，积极推进存量数据中心改造升级，优化城市边缘计算中心，加快构建"核心引领、多点支撑云边协同"的枢纽节点体系。成都市努力构建"云数网端"融合的数字治理网络，建成城市智慧治理中心，加快打造政务服务"蓉易办"、城市运行"一网统管"、社会诉求"一键回应"数字治理模式。

重庆市以大数据应用创新促进数据驱动制造升级，以产业要素新供给"赋能"制造业创新发展，构建以数据为关键要素的新型制造体系。全市以电子政务云平台为牵引，规划建设全市一体化数据中心，积极推动两江云计算数据中心服务器和腾讯数据中心二期、万国数据中心、腾龙数据中心等项目建设，积极推动成都及四川毗邻地区率先接入中新数据通道。

川渝两地建立了重庆四川党政联席会议、常务副省市长协调会议、联合办公室、专项工作组四级合作机制，实现了一套机制、两地办公、常态化运行。两地相关部门积极探索数据服务共享互通的业务机制和技术路径，协同

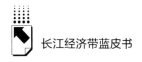
推进更多事项依托"天府通办""渝快办"跨省办理。两地联合印发《川渝毗邻地区合作共建区域发展功能平台推进方案》,因地制宜规划建设首批 9 个合作平台。梳理形成了《川渝通办事项清单(第一批)》《川渝通办事项清单(第二批)》;加快推进政务数据共享和联合监管,开展两地信用联合奖惩;牵头建设"川渝通办"政务服务专区,成为继京津冀、长三角、粤港澳之后全国第四个区域政务服务通办专区。

二 相关建议

调研组了解到,成渝两地推进大数据中心协同创新体系建设工作中存在一些难点堵点问题,如建设标准规范不足、数据设施建设统筹不够、数据质量不高以及大数据安全体系建设严重滞后、人才缺口较大和高新技术薄弱等问题。为更好解决上述问题,提出以下建议。

一是尽快编制出台统一的标准规范,发挥国家枢纽节点协同作用。目前,国家发展改革委出台的指导意见从宏观上对统筹布局大数据中心建设提出了明确要求,后续需要跟进推出具体的标准规范和建设要求。建议尽快编制出台统一的体系架构和标准规范,指导各地开展国家枢纽节点和城市节点建设,有利于形成合力,切实发挥国家枢纽节点间的协同作用。尽快建立统一数据标准和跨区域、跨行业使用的数据规范,出台数据要素权属相关认定办法、数据安全和隐私保护相关规范要求,为数据流通应用奠定基础,推进数据共享。

鉴于成渝双城在历史、文化及区域互补上的优势,建议以成渝双城为试点,探索试验跨区域数据资源、算力资源运营模式,引导社会资本统筹考虑成本、运维、能耗等多方因素,在协同创新体系的大框架下合理布局建设数据中心,助推实现跨区域数据资源共享运营。同时,积极支持成渝双城建设算力调度平台、统一数据存储平台,促进"东数西算"战略实施。

二是建立数据采集标准,提升数据质量,解决数据孤岛问题。数据质量是大数据平台的根本。由于数据采集不标准、各部门的数据规范存在差异以及数据缺失等多方面原因,现有的数据存在质量参差不齐的问题,严重制约了数据进一步处理的效果。另外，政府部门、各企事业单位之间，在跨部门、跨行业、跨区域数据的互通流转方面仍然存在一些政策壁垒。建议国家设立数据采集规范，在成渝双城率先完善开放共享的数据流通机制。加快建设大数据共享生态，重点突出数据开放共享的顶层设计，从顶层逐步推进数据标准化、规范化进程，实现标准化的数据采集、存储，提升数据质量，打破数据孤岛。建议相关部门聚焦数据权属价值判断和数据交易监管，推动建立数据确权法律法规、数据交易规则、政府监管机制，实现数据资源优化、协同分析处理和服务延伸。

三是构建数据安全防护体系，保障数据体系发展。数据安全是数据要素流通应用的基础和前提。建议有关部门加快构建一体协同安全保障体系，加快数据通信安全、风险监测、分布式存储和隐私保护等核心技术攻关。以成渝双城为示范，依托高校科研优势资源，积极开展成渝双城数据中心网络安全防护体系建设试点示范，统筹制定数据采集、传输、存储、处理等覆盖数据全生命周期安全的相关政策，构建数据安全发展体系，为全国一体化大数据中心创新体系建设提供强有力的保障。

四是强化人才支撑，加大核心技术研发力度。人才是充分发挥数据要素推动经济高质量发展新动能的支撑。为吸引各类数据要素应用人才，建议结合全国一体化大数据中心国家枢纽节点建设，在重要节点区域积极开展数据中心产学研项目研究与合作，加大高校定向人才培养力度。建议成渝双城积极支持区域内人员与国内数据建设先进城市交流，围绕大数据智能化相关技术领域，支持联合出台吸引人才落户政策，建立成渝地区人才流动机制，统筹完善人才服务配套激励政策，鼓励创新人才加强交流互动。打破区域限制，统筹组织实施重大科研项目，推动跨区域的产学研合作，强化高新技术产品联合研发，重点突破大数据相关的服务器芯片、云操作系统、云数据库、分布式计算与存储等一批关键核心技术。

（中国科学院大学副研究员郭琨，西南财经大学大数据研究院院长、工商管理学院执行院长寇纲，西南财经大学大数据研究院副教授李彪参与撰稿）

B.40
关于职务科技成果所有权
制度改革的建议

李玉光　张元方　甄　贞*

摘　要：　职务科技成果转化难已成为阻碍创新驱动发展的重要瓶颈。
　　　　　国务院参事室课题组调研发现，破解成果转化难题应逐步聚
　　　　　焦职务科技成果所有权的制度改革。建议明晰界定职务科技
　　　　　成果的范围，变更职务科技成果所有权国资属性并退出国资
　　　　　管理，将职务科技成果所有权全部归属于成果完成人，明确
　　　　　职务科技成果中财政投入的性质为资助。

关键词：　职务科技成果所有权　创新驱动发展　科技成果转化

　　长期以来，职务科技成果转化难的问题普遍存在，并成为阻碍创新驱动发展的重要瓶颈。中央亦高度重视，中央全面深化改革委员会于2020年2月第十二次会议审议通过了《赋予科研人员职务科技成果所有权或长期使用权试点实施方案》（以下简称《方案》），并于同年5月18日由科技部、教育部等九部门发文正式实施。《方案》首次赋予科研人员科技成果所有权或长期使用权，这是当前中央推动市场机制在创新资源配置中起决定性作用的关键性改革探索。国务院参事室"塑造长江经济带创新驱动发展新优势"课题组针对落实《方案》试点的有关大学、研究院所的科研成果主管部门、

---

* 李玉光，国务院参事；张元方，国务院参事；甄贞，国务院参事。

科研成果完成人的调研发现，其试点并未达到良好的政策预期。破解成果转化难题的追因溯源，也逐步聚焦职务科技成果的权属问题。推动职务科技成果权属改革已成为我国科技体制改革的一个重要方向。

从科技成果"三权下放"（处置权、收益权、使用权）的试点改革到"赋予科研人员科技成果所有权或长期使用权"的制度探索，当前职务科技成果所有权改革已步入深水区。破解职务科技成果转化的所有权困境，助力所有权改革纵深推进，对贯彻习近平总书记 2020 年 11 月 15 日在主持召开全面推动长江经济带发展座谈会上关于"激发各类主体活力，破除制约要素自由流动的制度藩篱，推动科技成果转化"的重要指示具有实际意义。

一　职务科技成果所有权改革的问题及经验借鉴

（一）主要问题

我国职务科技成果权属渐进式改革经历了漫长的历史阶段，但至今并未有效解决成果转化低效问题，究其根源在于缺乏针对权属的顶层设计，尚未深触成果所有权本质。

1. 职务科技成果的界定范围不清晰

虽然现行《方案》对职务科技成果进行了不完全列举，但仍存在以下问题：一是现行定义没有或无法清晰界定"主要利用单位的物质技术条件"的具体情形，导致实操中界定范围盲目扩大；二是《方案》的成果类型界定，与《科学技术进步法》（以下简称《进步法》）表述不一，导致规范协调问题。对比表述可知，《进步法》表明实用新型、外观设计、生物医药新品种和技术秘密归国家所有，单位持有。而《方案》规定的赋权成果是单位所有，并非国家所有。如此，实操中的成果赋权就存在一定法律分歧。

2. 职务科技成果权属制度的内在缺陷

职务科技成果所有权归属国家或单位，先天导致成果所有权与成果完成人分离的权利格局。分离失衡的权属内在缺陷必然倒逼权属关系调整。现行

《方案》通过赋予科研人员成果所有权或长期使用权,为激发科研人员积极性和主体作用提供了一定制度空间。但是由于权利预期不明和边缘不清,基于协议约定的转化决策机制、转化收益配比、转化成本分担等事项,仅仅是合同权利,无法面向第三人行使,也受到约定的诸多限制,不足以保障实现更高的转化效率。另外,现行《方案》突出国家、单位和成果完成人的权属公平性而忽视效率性,影响成果权属关系的稳定性和可持续性。

3. 职务科技成果转化的国资管理模式与赋权成果完成人作为民事主体享有的权利产生矛盾

当前职务科技成果的管理模式和基本逻辑仍是基于国有资产管理模式。现行改革也明确提出优化成果转化国资管理方式,但并不能从根本上解决成果"国资属性"形成的制度藩篱。由于职务科技成果基本都拥有自主知识产权,一旦科研完成人拥有成果所有权,则根据《民法典》第一百二十三条"民事主体依法享有知识产权",完成人作为民事主体对科技成果的转化受到法律的保护和约束,与基于国资管理模式的行政干预形成冲突。职务科技成果公有制体系下的"国资属性"和行政管理模式,与成果完成人赋予所有权的"私权属性"并享有的民事权利之间,缺乏有效的政策平衡。这种冲突导致当前职务科技成果转化陷入"国资严格管理——所有权归单位——单位将所有权赋予完成人——完成人非民事主体——转化无民事司法保障——市场主体及第三投资方畏退——成果无法转化或效率低下——实质性国资流失"的怪圈。

(二)国外经验启示

国外也曾困扰于国家财政投入科技成果的转化低效问题,但通过有效的权属关系变革,已形成一些成功脱困的典型案例(见表1)。归纳全球典型实践的共性经验是,突出职务科技成果转化时的私权属性、培育多元化富有活力的创新市场主体、基于市场激发科技成果转化的内部活力、打造法治化的转化市场环境。虽然国外体制背景与我国不同,但其改革思路或举措,对我国当前改革实践具有借鉴意义。

表 1　国外典型做法

典型代表	主要做法	主要结果
美国	颁布《拜杜法案》,推动政府投资科技成果产权私有化改革;所有权归属发明人或团队	形成了发达的科技成果转化市场;科技成果转化率达 60%～80%
德国	奉行"教授特权"的原则,颁布《科学自由法》,赋予科研机构自由灵活使用各类要素资源的权利;所有权归属教授等雇员或发明人	
日本	颁布《产业技术力强化法》,设立日本科技振兴机构(JST),建立学术界与产业界双向沟通桥梁;所有权归雇员,同时赋予雇主通过直接转让取得雇员成果原始权利的权利	

二　对职务科技成果所有权制度改革的建议

（一）明晰界定职务科技成果的范围

根据《民法典》第一百一十三条"民事主体的财产权利受法律平等保护",这里所说的财产权利包括职务科技成果中的知识产权,建议在《进步法》修正案、《促进科技成果转化法》第二条等法律的司法解释中对职务科技成果的范围作出明确界定,解决实操中职务科技成果认定困难或范围扩大问题。

（二）变更职务科技成果所有权国资属性并退出国资管理

根据《民法典》第八十七条"事业单位属于非营利法人",建议修改《行政事业性国有资产管理条例》第二条和《事业单位国有资产管理暂行办法》第三条,在对事业单位国有资产的范围进行界定时,明确说明职务科技成果所有权不属于国有资产,退出国资管理序列,从根源上破除成果转化的国资属性障碍。

（三）将职务科技成果所有权全部归属于成果完成人

根据《进步法》第三条"鼓励科学探索和技术创新,保护科学技术人

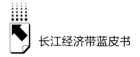

员的合法权益"、第四十八条"创造有利的环境和条件，充分发挥科学技术人员的作用"等规定，建议在《进步法》修正案中明确规定，对于不涉及国家安全、国防安全、公共安全、经济安全、社会稳定等事关国家利益和重大社会公共利益的职务科技成果所有权全部归属于成果完成人。鉴于成果系执行单位工作任务，或者主要利用了单位物质技术条件，故收益权由完成人和单位按比例享有，收益分配由完成人和单位自由协商。同时在《促进科技成果转化法》等法律的司法解释中作出配套规定。

（四）明确职务科技成果中财政投入的性质为资助

参照《进步法》第十六条，建议把国家在高校、科研院所科技创新活动中的"财政投入"行为定性为"资助"，建立职务科技成果所有权退出国有资产管理的清单。受资助对象应当在一定范围内或公共平台披露非权利性实验数据、研究方法等职务科技成果，作为国家的公共创新资源为社会所用。资助对象应当具有相应的科研能力和条件，对此，可引入科技投入申请竞争机制，发挥市场在资源配置中的决定性作用。同时参照"首席科学家"制度，实行职务科技投入申请评估制度和职务科技成果披露制度，建立科技伦理评估审查机制和科研尽职免责机制，重点资助有较大研究价值且转化前景良好的项目，达到鼓励创新和优化国家资金配置的双重目的。

（国务院参事室"塑造长江经济带创新驱动发展新优势"课题组、上海交通大学人工智能研究院王宏武参与撰写）

B.41
关于加快推进长江经济带上
"一带一路"的战略支点建设的建议

成长春　成海燕　杨凤华　黄建锋　陈为忠*

摘　要：　国务院参事室长江经济带发展研究中心组织课题研究指出，
建设长江经济带上"一带一路"的战略支点意义重大，应分
层次体系化建设"一带一路"的战略支点、强化国内国际大
通道建设、推进"一带一路"沿线境外经贸合作园区建设、
推动制度型开放走深走实等。

关键词：　长江经济带　"一带一路"　战略支点

2020 年 11 月，习近平总书记在南京主持召开全面推动长江经济带发展
座谈会时强调，要推动长江经济带发展和共建"一带一路"的融合，加快
长江经济带上"一带一路"的战略支点建设，扩大投资和贸易，促进人文
交流和民心相通。依托长江黄金水道，加快长江经济带上"一带一路"的
战略支点建设，不仅是构建双循环新发展格局的客观需要，也是发挥长江经
济带发展、共建"一带一路"和长三角区域一体化发展三大国家战略叠加
优势的现实需要。同时，在当前美国对中国实施战略对抗、新冠肺炎疫情形
势不明、外部环境不确定性增加的背景下，实施三大国家战略进入攻坚期，

* 成长春，原江苏省政府参事；成海燕，江苏省发展改革委一带一路发展处处长；杨凤华，江
苏长江经济带研究院常务副院长；黄建锋，江苏长江经济带研究院副教授；陈为忠，江苏长
江经济带研究院副教授。

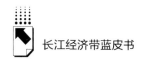

需要更有力的抓手、更明晰的思路、更有效的措施，推动探索长江经济带发展和共建"一带一路"深度融合的新样板、新机制。

一 长江经济带上"一带一路"的战略支点建设面临的制约因素

（一）对"战略支点"的认识不统一

调研发现，目前政界、学界对长江经济带上"一带一路"的战略支点的理解存在很大差异，从城市、自贸区、港口，到境内外经贸合作园区、产业集聚区等，都存在被作为战略支点的情形。但由于"一带一路"沿线国家，多数处在工业化初中期，无论是基础设施建设、制造业产能合作，还是人文交流服务等，都对资金、技术、人才和产业支撑等需求巨大，远远不是一个城市所能撬动和支撑的，任何单一城市、港口、自贸试验区等根本达不到"一带一路"的战略支点级别。因此，这种把"一带一路"的战略支点仅仅看作是单一城市、港口或自贸试验区的认识，势必会影响在战略支点的选择上出现偏差及其应有功能的发挥。

（二）常态化省际协调管理机制不完善

长江经济带发展、共建"一带一路"和长三角区域一体化发展三大国家战略的实施分别由三个专门的工作领导小组及其办公室负责，由于三者工作的重心不同，阶段性目标差异较大，在缺乏战略融合实施顶层设计及常态化协调管理机制的条件下，沿江11省市在推动长江经济带上"一带一路"的战略支点建设中难以发挥整体协同、分工有序、重点突破的功效。事实上，尽管沿线一些省市在推动自身高质量发展和共建"一带一路"融合中已经形成各自的特色和比较优势，但是长江经济带整体高质量发展与共建"一带一路"融合的分工合作体系和机制尚未有效建立。

（三）区域产业分工与合作格局不够深化

虽然三大城市群内部产业分工和合作相对紧密，但长江经济带由东向西产业梯度分工、有序转移仍处在起步阶段，且转移的产业项目中依然存在一些不符合内陆地区环境特征和承载能力的现象，一些高污染高能耗的东部地区项目出现西移。通常而言，和沿海地区相比，中西部地区由于特殊的地理位置，环境承载能力弱、运输方式少、物流成本高，主要适合布局物流费用占产品价值比重低的高价值产品产业和区域消费型产业，而大进大出的资源型行业、物流费用占比高的低价值产品行业不太适合在中西部布局。因此，需要结合区位条件、要素禀赋、发展阶段、创新水平、通道能力等因素，在共建"一带一路"中推动长江经济带构建起多层次的产业分工和对外开放格局。

（四）综合立体交通运输快捷通道不完善

沿江高铁、沿江班轮运输、连接内陆与沿江沿海港口的陆水通道和物流节点亟待加快建设；水（含江河湖海）陆空多种方式联运机制仍有待完善；长江经济带上港政、航政、边检、海事及海关联动体系和机制尚未建立；中欧班列集结中心的空间布局有待优化，地区之间争抢中欧班列节点配置、班列货源，运用非市场化手段干预中欧班列资源配置问题较为突出。

二 推动长江经济带上"一带一路"的战略 支点建设的政策建议

面对新形势新任务，"十四五"及更长一段时期，沿江 11 省市要在发挥各自特色和优势的同时，通过建立常态化协调管理机制、推进全方位紧密合作和整体联动、加强与"一带一路"沿线国家合作交流等途径，共同推动长江经济带上"一带一路"的战略支点建设，系统推动长江经济带发展和共建"一带一路"的融合。

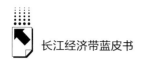

（一）分层次、体系化建设"一带一路"的战略支点

课题组认为，长江经济带上"一带一路"的战略支点，应是长江经济带在推动共建"一带一路"中具有战略地位、能发挥杠杆作用和重要支撑作用的空间单元，应具备"贸易与投资合作""国际交通和物流通道""人文交流互鉴服务""制度型开放引领""绿色发展示范"五大功能。据此理解，以城市群作为战略支点空间单元更为合理，这样有利于跨越行政区经济的壁垒，有利于推进长三角区域高质量一体化，也有利于促进长江经济带三大城市群协同发展。因此，长江经济带上"一带一路"的战略支点的选择，应依托三大城市群，强化跨域联动，共同建设形成以"一主、两副、多节点"为特征的多层次、多功能的"一带一路"的战略支点（节点）网络体系。"一主"是指以上海为龙头的长三角城市群，"两副"是指成渝城市群和长江中游城市群，"一主、两副"三大城市群重点打造成长江经济带上"一带一路"的综合型战略支点；"多节点"则是按照突出特色、协作分工、靶向突破的原则，联动发挥长江经济带上若干中心城市的节点优势，分类别将其打造成长江经济带上"一带一路"的专门型战略支点。例如，以上海港、宁波舟山港、通州湾新出海口及连云港为组合的长三角世界级港口群，协同打造成陆水联运通道枢纽型功能支点；围绕中国义乌国际商贸城、苏州工业园区、杭州电商之都、贵阳国家级大数据综合试验区、株洲装备制造业基地，以及自由贸易试验区等，协同打造成贸易与投资合作型功能支点；围绕南京、扬州、太仓、祁门、景德镇等丝路文化源地，以及黄山、庐山、青城山—都江堰等世界文化遗产，协同打造成文化交流互鉴型功能支点。

（二）持续强化国内国际大通道建设

一是加快推进沿江沿海港口、铁路港、航空港，以及黄金水道、战略通道和管道网络建设，打通水陆空多式联运的堵点，持续推进运输结构调整和沿江省市通关一体化改革，建立更加便捷高效的综合交通运输体系。例如，加快长三角以上海为中心的世界级港口群、机场群、铁路枢纽群及联动机制建设，深入推进长三角交通运输一体化。二是立足长江经济带三大城市群，依托黄金水道、西部陆海新通道、新亚欧陆海联通新通道，全面强化长江经济带与中蒙俄、新亚欧大陆桥、中国—中亚—西亚、中国—中南半岛、中巴、孟中印缅六大经济走廊互联互通，着力补齐长江经济带对外设施联通短板。例如，在上游地区，推动成都、重庆、昆明空港规划衔接、分工协作，聚力打造西部国际航空枢纽；依托自贸区优势，提升宜宾港、重庆港、水富港等发展能级。在中游地区，加快建设三峡枢纽第二通道，加快推进长江中游"645"航道整治工程实施，加快建设鄂州货运机场枢纽，提升武汉港、岳阳港、九江港等发展能级。在下游地区，加快补齐上海港、宁波舟山港集装箱集疏运短板，加快提升通州湾集装箱运输、LNG 接泊能力，系统优化长三角港口群功能分工；加快南通新机场建设，形成上海—南通客货机场组合，提升上海国际性航空枢纽发展能级。

（三）积极推进"一带一路"沿线境外经贸合作园区建设

充分发挥沿江 11 省市、三大城市群在基础设施建设、创新服务支持、制造业产能合作、园区建设和管理、职业教育领先等方面的优势，支持引导长江经济带成立若干共建"一带一路"优势产业联盟，如"一带一路"职业教育联盟、各类优势制造业集群产业联盟、农业科技型企业联盟、跨境电商企业联盟、生产性服务业联盟（含金融服务、物流服务、安保服务、人力资源服务、国际商事诊断诉讼服务等）等，鼓励产业联盟企业、产业链上下游企业抱团走出去，优势互补、合力共建、成果共享、风险共担。充分发挥长江经济带各省市在产业园区建设、运营管理等方面的优势，共同走出去共建高标准境外经贸合作园区，联动把境外经贸合作园区打造为"一带一路"贸易和投资合作核心载体。

（四）加快建设长江经济带上"一带一路"云端大数据服务平台

一是注重改造、整合"一带一路"网，运用可选择的多种国际语言一站式系统展示沿江 11 省市、三大城市群的共建"一带一路"政策信息、子服务平台、合作服务联盟、共建项目及企业信息，以期更好地吸引全球资源参与共建"一带一路"，全力放大长江经济带联动共建"一带一路"品牌效应。二是运用全景技术，抓紧实施主要开放主体云展厅建设工程，集中展示开放载体、重点进出口企业的3D现实场景，方便世界各地尤其是"一带一路"沿线国家客商线上零距离感受境内外合作园区、厂区、厂房、销售中心、产品等360度全景图，推动外资外贸合作高效运行。三是推动共建永不落幕的线上进口博览会云平台，详细推介"一带一路"沿线国家的特色和优势产品，扩大对"一带一路"沿线国家的产品和服务的进口。

（五）加快推动制度型开放走深走实

对标国际高标准经贸规则，依托沿线自贸试验区，率先推动国内规则、规制、管理、标准等制度型开放。在服务贸易、电子商务、竞争、知识产权等领域加强改革探索，积极先行先试，着力推进投资经营便利、货物高效进出、资金流动顺畅、运输开放便捷、人员执业自由。一是加快港政、航政、口岸管理、海事等政务服务联动和一体化进程，提升涉外公共服务、社会治理现代化水平。二是推动中欧班列物流重要节点环节全流程再造，破解流程对接中的制度性障碍，最大限度提高新亚欧陆上通道运输效率。三是尽快建立与数字贸易、跨境电商、离岸贸易、保税检测维修等新业态新模式快速发展相适应的监管新体制新机制。四是全面落实外商投资负面清单管理和国民待遇制度，确保内外资企业公平竞争，依法保护外资企业合法权益，健全重大外资项目服务体系。

（六）全面加强与"一带一路"沿线人文交流与互鉴

出台支持政策引导组建"一带一路"人文交流互鉴联盟，如高等教育交流互鉴联盟、艺术交流互鉴联盟、医疗服务交流互鉴联盟等，通过主题合作论坛、专题文化产品博览会、艺术演出、影视互播、云端人文交流平台等多样化方式，开展全方位的人文交流互鉴，增进双边了解，促进民心相通，借以畅通与"一带一路"沿线国家其他层面的合作。比如，在高等教育服务交流合作方面，长江经济带拥有丰富的高教资源，应立足自身特色和优势，与"一带一路"沿线国家寻求高等教育国际合作契合点，重点在留学生培养、教育质量标准和管理体系建立、课程资源共享与学分互认、学术成果交流，以及高校智库建设与交流等方面开展广泛深入的合作，力求发挥在推动建设"一带一路"高等教育共同体中的主导作用。

B.42
后 记

　　《长江经济带高质量发展研究报告（2020～2021）》汇集了政府咨询机构、科研机构和高校关于长江经济带发展的研究成果，旨在为推动长江经济带高质量发展的科学民主决策和工作部署落实建言献策。

　　本书是在国务院参事室主任高雨、前任国务院参事室主任王仲伟的领导下，在国务院参事室副主任赵冰的总体统筹下完成的。国务院参事室参事业务一司司长许晓伟、中国宏观经济研究院副院长吴晓华给予了大力支持，国务院参事室参事业务一司副司长张立平负责总策划、组织协调和统核，中国宏观经济研究院科研部副主任罗蓉积极协助并提供了宝贵意见。

　　本书汇集了国务院参事、国务院参事室特约研究员、长江沿线地方政府参事、文史研究馆馆员、参事室特约研究员、文史研究馆研究员，以及中国宏观经济研究院、上海社会科学院、同济大学国家现代化研究院、南通大学江苏长江经济带研究院等相关机构的专家学者研究成果，在此谨对上述同志表示衷心感谢。书中若有不足之处，恳请各位读者批评指正。

编委会

2021 年 9 月

Abstract

To pursue high-quality development along the Yangtze River Economic Belt represents a momentous decision on the part of the Party Central Committee with Comrade Xi Jinping at its core. This initiative is of great immediate significance and far-reaching historical significance as China strives towards the "Two Centenary Goals" and the Chinese Dream of national rejuvenation.

In recent years, following the guidance of Xi Jinping Thought on Socialism with Chinese Characteristics for a New Era, under the strong leadership of the Party Central Committee and the State Council, relevant central government agencies, provinces and cities along the Yangtze River, the research institutes concerned have acted upon the key instructions that General Secretary Xi Jinping gave at the three symposiums focusing on the Yangtze River Economic Belt. We have firmly upheld the principles of "promoting well-coordinated environmental conservation and avoiding excessive development", "taking a holistic approach", and "sticking to a single blueprint to the very end". We have managed to strike the right balance in five key dimensions: namely, between all-round progress and breakthroughs at key points; between ecological conservation and economic growth; between overall planning and unremitting efforts; between removing old growth drivers and fostering new ones; and between local development and coordinated development at the regional level. We have defined this new mission in five new aspects, which call for opening a new chapter that prioritizes ecological conservation and green development; creating a new template for regional coordinated development; becoming a new pace-setter for high-standard opening-up; fostering new advantages in innovation-driven development; and drawing a new painting featuring harmony between nature, people and cities. We have

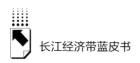
taken a goal-oriented and problem-oriented approach. Major decisions and steps have been taken to address the most pressing challenges and pain points. Significant achievements have been scored as we have worked hard to deliver high-quality development along the Yangtze River Economic Belt.

First, efforts should be stepped up to preserve and restore the environment of the Yangtze River basin. It is imperative to prioritize ecological conservation and pursue green development. We must implement the letter and spirit of the new development philosophy. Promulgated in December 2020, *the Yangtze River Protection Law*, has enshrined the mandate of prioritizing ecological conservation and pursuing green development. This piece of legislation has laid down the foundation for our efforts to promote well-coordinated protection of the Yangtze River and high-quality development along the Yangtze River Economic Belt. Communities along the upper, middle and lower reaches of the Yangtze River must place above everything else the need to rehabilitate the Yangtze River's environment. It is important to pinpoint problems at the very source by considering the integrity of the ecosystem and taking a system wide approach to the river basin. We ought to generate greater synergy in managing various ecological components including mountains, rivers, forests, farmlands, lakes and grasslands. We should adopt a holistic approach to the intrinsic links among water environment, water ecology, water resources, water security, water culture and shorelines. It is essential to tighten land and space governance on a negative-list basis. Ecological red lines must be strictly enforced. Persistent efforts should be made to implement ecological remediation and pollution abatement with a view to preserving the authenticity and integrity of the Yangtze River. We should move faster to build up a mechanism for monetizing the value of ecological products and an ecological compensation mechanism so that conservation and restoration of the environment will be properly rewarded and there will be a due price to pay for any damage to the environment. We are supposed to put in place a sound system for the Yangtze River with regard to flood monitoring and early-warning, disaster preparedness and emergency response. We should move forward with integrated treatment of the river course and embankment reinforcement. Geo-spatial information technologies should be deployed to underpin a collaborative governance approach to the environment along the Yangtze River Economic Belt. Provided that the environment is accorded robust protection, we should aim for an across-the-board increase in resource utilization efficiency and quicken the pace of embracing green and low-carbon growth so as to deliver an exemplary belt of green development that features harmony between man and nature.

Second, it is important to move forward with our efforts to unclog the internal circulation. We must apply a big-picture thinking to the well-being of the whole nation. In a bid to help foster a new development paradigm, it is imperative to derive greater synergy between supply and demand dynamics. We should strive for collaborative development among the three city clusters along the upper, middle and lower reaches of the Yangtze River. Stronger action is needed to promote well-coordinated protection and cleanup of the environment, infrastructure connectivity, and sharing of public services. It is important to steer, in an orderly fashion, the flow of funds, technologies and labor-intensive industries away from the lower reach towards the middle and upper reaches while keeping the critical links in the value chain. We ought to embrace a new type of approach to urbanization that puts the people first and properly handles the positioning of megacities in the context of broader regional development. County seats should be allowed to play a key role in the urbanization drive. We should endeavor to achieve balanced growth across rural and urban communities. It is important to foster a single, open and orderly transport market by improving the mix of the transport sector and innovating the organizational modalities of transport.

Third, we should aim to become a new pace-setter in terms of high-standard opening-up. China must take a holistic approach to the opening-up of its coastal provinces, regions along the Yangtze River, along the country's borders and interior provinces. The provinces and cities along the Yangtze River should properly position themselves and take the initiative to open themselves up to the rest of the world. It is necessary to move faster to make more inland cities as open to global competition as possible. Border regions should also open up more aggressively. Our goal is to increase the quality of both inward FDI and outbound Chinese investment. We should explore innovative ways to expand trade and

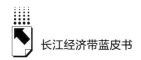
attract FDI of higher quality. A key way to make China more open to the outside world is by moving faster to align more of our rules and standards with global ones. We ought to improve the geographical distribution of China's pilot free trade zones. All these efforts will contribute to an economy that meets higher standards for opening-up. We also need to strike the right balance between opening-up and security by putting together an open yet secure net. It is important to integrate the initiative of the Yangtze River Economic Belt and the Belt and Road Initiative. We should move faster to identify key cities along the Yangtze River Economic Belt that can serve as pivotal nodes supporting the Belt and Road Initiative. It is important to speed up a new round of high-standard opening-up across the Yangtze River Delta. These steps will help expand investment and trade and promote deeper people-to-people engagement and bonds between the people of China and other countries along the Belt and Road Initiative.

Fourth, we must quicken the pace of upgrading the industrial base and modernizing industrial chains. The real economy must take center stage in our economic agenda. We should advance the modernization of industrial chains along the Yangtze River Economic Belt. We can bring about collective advantages through collaboration and synergy. It is important to develop an enabling mechanism that effectively facilitates collaboration among industry, universities and research institutes and incentivizes inter-regional cooperation. We should work hard to build up a number of key platforms aimed at driving innovation. We should move faster to achieve breakthroughs for critical and core technologies in a range of fields. It is imperative to ensure supply security involving critical links in the value chain, critical areas of expertise and critical products. We should work towards the development of technological innovation centers and comprehensive national labs with a view to enhancing the capacity for and quality of original innovation. Businesses should be allowed to play a central role in pursuing innovation. We are committed to fostering globally competitive clusters for advanced manufacturing so as to develop a value chain that is efficient, secure, free from foreign control and can serve the whole country. We need to energize the vitality of various types of entities and remove institutional obstacles that stand in the way of free flow of factors of production so as to enable the commercialization of technological achievements.

Fifth, it is imperative to preserve and carry forward the Yangtze River culture. The Yangtze River is the cradle of millennia-old cultures ranging from Bashu culture (Chongqing-Sichuan culture), to Chu culture (culture of Ancient Chu State), and to Jiangnan culture (the culture of the lower Yangtze Valley). The Yangtze River represents a symbol of the Chinese nation and an icon of the Chinese civilization. It is a key source that inspires core socialist values. More efforts should be made in surveying the Yangtze River's cultural resources. It is imperative to properly preserve cultural relics and cultural heritage associated with the Yangtze River and step up research on the Yangtze River culture. We need to explore creative and innovative applications of fine traditional culture. As one of the pillars of Chinese culture, the Yangtze River culture represents southern Chinese culture in its broad sense. The Yangtze River culture boasts a time-honored history, enriched dimensions, far-reaching influence. It is immensely innovative and brims with vitality. Alcohol is a distinctive component of Baoshu culture. Xiangchu culture values good-neighborliness and international solidarity. Jiangnan culture includes, among other things, rice planting culture, boating culture, silk weaving culture, and jade culture. The cultures along the upper, middle and lower reaches of the Yangtze River jointly form the spirit of the Yangtze River culture that combines toughness and softness. It is characterized by being result-oriented and enterprising, a readiness to coexist in tolerance and harmony, openness and inclusivenss.

Keywords: Yangtze River Economic Belt; High-quality Development; Green Development

Contents

I General Report

Abstract: In the past five years, the Yangtze River Economic Belt has adhered to problem orientation, strengthened systematic thinking, and steadily promoted the protection and restoration of the environment and high-quality development with good results. To promote high-quality development along the Yangtze River Economic Belt during the "the 14th Five-Year Plan" period, it is necessary to thoroughly study and implement the spirit of General Secretary Xi Jinping's series of important speeches and instructions, to adopt a holistic approach to governance, to prioritize ecological conservation and green development. We should focus on transportation integration so as to provide robust logistics support for the dual-circulation economic strategy. To deliver high-quality economic development, it is important to move up and modernize the industrial chain. We must pursue cultural undertakings to promote the Yangtze River's history, culture, landscape, balanced development across urban and rural areas.

Keywords: Yangtze River Economic Belt; High-quality Development; Ecological Environment

II Strengthening the Protection and Restoration of Ecosystem

B. 2   The *Yangtze River Protection Law* Kicks off a New Journey
towards Law-based Protection, Management and Rejuvenation
of the Yangtze River along the Yangtze River Economic Belt

Wu Xiaohua, Luo Rong and Wang Jiyuan / 018

Abstract: The "*Yangtze River Protection Law*" is the first river basin law in China. While making detailed provisions on the protection of the environment in the Yangtze River Basin, it also guides the direction and specific matters of green development. It not only clarified the division of responsibilities among the various departments and localities of the State Council, but also pioneered the establishment of a river basin coordination mechanism by the state to coordinate the protection of the Yangtze River and promote the Yangtze River economy in an all-round way. It makes institutional arrangements for coordinating the protection of the Yangtze River and comprehensively promoting high-quality development along the Yangtze River Economic Belt, which kicks off a new journey towards law-based protection, management and rejuvenation of the Yangtze River.

Keywords: *Yangtze River Protection Law*; Yangtze River Basin; Yangtze River Economic Belt

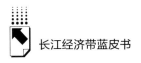
B.3 To Build Ecological Shields for the Upper Reaches
of the Yangtze River and Lay a Solid Foundation
for High-quality Development of Chongqing

Ou Yanglin / 023

Abstract: Five years have passed since General Secretary Xi Jinping
convened the first symposium on the development of the Yangtze Economic Belt.
Over the past five years, Chongqing has diligently acted on General Secretary Xi
Jinping's instructions. The city has accorded top priority to restoring the
environment of the Yangtze River and fulfilling its responsibilities of building
ecological shields as an upstream region. Chongqing is committed to playing an
exemplary role in promoting green development along the Yangtze River
Economic Belt. It will move faster to make itself a beautiful and livable place for
its local population. Chongqing is ready to pursue both high-standard
environmental protection and high-quality economic development.

Keywords: Ecological Conservation; Green Development; The Upper
Reaches of the Yangtze River

B.4 Innovation-driven and Green Growth Drive High-quality
Development along the Yangtze River Economic Belt

Huang Huan / 032

Abstract: This article summarizes the current situation of the Yangtze River
Economic Belt, which is defined as steady progress in ecological conservation but
uneven green development. The paper analyzes the constraints and challenges
impeding high-quality development along the Yangtze River Economic Belt in
terms of resources, the environment, innovation as a leading growth driver, and
the reconciling of competing interests. The author offers his suggestions for
pursuing innovation-driven and green growth to drive high-quality development

along the Yangtze River Economic Belt from the perspectives of green philosophy, green technologies and collaborative development.

Keywords: Yangtze River Economic Belt; High-quality Development; Green Philosophy

B.5   Policy Recommendations for the Development
of Market-based Ecological Compensation Mechanisms
in the Middle Reaches of the Yangtze River

He Qingyun, Zhu Xiang / 040

Abstract: In view of the problems in China's current ecological compensation mechanisms, the article proposes policies for market-oriented ecological compensation mechanisms in the middle reaches of the Yangtze River at the national and provincial levels. The authors make the following recommendations: to clearly define the rights and responsibilities of beneficiaries and protectors and define the property rights of environmental resources; to improve market-based ecological compensation principles and related laws and regulations; to increase market-based ecological compensation; to improve market-based ecological compensation fund management and encourage ecological transactions; to explore diversified approaches to and carry out pilot schemes of ecological compensation methods; and to enhance public awareness of market-based ecological compensation.

Keywords: Ecological Compensation; Environmental Resource Property Rights; Ecological Transaction

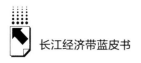
B.6　Research on Water Security Measures for the Integrated

　　Development of the Yangtze River Delta Region

Xu Chi, *Liu Guoqiang*, *Liu Jiaming and Chen Yingjian* / 050

Abstract：The Yangtze River Delta is the intersection of the three national strategies of regional integrated development in the Yangtze River Delta, the development of the Yangtze River Economic Belt, and the advancement of the "Belt and Road Initiative". It occupies a pivotal strategic position in the country's modernization drive, the pattern of all-round opening-up, and the new development paradigm featuring "domestic and international dual-circulation". Water safety guarantee represents an important cornerstone to support high-quality socio-economic development in the Yangtze River Delta. It must follow the scientific laws of water cycle, coordinate various water bodies such as rivers, lakes, reservoirs, and seas, and coordinate water volume, water quality, basins, water flows, etc. We should adopt a holistic approach to the relationship between water and socioeconomic development and human activities. It is imperative to promote the modernization of the water governance system and governance capabilities through the innovative development of water conservancy. Such efforts will underpin high-quality socio-economic development in the Yangtze River Delta.

Keywords：Water Safety Guarantee；Water Governance System；Water Conservancy Innovation

B.7　Using Geospatial Information Technology to Generate

　　Synergy in Environmental Governance along

　　the Yangtze River Economic Belt　　　　*Zhou Yuemin* / 060

Abstract：The Yangtze River Economic Belt is crucially important in ecological terms and possesses vast development potential. However, local pollution of surface water in the river basin remains prominent. The ecosystem as a whole is fragile. Along the economic belt land development has not formed a " belt pattern ". There is insufficient synergy in underpinning the coordinated management of the Yangtze River's environment. In order to promote the ecological protection and economic development of the Yangtze River Economic Belt, it is necessary to further strengthen foundational support and top-level designing, enforce targets set for key areas, optimize the spatial planning of land development, and establish a robust and well-coordinated environmental governance system and mechanism.

Keywords: Yangtze River Economic Belt; Ecological Environment; Geospatial Information

B.8 Research on Developing an Ecological Product Value

Realization Mechanism in Zhejiang Province

Zheng Qiwei, Chen Yeting, Li Siyuan and Zheng Zhuolian / 067

Abstract: Developing an ecological product value realization mechanism represents a key path to act on the philosophy that lucid waters and lush mountains are invaluable assets in the new era. This research project focuses on the opportunities, challenges and development goals of the realization of the value of ecological products in Zhejiang Province during the " 14th Five-Year Plan " period. Building on Chinese and international best practices such as " wetland banks" and "ecological banks", it proposes five key initiatives including steps to create a sound market trading mechanism. The idea is to strive to turn Zhejiang Province into a national benchmark for the realization of the value of ecological products.

Keywords: Ecological Product Value; Ecological Conservation; Gross Ecosystem Product (GEP)

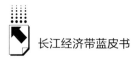

III   To Smoothen the Domestic Cycle

B.9   Fostering a Single Market among City Clusters so that

the Yangtze River Economic Belt will Emerge as

a Poster Child for Collaborative Development   *Li Lin* / 077

Abstract：The Yangtze River Economic Belt represents a key driving force behind a new development paradigm in China. Fostering a new paradigm requires the creation of a single market among the three city clusters across the Yangtze River Economic Belt. Field research and statistical analysis have found that the market integration level and market integration process of the three city clusters along the Yangtze River Economic Belt show obvious tiered differences, highlighting the constraints from differentiation in integration. It is urgent to take a cluster-by-cluster approach and holistically advance the process of market integration across city clusters. The goal is to see that the Yangtze River Economic Belt will emerge as a poster child for collaborative development.

Keywords：Yangtze River Economic Belt；Market Integration；City Clusters

B.10   Understanding and Suggestions on Several Important

Issues in Jiangsu Province's Comprehensive

Transportation Development

You Qingzhong，*Xu Jiangang*，*Xu Changxin*，

Hu Fagui，*Yu Chengan and Gu Yehua* / 082

Abstract：Jiangsu Province' transportation sector should make greater efforts to support the integration of the Yangtze River Delta and other national strategies.

It is advisable that Jiangsu leverages the strategic role of modern transportation, strengthens and guides the optimization of the province's industrial layout. The province should make overall plans for a new round construction of transportation networks in coastal areas. It ought to support coastal areas in accelerating their integration into the modern industrial system of the Yangtze River Delta. Jiangsu should establish a public transportation operation strategy and improve the structure and connection of intercity railways. The province should promote the Suzhou-Wuxi-Changzhou city cluster's integrated development across the Yangtze River. Jiangsu should move faster to develop a positive feedback loop for safe and green development. The province should promote the optimization and adjustment of the transportation sector's structure and help the transportation equipment building industry move up the value chain. Jiangsu should aggressively pursue high-quality development of inland water transport.

Keywords: Integration of the Yangtze River Delta; Transportation; Green Development

B.11　Research on Advancing Zhejiang Province's "Four Major

　　　　Initiatives" in the Context of the Integration

　　　　of the Yangtze River Delta

Zhu Liming, Lian Junwei, Yu Lei,

Zhang Na and Wang Xiaofei / 087

Abstract: At the 14th Provincial Party Congress, the leadership of Zhejiang Province took a key decision to launch "Four Major Initiatives", which are aimed at turning the province into a Greater Bay Area, a Grand Garden, a Major Transport Hub and a High-profile Metropolitan Area. The integration of the Yangtze River Delta is a major strategy at the national level to promote balanced regional development. This report analyzes the opportunities and challenges posed by the integration of the Yangtze River Delta to Zhejiang's pursuit of its "Four

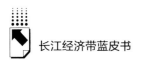
Major Initiatives ". The report addresses the underlying conditions and development priorities for incorporating the "Four Major Initiatives" of Zhejiang Province into the integration of the Yangtze River Delta. This report proposes policy measures in terms of developing high-profile platforms and pursuing institutional innovation.

Keywords: Integration of the Yangtze River Delta; Zhejiang Province "Four Major Initiatives"; Institutional Innovation

B. 12　Ten Key Issues Require More Attention in terms of Promoting High-quality Development of the Integrated Transportation System along the Yangtze River Economic Belt　　　　　　　　　*Fan Yijiang* / 099

Abstract: In developing an integrated system along the Yangtze River Economic Belt, more attention should be paid to the following fields: the layout of inter-regional backbone links of communication that play functional and strategic roles; development of comprehensive transportation hubs and national logistics hubs; development and innovation of modalities "soft power" dimensions such as transportation organization services; construction of high-quality transportation networks in city clusters and metropolitan areas; taking a strategic approach to the layout of smart and green transportation; addressing transportation inadequacies in rural areas; developing a resilient and integrated transportation system; promotion of upgrading, governance and institutional improvement.

Keywords: Yangtze River Economic Belt; Integrated Transportation; High-quality Development

IV   To Build a High-level Opening-up Platform

Abstract: As one of the eight pilot free trade zones (FTZ) along the Yangtze River Economic Belt, the Yunnan Pilot Free Trade Zone represents a key link connecting the Yangtze River Economic Belt with the South Asia and Southeast Asia region covered by the "Belt and Road Initiative". The Yunnan FTZ boasts significant geographical advantages. In light of the new era and the new development stage, the Yunnan Pilot Free Trade Zone needs to boldly blaze a trail towards institutional innovations and experiments based on rules, regulations, management and standards so as to contribute "Yunnan Wisdom" to the development the Pilot Free Trade Zones across China.

Keywords: Yunnan Free Trade Zone; Institutional Innovation; Reform Experiments

Abstract: Hunan Province has achieved positive results in becoming a demonstration zone for undertaking industrial transfer to promote the rise of central China. In order to fully implement the instructions of General Secretary Xi Jinping

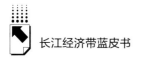
for Hunan Province, the province must do well in undertaking the transfer of advanced manufacturing and emerging industries in seven aspects, which include being proactive, merit-based, precise, empowerment, science-based, supportive and enabling. The goal is for Hunan to contribute to the rise of central China and emerge as a pace-setter in China's interior regions in terms of opening-up.

Keywords: the Rise of Central China; Industrial Transfer; Open-up of China's Interior Regions

B.15   To Promote High-quality Development under the Belt and Road by Pursuing New Dimensions and Breakthroughs in Opening-up   *Song Xiaoguo / 122*

Abstract: 2021 marks the fifth anniversary of the first symposium on the development along the Yangtze River Economic Belt that General Secretary Xi Jinping convened in Chongqing. Over the past five years, Chongqing has always kept in mind the instructions of General Secretary Xi Jinping, placed the restoration of the Yangtze River's environment on the top of the local agenda. It has taken concrete steps to fulfill its share of responsibility as part of the upper reaches of the Yangtze River by building a robust ecological shield for the Yangtze River. Chongqing has set itself a high bar in terms of playing an exemplary role in pursuing green development along the Yangtze River Economic Belt. Furthermore, Chongqing has worked hard to deliver the goods to the local people by moving faster to turn the city into a beautiful place with lucid waters and lush mountains. It is committed to achieving high-quality economic development with high-standard ecological conservation.

Keywords: Prioritizing the Environment; Green Development; Belt and Road

Abstract: The integrated development of the Yangtze River Delta is a
national strategy. The region is a vanguard for moving forward the "Belt and
Road Initiative" and the development of the Yangtze River Economic Belt. The
Delta occupies a frontier position in China's opening-up landscape. It should to
seize the major opportunities for integrated high-quality development in the
Yangtze River Delta, give play to its comparative advantages in terms of strategic
location, transportation hubs, hi-tech industries, and distinctive. The region
should strive to properly handle key issues such as planning and layout, resource
integration, identification of priorities. It is important to build distinctive brands
in terms of lean manufacturing, regional culture, transportation connectivity and
top-notch industrial parks.

Keywords: Integration of the Yangtze River Delta; The Belt and Road;
High-standard Opening-up

V   To Accelerate the Commercialization of the Industrial Base and Modernization of the Industrial Chain

Abstract: The Yangtze River Delta should achieve major breakthroughs on
core technologies in the key fields of strategic and cutting-edge industries. It

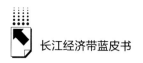

should aim for globally competitive level of industrial innovation. First, it is important to channel more resources into the field of industrial innovation. Second, it is imperative to establish a market-oriented mechanism for industrial innovation where business firms play the principal role. Third, it is necessary to foster a number of bigger and stronger industry champions in terms of industrial innovation. Fourth, the three provinces of Jiangsu, Zhejiang and Anhui and the City of Shanghai should deepen their partnership in industrial innovation with a view to developing a collaborative innovation mechanism.

Keywords: Integration of the Yangtze River Delta; Industrial Innovation; Collaborative Innovation Mechanism

B.18 Research on Pathways to Advance Modernization
of the Industrial Chain along the Yangtze River
Economic Belt *Qiao Biao, Zhao Yunyun* / 142

Abstract: The Yangtze River Economic Belt is an important industrial corridor in China. In key fields its industrial chain ranks in the forefront of the nation. However, it still faces daunting challenges, which include, among other things, weak innovation capabilities, prominent safety problems, acute lack of sustainability, absence of collaborative development on a regional basis. We must work hard to beef up the industrial chain by moving up the value chain, strengthening environmental protection and pursuing deeper opening-up initiatives. It is imperative to focus on improving the resilience, stability and flexibility of the industrial chain so as to underpin the emergence of a new development paradigm.

Keywords: New Development Paradigm; Industrial Chain Modernization; Yangtze River Economic Belt

Abstract: The modernization of the industrial chain can lay a solid
foundation for coping with a complex and grim external environment and
contributing to the nationwide drive to foster a new development paradigm. It is
also an important entry point for building new advantages as we strive for high-
quality development along the Yangtze River Economic Belt. This paper identifies
the intrinsic attributes, underlying conditions and practical challenges associated
with the modernization of the industrial chain. Building on that, we made a
comprehensive evaluation of the modernization index for the industrial chain along
the Yangtze River Economic Belt from five dimensions, which assess whether the
industrial chain is innovative, sophisticated, sustainable, self-supporting, assumes
a controllable risk profile and can generate synergy. In keeping with the national
leadership's overarching strategy and by drawing on relevant international best
practice, we offer our recommendations on what should be the current priorities
and solutions regarding the modernization of the industrial chain along the Yangtze
River Economic Belt.

Keywords: Industrial Chain Modernization; Yangtze River Economic Belt;
Industrial Chain Modernization Index

Abstract: The article focuses on taking a stock of progress in the replacement

393

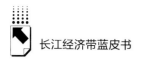
of old growth drivers by new ones along the Jiangsu Province's section of the Yangtze River Economic Belt. The paper examines the challenges and bottlenecks standing in the way of the transformation process. Building on that, the authors explore and propose pathways and mechanisms that may help accelerate the replacement of old growth drivers with new ones. The recommendations can inform decision-makers as they ponder how best to deliver high-quality development along the Yangtze River Economic Belt.

Keywords: Yangtze River Economic Belt; Replacing Old Growth Drivers with New Ones; High-quality Development

B.21　The Current State, Challenges and Optimization
　　　　Suggestions Regarding the Layout of Key Industries
　　　　along the Yangtze River Economic Belt

Shang Yongmin, Wang Zhen and Zhang Meixing / 189

Abstract: The optimization of the industrial layout along the Yangtze River Economic Belt constitutes part and parcel of the territorial space planning along the Yangtze River Economic Belt. It also holds the key to achieving high-quality development along the Yangtze River Economic Belt. This report analyzes the spatial layout characteristics of nine key industries such as electronics, IT and equipment manufacturing. It distills the challenges confronting the industrial spatial layout along the Yangtze River Economic Belt and proposes suggestions for optimizing the industrial spatial layout along the Yangtze River Economic Belt. Among other things, this report makes the following recommendations: to improving the division of labor and coordination among the city clusters along the upper, middle and lower reaches of the Yangtze River; to steer companies towards a rational layout of heavy and chemical industries; to push for industrial transformation through innovation in metropolitan areas; to foster distinctive industrial clusters and to strengthen county economies.

Ⅵ   To Protect, Carry Forward and Promote the Yangtze River Culture

Abstract: A survey of the history of human civilization around the world reveals that most ancient civilizations originated in major river basins. So did ancient Chinese civilization. As China's two mighty rivers, the Yangtze River and the Yellow River gave birth to the southern Chinese culture in the Yangtze River basin and the northern Chinese culture in the Yellow River basin. Even if the prehistoric civilization is not considered, the pre-Qin Dynasty period witnessed the emergence of Bashu culture, Jingchu culture and Wuyue culture along the upper, middle and lower reaches of the Yangtze River basin. These cultures share common ground yet are distinctive in their own way. This has made the Yangtze River culture even more glamorous and diverse. The Yangtze River culture and the Yellow River culture have been intricately interwoven and rendered more splendor to each other, delivering a continuous and uninterrupted Chinese culture.

Keywords: Yangtze River Culture; Yellow River Culture; Chinese Culture

Abstract: The Yangtze River and the Yellow River are collectively known

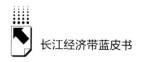
as the "mother rivers" of the Chinese nation. The Yangtze River culture is one of the backbones of Chinese culture. The Yangtze River culture boasts a time-honored history, numerous dimensions and a high profile. It is immensely innovative and brims with vitality. Today, the initiative of the Yangtze River Economic Belt has become China's national strategy to respond to global economic integration. This initiative needs to be underpinned by the Yangtze River culture, which has been evolving with the times. Therefore, we must face up to practical problems such as the fragmentation, dilution and marginalization of the Yangtze River culture. We should take a multi-pronged approach to beefing up research on and protection of the Yangtze River's cultural resources with a view to carrying forward and promoting the ethos of the Yangtze River culture.

Keywords: Chinese Culture; Yangtze River Culture; Yangtze River Economic Belt

B.24 Alcohol Culture in Bashu Culture

Cai Jing / 228

Abstract: Alcohol culture not only constitutes an important part of traditional Chinese culture, but also represents n key component of Bashu culture. Revolving around the alcohol dimension of Bashu culture, this article combs through and analyzes Sichuan's alcohol culture in ancient times, the reflection of Sichuan's alcohol culture in ancient poem, and the future prospects for Sichuan's alcohol culture. By exploring the close ties between Sichuan's alcohol culture and the origin of the Yangtze River culture, this paper makes a useful attempt to present the unique contribution of Sichuan's alcohol culture to the broader Chinese culture.

Keywords: Bashu Culture; Alcohol Culture; Yangtze River Culture

B.25　Chu Culture along the Middle Reaches

　　of the Yangtze River　　　　　　　*Cheng Taoping* / 239

Abstract： The history of the middle reaches of the Yangtze River represents an important aspect of Chinese history. The Kingdom of Chu rose, grew and thrived along the middle reaches of the Yangtze River. From the middle of the Spring and Autumn Period, the territory of Chu was the largest among various kingdoms throughout China. It at one point became the largest country in the world in the middle of the Warring States Period. The influence of Chu culture extended to half of China. It made enormous contributions to the world at both material and spiritual levels. After the demise of the Chu Kingdom, Chu culture continued to benefit later generations. Its far-reaching influence on the country's history was felt from the Han Dynasty to all the way tomodern-day China. There is a clear distinction between the spirit of the Yangtze River and the spirit of the Yellow River. The spirit of the Yellow River embraces the creation of a new world. The spirit of the Yangtze River worships harmony by championing openness and inclusiveness.

Keywords： Chu Culture; Yangtze River Spirit; Yellow River Spirit

B.26　The Origin, Characteristics, Spirit and Promotion

　　of Jiangnan Culture　　　　　　　*Yang Jianhua* / 249

Abstract： Jiangnan is geographically located in the lower reaches of the Yangtze River and the Taihu Lake basin. Historically, it belonged to "Yangzhou" in ancient times. It was part of Wuyue in the Spring and Autumn Period and the Warring States Period. The place was named Sanwu from the Qin and Han Dynasties to the Northern and Southern Dynasties. It became known as Jiangnan from Tang and Song dynasties onwards. Wuyue Culture represented the origin of Jiangnan culture, whose key characteristics include: rice planting

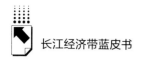
culture, boating culture, silk weaving culture, jade culture, religious culture, warrior-worship culture, culture of serenity and elegance. Jiangnan's Wuyue culture has seen interactions and mutual influence with Baiyue culture, Jingchu culture and the Central Plains' culture. The central tenets of Jiangnan culture includes: the humanistic character that combines toughness and softness; the rational consciousness of being realistic and enterprising; and the readiness to coexist in tolerance and harmony.

Keywords: Yangtze River Culture; Jiangnan Culture; Wuyue Culture

B.27 Several Suggestions for Preserving, Carrying Forward

and Promoting the Yangtze River Culture   *Ge Chuan* / 264

Abstract: The Yangtze River represents a representative symbol of the Chinese nation and an iconic symbol of Chinese civilization. The Yangtze River culture is a key source of core socialist values. To preserve, carry forward and promote the Yangtze River culture, it is necessary to take a stock of the availability of resources and blaze a trail for creative transformation and innovative development. By combing through the elements of the Yangtze River culture and making field trips, we have identified the existing problems standing in the way of preserving, carrying forward and promoting the Yangtze River culture. Building on that, we put forward solutions and suggestions on future efforts to preserve, carry forward and promote the Yangtze River culture.

Keywords: Yangtze River Culture; Yangtze River Cultural Relics; Traditional Culture

Abstract：The Yangtze River Basin is endowed with uniquely distinctive agricultural cultural heritage, which represents not only valuable historical and cultural resources, but also extremely important production and livelihood resources that ensure food security and sustainable agricultural development. Proper preservation and utilization of such agricultural cultural heritage can deliver its cultural dividends that will benefit the country and the people. This will create a viable model of "cultural resources→cultural assets→cultural dividends", which will make valuable contribution to the promotion of high-quality development along the Yangtze River Economic Belt and achieving sustainable development in cultural, social, environmental and economic dimensions.

Keywords：Yangtze River Agricultural Cultural Heritage；Yangtze River Economic Belt；High-quality Development

Ⅶ   Typical Cases

Abstract：Accelerating efforts to nurturethe digital economy is of great significance to promoting high-quality development along the Yangtze River Economic Belt. This paper analyzes the practical necessity of relying on the digital economy to empower high-quality development along the Yangtze River

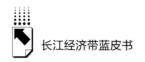

Economic Belt from the perspectives of the new development philosophy, supply-side structural reforms, and innovative competitive advantages. Taking Sichuan Province as an example, this article describes the overall progress in developing a digital economy as well as existing problems and challenges. The paper goes on to put forward suggestions regarding how the digital economy of Sichuan Province can lead high-quality development along the Yangtze River Economic Belt in terms of data as a factor of production, critical technologies, Internet platforms, and new forms of digital infrastructure.

Keywords: Digital Economy; Yangtze River Economic Belt; High-quality Development

B.30   Making Elaborate Efforts to Deliver "the Yangtze River's Iconic Scenic Spot, Chongqing's Eco-friendly Island": How Chongqing's Guangyang Island has Showed the Way for Green Development   *Ou Yanglin* / 290

Abstract: As the Yangtze River's iconic scenic spot and Chongqing's Eco-friendly Island, Chongqing's Guangyang Island has made tentative yet useful attempts in terms of mapping out a blueprint for planning, developing innovative institutions and mechanisms, accelerating ecological restoration, and defining functional roles. This papers suggests that for the next steps, Guangyang Island should take a more holistic approach, seek synergy, blaze an innovative trail, accelerate key projects and assume a higher profile as a model of green development.

Keywords: Ecological Conservation; Green Development; Guangyang Island

B.31　Ramifications from the Experience of the Liangzi Lake

　　　　Basin in Hubei Province in Creating a National

　　　　Demonstration Zone for Lake Governance

Xu Zhaoming, *Wu Yuting*, *Zhang Xiao and Zhou Xing* / 301

Abstract：Liangzi Lake represents a key backup water source of strategic significance and a shield for ecological security in the Wuhan metropolitan areas. Hubei Province has set a clear goal of establishing a national demonstration zone for lake governance in the areas surrounding Liangzi Lake. This article proposes ideas and solutions in terms of science-based demarcation of the territorial space, steady improvement in the water environment, protection and restoration of water ecology, promotion of green development across the whole region, and adoption of sound systems and mechanisms. We should focus on building a model for ecological conservation and green development around major lakes with better water quality from the perspective of the lake basin. Such a model will set the pace for promoting the development of the Yangtze River Economic Belt.

Keywords：Liangzi；Lake Governance；Green Development；Yangtze River Economic Belt

B.32　Innovation Drives the Development of the Yangtze River

　　　　Economic Belt：Take the Development of the G60 Science

　　　　and Technology Innovation Corridor in the Yangtze River

　　　　Delta as an Example

The G60 Science and Technology Innovation Corridor in the Yangtze

River Delta Joint Confrerence Office / 311

Abstract：Since its inception fiver years ago, the Yangtze River Delta G60 Science and Technology Corridor has been staunchly committed to the new

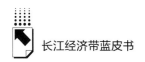

development philosophy. In 2016, Version 1. 0 of the corridor originated in Songjiang District of Shanghai. In 2017, Version 2. 0 expanded to include Jiaxing City and Hangzhou City. In 2018, Version 3. 0 started to cover nine cities. In 2019, this program was included in *the Outline of the Yangtze River Delta Regional Integrated Development Plan*. In recognition of its embrace of the new development philosophy, this successful local initiative on the ground has been treated as a key strategic platform of national profile. In 2020, six ministries including the Ministry of Science and Technology and the National Development and Reform Commission jointly issued the "*Plan for the Development of the Yangtze River Delta G60 Science and Technology Innovation Corridor.*" In 2021, it was written into the country's 14th Five-Year Plan, marking the corridor's transition from a grand blueprint to an action plan. Over the past five years, the G60 Science and Technology Corridor in the Yangtze River Delta has taken solid steps and scaled new heights with each passing year. Its economic strength, scientific and technological strength, and comprehensive strength have advanced by leaps and bounds. Its credentials as a vehicle for delivering high-quality development have grown steadily. With its commitment to rely on innovation to drive the development of the Yangtze River Economic Belt, the corridor has contributed to the execution of national strategies and the creation of a new development paradigm.

Keywords: Yangtze River Delta G60 Science and Technology Innovation Corridor; Technological Innovation; Institutional Innovation

Ⅷ Policy Recommendations

Abstract: A research project by researchers including Zhang Yuanfang, a counsellor at the Counsellors' Office of the State Council, has found that the institutional architecture underpinning China's industrial internet is so patchy that market players exhibit a low level of awareness and consensus. Laws are absent that govern "property right protection" and "asset ownership verification" for industrial data. Government subsidies have produced under whelming results. As a result, the industrial internet has failed to make a difference to the critical battle of upgrading the industrial base and modernizing industrial chains. The researchers make policy recommendations, which call for, among other things, clearly defining the name and positioning of the industrial internet, strengthening support for addressing its choke points, speeding up legislation and development of trading arrangements for industrial data ownership verification, upgrading the investment and financing system and fiscal support system, and nurturing industrial internet clusters across various sectors.

Keywords: Industrial Internet; Technological Innovation; Institutional Innovation

B.34 Hunan Province's Efforts to Explore Cleanup of Agricultural Non-point Source Pollution in Dongting Lake Basin and Related Recommendations

Li Wu, Zhang Hongwu, Fan Xian and Ma Li / 331

Abstract: In conducting research on promoting development along the Yangtze River Economic Belt, Li Wu and Zhang Hongwu, two counselors at the Counsellors' Office of the State Council, have found that positive results have been achieved in the cleanup of agricultural non-point source pollution in the Dongting Lake Basin. However, the local community has had to grapple with such challenges a tough trade-off between ecological conservation and economic output in crop farming, difficulty in pin down on the sources of non-point source pollution, lack of robust technical norms and evaluation systems, and patchy

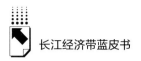
mechanisms for monitoring and ecological compensation. The researchers put forward policy recommendations such as increasing policy and financial support, strengthening scientific and technological support for innovation in cleanup, and allowing farmers to play the principal role.

Keywords: Dongting Lake; Cleanup of Agricultural Non-point Source Pollution; Yangtze River Economic Belt

B.35 Nurturing Market-based Logistics Operators along the Yangtze River Economic Belt to Accelerate the Development of a Thriving Inter-provincial Logistics Sector along the Yangtze River

Zhang Yuanfang, Wu Liang / 336

Abstract: In conducting research on promoting development along the Yangtze River Economic Belt, Zhang Yuanfang, a counselor at the Counsellors' Office of the State Council, and Wu Liang, a contract research fellow at the Counsellors' Office of the State Council, have found that logistics operators along the Yangtze River Economic Belt remain woefully small, weak and fragmented. The logistics sector, which should have served as a key artery, is plagued by numerous choke points, which has become a bottleneck that impedes the upgrading of the industrial base and the modernization of the industrial chain along the Yangtze River Economic Belt. In order to accelerate the development of a thriving logistics industry along the Yangtze River Economic Belt, the researchers suggest that we should take a targeted approach to nurturing market-based logistics operators by removing administrative, industrywide and data barriers.

Keywords: Yangtze River Economic Belt; Market-based Logistics; Logistics Operators

B . 36　Working together to Ensure Well-coordinated Protection

of the Chishui River

Zhang Hongwu , Zhen Zhen and Wu Liang ∕ 341

Abstract: In order to help advance the agenda of promoting the development of the Yangtze River Economic Belt, Zhang Hongwu, a counselor at the Counsellors' Office of the State Council, has found that the Chishui River Basin has been plagued by grabs for ecological resources, lack of diversified sources of compensation, and insufficient joint law enforcement. The researcher makes the following recommendations: to establish an interagency meeting mechanism for overall planning; to keep detailed record of ecological assessment and monitoring; to mobilize the private sector to help improve the ecological compensation mechanism for the river basin; to establish a unified law enforcement agency to ensure consistent oversight; to place the Chishui River under the national park system; and to champion a green model of economic growth. By working together to ensure well-coordinated protection of the Chishui River, we can help achieve high-quality development of the basin.

Keywords: Chishui River; Ecological Compensation; National Park

B . 37　Suggestions on Taking Solid Steps to Pursue

Common Prosperity by Building an "Urban-Rural

Resources-sharing Society"　　　　　*Wu Liang ∕ 345*

Abstract: A research project team from the Yangtze River Economic Belt Development Research Center of the Counselors' Office of the State Council has pointed out that with its experiments in pursuing integrated urban-rural development, Tongxiang City has shown that more developed metropolitan areas and city clusters such as those in the Yangtze River Delta are in a position to build a "urban-rural resource-sharing" society. It is possible to improve the layout of

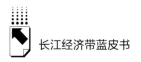

infrastructure and public services within the framework of urban and rural areas. A holistic approach can be taken to act on the development philosophy of joint contribution, shared governance and shared benefits. It is essential to improve a new type of worker-farmer and urban-rural relations inside metropolitan areas and city clusters. A modernized and beautiful countryside should constitute part and parcel of major metropolitan areas. The countryside is well-placed to serve as the starting point of county economies' industrial chains and value chains. That, in turn, will effectively overcome the "urban-rural dichotomy" and deliver solid progress towards common prosperity.

Keywords: Yangtze River Delta; Unban-Rural Resources-sharing Society; Common Prosperity

B.38 Challenges in and Suggestions on Integration between the Yangtze River Economic Belt and the "Belt and Road Initiative"

Cheng Changchun, *Huang Huan* / 351

Abstract: A research project team from the Yangtze River Economic Belt Development Research Center of the Counselors' Office of the State Council has pointed out that in trying to generate synergy between the Yangtze River Economic Belt and the "Belt and Road Initiative", we have to contend with the following challenges: insufficient political and cultural integration; lack of coordinated governance over the environment; lack of standardization for the logistics system; poor overall international competitiveness of Chinese industries; lack of an enabling international business environment. The researchers put forward such recommendations as: to build a communication platform and a bridge for mutual learning between civilizations; to work together to develop an international demonstration belt for conservation culture; to adopt a systemic approach to developing an international logistics system featuring multimodal transport; to boost

international cooperation in production capacity and equipment manufacturing; to pursue deeper trade and investment liberalization and facilitation.

Keywords: Coordinated Governance; Business Environment; Belt and Road

B.39 Four Recommendations for Building National Hub Nodes
for Nationally Integrated Big Data Centers : Taking
Chengdu-Chongqing Hub Node as an Example
Shi Yong, Li Yuguang / 358

Abstract: Building on field research, a research team commissioned by the Counselor's Office of the State Council makes the following recommendations on the establishment of national hub nodes for nationally integrated big data centers: first, to promptly prepare and issue unified standards and specifications; second, set data collection standards, improve data quality and solve the problem of data silos; third, to develop a system for ensuring data security and sound operations of data systems; fourth, to beef up talent support and increase research and development resources for core technologies.

Keywords: Integrated Big Data Center; National Hub Nodes; Chengdu-Chongqing Economic Zone

B.40 Suggestions on the Reform of the Ownership System
for Employees' Technological Achievements
Li Yuguang, Zhang Yuanfang and Zhen Zhen / 362

Abstract: Difficulties in the commercialization of employees's scientific and technological achievements have become an important bottleneck hindering innovation-driven development. A research team from the Counselor's Office of

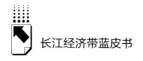
the State Council has found that solutions to the challenge of commercializing achievements boil down to reform of the ownership system for employees' scientific and technological achievements. The researchers recommend that the scope of employees' scientific and technological achievements should be clearly defined. The nature of the ownership of the technological achievements as state-owned assets should be changed so that such assets cease to be treated as state assets. The ownership of those assets should be vested, in their entirety, with the employees who complete the achievements. The nature of the fiscal spending on employees' technological achievements should be explicitly defined as grants.

Keywords: Ownership of Employees' Technological Achievements; Innovation-driven Development; Commercialization of Technological Achievements

B.41 Recommendations on Accelerating the Development of Key Nodes along the Yangtze River Economic Belt to Support the Belt and Road Initiative

Cheng Changchun, Cheng Haiyan, Yang Fenghua,

Huang Jianfeng and Cheng Weizhong / 367

Abstract: A research project commissioned by the Yangtze River Economic Belt Development Research Center of the Counselors' Office of the State Council has found that it is of great significance to develop key nodes along the Yangtze River Economic Belt to support the Belt and Road Initiative. The researchers put forward the following recommendations: to adopt a tiered and systemic approach to developing the key nodes supporting the Belt and Road Initiative; to advance the development of domestic and international backbone transport links; to move forward with the development of overseas zones for economic and trade cooperation in the countries covered by the Belt and Road Initiative; and to boost opening-up based on rules and related institutions.

Keywords: Yangtze River Economic Belt; Belt and Road; Key Supporting Nodes

皮 书

智库报告的主要形式
同一主题智库报告的聚合

❋ 皮书定义 ❋

皮书是对中国与世界发展状况和热点问题进行年度监测，以专业的角度、专家的视野和实证研究方法，针对某一领域或区域现状与发展态势展开分析和预测，具备前沿性、原创性、实证性、连续性、时效性等特点的公开出版物，由一系列权威研究报告组成。

❋ 皮书作者 ❋

皮书系列报告作者以国内外一流研究机构、知名高校等重点智库的研究人员为主，多为相关领域一流专家学者，他们的观点代表了当下学界对中国与世界的现实和未来最高水平的解读与分析。截至2021年，皮书研创机构有近千家，报告作者累计超过7万人。

❋ 皮书荣誉 ❋

皮书系列已成为社会科学文献出版社的著名图书品牌和中国社会科学院的知名学术品牌。2016年皮书系列正式列入"十三五"国家重点出版规划项目；2013~2021年，重点皮书列入中国社会科学院承担的国家哲学社会科学创新工程项目。

权威报告·一手数据·特色资源

皮书数据库
ANNUAL REPORT(YEARBOOK)
DATABASE

分析解读当下中国发展变迁的高端智库平台

所获荣誉

- 2019年，入围国家新闻出版署数字出版精品遴选推荐计划项目
- 2016年，入选"'十三五'国家重点电子出版物出版规划骨干工程"
- 2015年，荣获"搜索中国正能量 点赞2015""创新中国科技创新奖"
- 2013年，荣获"中国出版政府奖·网络出版物奖"提名奖
- 连续多年荣获中国数字出版博览会"数字出版·优秀品牌"奖

成为会员

通过网址www.pishu.com.cn访问皮书数据库网站或下载皮书数据库APP，进行手机号码验证或邮箱验证即可成为皮书数据库会员。

会员福利

- 已注册用户购书后可免费获赠100元皮书数据库充值卡。刮开充值卡涂层获取充值密码，登录并进入"会员中心"—"在线充值"—"充值卡充值"，充值成功即可购买和查看数据库内容。
- 会员福利最终解释权归社会科学文献出版社所有。

社会科学文献出版社 皮书系列
SOCIAL SCIENCES ACADEMIC PRESS (CHINA)

卡号：516755728735
密码：

数据库服务热线：400-008-6695
数据库服务QQ：2475522410
数据库服务邮箱：database@ssap.cn
图书销售热线：010-59367070/7028
图书服务QQ：1265056568
图书服务邮箱：duzhe@ssap.cn

基本子库
SUB DATABASE

中国社会发展数据库（下设 12 个子库）

整合国内外中国社会发展研究成果，汇聚独家统计数据、深度分析报告，涉及社会、人口、政治、教育、法律等 12 个领域，为了解中国社会发展动态、跟踪社会核心热点、分析社会发展趋势提供一站式资源搜索和数据服务。

中国经济发展数据库（下设 12 个子库）

围绕国内外中国经济发展主题研究报告、学术资讯、基础数据等资料构建，内容涵盖宏观经济、农业经济、工业经济、产业经济等 12 个重点经济领域，为实时掌控经济运行态势、把握经济发展规律、洞察经济形势、进行经济决策提供参考和依据。

中国行业发展数据库（下设 17 个子库）

以中国国民经济行业分类为依据，覆盖金融业、旅游、医疗卫生、交通运输、能源矿产等 100 多个行业，跟踪分析国民经济相关行业市场运行状况和政策导向，汇集行业发展前沿资讯，为投资、从业及各种经济决策提供理论基础和实践指导。

中国区域发展数据库（下设 6 个子库）

对中国特定区域内的经济、社会、文化等领域现状与发展情况进行深度分析和预测，研究层级至县及县以下行政区，涉及省份、区域经济体、城市、农村等不同维度，为地方经济社会宏观态势研究、发展经验研究、案例分析提供数据服务。

中国文化传媒数据库（下设 18 个子库）

汇聚文化传媒领域专家观点、热点资讯，梳理国内外中国文化发展相关学术研究成果、一手统计数据，涵盖文化产业、新闻传播、电影娱乐、文学艺术、群众文化等 18 个重点研究领域。为文化传媒研究提供相关数据、研究报告和综合分析服务。

世界经济与国际关系数据库（下设 6 个子库）

立足"皮书系列"世界经济、国际关系相关学术资源，整合世界经济、国际政治、世界文化与科技、全球性问题、国际组织与国际法、区域研究 6 大领域研究成果，为世界经济与国际关系研究提供全方位数据分析，为决策和形势研判提供参考。

法律声明

　　"皮书系列"（含蓝皮书、绿皮书、黄皮书）之品牌由社会科学文献出版社最早使用并持续至今，现已被中国图书市场所熟知。"皮书系列"的相关商标已在中华人民共和国国家工商行政管理总局商标局注册，如 LOGO（ 🖐 ）、皮书、Pishu、经济蓝皮书、社会蓝皮书等。"皮书系列"图书的注册商标专用权及封面设计、版式设计的著作权均为社会科学文献出版社所有。未经社会科学文献出版社书面授权许可，任何使用与"皮书系列"图书注册商标、封面设计、版式设计相同或者近似的文字、图形或其组合的行为均系侵权行为。

　　经作者授权，本书的专有出版权及信息网络传播权等为社会科学文献出版社享有。未经社会科学文献出版社书面授权许可，任何就本书内容的复制、发行或以数字形式进行网络传播的行为均系侵权行为。

　　社会科学文献出版社将通过法律途径追究上述侵权行为的法律责任，维护自身合法权益。

　　欢迎社会各界人士对侵犯社会科学文献出版社上述权利的侵权行为进行举报。电话：010-59367121，电子邮箱：fawubu@ssap.cn。

社会科学文献出版社